Optionshandel für Dummies
Schummelseite

DIE WICHTIGSTEN FACHBEGRIFFE

Hier finden Sie die wichtigsten Begriffe für Optionshändler. Kurz, knapp und verständlich, damit Sie gleich loslegen können:

- Der **Basiswert** (auf Englisch: **Underlying**) ist die Sache, auf der die Option basiert – wie zum Beispiel eine Aktie, ein ETF, ein Aktienindex oder ein Gold-Future.

- Ein **Call** ist eine Option, die das Recht beinhaltet, einen Basiswert zu einem bestimmten Preis zu kaufen.

- Ein **Put** ist eine Option, die das Recht beinhaltet, einen Basiswert zu einem bestimmten Preis zu verkaufen.

- Der **Basispreis** (auch **Ausübungspreis** oder **Strike** genannt) ist der Preis, zu dem der Optionskäufer den Basiswert kaufen oder verkaufen kann, wenn die Option ausgeübt wird.

- Der **innere Wert** ist der tatsächliche Wert einer Option, wenn Sie sie jetzt sofort ausüben würden.

- Der **Zeitwert** ist der Teil des Optionspreises, der auf die verbleibende Laufzeit und mögliche Kursbewegungen zurückzuführen ist.

- Die **Moneyness** beschreibt, ob eine Option gerade im Geld, am Geld oder aus dem Geld ist – also, ob Sie einen inneren Wert besitzt oder nicht.

- Der **Optionspreis** – auch **Optionsprämie** genannt – ist der Betrag, den der Optionskäufer an den Optionsverkäufer zahlen muss.

- Die **implizite Volatilität** ist die vom Markt erwartete Schwankungsbreite für den Basiswert und besitzt einen starken Einfluss auf den Optionspreis.

- Am **Verfallstermin** verfällt die Option und kann anschließend nicht mehr gehandelt werden.

- Die Anzahl der Tage bis zum Verfallstermin sind die **Restlaufzeit** der Option.

Optionshandel für Dummies

Schummelseite

DIE WICHTIGSTEN GRIECHEN

Im Optionshandel sind die folgenden griechischen Buchstaben wichtige Kennzahlen, die Ihnen verraten, wie sich Ihre Optionen verhalten:

- ✔ Das **Delta** zeigt, wie stark sich der Optionspreis verändert, wenn der Kurs des Basiswerts um eine Einheit steigt oder fällt.

- ✔ Das **Gamma** misst, wie sich Delta verändert, wenn der Kurs des Basiswerts um eine Einheit steigt oder fällt – sozusagen die Beschleunigung des Deltas.

- ✔ Das **Theta** verrät Ihnen, wie viel Wert eine Option pro Tag verliert, wenn die Zeit vergeht, ohne dass sich der Basiswert bewegt.

- ✔ Das **Vega** gibt an, wie stark der Optionspreis auf Veränderungen der impliziten Volatilität reagiert.

DIE WICHTIGSTEN OPTIONSSTRATEGIEN

Im Optionshandel gibt es unzählige Strategien, aber die folgenden gehören zu den Klassikern:

- ✔ Der Kauf einer Kaufoption (Call) wird als **Long Call** bezeichnet.

- ✔ Ein **Long Put** ist der Kauf einer Verkaufsoption (Put).

- ✔ Wenn Sie einen Call verkaufen, wird diese Strategie als **Short Call** bezeichnet.

- ✔ Als **Short Put** bezeichnet man den Verkauf eines Puts.

- ✔ Ein **Bull Call Spread** besteht aus dem Kauf eines Calls und dem gleichzeitigen Verkauf eines Calls mit einem höheren Basispreis.

- ✔ Der **Bear Call Spread** ist eine Strategie, bei der ein Call verkauft wird und gleichzeitig ein Call mit einem höheren Basispreis gekauft wird.

- ✔ Der Kauf eines Puts und der gleichzeitige Verkauf eines Puts mit einem tieferen Basispreis heißt **Bear Put Spread**.

- ✔ Bei einem **Bull Put Spread** wird ein Put verkauft und gleichzeitig ein Put mit einem tieferen Basispreis gekauft.

Optionshandel für Dummies

Tobias Schmid

Optionshandel für dummies®

WILEY

WILEY-VCH GmbH

Optionshandel für Dummies

Bibliografische Information der Deutschen Nationalbibliothek

Die Deutsche Nationalbibliothek verzeichnet diese Publikation in der Deutschen Nationalbibliografie; detaillierte bibliografische Daten sind im Internet über http://dnb.d-nb.de abrufbar.

1. Auflage 2025

© 2025 Wiley-VCH GmbH, Boschstraße 12, 69469 Weinheim, Germany

Alle Rechte vorbehalten inklusive des Rechtes auf Reproduktion im Ganzen oder in Teilen und in jeglicher Form. Diese Übersetzung wird mit Genehmigung von John Wiley and Sons, Inc. publiziert.

Wiley, the Wiley logo, Für Dummies, the Dummies Man logo, and related trademarks and trade dress are trademarks or registered trademarks of John Wiley & Sons, Inc. and/or its affiliates, in the United States and other countries. Used by permission.

Wiley, die Bezeichnung »Für Dummies«, das Dummies-Mann-Logo und darauf bezogene Gestaltungen sind Marken oder eingetragene Marken von John Wiley & Sons, Inc., USA, Deutschland und in anderen Ländern.

Alle Rechte bezüglich Text und Data Mining sowie Training von künstlicher Intelligenz oder ähnlichen Technologien bleiben vorbehalten. Kein Teil dieses Buches darf ohne die schriftliche Genehmigung des Verlages in irgendeiner Form – durch Photokopie, Mikroverfilmung oder irgendein anderes Verfahren – in eine von Maschinen, insbesondere von Datenverarbeitungsmaschinen, verwendbare Sprache übertragen oder übersetzt werden.

Das vorliegende Werk wurde sorgfältig erarbeitet. Dennoch übernehmen Autoren und Verlag für die Richtigkeit von Angaben, Hinweisen und Ratschlägen sowie eventuelle Druckfehler keine Haftung.

Coverillustration: © AlonzoDesign/Getty Images
Korrektur: Johanna Rupp, Nußloch
Satz: Straive, Chennai, India
Druck und Bindung: CPI Group (UK) Ltd, Croydon, CR0 4YY

Print ISBN: 978-3-527-72216-7
ePub ISBN: 978-3-527-84814-0

C9783527722167_060126

Bevollmächtigter Vertreter des Herstellers gemäß EU-Produktsicherheitsverordnung ist die Wiley-VCH GmbH, Boschstr. 12, 69469 Weinheim, Deutschland, E-Mail: Product_Safety@wiley.com.

Über den Autor

Tobias Schmid ist aktiver Trader, Anleger und Gründer der Website Fomo Finance. Aufgewachsen in Süddeutschland in der Nähe von Stuttgart, wanderte er nach seiner Schulzeit in die Schweiz aus, wo er heute mit seiner Familie im Kanton Luzern lebt. Den Weg zur Börse fand er im Jahr 2008, als sein Interesse aufgrund der aktuellen Ereignisse rund um den Zusammenbruch der Bank Lehman Brothers und der damit verbundenen Finanzkrise und dem Aktienmarkt-Crash geweckt wurde. Als junger Student begann er, sich autodidaktisch Wissen anzueignen und absolvierte diverse Ausbildungsprogramme. Zu dieser Zeit sammelte er erste praktische Erfahrungen im Forex- und Aktienhandel. Er experimentierte zunächst mit den unterschiedlichsten Handelsstrategien und Finanzinstrumenten und kam schlussendlich zum Optionshandel.

In den folgenden Jahren handelte Tobias Schmid sowohl nebenberuflich als auch hauptberuflich mit Futures-Optionen, Aktien-Optionen sowie mit Aktien und Futures und konnte sich dadurch ein unabhängiges Standbein aufbauen. Zudem verfolgt er langfristige Anlagestrategien mit Aktien und ETFs, die er gezielt durch den Einsatz von Optionen ergänzt.

Im Laufe der Jahre hat sich Tobias Schmid zu einem Experten für Futures-, Aktien-Rohstoffmärkte, Optionshandel sowie für Technische Analyse und Intermarket-Analyse entwickelt. Sein Wissen gibt er seit einigen Jahren in Form eines eigenen Coaching-Angebots weiter sowie durch Webinare und Coachings bei Brokern und verschiedenen Lernplattformen.

Tobias Schmid ist Gründer der Finanzwebsite fomo-finance.com und veröffentlicht regelmäßig Artikel, Analysen und Videos. Darüber hinaus hat er Weiterbildungen im Bereich Datenanalyse absolviert und nutzt dieses Wissen nicht nur für seine Trading-Strategien, sondern programmiert auch hilfreiche Tools für Trader und Anleger, die auf seiner Website kostenlos zur Verfügung gestellt werden.

Auf einen Blick

Über den Autor 7
Einführung 19

Teil I: Vom Anfänger zum Optionshändler 25
- **Kapitel 1:** Ihr Weg zum erfolgreichen Optionshändler........................... 27
- **Kapitel 2:** Optionen verstehen.. 41
- **Kapitel 3:** Unterschiedliche Arten von Optionen.............................. 63
- **Kapitel 4:** Optionen handeln 75
- **Kapitel 5:** Griechische Götter des Optionshandels............................ 89
- **Kapitel 6:** Die vier Basisstrategien im Optionshandel 101

Teil II: Von der Analyse zur profitablen Strategie................ 113
- **Kapitel 7:** Bullen gegen Bären: So erkennen und handeln Sie den Trend.......... 115
- **Kapitel 8:** Futures-Märkte: Wo die Zukunft schon heute gehandelt wird 137
- **Kapitel 9:** Saisonale Trends an den Finanzmärkten 165

Teil III: Ausgewählte Strategien für ausgewählte Märkte 179
- **Kapitel 10:** Absicherung oder volles Risiko?................................. 181
- **Kapitel 11:** Drehen Sie am Rad: Die Wheel-Strategie 197
- **Kapitel 12:** Stillhalterstrategien mit hoher Erfolgswahrscheinlichkeit 215
- **Kapitel 13:** Optionen für jede Jahreszeit.................................... 245

Teil IV: Fortgeschrittene Optionsstrategien 273
- **Kapitel 14:** Iron Condor: Die Strategie für Seitwärtsmärkte 275
- **Kapitel 15:** Beliebter Trade unter Stillhaltern............................... 285
- **Kapitel 16:** Calendar Spread: Die Zeit spielt für Sie, auch bei niedriger Volatilität 293
- **Kapitel 17:** Weitere Optionsstrategien im Überblick........................... 301

Teil V: Der-Top-Ten-Teil... 319
- **Kapitel 18:** Zehn Vorteile von Optionen 321
- **Kapitel 19:** Zehn Möglichkeiten, wie Sie mit Optionen Geld verbrennen 325
- **Kapitel 20:** Zehn Websites und Tools für den täglichen Handel................. 329

Abbildungsverzeichnis... 333
Stichwortverzeichnis 335

Inhaltsverzeichnis

Über den Autor **7**
Einführung **19**
    Über dieses Buch 20
    Konventionen in diesem Buch 21
    Was Sie nicht lesen müssen 21
    Törichte Annahmen über den Leser 21
    Wie dieses Buch aufgebaut ist 22
        Teil I: Vom Anfänger zum Optionshändler 22
        Teil II: Von der Analyse zur profitablen Strategie 22
        Teil III: Ausgewählte Strategien für ausgewählte Märkte 23
        Teil IV: Fortgeschrittene Optionsstrategien 23
        Teil V: Der Top-Ten-Teil 23
    Symbole, die in diesem Buch verwendet werden 24
    Wie es weitergeht 24

TEIL I
VOM ANFÄNGER ZUM OPTIONSHÄNDLER 25

Kapitel 1
Ihr Weg zum erfolgreichen Optionshändler 27
    Was Optionen nicht sind 28
        Optionen sind nicht kompliziert 29
        Optionen sind keine Optionsscheine 29
        Optionen sind nicht intransparent 30
        Optionen sind keine Wertpapiere 30
        Optionen sind keine Garantie für Erfolg 30
    Der Versicherungscharakter von Optionen (Optionskauf versus Optionsverkauf) 31
        Optionen: Das Instrument für smarte Börsianer 32
        Wer wollen Sie sein: Der Spieler oder das Casino? 32
    Grundlagen für den erfolgreichen Optionshandel 35
        Schritt 1: Verstehen Sie die Basics 35
        Schritt 2: Definieren Sie Ihre Ziele und Strategien 36
        Schritt 3: Verstehen Sie die Relevanz der impliziten Volatilität 36
        Schritt 4: Lernen Sie so die Bedeutung der Optionsgriechen 36
        Schritt 5: Lernen Sie verschiedene Optionsstrategien kennen 36
        Schritt 6: Bauen Sie ein solides Wissen über die Märkte auf 37
        Schritt 7: Entwickeln Sie ein regelbasiertes Handelssystem 38
        Schritt 8: Testen Sie Ihre Strategien im Paper Trading 38
        Schritt 9: Behalten Sie Ihre Emotionen im Griff 39
        Schritt 10: Bleiben Sie flexibel und lernen Sie kontinuierlich 39

Kapitel 2
Optionen verstehen ... **41**
Alles kann, nichts muss: Rechte und Pflichten im Optionshandel 41
    Das Underlying: Der zugrunde liegende Basiswert. 42
    Beispiel: Handel einer Call-Option. 43
    Beispiel: Handel einer Put-Option 45
Die Bausteine des Optionspreises 46
Auf die inneren Werte (einer Option) kommt es an. 49
Im Geld, am Geld, aus dem Geld: Moneyness erklärt 50
Mindestens haltbar bis … : Der Zeitwertverfall von Optionen 51
    Zeitwert in Abhängigkeit der Restlaufzeit. 52
    Berechnung des inneren Werts und des Zeitwerts. 52
    Zeit ist Geld: Aber wie viel ist die Zeit nun wert? 55
Historische und implizite Volatilität 57
    Nur Mittelmaß: Die implizite Volatilität im langfristigen Verlauf. 58
    Volatilität im Visier: Werkzeuge zur IV-Analyse 60

Kapitel 3
Unterschiedliche Arten von Optionen ... **63**
Der Ausübungsstil: Europäische und amerikanische Optionen............. 64
Die Abwicklungsmethode: Physisch oder bar 66
Optionen auf Aktien, ETFs, Indizes und Futures 67
    Optionen auf Aktien. 68
    Optionen auf ETFs 69
    Optionen auf Aktienindizes 72
    Optionen auf Futures 73

Kapitel 4
Optionen handeln ... **75**
Den richtigen Broker finden. 76
    Worauf es bei einem Options-Broker ankommt 76
    Die Qual ohne Wahl. 78
Die Optionskette: Alle Informationen im Überblick 79
Optionen kaufen und verkaufen in der Praxis 80
    Trades öffnen und schließen 81
    Orderarten und Orderdetails. 82
Die Ausübung einer Option: Jetzt wird's ernst! 84
    Wann kann es zur Ausübung kommen?............................. 86
    Die Rolle der Clearingstelle am Verfallstermin 87

Kapitel 5
Griechische Götter des Optionshandels ... **89**
Der Nutzen von Optionskennzahlen. 90
Delta: Der Einfluss von Kursbewegungen des Basiswertes auf den Optionspreis. 91
    Delta beim Kauf und Verkauf von Optionen 91

Abschätzung der Erfolgswahrscheinlichkeiten 92
Einfluss der Moneyness auf das Delta 93
Einfluss der Zeit auf das Delta 94
Einfluss der impliziten Volatilität auf das Delta 95
Gamma: Die Veränderung des Deltas 95
Einfluss der Moneyness auf das Gamma 96
Einfluss der Zeit auf das Gamma 96
Einfluss der impliziten Volatilität auf das Gamma 97
Theta: Zeit ist Geld 97
Einfluss der Moneyness auf das Theta 97
Einfluss der Zeit auf das Theta 98
Einfluss der impliziten Volatilität auf das Theta 98
Vega: Der Einfluss der impliziten Volatilität auf den Optionspreis 99
Einfluss der Moneyness auf das Vega 99
Einfluss der Zeit auf das Vega 99
Einfluss der impliziten Volatilität auf das Vega 100

Kapitel 6
Die vier Basisstrategien im Optionshandel 101
Die Verwendung von GuV-Diagrammen 101
Long Call: Der Kauf einer Kaufoption 103
Die wichtigsten Kennzahlen im Überblick 103
Beispiel für den Handel eines Long Calls 104
GuV-Diagramm eines Long Calls 104
Short Call: Der Verkauf einer Kaufoption 105
Die wichtigsten Kennzahlen im Überblick 106
Beispiel für den Handel eines Short Calls 106
GuV-Diagramm eines Short Calls 107
Long Put: Der Kauf einer Verkaufsoption 107
Die wichtigsten Kennzahlen im Überblick 108
Beispiel für den Handel eines Long Puts 108
GuV-Diagramm eines Long Puts 109
Short Put: Der Verkauf einer Verkaufsoption 109
Die wichtigsten Kennzahlen im Überblick 110
Beispiel für den Handel eines Short Puts 111
GuV-Diagramm eines Short Puts 111

TEIL II
VON DER ANALYSE ZUR PROFITABLEN STRATEGIE 113

Kapitel 7
Bullen gegen Bären:
So erkennen und handeln Sie den Trend 115
Verschiedene Methoden der Trendbestimmung 116
Die klassische Trenddefinition 117
Trendlinien und Trendfolgeindikatoren 121

Die Flut hebt alle Boote: Analyse des breiten Marktes 125
    Hier spielt die Musik: Die US-Aktienindizes 126
Optionshandel in Trendmärkten. 129
    Wann Sie mit dem Strom schwimmen sollten. 129
    Die verschiedenen Phasen eines Trends 131
    Optionsstrategien in Trendmärkten 133

Kapitel 8
Futures-Märkte:
Wo die Zukunft schon heute gehandelt wird 137

Margin: Der eingebaute Hebel bei Futures 139
Handelbare Futures-Märkte für Optionshändler 140
    Indizes (Indices) 140
    Anleihen (Bonds) 141
    Währungen (Currencies) 141
    Metalle (Metals) 142
    Energie (Energy) 142
    Getreide (Grains) 142
    Fleisch (Meats) 143
    Softs 143
Vorteile von Futures-Optionen 144
Commitments Of Traders (COT): Legale Insiderinformationen 146
    Die Marktteilnehmer am Futures-Markt. 146
    Meldepflicht für professionelle Marktteilnehmer 147
    Der klassische COT Report (Legacy Report) 148
    Weitere COT Reports 151
    Auf den Spuren der Insider: So lesen Sie den COT Report 153

Kapitel 9
Saisonale Trends an den Finanzmärkten 165

Saisonale Muster erkennen 166
    Berechnung von saisonalen Charts. 167
    Statistiken zur monatlichen Performance 169
    Betrachten Sie verschiedene Zeiträume. 171
Typische saisonale Muster verschiedener Märkte 172
    Aktienmärkte 172
    Energie-Futures 173
    Edelmetalle 176
    Grains. 177

TEIL III
AUSGEWÄHLTE STRATEGIEN FÜR AUSGEWÄHLTE MÄRKTE 179

Kapitel 10
Absicherung oder volles Risiko? 181

Aktien steigen immer 182
    Die historischen Renditen des Aktienmarktes 182

Die Angst vor dem großen Crash. 184
Wann eine Absicherung sinnvoll sein kann 185
    Rendite versus Drawdown 186
    An der Börse wird nicht geklingelt, oder etwa doch? 187
Verschiedene Absicherungsstrategien im Überblick 188
    Protective Put: Absicherung von Aktien und Depots 188
    Die Wahl des Basispreises und der Restlaufzeit 190
    Covered Call: Eine Art »umgekehrte Selbstbeteiligung«. 192
    Collar: Die clevere Kombination aus Short Call und Long Put. 193
    Kostenlose Absicherung? 194

Kapitel 11
Drehen Sie am Rad: Die Wheel-Strategie 197

Cash Secured Put: Verkauf eines gedeckten Puts. 197
Covered Call: Verkauf eines gedeckten Calls 198
Regelmäßige Einnahmen mit der Wheel-Strategie. 200
Risikomanagement bei der Wheel-Strategie 201
    Aktie halten und Verluste aussitzen (plus: weiterhin Einnahmen
    erzielen). 202
    Verlust »hart« begrenzen (Stop Loss) 205
    Optionen rollen 205
    Aktienposition durch Protective Put absichern 207
    Auswahl der richtigen Aktien und Optionen 208

Kapitel 12
Stillhalterstrategien mit hoher
Erfolgswahrscheinlichkeit 215

Theta: Der Freund des Optionsverkäufers. 216
    Absolutes Theta versus relatives Theta 216
    Out of the money: Je weiter, desto besser? 217
Das ungedeckte Risiko bei Stillhalterstrategien 218
    Naked Options versus Spreads 219
    Vertikale Spreads im Überblick 221
Credit Spreads an den Futures-Märkten 226
    Credit Spreads und die implizite Volatilität 227
    COT-Signale handeln 230
    Trade-Management bei Credit Spreads 236

Kapitel 13
Optionen für jede Jahreszeit 245

Wie Sie mit Optionen von saisonalen Mustern profitieren können. 245
    Kombinieren Sie die saisonale Analyse mit anderen
    Analysemethoden 246
    Wahl der Strategie 246
    Saisonalität und vertikale Spreads 247
Plätzchen, Punsch und Portfolio: Ein Rezept für die Endjahresrally 248
    Detrended Charts: Damit Sie sich nicht täuschen lassen. 249

Saisonale Analysen einzelner Kalenderjahre.......................... 250
Wie Sie die Saisonalität im S&P 500 nutzen können................... 253
Geld schreibt man mit »o«: Goldene Gelegenheiten im Edelmetallmarkt...... 254
Bullische Strategien im Dezember.................................... 256
Erneut bullisch im Sommer 261
Wintermüdigkeit und Sommerfieber: Der saisonale Rhythmus des Ölmarktes... 262
Sommer, Sonne, Put Spreads: Wer bremst, verliert................... 262
Verkauf von Call Spreads im Herbst 267
Kornfeld-Kapitalismus: Wenn die Ernte ins Depot wandert 267
Sojabohnen: Verkauf von Put Spreads im Herbst..................... 268
Mais: Verkauf von Call Spreads im Sommer 270
Weizen: Topbildung im Frühjahr und steigende Preise ab Juli 271

TEIL IV
FORTGESCHRITTENE OPTIONSSTRATEGIEN........................ 273

Kapitel 14
Iron Condor: Die Strategie für Seitwärtsmärkte 275
Doppelte Prämieneinnahme 276
Tipps für den Handel von Iron Condors.................................... 279
Iron Condors in Seitwärts- und Trendmärkten 281
Skewed Iron Condor: Der »schräge« Iron Condor.................... 282

Kapitel 15
Beliebter Trade unter Stillhaltern 285
Funktionsweise eines Long Butterflys 285
Wann der Einsatz eines Long Butterflys sinnvoll ist 287
Schmetterling oder Vogel? Butterfly versus Iron Condor............... 288
Long Butterfly versus Short Butterfly 289
Broken Wing Butterfly: Schmetterling mit gebrochenem Flügel 290

Kapitel 16
Calendar Spread:
Die Zeit spielt für Sie, auch bei niedriger Volatilität........... 293
So funktioniert ein Calendar Spread....................................... 294
Call Calendar Spread versus Put Calendar Spread 295
Die Griechen bei einem Calendar Spread 296
Doppelt gemoppelt: Der Double Calendar Spread......................... 298
Aller guten Dinge sind drei: Der Triple Calendar Spread................. 299

Kapitel 17
Weitere Optionsstrategien im Überblick 301
Straddle: Die Strategie für Unentschlossene............................... 302
Long Straddle 302
Short Straddle.. 304

Strangle: Wenn der Markt Luft holen muss.	306
Long Strangle	306
Short Strangle	307
Poor Man's Covered Call	309
Diagonal Spread: Vertikal + Horizontal = Diagonal.	311
Iron Butterfly: Schwer wie Stahl, leicht wie eine Feder	313
Ratio Spread: Auf das richtige Verhältnis kommt es an.	315

TEIL V
DER-TOP-TEN-TEIL 319

Kapitel 18
Zehn Vorteile von Optionen 321

#1: Optionen sind echte Terminkontrakte.	321
#2: Optionen ermöglichen nicht-direktionales Trading.	321
#3: Optionen sind flexibler als alle anderen Finanzinstrumente	322
#4: Mit Optionen können Sie die Volatilität handeln	322
#5: Optionen ermöglichen größtmögliche Diversifikation	322
#6: Mit Optionen arbeitet die Zeit für Sie	322
#7: Einige Optionsstrategien haben sehr hohe Trefferquoten.	323
#8: Optionen eignen sich optimal für ein striktes Risikomanagement	323
#9: Mit Optionen fällt es leichter, psychologische Fallstricke zu vermeiden	324
#10: Optionen ermöglichen eine optimale Kapitaleffizienz	324

Kapitel 19
Zehn Möglichkeiten, wie Sie mit Optionen Geld verbrennen 325

#1: Sie kaufen günstige Optionen, in der Hoffnung auf große Kursbewegungen.	325
#2: Sie verkaufen nackte Optionen ohne Absicherung	326
#3: Sie widmen der impliziten Volatilität keine Aufmerksamkeit.	326
#4: Sie nutzen einen Stop Loss	326
#5: Sie reizen die Margin bis zum Anschlag aus	326
#6: Sie besitzen zu hohe Klumpenrisiken	327
#7: Sie handeln komplexe Strategien, ohne diese zu verstehen	327
#8: Sie betreiben Overtrading	327
#9: Sie handeln in illiquiden Märkten oder illiquiden Marktphasen	327
#10: Sie besitzen kein regelbasiertes Handelssystem	328

Kapitel 20
Zehn Websites und Tools für den täglichen Handel 329

#1: Trader Workstation.	329
#2: Fomo-Finance.com	329
#3: Die Chartsoftware Ihrer Wahl	330
#4: Stockcharts.com	330
#5: OptionStrat	330

#6: Barchart.com 330
#7: Finviz.com. 331
#8: Equityclock.com. 331
#9: Option Net Explorer und Option Vue. 331
#10: CME FedWatch Tool 331

Abbildungsverzeichnis. **333**

Stichwortverzeichnis **335**

Einführung

Der Börsenhandel ist ein faszinierendes Spielfeld, auf dem täglich die unterschiedlichsten Interessen, Meinungen und Prognosen aufeinandertreffen. Die Märkte fordern uns heraus, diszipliniert zu handeln, Geduld zu bewahren und ständig zu wachsen – sei es durch neue Erkenntnisse oder den Umgang mit Rückschlägen. Hier trifft analytisches Denken auf emotionale Stärke, und jeder Trade wird zu einer Lektion, die uns näher an unsere Ziele bringt. Genau das macht den Reiz aus: Der Markt ist der ultimative Schiedsrichter – neutral, unbestechlich und gnadenlos konsequent. Er zwingt uns, Verantwortung für unsere eigenen Entscheidungen zu übernehmen und aus unseren Fehlern zu lernen.

Aber sind wir mal ehrlich: So aufregend die Börse mitunter auch sein kann, letztendlich verfolgen wir alle ein gemeinsames Ziel – wir handeln an der Börse, weil wir Geld verdienen wollen, und wenn möglich nicht zu wenig davon. Eine gewisse Leidenschaft und Freude gehört für die allermeisten aktiven Händler natürlich auch dazu, aber wenn am Ende des Tages der Kontostand sinkt, ist das nicht zielführend und der Spaß ist dann meist auch schnell vorbei. Doch was ist nötig, um langfristig zu den Gewinnern an der Börse zu zählen? Vermutlich haben Sie auch schon von Zahlen und Statistiken gehört, wonach eine überwältigende Mehrheit der privaten Trader und Anleger kein Geld an den Märkten verdient, geschweige denn »den Markt schlägt«, also eine höhere Rendite erwirtschaftet als der breite Markt. Je nach Quelle schwanken die Zahlen ein wenig, aber nicht selten ist zu lesen, dass bis zu 90 Prozent aller privaten Händler keine Gewinne erzielen. Eine schockierende Zahl. Unter Insidern gibt es die sogenannte »90-90-90-Regel«. Diese besagt, dass 90 Prozent der Trader 90 Prozent ihres Kapitals in den ersten 90 Tagen nach der Kontoeröffnung verlieren.

Doch bevor Sie nun aus Furcht dieses Buch sofort wieder beiseitelegen, lassen Sie mich Ihnen Folgendes sagen: Die Tatsache, dass Sie diese Seiten lesen, beweist, dass Sie den meisten privaten Börsianern bereits einen Schritt voraus sind: Sie handeln nicht einfach aus dem Bauch heraus und für Sie ist Börse kein Glücksspiel. Sie meinen es ernst, Sie bilden sich weiter, und Sie sind bereit, strategisch und analytisch an die Märkte heranzutreten.

Was ist neben dieser mentalen Grundeinstellung noch notwendig für den Börsenerfolg? Sie benötigen ein klar definiertes und regelbasiertes Handelssystem, mit dem Sie einen statistischen Vorteil – einen Gewinnvorteil beziehungsweise eine *Edge* – erlangen. Die meisten Trader und Anleger beschäftigen sich dabei vor allem mit der Frage nach dem perfekten Einstiegs- und Ausstiegssignal. Dagegen ist grundsätzlich erst mal nichts einzuwenden – außer, dass es an der Börse keine perfekten Signale gibt. Ein weiterer Faktor wird dabei allerdings häufig außen vor gelassen: die Frage nach dem Handelsinstrument. »Ist doch egal, womit ich handle. Wenn ich gute Signale habe, gehe ich einfach Long oder Short«, lautet dabei oft das Motto. Was wäre aber, wenn Sie allein durch die Wahl des Handelsinstruments die Wahrscheinlichkeiten bereits ein Stück weit zu Ihren Gunsten verschieben könnten? Auch wenn diese These etwas gewagt ist, behaupte ich: Durch den Handel von Optionen ist genau das der Fall. Wenn Sie Optionen strategisch klug einsetzen, steigen Ihre Erfolgschancen. Dabei spreche ich nicht nur aus eigener Erfahrung; im Laufe der Jahre habe ich in zahlreichen Gesprächen mit vielen privaten Tradern, Anlegern und Coaching-Teilnehmern ebenfalls dieses Feedback erhalten.

Neben der Tatsache, dass es tatsächlich einige Optionsstrategien gibt, die einen quantifizierbaren Gewinnvorteil – sprich einen positiven Erwartungswert – besitzen, haben Optionen noch einen weiteren Vorteil: Durch den gezielten Einsatz von Optionsstrategien ist die Wahrscheinlichkeit hoch, dass Sie die typischen psychologischen und mentalen Fallstricke, die der Börsenhandel mit sich bringt, besser meistern können. Sie sind zum Beispiel häufig nicht darauf angewiesen, dass Sie sich für eine Richtung (Long oder Short) entscheiden müssen und dass der Markt nach Ihrem Einstieg sofort in die »richtige« Richtung laufen muss. Dadurch werden Sie entspannter und Nervosität tritt seltener auf. Und selbst bei einer korrekten Prognose der Markt- beziehungsweise Trendrichtung wird der »normale« Trader, der Long oder Short geht und dann seinen Stop Loss setzt, häufig ausgestoppt, bevor der Markt sich dann entscheidet, in die »richtige« Richtung zu laufen. Auch dieses Ärgernis kann beim Handel verschiedener Optionsstrategien vermieden werden. Ein weiteres Problem, mit dem viele Händler zu kämpfen haben, ist es, Gewinne laufen zu lassen und bei zwischenzeitigen Rücksetzern nicht zu früh wieder auszusteigen. Somit wird der durchschnittliche Gewinn reduziert, was den Erwartungswert einer vielleicht sonst gewinnbringenden Strategie zunichtemachen kann. Beim Handel von Optionen kann diese Schwierigkeit vielfach vermieden werden, da Gewinne oft durch den Zeitwertverfall entstehen und durch vordefinierte Gewinnziele automatisch realisiert werden. Dies reduziert die Notwendigkeit, über den perfekten Ausstiegszeitpunkt zu entscheiden und die Zeit wird zu Ihrem Verbündeten.

Aber natürlich sind Optionen kein Zaubermittel und der Einsatz von Optionen allein wird nicht ausreichen, um zu einem erfolgreichen Trader oder Anleger zu werden. Wenn Sie jedoch lernen, wie Sie mit Optionen einen Gewinnvorteil erlangen können und in welchen konkreten Situationen der Einsatz verschiedener Optionsstrategien besonders sinnvoll ist, können Sie Ihre Chancen auf nachhaltigen Erfolg an den Märkten deutlich verbessern.

Über dieses Buch

Das Ziel dieses Buches ist es, Ihnen das notwendige Fachwissen im Bereich des Optionshandels zu vermitteln, damit Sie eigenständige und selbstbewusste Handelsentscheidungen treffen können. Das theoretische Fachwissen bildet hierfür das Fundament. Sie werden aber keine komplizierten finanzmathematischen Abhandlungen über die Optionstheorie finden, sondern in einfacher Sprache die praktischen Grundlagen und Strategien des Optionshandels erlernen, ergänzt durch viele Beispiele aus der Praxis.

Vermutlich haben Sie schon einmal etwas von dem KISS-Prinzip gehört. Dieses Akronym steht für »Keep it simple, stupid« – auf Deutsch etwa: »Halte es einfach, Dummerchen.« Es soll uns daran erinnern, dass die besten Lösungen oft die einfachsten sind. Und das trifft für den Optionshandel ebenso wie für den Börsenhandel im Allgemeinen zu. Optionen sind von ihrem Grundprinzip kaum komplizierter als andere Finanzinstrumente und wenn Sie sich auf das Wesentliche konzentrieren, statt es unnötig kompliziert zu machen, stehen Ihre Chancen auf dauerhaften Erfolg am besten.

An der Börse führen viele Wege nach Rom. Es gibt daher keine echte Objektivität. Tipps und Empfehlungen beruhen auf meiner mittlerweile fast 20-jährigen Erfahrung an den Märkten sowie auf dem Austausch mit zahlreichen Trader-Kollegen und Coaching-Teilnehmern.

Für Feedback, Anregungen oder Fragen zu diesem Buch können Sie sich gerne direkt per E-Mail bei mir melden, unter info@fomo-finance.com. Auf meiner Website fomo-finance.com finden Sie weiterführende Lerninhalte, Tools und Coaching-Angebote zum Thema Optionshandel und zu weiteren Themen.

Konventionen in diesem Buch

Dieses Buch ist nach dem Motto »Von einem Praktiker für Praktiker« geschrieben. Auch komplizierte Zusammenhänge werden möglichst einfach und verständlich erklärt und durch zahlreiche praxisnahe Beispiele und Ausführungen ergänzt.

- ✔ Wenn ein Fachbegriff neu eingeführt wird, ist dieser kursiv geschrieben. Häufig folgt eine kurze Definition mit dem entsprechenden Symbol.

- ✔ E-Mail- und Internet-Adressen werden in Schreibmaschinenschrift geschrieben. Dies signalisiert Ihnen, dass Sie diese abtippen müssen.

- ✔ Englische Fachbegriffe werden erklärt, aber in vielen Fällen bleiben wir bei den typischen und geläufigen englischen Begriffen.

Was Sie nicht lesen müssen

Die Teile und Kapitel dieses Buches sind in einer durchdachten und logischen Reihenfolge strukturiert. Auch wenn gewisse Inhalte aufeinander aufbauen, ist es nicht nötig, dass Sie das ganze Buch von vorne bis hinten durchlesen. Sie können auch direkt zu den Kapiteln springen, die Sie am meisten interessieren. Ebenso können Sie einzelne Seiten oder Kapitel auslassen, falls Sie schon einen entsprechenden Wissensstand besitzen. Falls Ihnen an der ein oder anderen Stelle das Hintergrundwissen fehlt, finden Sie mithilfe von Querverweisen die benötigten Kapitel. Um den größtmöglichen Nutzen aus diesem Buch zu ziehen, empfehle ich Ihnen dennoch, das gesamte Buch einmal komplett durchzulesen. Danach können Sie einzelne Kapitel zur Wiederholung oder Vertiefung erneut aufschlagen.

Törichte Annahmen über den Leser

Da Optionen häufig nicht dasjenige Handelsinstrument sind, das von Börsenanfängern als Erstes zum Einsatz kommt, gehe ich davon aus, dass Sie sich bereits eine gewisse Zeit mit dem Börsenhandel beschäftigen. Sie wissen vermutlich bereits, was eine Aktie und was eine Börse ist. Wahrscheinlich haben Sich auch bereits mit Aktien oder anderen Finanzinstrumenten wie ETFs, Futures oder Währungen gehandelt. Möglicherweise sind Sie auch schon ein erfahrener Börsianer, haben sich bisher aber noch nicht an Optionen herangewagt. Darüber hinaus habe ich noch einige weitere Annahmen über Sie getroffen:

- ✔ Sie besitzen ein Grundinteresse für die Börse und nehmen Ihre persönlichen Finanzen in die eigenen Hände.

- ✔ Sie sind wissbegierig, besitzen eine Lernbereitschaft und wollen sich weiterentwickeln.

- ✔ Sie suchen entweder nach Möglichkeiten, wie Sie durch aktives Trading Einnahmen generieren können, oder Sie sind ein langfristiger Anleger, der Zusatzeinnahmen erzielen und/oder seine Positionen oder sein Depot absichern möchte. Möglicherweise treffen sogar mehrere dieser Punkte auf Sie zu.

- ✔ Sie wissen, dass man an der Börse Geld verdienen, aber auch Geld verlieren kann und dass die Börse kein Ort für schnelle Reichtümer ohne Risiko ist.

- ✔ Sie sind kein reiner Glücksritter, sondern schätzen analytisches Denken und durchdachte Herangehensweisen.

- ✔ Sie möchten nicht nur Tipps erhalten, sondern die Mechanismen des Optionshandels wirklich verstehen, um eigenständig fundierte Entscheidungen zu treffen.

Wie dieses Buch aufgebaut ist

Dieses Buch besteht aus 19 Kapiteln, die sich in fünf Teile gliedern.

Teil I: Vom Anfänger zum Optionshändler

Die Funktionsweise von Optionen ist im Grunde genommen relativ simpel. Allerdings nicht ganz so simpel, wie der einfache Handel einer Aktie, eines ETFs, eines Futures oder eines Währungspaares. Deshalb ist es wichtig, dass Sie im Detail verstehen, wie Optionen funktionieren, und welche Rechte und Pflichten mit dem Kauf oder Verkauf einer Option verbunden sind.

Darüber hinaus lernen Sie:

- ✔ wie Sie einen passenden Broker finden und wie Sie Ihre ersten Optionstrades tätigen,
- ✔ welche Fachbegriffe Optionshändler verwenden und was diese bedeuten,
- ✔ welche unterschiedlichen Arten von Optionen es gibt,
- ✔ welche grundlegend verschiedenen Optionsstrategien es gibt,
- ✔ was die Griechen sind und welchen Mehrwert Ihnen diese bieten.

Teil II: Von der Analyse zur profitablen Strategie

Sobald Sie verstehen, wie Optionen funktionieren, möchten Sie möglicherweise gleich loslegen und Ihre ersten Trades absetzen. Damit das Ergebnis nicht dem Zufall überlassen wird, müssen Sie jedoch eine Handelsstrategie entwickeln, die einen positiven Erwartungswert besitzt. Dazu gehört auch, dass Sie die Finanzmärkte aufmerksam beobachten und analysieren und lernen, in welchen Situationen Sie welche Optionsstrategien einsetzen können.

Konkret lernen Sie in diesem Teil:

- ✔ wie Sie Trends erkennen und welche verschiedenen Trendphasen es gibt,
- ✔ wie Sie Optionen in einem Trend verwenden können,

✔ worauf es bei der Analyse der Aktienmärkte ankommt,

✔ welche Werkzeuge Ihnen zur Analyse an den Futures-Märkten zur Verfügung stehen,

✔ welche saisonalen Muster es in verschiedenen Märkten gibt.

Teil III: Ausgewählte Strategien für ausgewählte Märkte

Im dritten Teil des Buches wird zunächst diskutiert, ob und wann die Absicherung von Aktien, ETFs und Portfolios sinnvoll ist.

Sobald dies geschehen ist, gelangen Sie quasi zum Herzstück dieses Buches: Ich werde Ihnen eine Auswahl einiger meiner Lieblingsstrategien vorstellen und im Detail erklären, wie Sie diese gewinnbringend nutzen können. Bei der Auswahl der Strategien handelt es sich nicht nur um persönliche Vorlieben, sondern um Strategien, die sich in der Praxis zahlreicher Optionshändler bewährt haben und die insbesondere auch für Neulinge im Bereich des Optionshandels geeignet sind. Neben der bloßen Funktionsweise der Strategien werden Sie lernen, wie Sie auf das in Teil II des Buches erlernte Wissen zurückgreifen und dieses in Ihre Strategien implementieren können.

Teil IV: Fortgeschrittene Optionsstrategien

Im vierten Teil des Buches lernen Sie einige weitere Optionsstrategien mit einem teilweise etwas höheren Komplexitätsgrad kennen. Der Iron Condor, der Butterfly und der Calendar Spread sind beliebte Income-Strategien, die das Ziel verfolgen, einen fortlaufenden Cashflow zu generieren. Sie lernen, wann deren Einsatz sinnvoll ist und worauf es dabei zu achten gilt.

In Kapitel 17 stelle ich Ihnen weitere Optionsstrategien vor. Dabei handelt es sich um Strategien, die im Verlauf des Buches noch keinen Platz gefunden haben, die Sie als routinierter Optionshändler aber ebenfalls alle kennen sollten.

Teil V: Der Top-Ten-Teil

Der Top-Ten-Teil ist ein für die »... für Dummies«-Bücher« typischer Teil, den Sie sich als eine Art Bestenliste vorstellen können. Kurz und knapp werden hier die zehn besten Tipps, Ratschläge und Informationen zu verschiedenen Themen zusammengestellt. Zunächst werde ich Ihnen die zehn wichtigsten Vorteile von Optionen erläutern. Mit diesen zehn Vorteilen sollten Sie genügend Argumente für den nächsten Börsenstammtisch parat haben, falls Sie jemand fragt, weshalb Sie Optionen handeln. Anschließend lernen Sie zehn sichere Möglichkeiten kennen, wie Sie mit Optionen Geld verbrennen können – oder eben nicht, falls Sie das Gegenteil der hier vorgestellten Tipps beherzigen. Zum Schluss finden Sie noch zehn Tools und Websites, die Ihnen im Börsenalltag helfen können.

Symbole, die in diesem Buch verwendet werden

Wie es sich für ein »... für Dummies«-Buch gehört, wurde auch in diesem Werk fleißig Gebrauch von verschiedenen Symbolen gemacht. Damit Sie nicht von seitenlangen Textwänden abgeschreckt werden, finden Sie zur Auflockerung und zur besseren Lesbarkeit folgende Symbole:

 Um die Inhalte dieses Buches bestmöglich zu verinnerlichen, finden Sie zahlreiche praxisnahe Beispiele, die mit diesem Symbol gekennzeichnet sind.

 Mit dem Symbol für Definitionen sind die Stellen markiert, an denen typische Fachbegriffe eingeführt und erklärt werden.

 Dieses Zeichen steht für Anekdoten und sonstige allgemeine Weisheiten und Geschichten.

 Mit diesem Zeigefinger-Symbol werden wichtige Aussagen hervorgehoben oder wiederholt, falls Sie an früherer Stelle im Buch bereits behandelt wurden.

 Praktische Tipps und Tricks sind mit diesem Symbol gekennzeichnet.

 Das Ausrufezeichen steht überall dort, wo es um Themen oder Informationen geht, bei denen besondere Vorsicht geboten ist.

Wie es weitergeht

Mit dem Lesen dieser Einleitung konnte Ihre Vorfreude auf dieses Buch hoffentlich ein wenig gesteigert werden. Sie wissen nun, was Sie erwartet und können direkt mit der Lektüre beginnen. Am besten blättern Sie die Seiten der einzelnen Kapitel zunächst einmal durch und lesen nur die Überschriften. So bekommen Sie einen besseren Eindruck von den Inhalten und dem Aufbau des Buches und können entscheiden, ob Sie es von vorne bis hinten durchlesen oder gezielt zu den Stellen springen, die Sie am meisten interessieren.

Viel Spaß beim Lesen und viel Erfolg in der Welt des Optionshandels!

Teil I
Vom Anfänger zum Optionshändler

IN DIESEM TEIL ...

Erarbeiten Sie sich das Fundament für den erfolgreichen Einstieg in den Optionshandel. Sie erfahren, was Optionen sind, wie sie funktionieren und welche Vorteile sie Ihnen bieten können. Dabei lernen Sie die verschiedenen Arten von Optionen kennen und welche Rechte und Pflichten mit dem Kauf und Verkauf von Optionen verbunden sind.

Sie setzen sich mit der Auswahl des richtigen Brokers auseinander und verstehen, wie Sie erste Trades planen, eröffnen und abschließen. Zusätzlich erschließen Sie sich die wichtigsten Kennzahlen, die Ihnen helfen, Chancen und Risiken besser einzuschätzen. Abschließend entdecken Sie die vier Basisstrategien des Optionshandels, die Ihnen eine solide Grundlage für alle weiteren Optionsstrategien bieten.

> **IN DIESEM KAPITEL**
>
> Was Optionen nicht sind
>
> Der Versicherungscharakter von Optionen
>
> Optionskauf versus Optionsverkauf
>
> Zehn Schritte zum erfolgreichen Optionshändler

Kapitel 1
Ihr Weg zum erfolgreichen Optionshändler

Optionen sind aus dem Bereich des professionellen Handels an den Finanzmärkten nicht mehr wegzudenken und werden von institutionellen Marktteilnehmern auf der ganzen Welt eingesetzt. Auch unter Privatanlegern und privaten Tradern wurden Optionen in den letzten Jahren zunehmend beliebter. Einer der größten Vorteile von Optionen liegt in ihrer Flexibilität. So können Optionen unter anderem für folgende Ziele genutzt werden:

- ✔ zur Absicherung gegen große Verluste einer Aktie oder eines ETFs
- ✔ zur Absicherung gegen Verluste eines gesamten Portfolios
- ✔ zur Absicherung von Währungsrisiken in internationalen Portfolios
- ✔ zum Aufbau von regelmäßigen Cashflows durch den Einsatz verschiedener Optionsstrategien
- ✔ zum Einsatz als Tradingvehikel für verschiedenste Märkte und Basiswerte wie Aktien, ETFs, Indizes, Futures auf Währungen, Rohstoffe, Anleihen, et cetera
- ✔ zur Spekulation auf kurzfristige Kursbewegungen ohne den Kauf des Basiswertes
- ✔ zur Generierung von Einnahmen in steigenden, fallenden oder seitwärts verlaufenden Märkten
- ✔ zum gezielten Einsatz von Leverage (Hebelwirkung), um mit einem kleineren Kapitaleinsatz ein größeres Gewinnpotenzial zu erhalten

✔ zum Kauf und Verkauf von Aktien (oder anderen Basiswerten) mit einer zusätzlichen Prämieneinnahme

✔ zur Optimierung der Steuerlast durch eine gezielte Nutzung von Long- und Short-Optionen

Wenn eines dieser Ziele für Sie persönlich erstrebenswert klingt, ist die Wahrscheinlichkeit groß, dass Sie durch den Einsatz von Optionen Ihren Börsenerfolg maximieren können – sei es als Werkzeug zur Risikoabsicherung, zur Generierung von zusätzlichem Cashflow oder als Handelsinstrument für das kurzfristige Trading.

Das Ziel dieses Buches besteht einerseits darin, Ihnen einen möglichst umfassenden Einblick in die Funktionsweise und die vielfältigen Einsatzmöglichkeiten von Optionen zu bieten. Andererseits wird der Schwerpunkt auf aktive Trading- und Income-Strategien gelegt, die das Ziel verfolgen, (mehr oder weniger) regelmäßige Einnahmen für Ihr Portfolio zu generieren.

Was Optionen nicht sind

In den USA sind Optionen nicht nur unter professionellen Händlern bekannt und beliebt, sondern werden seit vielen Jahren auch von privaten Anlegern und Tradern vermehrt eingesetzt. Die Popularität von Optionen nahm in den letzten Jahren zwar auch in Europa und im deutschsprachigen Raum zu, aber noch immer herrschen teilweise Mythen oder Vorurteile vor. Vielleicht haben Sie auch schon gehört, dass Optionen zu kompliziert, intransparent, riskant oder ausschließlich für Profis mit langjähriger Erfahrung geeignet seien? Tatsächlich ist nichts davon wahr.

Die Bank gewinnt immer

Was den Zugang und die Affinität zum Börsenhandel betrifft, gelten die USA häufig als Vorreiter. Unter der breiten Bevölkerung ist das Engagement an den Finanzmärkten deutlich höher als beispielsweise in Deutschland. Ein Grund dafür ist, dass die USA etwas liberaler sind, was die Einstiegshürden, Regulierungen und Steuerregelungen anbelangt. Darüber hinaus setzen viele Amerikaner stärker auf Eigenverantwortung und individuelle Vorsorge, anstatt auf staatliche Sicherungssysteme zu vertrauen. Dieses Mindset trägt dazu bei, dass das Investieren in Aktien und andere Finanzinstrumente als notwendiger Bestandteil der privaten Vermögensbildung angesehen wird.

Ein Funfact dabei ist: Einige der hierzulande beliebten Produkte wie Optionsscheine (nicht zu verwechseln mit Optionen), Hebelzertifikate oder CFDs (Contract for Difference) sind in den USA für Privatanleger gänzlich verboten. Warum ist das so? Und warum werden genau diese Produkte in Europa oft besonders stark beworben? Ein Schelm, wer Böses dabei denkt!

Falls Sie eines der eben genannten Produkte nutzen, sollte Ihnen das möglicherweise zu denken geben. Bei all den genannten Finanzinstrumenten handelt es sich um typische Emittentenprodukte. Das heißt, diese werden von einem Emittenten (einer Bank)

herausgegeben. Vereinfacht gesagt: Sie handeln gegen die Bank. Was denken Sie, wessen Gewinnchancen bei diesem Handel höher sind? Und ist dies möglicherweise der Grund, weshalb die US-Behörden Privatanleger davor schützen?

Das Verbot von Emittentenprodukten in den USA erklärt einerseits die größere Beliebtheit von Optionen jenseits des großen Teichs. Andererseits hat die hiesige Finanzindustrie ein großes Interesse daran, Ihnen diejenigen Produkte zu verkaufen, mit denen deren eigener Profit am größten ist. Mit welchen Finanzinstrumenten Ihre Gewinnchancen am größten sind, spielt dabei häufig keine große Rolle.

Wenn Sie langfristig zu den Gewinnern an der Börse zählen wollen, sollten Sie deshalb der »dunklen Seite der Macht« den Rücken kehren: Handeln Sie nicht gegen die Bank, sondern handeln Sie an einer echten Börse. Handeln Sie Optionen!

Optionen sind nicht kompliziert

Manche Anleger halten Optionen für übermäßig kompliziert und schwierig zu verstehen. Tatsächlich gibt es zwar eine spezielle Terminologie und auch komplexe Optionsstrategien, doch die Grundlagen sind einfacher, als es zunächst scheint. Optionen basieren auf einer klaren Logik: Sie gewähren dem Käufer das Recht, einen bestimmten Basiswert zu einem festgelegten Preis innerhalb einer bestimmten Zeitspanne zu kaufen oder zu verkaufen. Wie genau Optionen funktionieren, lesen Sie in Kapitel 2. Mit dem einfachen Kauf oder Verkauf von Calls und Puts lassen sich bereits eine Vielzahl an Strategien entwickeln, die mit etwas Übung gut umsetzbar sind. Die vier Basis-Optionsstrategien stelle ich Ihnen in Kapitel 6 vor.

Optionen sind keine Optionsscheine

Ein häufiges Missverständnis ist die Verwechslung von Optionen mit Optionsscheinen, was jedoch ein gravierender Irrtum ist.

Optionen sind standardisierte, an der Börse gehandelte Verträge, die direkt zwischen dem Käufer und dem Verkäufer abgeschlossen werden. Der Handel unterliegt der Aufsicht von Regulierungsbehörden, wodurch Sie als Marktteilnehmer vor Manipulation geschützt sind.

Optionsscheine hingegen werden von Emittenten wie Banken ausgegeben und unterliegen deren Einfluss. Anders als bei Optionen bestimmt der Emittent bei Optionsscheinen die Bedingungen und kann diese zu seinem Vorteil anpassen.

Durch die Börsennotierung von Optionen profitieren Sie als Trader oder Anleger von transparenten Preisen und einem geregelten Handel. Wer Optionen kauft oder verkauft, handelt direkt an der Börse und ist damit nicht auf die Bedingungen eines Emittenten angewiesen, was mehr Transparenz und Fairness schafft.

Darüber hinaus können Sie an der Börse Optionen sowohl kaufen als auch verkaufen. Bei Optionsscheinen hingegen tritt der Emittent immer als Sell Side auf, Sie sind auf der Buy Side.

Optionen sind nicht intransparent

Ein weiterer Mythos ist, dass der Optionshandel intransparent sei und nur Profis die Marktmechanismen wirklich durchblicken könnten. In Wahrheit findet der Handel mit Optionen an regulierten Terminbörsen statt. Die gehandelten Preise sind für alle Marktteilnehmer einsehbar und öffentlich zugänglich. Der Preis einer Option entsteht durch Angebot und Nachfrage, wobei Faktoren wie die Volatilität des Basiswerts, die Laufzeit und der Basispreis eine Rolle spielen. Es gibt keine Institutionen oder Emittenten, die den Preis direkt festlegen, sondern lediglich mathematische Modelle, die den theoretischen Wert einer Option berechnen und als Orientierung dienen.

Auf Basis dieser mathematischen Modelle lassen sich auch einige Optionskennzahlen ableiten, die sogenannten Griechen. Diese lernen Sie in Kapitel 5 kennen. Die Griechen können Sie verwenden, müssen Sie aber nicht. Insbesondere bei einfachen Strategien genügt es häufig, wenn Sie die grundlegende Funktionsweise von Optionen verinnerlicht haben und wissen, was den Optionspreis beeinflusst und worauf Sie achten müssen. Und wenn Sie die Optionsgriechen als Hilfe nutzen, müssen Sie keineswegs ein Mathe-Genie sein – Ihre Tradingsoftware liefert Ihnen alle benötigten Kennzahlen ganz automatisch.

Optionen sind keine Wertpapiere

Viele Menschen denken fälschlicherweise, dass Optionen Wertpapiere seien, wie Aktien oder Anleihen. Das stimmt jedoch nicht: Optionen sind *Finanzderivate*, die ihren Wert aus einem zugrunde liegenden Basiswert ableiten, zum Beispiel einer Aktie oder einem Index. Während Wertpapiere wie Aktien direkten Besitz und eine Beteiligung an einem Unternehmen darstellen, handelt es sich bei Optionen um Verträge, die lediglich ein Recht zum Kauf oder Verkauf verbriefen.

Optionen sind keine Garantie für Erfolg

Optionen besitzen viele Vorteile, die sie von anderen Finanzinstrumenten unterscheiden. Einer der größten Vorteile ist die Möglichkeit für *nicht-direktionale Trades*. Während Sie beim direkten Handel von Aktien, ETFs, Futures oder Währungen nur einen Gewinn erzielen können, wenn Sie die Richtung korrekt »vorhersagen«, können Sie mit Optionen auch einen Gewinn erzielen, wenn sich der Basiswert seitwärts bewegt. Einige dieser Strategien lernen Sie in Teil III und Teil IV kennen.

Dennoch stellt der Einsatz von Optionen als Handelsinstrument keineswegs eine vollständige Strategie dar. Genau wie mit jedem anderen Handelsinstrument können Sie mit Optionen zwar viel Geld verdienen, aber auch viel Geld verlieren. Entscheidend ist, dass Sie wissen, wie Sie Optionen zu Ihrem Vorteil einsetzen können. Neben dem bloßen Verständnis für die Funktionsweise einer Option oder einer Optionsstrategie ist dafür ein Verständnis für das Markgeschehen als Ganzes notwendig. Sie sollten also die von Ihnen gehandelten Märkte und Basiswerte genau kennen, verstehen und analysieren und lernen, in welchen konkreten Situationen Sie Optionen zu Ihrem Vorteil einsetzen können.

Der zweite Teil dieses Buches beschäftigt sich deshalb ausführlich mit der Marktanalyse. Allerdings gibt es unterschiedliche Analysemethoden und innerhalb jeder einzelnen Analysemethode gibt es sehr viele unterschiedliche Herangehensweisen und »Philosophien«. Deshalb ist es kaum möglich, einen Themenkomplex wie die *Technische Analyse*, die *Intermarket-Analyse* oder die *Fundamentalanalyse* vollumfänglich zu behandeln. Vielmehr lernen Sie diejenigen Werkzeuge und Analyseansätze kennen, die sich meiner Erfahrung nach besonders gut für den Optionshandel eignen und die sich sowohl in meinem eigenen Handel als auch bei Coaching-Teilnehmern bewährt haben.

Der Versicherungscharakter von Optionen (Optionskauf versus Optionsverkauf)

Optionen sind keine neumodische Erfindung der modernen Finanzindustrie, sondern haben eine lange Geschichte, die bis in die Antike zurückreicht. Zurückzuführen ist die Entstehung von Optionen auf das urmenschliche Bedürfnis, sich gegen potenzielle Risiken abzusichern. So wurden und werden Optionen eingesetzt, um zukünftige Unsicherheiten planbarer zu machen und sich gegen unerwartete Ereignisse wie Ernteausfälle oder starke Preisschwankungen abzusichern.

 Bereits in der Antike nutzten Händler und Landwirte einfache Formen von Optionen, um Preisrisiken für ihre Waren zu reduzieren und die zukünftige Nachfrage besser einzuschätzen. Auch im Mittelalter und in der frühen Neuzeit wurden Optionen genutzt, insbesondere in Form von Vorverträgen für Waren wie Getreide oder Gewürze.

Heute hat sich der Optionshandel weiterentwickelt und wird weltweit an Börsen nach klaren, standardisierten Regeln abgewickelt, aber das Grundprinzip – der Schutz vor Risiken und das gezielte und strategische Ausnutzen von Preisbewegungen – ist nach wie vor dasselbe.

 Im Gegensatz zu herkömmlichen Versicherungen besitzen börsengehandelte Optionen allerdings eine Besonderheit: Sie können Optionen an der Börse nicht nur kaufen, sondern auch verkaufen. Das heißt, Sie können sich nicht nur gegen Risiken absichern, sondern Sie können auch selbst zur Versicherungsgesellschaft werden.

Und dafür lassen Sie sich natürlich bezahlen! Wenn Sie Optionen verkaufen, erhalten Sie vom Käufer der Option eine finanzielle Entschädigung: die *Optionsprämie*. Strategien, die das Ziel verfolgen, Einnahmen durch den Verkauf von Optionen zu erzielen, werden als *Stillhalter-Strategien* bezeichnet. Der Verkauf eines Calls wird als *Short Call* bezeichnet und der Verkauf eines Puts als *Short Put*. Worauf es bei diesen beiden Basis-Optionsstrategien zu achten gilt, lesen Sie in Kapitel 6. In den Kapiteln 11, 12 und 13 lernen Sie, wie Sie mit einfachen Stillhalter-Strategien vorgehen, mit dem Ziel einen möglichst kontinuierlichen Cashflow auf Ihrem Konto zu generieren. Einige komplexere Stillhalter-Strategien lernen Sie in den Kapiteln 14, 15, 16 und 17 kennen.

Optionen: Das Instrument für smarte Börsianer

Ein Motto vieler Optionshändler, die primär auf den Verkauf von Optionen (Stillhalter-Strategien) setzen, lautet: »Es ist besser vorherzusagen, wohin der Preis wahrscheinlich nicht geht, als vorherzusagen, wohin der Preis geht.« Der Grund dafür scheint einleuchtend: Ihre Wahrscheinlichkeit für einen gewinnbringenden Trade ist bei diesem Handelsansatz höher, als wenn Sie vorhersagen müssen, in welche Richtung sich der Basiswert bewegen wird.

 Stellen Sie sich vor, Sie beobachten eine Aktie, die sich in einem Aufwärtstrend befindet und nach einer Korrektur wieder zu steigen beginnt. Während der Korrektur fällt die Aktie bis auf 85 Euro. Anschließend bricht die Aktie auf ein neues Allzeithoch aus und notiert aktuell auf einem Kursniveau von 92 Euro. Aufgrund Ihrer fundamentalen und technischen Analysen sowie dem insgesamt bullischen Marktumfeld gehen Sie mittelfristig von weiter steigenden Kursen aus.

Wenn Sie solch eine Situation für einen gewinnbringenden Trade nutzen wollen, stehen Ihnen verschiedene Möglichkeiten zur Verfügung:

1. Sie könnten ganz einfach die Aktie kaufen und darauf vertrauen, dass Ihre Analyse korrekt ist und die Aktie weiter steigen wird.

2. Sie könnten auch eine Option kaufen, mit der Sie von weiter steigenden Kursen profitieren, ohne dabei die Aktie selbst zu besitzen.

3. Oder Sie setzen darauf, dass die Aktie den Aufwärtstrend fortsetzen wird und in den nächsten 60 Tagen nicht wieder unter 85 Euro fällt.

Wenn Sie darüber nachdenken, in welchem dieser drei Szenarien Ihre Wahrscheinlichkeit für eine korrekte Prognose am höchsten ist, wird Ihnen schnell klar, dass dies in Szenario Nummer 3 der Fall ist. In den ersten beiden Szenarien erzielen Sie nur einen Gewinn, wenn die Aktie weiter steigt, nachdem Sie Ihren Trade eröffnet haben. In Szenario Nummer 3 erzielen Sie einen Gewinn,

- ✔ wenn die Aktie weiter steigt,
- ✔ wenn die Aktie seitwärts verläuft und sogar
- ✔ wenn die Aktie moderat fällt, solange sie nach 60 Tagen nicht unterhalb von 85 Euro notiert.

Wer wollen Sie sein: Der Spieler oder das Casino?

An der Börse gibt es nichts umsonst. Für eine erhöhte Gewinnwahrscheinlichkeit auf der einen Seite, müssen Sie in der Regel Abstriche an einer anderen Stelle hinnehmen. Was die Frage »Optionen kaufen versus Optionen verkaufen« betrifft, haben beide Handelsphilosophien sowohl Vorteile als auch Nachteile:

- ✔ Durch den Kauf eine Option besitzen Sie unbegrenztes Gewinnpotenzial.
- ✔ Das Risiko beim Kauf einer Option ist stets begrenzt.

✔ Beim Kauf einer Option können Sie teilweise mit einem sehr geringen Risiko einen sehr hohen Gewinn erzielen.

✔ Die Gewinnwahrscheinlichkeit beim Optionskauf ist häufig aber viel geringer. Damit Sie einen Gewinn erzielen können, müssen Sie die Marktrichtung korrekt vorhersagen und benötigen zudem ein sehr gutes Timing.

✔ Beim Verkauf einer Option ist das Gewinnpotenzial begrenzt.

✔ Das Risiko ist beim Verkauf einer Option zunächst theoretisch unbegrenzt. Es gibt allerdings effektive Strategien, um dieses Risiko zu begrenzen.

✔ Beim Optionsverkauf können Sie Gewinne erzielen, auch wenn Sie bezüglich Ihrer Marktmeinung nur ungefähr recht haben. Sie benötigen also kein perfektes Timing und müssen häufig nicht mal die Richtung exakt vorhersagen.

✔ Die Gewinnwahrscheinlichkeit ist beim Verkauf von Optionen meistens sehr viel höher.

✔ Beim Kauf von Optionen muss der Markt innerhalb einer bestimmten Zeit eine Bewegung vollziehen, das heißt Sie spielen gegen die Zeit. Beim Optionsverkauf hingegen ist die Zeit Ihr Freund und Sie profitieren davon, wenn die Zeit verstreicht und nichts geschieht.

Da Optionen im Wesentlichen Versicherungen sind, ist es hilfreich, wenn Sie mal darüber nachdenken, aus welchen Gründen Versicherungen gekauft beziehungsweise abgeschlossen werden, und welche Risiken und Potenziale damit für den Käufer der Versicherung und für den Verkäufer der Versicherung verbunden sind.

Der Kauf einer Versicherung hat immer einen negativen Erwartungswert

Der Grund, weshalb Sie eine Hausratversicherung abschließen, ist vermutlich nicht, dass Sie davon ausgehen, dass Ihre Wohnung oder Ihr Haus in Zukunft von einer Naturkatastrophe heimgesucht wird. Vielmehr möchten Sie für den Worst Case abgesichert sein und sind bereit, eine Versicherungsprämie zu zahlen – im Wissen, dass dies sehr wahrscheinlich ein Negativgeschäft für Sie sein wird.

Ihre Versicherung wiederum verpflichtet sich, Ihnen im schlimmsten Fall den kompletten Hausrat zu ersetzen, was hohe Kosten verursachen kann. Dies geschieht jedoch nicht aus altruistischen Motiven; die Versicherung möchte am Ende des Tages Geld verdienen. Die Prämien werden so berechnet, dass unterm Strich ein Gewinn entsteht, auch wenn in seltenen Einzelfällen hohe Kosten anfallen. Die Versicherungsgesellschaft hat mit dem Verkauf der Versicherung somit einen positiven Erwartungswert. Wäre dies nicht der Fall, wäre die Versicherungsgesellschaft früher oder später pleite.

> Beim Optionshandel an der Börse funktioniert es ähnlich: Der Optionskäufer sichert sich gegen Risiken ab und ist dafür bereit, eine Prämie zu zahlen, auch wenn hierdurch ein kleiner Verlust entsteht. Der Optionsverkäufer erzielt viele kleine und regelmäßige Prämieneinnahmen, muss dafür aber bereit sein, dass potenzielle Risiko eines großen Verlustes zu tragen.

Für die Absicherung von Risiken sind Marktteilnehmer also bereit, einen Preis zu zahlen. Diesen Preis zahlen Optionskäufer häufig nicht, weil Sie ein gewinnbringendes Geschäft machen wollen, sondern aus rein strategischen Gründen. Genau so, wie Sie es beim Abschließen einer Versicherung tun. Dafür ist der Optionskäufer bereit, einen im Grunde genommen unvernünftig hohen Preis zu zahlen.

Das Geschäft des Optionsverkäufers (des Stillhalters) besteht genau darin, aus diesem Absicherungsbedürfnis Profit zu schlagen. Das Einzige, worum sich der Optionsverkäufer kümmern muss, ist das Risikomanagement und die Verlustbegrenzung.

Wenn Sie Optionen bewusst kaufen, um die Risiken in Ihrem Portfolio zu managen beziehungsweise zu begrenzen, spricht erst einmal nichts gegen dieses Vorhaben. In Kapitel 10 lesen Sie, welche verschiedenen Absicherungsstrategien es gibt und wann deren Einsatz sinnvoll oder nicht sinnvoll ist. Sofern Sie Optionen aus rein spekulativen Gründen beziehungsweise mit dem Ziel der Einkommensgenerierung handeln wollen, stellt sich hingegen die Frage: Sind Ihre Erfolgschancen höher, wenn Sie als Optionskäufer oder als Optionsverkäufer (Stillhalter) agieren?

Sichern Sie sich den Hausvorteil!

Das Verhältnis zwischen Optionskäufer und Optionsverkäufer lässt sich gewissermaßen auch mit einem Spieler im Casino vergleichen. Der Optionskäufer spielt die Rolle des Spielers: Er geht ein kalkuliertes Risiko ein, in der Hoffnung auf einen großen Gewinn. Dafür zahlt er eine Prämie – ähnlich wie ein Spieler, der seinen Einsatz am Tisch platziert. Der Spieler hat zwar das Potenzial auf hohe Gewinne, doch die Wahrscheinlichkeit spricht oft gegen ihn. Um zu gewinnen, benötigt er nicht nur das richtige Timing, sondern auch das Glück, dass sich die Ereignisse genau nach seinen Vorstellungen entwickeln.

Ebenso besitzt der Käufer einer Option von vornherein einen statistischen Nachteil. Wenn Sie eine Option kaufen und anschließend tut sich nichts, verlieren Sie Geld. Diesen Nachtteil können Sie nur kompensieren, indem Sie die Richtung des Marktes korrekt vorhersagen und zudem ein gutes Timing besitzen. Oft reicht selbst das nicht aus und Sie erzielen nur einen Gewinn, wenn der Markt einen gewissen Mindestbetrag steigt oder fällt.

> Der Optionsverkäufer hingegen agiert wie das Casino. Seine Strategie beruht nicht auf einzelnen großen Gewinnen, sondern auf vielen kleineren, aber regelmäßigen Einnahmen durch die Prämien, die er kassiert. So wie ein Casino darauf setzt, dass die mathematische Wahrscheinlichkeit ihm langfristig einen Gewinn sichert, vertraut auch der Optionsverkäufer darauf, dass ihm die Statistik und der Zeitverfall der Optionen in die Karten spielen. Auch das Casino geht ein gewisses Risiko ein – es könnte in einem Einzelfall einen großen Verlust erleiden – doch insgesamt liegt der Vorteil auf seiner Seite.
>
> Die Entscheidung lautet also: Möchten Sie der Spieler sein, der auf den großen Treffer hofft, oder das Casino, das auf die langfristige Statistik und die Wahrscheinlichkeiten setzt?

Grundlagen für den erfolgreichen Optionshandel

Wenn Sie erfolgreich mit Optionen handeln wollen, sollten Sie sowohl die Grundlagen des Optionshandels als auch einige fortgeschrittenen Strategien, Techniken und Analysemethoden erlernen. Neben optionsspezifischem Fachwissen sollten Sie sich zudem mit der Marktanalyse und dem Börsenhandel im Allgemeinen beschäftigen und Ihr Wissen vertiefen. Um ein erfolgreicher Trader oder Anleger zu sein, ist es außerdem wichtig, dass Sie nach klaren Regeln handeln und keine impulsiven und emotionalen Entscheidungen treffen. Nachfolgend finden Sie einen strukturierten Überblick, der Ihnen als Leitfaden auf Ihrem Weg zum erfolgreichen Optionshändler dienen kann.

Schritt 1: Verstehen Sie die Basics

Ohne ein solides Fundament ist der Einstieg schwierig. Als Erstes sollten Sie die Grundlagen lernen und die Funktionsweise von Optionen zu 100 Prozent verinnerlichen:

- ✔ Wie funktionieren Optionen?
- ✔ Was sind Calls und Puts?
- ✔ Welche Rechte und Pflichten sind mit dem Kauf und Verkauf einer Option verbunden?
- ✔ Was passiert am Verfallstermin?
- ✔ Welche unterschiedlichen Handelsansätze gibt es im Optionshandel?
- ✔ Welche Chancen und Risiken sind mit dem Kauf und dem Verkauf einer Option verbunden?
- ✔ Und so weiter ...

Im ersten Teil dieses Buches eignen Sie sich das notwendige theoretische Fachwissen an, um loslegen zu können. Angefangen bei der Funktionsweise von Optionen und den mit dem Optionskauf und -verkauf in Verbindung stehenden Rechten und Pflichten in Kapitel 2, über die unterschiedlichen Arten von Optionen und das Platzieren von Optionstrades bei Ihrem Broker in Kapitel 3 und 4 bis hin zu den Optionsgriechen in Kapitel 5 und den Basis-Optionsstrategien in Kapitel 6.

Schritt 2: Definieren Sie Ihre Ziele und Strategien

Setzen Sie sich klare Ziele für Ihren Handel. Möchten Sie Einnahmen generieren, Risiken absichern oder spekulieren? Ihre Strategie sollte zu Ihren Zielen und Ihrer Risikobereitschaft passen und auch zu Ihren Lebensumständen und der Ihnen zur Verfügung stehenden Zeit. Die verschiedenen Handelsansätze, -strategien und -philosophien ziehen sich durch das gesamte Buch, sodass Sie immer wieder reflektieren können, ob und wie diese zu Ihrer Persönlichkeit passen und wie Sie die Informationen effektiv nutzen und in Ihr Handelssystem integrieren können.

Schritt 3: Verstehen Sie die Relevanz der impliziten Volatilität

Die implizite Volatilität (IV) beeinflusst den Optionspreis direkt und ist eine entscheidende Kennzahl für den erfolgreichen Optionshandel. Lernen Sie, wie Sie die IV analysieren und wie Sie mit deren Hilfe über- oder unterbewertete Optionen erkennen. Wenn Sie die IV richtig »spielen« lernen, können Sie Gewinne erzielen, auch ohne die Richtung des Marktes korrekt vorhersagen zu müssen. Wie Sie die implizite Volatilität messen und beurteilen können, lesen Sie in Kapitel 2. Der Einfluss der IV auf den Optionspreis lässt sich außerdem mit der Optionskennzahl Vega ausdrücken (siehe Kapitel 5).

Schritt 4: Lernen Sie so die Bedeutung der Optionsgriechen

Bei den sogenannten Griechen handelt es sich um Kennzahlen für Optionshändler, die den Einfluss verschiedener Faktoren auf den Optionspreis beschreiben. Lernen Sie so viel wie möglich über die Griechen. Dies hilft Ihnen einerseits die Entwicklung des Optionspreises besser zu verstehen; andererseits helfen Ihnen die Griechen dabei, die passenden Optionen auszuwählen, Ihre Strategie zu optimieren und die Erfolgswahrscheinlichkeiten Ihrer Optionstrades zu maximieren. Die wichtigsten Griechen stelle ich Ihnen in Kapitel 5 vor.

Schritt 5: Lernen Sie verschiedene Optionsstrategien kennen

Es gibt vier Basisstrategien im Optionshandel:

- ✔ den Kauf einer Kaufoption (Long Call)
- ✔ den Verkauf einer Kaufoption (Short Call)

✔ den Kauf einer Verkaufsoption (Long Put)

✔ den Verkauf einer Verkaufsoption (Short Put)

Wie diese vier Basisstrategien funktionieren und in welchen Situationen Sie diese einsetzen können, lesen Sie in Kapitel 6. Neben diesen vier Basisstrategien gibt es eine ganze Reihe weiterer Strategien, die aber immer eine Kombination der vier Basisstrategien darstellen oder aus der Kombination einer der Basisstrategien und dem Kauf oder Verkauf des Underlyings bestehen. Es ist deshalb zunächst wichtig, dass Sie die Funktionsweise, die Eigenschaften und die Vor- und Nachteile der einzelnen Basisstrategien verinnerlichen. Dies hilft Ihnen dabei, im nächsten Schritt auch komplexere Optionsstrategien zu verstehen und zu handeln.

In Kapitel 10 lesen Sie, wie Sie durch den Einsatz von einfachen Basisstrategien Ihr Portfolio oder einzelne Positionen absichern können. In Kapitel 11 lernen Sie die Wheel-Strategie kennen. Dabei handelt es sich um eine sehr beliebte und einfache Strategie, die den Kauf des Underlyings mit verschiedenen Basis-Optionsstrategien kombiniert und das Ziel verfolgt, einen kontinuierlichen Cashflow zu generieren.

Die Kapitel 12 und 13 widmen sich dem Einsatz von vertikalen Spreads an den Aktien- und Futures-Märkten. Im vierten Teil des Buches stelle ich Ihnen einige komplexere Optionsstrategien vor.

Schritt 6: Bauen Sie ein solides Wissen über die Märkte auf

Optionen sind zunächst einmal nur ein Handelsinstrument. Damit Sie mit dem Optionshandel langfristig erfolgreich sind, ist es nicht nur notwendig, so viel wie möglich über Optionen zu lernen. Sie sollten darüber hinaus auch ein Interesse für das Geschehen an den Finanzmärkten im Allgemeinen mitbringen und die Märkte kontinuierlich beobachten.

✔ Lernen Sie so viel wie möglich über die Funktionsweise der Finanzmärkte im Allgemeinen.

✔ Lernen Sie die Besonderheiten über die spezifischen Märke, die Sie handeln.

✔ Welche Marktteilnehmer gibt es?

✔ Wie verhalten sich diese?

✔ Welche Besonderheiten haben verschiedene Märkte?

✔ Wie erkennen und analysieren Sie Trends?

✔ Welche Zusammenhänge und Wechselwirkungen gibt es zwischen verschiedenen Märkten?

✔ Welche fundamentalen Einflussfaktoren gibt es für verschiedene Märkte?

✔ Welche makroökonomischen Entwicklungen gibt es derzeit und wie wirken sich diese auf das Geschehen an den Finanzmärkten aus?

✔ Und so weiter ...

Der zweite Teil dieses Buches widmet sich speziell der Thematik der Marktanalyse. Sie lernen unter anderem:

- ✔ wie Sie Trends erkennen und diese mit Optionen handeln können,
- ✔ welche Analysewerkzeuge es für Aktien- und Futures-Märkte gibt,
- ✔ wie Sie mit Optionen von saisonalen Mustern profitieren können.

Schritt 7: Entwickeln Sie ein regelbasiertes Handelssystem

Je mehr und je länger Sie sich mit dem Optionshandel und der Marktanalyse beschäftigen, desto größer wird Ihr Wissen. Zumindest Ihr theoretisches Wissen. Eine steigende Lernkurve hat jedoch nicht automatisch einen steigenden Kontostand zur Folge. Paradoxerweise ist oft genau das Gegenteil der Fall. Das liegt daran, dass es beim Börsenhandel häufig kein Richtig und Falsch gibt. Es gibt nicht den einen Weg, der zum Erfolg führt. Und schon gar nicht gibt es die eine perfekte Strategie, mit der Sie zu jeder Zeit erfolgreich sind.

Mit jeder Strategie und mit jedem Handelsansatz müssen Sie auch Verlustphasen durchleben. Umso wichtiger ist es, dass Sie auch in diesen Phasen Ihr System durchziehen und nicht bei den ersten Verlust-Trades die Strategie über den Haufen werfen und eine andere Strategie ausprobieren. Ein Verhalten, das man leider bei vielen Trading-Anfängern beobachten kann und das zwangsläufig zum Misserfolg führt.

Die Voraussetzung für Durchhaltevermögen und Disziplin ist ein regelbasiertes Handelssystem. Schreiben Sie deshalb Ihre Handelsregeln auf, sodass Sie in jeder Situation genau wissen, was zu tun ist. Ein regelbasiertes Handelssystem gibt Ihnen klare Vorgaben für Ihre Entscheidungen und hilft Ihnen, Ihre Emotionen im Griff zu behalten. Legen Sie fest, wann Sie Positionen eröffnen oder schließen, wie viel Kapital Sie einsetzen und welche Risiken Sie eingehen möchten.

 Messen Sie Ihren Erfolg nicht an Ihrem Kontostand, sondern daran, ob Sie sich an Ihr Handelssystem gehalten haben oder nicht. Wenn Sie sich an Ihr Handelssystem halten und einen Verlust erzielen, waren Sie erfolgreich.

Schritt 8: Testen Sie Ihre Strategien im Paper Trading

Wenn Sie noch nie Optionen gehandelt haben, sollten Sie die Grundlagen wie den Kauf und den Verkauf einer Option zunächst auf einem Paper-Trading-Konto üben. So können Sie Fehler machen und daraus lernen, ohne finanzielle Verluste zu erleiden. Machen Sie sich mit der Trading-Software vertraut, eröffnen und schließen Sie Trades und beobachten Sie, wie sich Ihre Optionstrades im Paper-Trading-Konto entwickeln. Sobald Sie sich sicher fühlen, können Sie Ihre ersten Trades auf einem Echtgeld-Konto eröffnen. Starten Sie mit kleinen Positionen und steigern Sie Ihr Engagement erst, wenn Sie ausreichend Erfahrung gesammelt und Vertrauen in Ihre Strategie gewonnen haben.

Schritt 9: Behalten Sie Ihre Emotionen im Griff

Spätestens dann, wenn Sie Ihre ersten Optionstrades mit Ihrem eigenen Geld eröffnet haben, werden Sie merken, dass Emotionen wie Angst und Gier Sie unangekündigt heimsuchen. Bleiben Sie rational und folgen Sie Ihrem Plan – auch in turbulenten Zeiten. Versuchen Sie nicht, Ihre Gefühle zu unterdrücken. Versuchen Sie stattdessen, die Emotionen möglichst klar und sachlich zu beobachten und finden Sie Wege, damit umzugehen. Eine meiner Lieblings-Tradingweisheiten in diesem Zusammenhang lautet: »Wenn Sie Ihre Positionsgröße um 50 Prozent reduzieren, reduzieren Sie auch Ihre Emotionen um 50 Prozent«. Zu hohe Positionsgrößen sind einer der häufigsten Gründe für negative Emotionen und Stress und führen häufig zu einer Abwärtsspirale, die nicht selten im Totalverlust endet.

Beschäftigen Sie sich darüber hinaus aktiv mit dem Thema Trading-Psychologie. Es gibt eine ganze Reihe Bücher zu diesem Thema. »Trading-Psychologie für Dummies« von Roland Ullrich ist ein ausgezeichnetes Beispiel hierfür.

Schritt 10: Bleiben Sie flexibel und lernen Sie kontinuierlich

Die Märkte verändern sich ständig – das gilt auch für Optionshändler. Passen Sie Ihre Strategien bei Bedarf an und bilden Sie sich kontinuierlich weiter – sei es durch Fachliteratur, Webinare oder den Austausch mit anderen Händlern. Stellen Sie Ihre eigenen Überzeugungen regelmäßig auf den Prüfstand und suchen Sie nach Optimierungspotenzial.

IN DIESEM KAPITEL

Rechte und Pflichten im Optionshandel

Funktionsweise von Calls und Puts (inklusive Beispielen)

Wie der Optionspreis zustande kommt

Moneyness (im Geld, am Geld, aus dem Geld)

Innerer Wert, Zeitwert und Zeitwertverfall

Historische und implizite Volatilität

Kapitel 2
Optionen verstehen

Auch wenn Sie nun bereits hoch motiviert sind und gleich loslegen wollen, sollten Sie zunächst die theoretischen Grundlagen des Optionshandels verinnerlichen, bevor Sie Ihren ersten Trade tätigen.

Die Funktionsweise einer Option ist grundsätzlich einfach zu verstehen und weit weniger komplex, als an mancher Stelle behauptet wird. Auch der Kauf oder Verkauf einer Option gelingt in der Regel mit wenigen Klicks über Ihren Online-Broker. Im Vergleich zum Kauf einer Aktie, eines Futures-Kontraktes oder dem Handel eines Währungspaares tauchen jedoch beim erstmaligen Handel einer Option meist einige zusätzliche Fragezeichen auf. Insbesondere was die Preisbildung und die mit dem Optionshandel verbundenen Rechte und Pflichten betrifft, gilt es einige Besonderheiten zu beachten.

Alles kann, nichts muss: Rechte und Pflichten im Optionshandel

Optionen sind standardisierte Termingeschäfte und werden an regulierten Terminbörsen wie der Eurex, der CBOE oder der CBOT gehandelt. Anders als Aktien, ETFs oder Anleihen, sind Optionen keine traditionellen Wertpapiere, die Eigentum oder Schulden eines Unternehmens repräsentieren, sondern lediglich Verträge, die das Recht zum Kauf oder Verkauf eines Wertpapieres oder eines anderen Finanzinstrumentes verbriefen.

Eine *Option* ist ein Vertrag, der dem Käufer das Recht einräumt, einen Basiswert (beispielsweise Aktien, einen Aktienindex, eine Währung, einen Rohstoff et cetera) zu einem vorher festgelegten Preis (dem Ausübungspreis, auf Englisch: Strike) zu kaufen oder zu verkaufen. Dieses Recht hat Gültigkeit bis zu einem bestimmten Verfallstermin.

Es gibt zwei Haupttypen von Optionen:

✔ **Call-Optionen,** die das Recht zum Kauf des Basiswerts bieten, und

✔ **Put-Optionen,** die das Recht zum Verkauf des Basiswerts bieten.

Für jede Option gibt es einen Käufer und einen Verkäufer.

Der Optionskäufer entscheidet einseitig, ob er das Recht zum Kauf oder Verkauf des Basiswertes nutzen (ausüben) möchte oder nicht. Für dieses Recht zahlt er einen Preis, die sogenannte *Optionsprämie*. Entscheidet sich der Optionskäufer zur Ausübung der Option (Kauf beziehungsweise Verkauf des Basiswertes), ist der Optionsverkäufer verpflichtet, der Forderung des Optionskäufers nachzukommen und den Basiswert zu verkaufen oder zu kaufen. Da der Optionsverkäufer also ein Risiko beziehungsweise eine (potenzielle) Verpflichtung eingeht, erhält er als Gegenleistung die vom Optionskäufer gezahlte Prämie.

Aufgrund der Tatsache, dass eine Option für den Käufer ein Recht (eine Option), jedoch keine Pflicht bietet, werden Optionen auch als *bedingte Terminkontrakte* bezeichnet.

Das Underlying: Der zugrunde liegende Basiswert

Optionen zählen zur Kategorie der derivativen Finanzinstrumente. Ein *Derivat* ist einfach etwas, dessen Wert sich aus einer anderen Sache – dem Basiswert – ableitet.

Zitronenlimonade ist zum Beispiel ein Derivat von Zitronen. Die Limonade (Derivat) wird nicht nur aus den Zitronen (Basiswert) gewonnen, sondern der Preis der Zitronenlimonade leitet sich auch aus der Qualität und der Anzahl an Zitronen auf einem Zitronenbaum ab.

Stellen Sie sich nun vor, Ihr Nachbar ist der Besitzer des Zitronenbaums, stellt jedes Jahr in den Sommermonaten Zitronenlimonade her und verkauft diese vor seinem Haus. Sie sind bereits im letzten Sommer in den Genuss seiner Zitronenlimonade gekommen und möchten im kommenden Sommer erneut einige Flaschen kaufen. Allerdings hat es sich bereits in der Nachbarschaft herumgesprochen, dass Ihr Nachbar leckere Zitronenlimonade zu einem günstigen Preis verkauft und Sie vermuten, dass im nächsten Sommer die Nachfrage erhöht sein wird, was Ihren Nachbarn wiederum dazu verleiten könnte, den Preis zu erhöhen. Deshalb statten Sie Ihm einen Besuch ab und fragen, ob es möglich wäre, in den Sommermonaten wöchentlich zwei Flaschen Zitronenlimonade für Sie zu reservieren. Ihr Nachbar verspricht Ihnen, dass er für Sie jede Woche zwei Flaschen auf die Seite stellt und Sie einigen sich bereits heute auf einen Preis von zwei Euro je Flasche, den gleichen Preis wie im letzten Sommer. Da Sie noch nicht sicher sind, ob die Limonade genauso gut schmecken wird wie im letzten Sommer, möchten Sie sich allerdings nicht verpflichten, die zwei

Flaschen jede Woche kaufen zu müssen. Sie möchten lediglich die Möglichkeit (die Option) besitzen. Schmeckt Ihnen die Limonade nicht, kann Ihr Nachbar schließlich immer noch versuchen, den sauren Saft an die anderen Nachbarn zu verkaufen. Als Gegenleistung dafür zahlen Sie Ihm eine Prämie von 20 Cent pro Woche und Flasche.

Gratulation! Sie haben soeben einen Optionskontrakt erschaffen. Dieser beinhaltet folgende Kontraktdetails:

- ✔ Basiswert: Zitronenlimonade (Literflasche)
- ✔ Basispreis: 2 Euro
- ✔ Menge/Multiplikator: 2
- ✔ Optionspreis: 0,20 Euro
- ✔ Fälligkeitsdatum: _____

Diese Option gibt Ihnen das Recht (nicht die Pflicht), am Fälligkeitsdatum zwei Flaschen Zitronenlimonade zu einem Preis von zwei Euro je Flasche zu kaufen. Somit können Sie mit Ihrem Nachbarn für jede Woche (für jedes Fälligkeitsdatum) einen Optionskontrakt aufsetzen. Für dieses Recht zahlen Sie (bereits heute) 20 Cent pro Flasche an Ihren Nachbarn. Da der Kontrakt 2 Flaschen Zitronenlimonade umfasst, beträgt die Prämie insgesamt 40 Cent.

Auch beim Handel an der Börse gibt es für jede Option einen zugrunde liegenden *Basiswert*, von Optionshändlern auch als *Underlying* bezeichnet. Der Basiswert kann eine Aktie sein, ein Aktienindex, ein ETF oder ein Futures-Kontrakt. Der Preis der Option steht zwar mit dem Preis des Basiswertes in Verbindung; jedoch gibt es neben dem Preis des Underlyings noch weitere Einflussfaktoren auf den Optionspreis. Welche das sind, erfahren Sie in diesem Kapitel im Abschnitt »Die Bausteine des Optionspreises«.

Beispiel: Handel einer Call-Option

Der Grund, weshalb Sie sich dieses Buch gekauft haben, ist vermutlich nicht, dass Sie sich gegen Preisschwankungen der Zitronenlimonade Ihres Nachbarn absichern wollen, sondern weil Sie lernen wollen, wie der Handel von Optionen auf Aktien, Futures oder andere Basiswerte funktioniert. Schauen wir uns deshalb ein Beispiel für den Handel einer Kaufoption an.

Funktionsweise eines Calls

Thomas hat eine Aktie im Blick, die momentan zu 50 Euro gehandelt wird. Er ist optimistisch und vermutet, dass die Aktie aufgrund eines anstehenden Produktlaunches des Unternehmens in den nächsten drei Monaten an Wert gewinnen wird. Er möchte von dieser erwarteten Wertsteigerung profitieren, ohne die Aktie direkt zu kaufen. Deshalb entscheidet sich Thomas dazu, eine Call-Option mit einem Ausübungspreis von 55 Euro und einer Laufzeit von drei Monaten zu kaufen. Die Prämie für diese Option beträgt 3 Euro pro Aktie. Da eine Standardoption eine Stückzahl von 100 Aktien umfasst, kostet der gesamte Optionskontrakt 300 Euro (3 Euro × 100 Aktien).

Anna auf der anderen Seite glaubt, dass die Aktie nicht signifikant steigen wird, und ist bereit, das Risiko einzugehen, eine Call-Option zu verkaufen. Sie trifft auf Thomas, der bereit ist, die Option zu kaufen. Anna verkauft Thomas die Option und erhält von ihm die Prämie in Höhe von 300 Euro.

Nun können am Verfallstermin verschiedene Szenarien eintreten:

1. Die Aktie steigt über den Ausübungspreis von 55 Euro an, beispielsweise auf 70 Euro.

   Thomas nutzt diese Gelegenheit und übt seine Option aus.

   Er kauft 100 Aktien zu je 55 Euro von Anna und verkauft sie sofort am Markt für 70 Euro pro Aktie.

   - Sein Bruttogewinn beträgt 15 Euro pro Aktie.

   - Nach Abzug der gezahlten Prämie von 3 Euro je Aktie ergibt dies einen Nettogewinn von 1200 Euro, das heißt (15 Euro Kursgewinn – 3 Euro Prämie) × 100 Aktien.

   - Natürlich muss Thomas die Aktien nicht sofort verkaufen, sondern kann diese auch in seinem Depot behalten.

   Anna muss ihre Verpflichtung erfüllen und die Aktien zu je 55 Euro an Thomas liefern.

   - Falls Anna die Aktien schon besitzt, werden diese ganz einfach zum Ausübungskurs von 55 Euro aus ihrem Depot ausgebucht.

   - Besitzt Anna die Aktien nicht, muss sie trotzdem 100 Aktien an Thomas verkaufen, was in einer Short-Position (Leerverkauf) von 100 Aktien in ihrem Depot resultiert. (Falls eine Short-Position nicht möglich ist, muss Anna oder ihr Broker die Aktien zum aktuellen Marktpreis kaufen, um der Lieferverpflichtung an Thomas nachkommen zu können.)

   - Da die Aktien jetzt 70 Euro wert sind, Anna diese aber zum Ausübungspreis von 55 Euro verkaufen muss, erleidet sie einen Verlust. Ihr Nettoverlust ist (70 Euro aktueller Preis – 55 Euro Ausübungspreis – 3 Euro erhaltene Prämie) × 100 Aktien, was ebenfalls 1200 Euro entspricht.

2. Die Aktie steigt an, jedoch nicht über den Ausübungspreis, beispielsweise auf 53 Euro.

Thomas entscheidet sich gegen eine Ausübung der Option (Kauf der Aktie zu einem Kurs von 55 Euro), da er die Aktie ganz einfach am Markt zu einem günstigeren Preis kaufen könnte.

Anna erzielt einen Gewinn von 300 Euro (eingenommene Prämie), während Thomas einen Verlust von 300 Euro erleidet (gezahlte Prämie).

3. Die Aktie fällt oder bewegt sich seitwärts.

Dieses Szenario unterscheidet sich nicht von Szenario 2, da auch hier eine Ausübung der Option für Thomas keinen Sinn ergibt. Die Option verfällt wertlos. Thomas verliert die für die Option gezahlten 300 Euro, während Anna die Prämieneinnahme als Gewinn verbuchen kann.

Beispiel: Handel einer Put-Option

Put-Optionen (Verkaufsoptionen) gelten typischerweise als »Versicherung« gegen fallende Preise. Neben dem bloßen Einsatz als Absicherungsinstrument bieten Puts jedoch zahlreiche weitere Einsatzmöglichkeiten, die Sie im Verlauf dieses Buches noch genauer kennenlernen werden. Schauen Sie sich nun ein Beispiel für den Handel eines Puts an, um dessen Funktionsweise verinnerlichen zu können.

Funktionsweise eines Puts

Thomas und Anna treffen sich erneut auf dem Optionsmarkt, jedoch mit umgekehrten Rollen. Diesmal ist Thomas besorgt über die Zukunft eines Unternehmens, dessen Aktien (100 Stück) er besitzt. Er fürchtet, dass die Aktie, die derzeit zu 50 Euro gehandelt wird, aufgrund schlechter Nachrichten im nächsten Quartal an Wert verlieren könnte. Um sein Portfolio zu schützen, erwägt Thomas den Kauf einer Put-Option.

Erinnern Sie sich noch einmal an die Rechte und Pflichten eines Puts: Eine Put-Option gibt Thomas das Recht, aber nicht die Pflicht, die Aktie zu einem festgelegten Ausübungspreis an einem oder bis zu einem bestimmten Datum zu verkaufen.

Thomas kauft eine Put-Option von Anna mit einem Ausübungspreis von 45 Euro und einer Laufzeit von drei Monaten. Die Prämie für diese Put-Option beträgt 4 Euro pro Aktie. Da eine Put-Option das Recht zum Verkauf von 100 Aktien umfasst, beläuft sich die Gesamtprämie, die Thomas bezahlt, auf 400 Euro (4 Euro × 100 Aktien).

Anna, die glaubt, dass die Aktie stabil bleiben oder sogar an Wert gewinnen wird, verkauft Thomas die Put-Option und erhält die Prämie in Höhe von 400 Euro. Thomas sichert sich damit das Recht, seine Aktien an Anna zu einem Preis von 45 Euro je Aktie zu verkaufen, unabhängig davon, wie tief die Aktien fallen könnten.

Betrachten Sie erneut die möglichen Szenarien am Verfallstermin:

1. Die Aktie fällt auf 30 Euro.

   Thomas übt seinen Put aus und verkauft die 100 Aktien an Anna zu einem Kurs von 45 Euro je Aktie. Somit hat Thomas seinen Verlust auf 5 Euro pro Aktie begrenzt, ausgehend vom vorherigen Kurs von 50 Euro, plus die zuvor gezahlten 4 Euro Optionsprämie pro Aktie. (Die Höhe des Nettogewinns beziehungsweise des Nettoverlustes insgesamt ist abhängig davon, zu welchem Kurs Thomas die Aktie ursprünglich gekauft hat.) Falls Thomas nach wie vor von der Aktie überzeugt ist, könnte er nun den niedrigeren Kurs zum erneuten Einstieg nutzen. Anna, die verpflichtet ist, die Aktien zu 45 Euro zu kaufen, erleidet einen Buchverlust in Höhe von (45 Euro Ausübungspreis − 30 Euro aktueller Preis + 4 Euro erhaltene Prämie) × 100 Aktien = 1100 Euro.

2. Die Aktie fällt auf 47 Euro.

   In diesem Fall ist die Aktie zwar gefallen, jedoch nicht so tief, dass die Ausübung des Puts für Thomas sinnvoll wäre. Sollte Thomas die Aktien verkaufen wollen, könnte er dies ganz einfach am Markt für einen Kurs von 47 Euro tun. Die Option verfällt wertlos und Thomas verliert die gezahlte Prämie von 400 Euro, während Anna einen Gewinn in gleicher Höhe erzielt.

3. Die Aktie steigt an oder bewegt sich seitwärts.

   In diesem Fall würde Thomas die Option ebenfalls nicht ausüben, da seine Aktien mehr wert sind als der Ausübungspreis der Put-Option. Er verliert wiederum die Prämie von 400 Euro, aber freut sich über den unveränderten oder gestiegenen Wert seiner Aktien. Anna behält die Prämie als Gewinn.

Die Bausteine des Optionspreises

Da der Käufer einer Option ein Recht erwirbt und der Verkäufer – der sogenannte Stillhalter – eine Verpflichtung und ein Risiko eingeht, ist es logisch, dass der Optionskäufer eine Prämie zahlen muss und der Optionsverkäufer für das eingegangene Risiko entlohnt werden möchte. Doch woher wissen Käufer und Verkäufer, welcher Preis für die Option angemessen ist, und wer legt diesen Preis fest?

Wie funktioniert die Preisbildung einer Option?

Grundsätzlich funktioniert die Preisbildung einer Option genauso wie die Preisbildung einer Aktie oder eines anderen börsengehandelten Finanzinstrumentes. Das bedeutet, der Preis wird von niemandem vorgegeben, sondern unterliegt den Kräften von Angebot und Nachfrage. Die Börse legt lediglich die Rahmenbedingungen, genauer gesagt die Kontraktdetails einer Option fest. Dazu zählen beispielsweise der Verfallstermin, das Underlying, die Art des Ausübungsrechts und so weiter. Alles andere regelt der Markt. Das heißt, wenn Sie eine Option verkaufen möchten und eine Optionsprämie von 1000 Euro für angemessen halten, können Sie eine entsprechende Order (einen Auftrag) an die Börse übermitteln. Hier wird Ihr Auftrag ins Orderbuch geschrieben und sobald sich ein Käufer im Orderbuch findet, der bereit ist, 1000 Euro für die Option zu zahlen, kommt ein Handel zustande.

Dieses Beispiel ist etwas vereinfachend dargestellt und geht davon aus, dass Sie der einzige Marktteilnehmer sind, der einen Verkaufsauftrag übermittelt hat. Tatsächlich fließen in der Regel sehr viel mehr Kauf- und Verkaufsaufträge in ein Orderbuch. Man spricht dabei von einem *kontinuierlichen Orderflow*. Die Aufgabe der Börse besteht darin, Nachfrage und Angebot zusammenzuführen und einen Kurs festzustellen, der beide Seiten bestmöglich ausgleicht.

In der Realität entstehen die Preise, welche Marktteilnehmer bereit sind für eine Option zu zahlen, natürlich nicht willkürlich, sondern folgen einer gewissen Logik. Dabei gibt es verschiedene Faktoren, die den Preis einer Option beeinflussen. Oder genauer gesagt: Faktoren, die einen Einfluss darauf haben, welchen Preis Marktteilnehmer bereit sind, für eine Option zu zahlen.

Gehen Sie noch mal zurück zu dem Beispiel mit Thomas und Anna. Thomas hat eine Call-Option von Anna gekauft mit einem Ausübungspreis von 55 Euro für eine Aktie, die aktuell bei 50 Euro notiert. Das Beispiel zeigt, dass der Kauf der Option für Thomas schlussendlich nur dann ein gewinnbringendes Geschäft ist, wenn die Aktie einige Punkte beziehungsweise möglichst weit über den Ausübungspreis ansteigt.

Stellen Sie sich vor, Thomas würde statt einem Ausübungspreis von 55 Euro nun einen Ausübungspreis von 100 Euro wählen. Es ist offensichtlich, dass die Wahrscheinlichkeit dafür, dass Thomas mit der Option Geld verdient, nun deutlich geringer ist, da die Aktie sehr viel weiter ansteigen müsste. Deshalb wird er nicht bereit sein, für diese Option den gleichen Preis zu zahlen, wie für die Option mit einem Ausübungspreis von 55 Euro, sondern nur einen sehr viel geringeren Preis.

Stellen Sie sich nun vor, der Verfallstermin der Option läge nicht drei Monate in der Zukunft, sondern nur drei Tage. Auch in diesem Fall sinkt die Erfolgswahrscheinlichkeit für Thomas drastisch, da die Aktie binnen drei Tagen eine starke Kursbewegung vollziehen müsste und er höchstwahrscheinlich nicht bereit wäre, den gleichen Preis zu zahlen wie für die Option mit der längeren Restlaufzeit.

Sie haben nun schon zwei wichtige Faktoren kennengelernt, die den Preis einer Option beeinflussen:

1. die Lage des Ausübungspreises in Verhältnis zum aktuellen Kurs des Underlyings,
2. die Restlaufzeit der Option.

Der erste Punkt wird von Optionshändlern als *Moneyness* bezeichnet. Eine wirklich passende deutsche Übersetzung gibt es für diesen Begriff nicht. Teilweise wird Moneyness mit Geldnähe übersetzt. Im Folgenden bleiben wir aber bei der englischen und unter Optionshändlern geläufigen Bezeichnung Moneyness.

Neben der Moneyness und der Restlaufzeit gibt es zwei weitere Faktoren, die den Preis einer Option beeinflussen:

1. die erwartete Schwankungsbreite,
2. das aktuelle Zinsniveau.

Die vom Markt erwartete Schwankungsbreite eines Underlyings wird unter Optionshändlern als *implizite Volatilität* bezeichnet und ist ebenfalls ein sehr wichtiger Einflussfaktor des Optionspreises.

Bei drohendem Unwetter wird es teuer!

Stellen Sie sich vor Sie besitzen ein Haus an der Küste. Eine gewaltige Sturmflut bahnt sich an. Bisher hielten Sie es nicht für notwendig, Ihr Hab und Gut durch eine Hausratversicherung zu schützen. Aufgrund des bevorstehenden Unwetters gelangen Sie jedoch zu der Einsicht, dass Ihre Entscheidung falsch war, und Sie wollen noch schnell eine Versicherung abschließen, bevor die ersten Wellen die Küste erreichen.

Falls Sie noch eine Versicherungsgesellschaft finden, die bereit ist, Ihren Hausrat kurzfristig zu versichern, wird die Versicherung sich das erhöhte Risiko gut bezahlen lassen und Ihre Versicherungsprämie wird aufgrund des Risikoaufschlags sehr teuer sein.

So ähnlich ist es auch an der Börse. Wenn ein Börsenunwetter bevorsteht oder zumindest wahrscheinlicher geworden ist ... oder sagen wir besser: Wenn der Markt (das heißt: die Summe der einzelnen Marktteilnehmer) die Wahrscheinlichkeit für ein solches Ereignis als erhöht einschätzt, so werden auch in diesem Fall die Versicherungsverkäufer – sprich: die Optionsverkäufer – einen Risikoaufschlag verlangen. Dies kann zum Beispiel der Fall sein, wenn ein Zinsentscheid der Notenbank bevorsteht oder wenn ein Unternehmen Quartalsergebnisse veröffentlicht.

Schließlich beeinflusst auch der risikofreie Zinssatz eines Währungsraums den Preis einer Option. Je höher die Zinsen sind, die Sie für Ihr Geld ohne Risiko erhalten können, desto attraktiver wird es, statt einer Aktie nur das Recht zum Kauf einer Aktie – das heißt eine Call-Option – zu erwerben. Der Kauf einer Call-Option bindet weniger Kapital als der Kauf des Underlyings selbst. Das durch den Kauf einer Call-Option zusätzlich zur Verfügung stehende Kapital (im Vergleich zum Kauf der Aktie) kann risikofrei angelegt werden. Aus diesem Grund preist der Markt Veränderungen des Zinsniveaus auch am Optionsmarkt ein.

In der Praxis des Optionshandels kann der Einfluss der Zinsen auf den Optionspreis meist vernachlässigt werden. Deshalb nehmen wir in den folgenden Abschnitten dieses Kapitels insbesondere die Punkte eins bis drei (Moneyness, Restlaufzeit/Zeitwertverfall, implizite Volatilität) genauer unter die Lupe.

Auf die inneren Werte (einer Option) kommt es an

Im Verlauf dieses Kapitels haben Sie sich bereits anhand von zwei Beispielen Gedanken über die Frage gemacht, in welchen Fällen die Ausübung einer Option am Verfallstermin für den Optionskäufer (in unseren Beispielen Thomas) sinnvoll ist und in welchen Fällen nicht. Die Antwort ist relativ einfach:

Die Ausübung eines Calls (am Verfallstermin) ist für den Optionskäufer immer dann sinnvoll, wenn er das Underlying zu einem günstigeren Kurs als dem aktuell am Markt gehandelten Kurs kaufen kann.

Die Ausübung eines Puts (am Verfallstermin) ist immer dann sinnvoll, wenn der Optionskäufer das Underlying zu einem höheren Kurs als dem aktuell am Markt gehandelten Kurs verkaufen kann.

Die eben gestellte Frage lässt sich deshalb so einfach beantworten, weil Sie den Ausübungskurs der Option sowie den aktuellen Kurs (am Verfallstermin) des Underlyings kennen. Es gibt keinerlei Unbekannte. Entweder die Option hat einen Wert oder sie hat keinen Wert. Dieser »Wert« wird als innerer Wert einer Option bezeichnet.

Der innere Wert einer Option

Der *innere Wert* einer Option, ist der Wert, den eine Option hat beziehungsweise hätte, wenn sie unmittelbar verfallen würde.

Eine Kaufoption (Call) besitzt einen inneren Wert, wenn der Kurs des Basiswertes über dem Ausübungspreis der Option notiert. Die Höhe des inneren Wertes eines Calls können Sie berechnen, indem Sie die Differenz zwischen dem aktuellen Kurs des Underlyings und dem Ausübungspreis der Option ermitteln.

> Eine Verkaufsoption (Put) besitzt einen inneren Wert, wenn der Kurs des Basiswertes unter dem Ausübungspreis der Option notiert. Die Höhe des inneren Wertes können Sie berechnen, indem Sie die Differenz zwischen dem Ausübungspreis der Option und dem aktuellen Kurs des Underlyings ermitteln.

Eine Option kann somit einen inneren Wert haben, der größer als null ist, oder keinen inneren Wert besitzen beziehungsweise einen inneren Wert, der gleich null ist. Der innere Wert kann jedoch niemals negativ sein.

Im Geld, am Geld, aus dem Geld: Moneyness erklärt

Ob eine Option einen inneren Wert besitzt oder nicht – sprich: die Moneyness – wird unter Optionshändlern mit folgenden Begriffen ausgedrückt:

- ✔ **In the money (ITM):** Optionen, die einen inneren Wert besitzen, sind in der Sprache der Optionshändler »im Geld« beziehungsweise »in the money«. Häufig wird Ihnen auch die Abkürzung ITM über den Weg laufen.

- ✔ **Out of the money (OTM):** Optionen, die keinen inneren Wert besitzen notieren »aus dem Geld« beziehungsweise »out oft the money«, kurz: OTM.

- ✔ **At the money (ATM):** Ein Ausübungspreis einer Option, der identisch mit dem aktuellen Kurs des Underlyings ist oder zumindest sehr nahe am aktuellen Kurs des Underlyings liegt, wird als »am Geld« beziehungsweise »at the money« – kurz: ATM – bezeichnet.

Den Begriff Moneyness hatten wir an einer früheren Stelle in diesem Kapitel bereits eingeführt.

> Als *Moneyness* bezeichnet man die Lage einer Option im Verhältnis zum aktuellen Kurs des Underlyings.
>
> - ✔ Eine Call-Option ist in the money (im Geld), wenn der Kurs des Underlyings über dem Ausübungspreis der Option notiert, und out of the money (aus dem Geld), wenn der Kurs des Underlyings unter dem Ausübungspreis der Option notiert.
>
> - ✔ Eine Put-Option ist in the money, wenn der Kurs des Underlyings unter dem Ausübungspreis der Option notiert, und out of the money, wenn der Kurs des Underlyings über dem Ausübungspreis der Option liegt.

Mindestens haltbar bis ... :
Der Zeitwertverfall von Optionen

Optionen besitzen einen inneren Wert. Der tatsächliche Preis einer Option ist vor dem Verfallstermin jedoch immer höher als der innere Wert.

Der Teil des Optionspreises, der über den inneren Wert hinausgeht, ist der äußere Wert. Die unter Börsianern gängigere Bezeichnung für den äußeren Wert ist *Zeitwert*.

Der Zeitwertverfall eines Erste-Klasse-Fluges

Stellen Sie sich vor, Sie haben einen Flug von Frankfurt nach Las Vegas gebucht, um einen Bekannten vor Ort zu besuchen. Beim Boarding erklärt Ihnen eine Stewardess, dass Sie in die erste Klasse umgebucht wurden. »Was für ein Glück!«, denken Sie. Kurz vor Abflug, während Sie gerade testen, wie sich der Sitz in die Horizontale verstellen lässt, kommt ein Hedgefonds-Trader zu Ihrem Sitz und sagt: »Hey, mein Taxi ist im Stau stecken geblieben und ich habe den Flug gerade noch erreicht, aber man hat mir nun einen Sitz in der Holzklasse zugewiesen. Wie viel verlangen Sie, wenn wir die Plätze tauschen? Wie klingen 1000 Euro?« Sie erklären ihm, dass das Ticket regulär doch sicher 10.000 kostet. »Stimmt«, antwortet er, »aber Sie haben das Upgrade ja gratis erhalten.« Sie denken kurz darüber nach und sagen: »Okay, sagen wir, ich bleibe zwei Stunden hier sitzen und dann können wir tauschen.« »Deal«, antwortet Ihr Traderkollege und folgt der Ermahnung der Stewardess, sich zu seinem Platz zu begeben.

Exakt zwei Stunden später tippt Ihnen jemand auf die Schulter. Als Sie sich zur Seite drehen, streckt Ihnen der Mann von vorhin 700 Euro in bar entgegen. »Wir hatten uns doch auf 1000 Euro geeinigt«, stellen Sie verwundert fest. »Ja, aber das war, als wir einen 12-Stunden-Flug vor uns hatten. Jetzt sind es nur noch 10 Stunden. Zeit ist Geld.« Sie erklären ihm, dass Sie es sich durch den Kopf gehen lassen, bevor er mit gerunzelter Stirn davonläuft. Als Sie nach einem kleinen Nickerchen aufwachen, kommt der Hedgefonds-Trader erneut bei Ihnen vorbei. »Und wie schaut's aus?«, fragt er. »Bereit zu tauschen?« »Klar«, antworten Sie. Als er Ihnen 300 Euro in die Hand drückt, fragen Sie, wo der Rest ist. »Sie haben gerade sieben Stunden geschlafen und wir landen bald«, entgegnet er mit einem Grinsen. Sie denken sich, dass Ihr Sitz in drei Stunden wertlos sein wird und nehmen die 300 Euro.

Was Sie gerade erlebt haben, ist der Zeitwertverfall einer At-the-money-Call-Option. Je näher das Ende des Fluges rückt, desto weniger ist Ihr Sitz in der ersten Klasse wert.

Ebenso verhält es sich mit dem Preis einer Option. Zum Verfallstermin beträgt der Zeitwert stets null. Das bedeutet, dass der Optionspreis nur noch aus dem inneren Wert besteht. Dies liegt daran, dass am Verfallstermin keine Unsicherheit bezüglich des Kurses des

Underlyings besteht. Der Kurs des Basiswertes steht fest und der tatsächliche (innere) Wert der Option kann ganz einfach berechnet werden, wie zuvor beschrieben.

Beim Handel einer Option, die erst in sieben Tagen verfällt, kann der Kurs des Underlyings zum Verfallstermin jedoch nicht vorhergesagt werden. Es können bestenfalls Schätzungen abgegeben beziehungsweise Wahrscheinlichkeiten berechnet werden. Der Zeitwert ist deshalb eine Art Prämie, die für die potenzielle Wertsteigerung der Option – genauer gesagt: für einen potenziell höheren inneren Wert – gezahlt wird.

Zeitwert in Abhängigkeit der Restlaufzeit

Der Zeitwert ist umso höher, je weiter der Verfallstermin (in unserem Beispiel die Landung des Flugzeugs) in der Zukunft liegt. Der Grund dafür ist naheliegend: Die Wahrscheinlichkeit, dass eine Aktie, die heute zu einem Kurs von 100 Euro gehandelt wird, innerhalb von drei Monaten eine Kursbewegung von beispielsweise 15 Euro vollzieht, ist deutlich höher als die Wahrscheinlichkeit, dass dies binnen drei Tagen geschieht. Aus diesem Grund wird der 115er Call auf diese Aktie mit der Restlaufzeit von drei Monaten an der Börse zu einem höheren Preis gehandelt als der 115er Call mit einer Restlaufzeit von drei Tagen.

Dies wird von niemandem vorgeschrieben oder festgelegt; der Markt regelt das ganz einfach von selbst, da aufgrund der größeren Unsicherheit der Verkäufer der Option mit der längeren Restlaufzeit einen höheren Preis verlangt. Weil der innere Wert des 115er Calls für beide Optionen identisch ist, kann der höhere Preis für die Option mit der längeren Laufzeit nur auf den höheren Zeitwert zurückzuführen sein.

Das bedeutet: Je länger die Restlaufzeit einer Option ist, desto höher ist der Optionspreis (vorausgesetzt alle anderen Faktoren sind identisch).

Berechnung des inneren Werts und des Zeitwerts

Sie können also den inneren Wert einer jeden Option berechnen. Und da der Optionspreis die Summe aus innerem Wert und äußerem Wert (Zeitwert) ist, können Sie auch den Zeitwert berechnen, und zwar, indem Sie die Differenz des Optionspreises und des inneren Werts ermitteln. Das folgende Beispiel veranschaulicht dies:

Eine Aktie wird heute an der Börse zu einem Kurs von 185,63 US-Dollar gehandelt. Die Entwicklung des Gesamtmarktes ist aktuell positiv und die Aktie verläuft in einem stabilen Aufwärtstrend, weshalb Sie kurzfristig weiteres Kurspotenzial bis auf circa 200 US-Dollar sehen. Statt die Aktie direkt zu kaufen, entschließen Sie sich zum Kauf einer im Geld liegenden Call-Option mit einem Ausübungspreis von 180 US-Dollar und einer Restlaufzeit von 98 Tagen. Der Optionspreis des Calls liegt bei 12,90 US-Dollar. Da eine Aktienoption das Recht zum Kauf von 100 Aktien umfasst und der Multiplikator somit 100 beträgt, zahlen Sie 1290 US-Dollar für den 180er Call. Als Optionskäufer besitzen Sie nun das Recht, 100 Aktien zu einem Kurs von 180 US-Dollar je Aktie zu kaufen. Wie hoch sind nun der innere Wert und der Zeitwert der Option?

Innerer Wert (Call) = Aktienkurs – Ausübungskurs = 185,63 US-Dollar – 180 US-Dollar = 5,63 US-Dollar

> Zeitwert = Optionspreis − innerer Wert = 12,90 US-Dollar − 5,63 US-Dollar = 7,27 US-Dollar

> Der Optionspreis von 12,90 US-Dollar setzt sich zusammen aus 5,63 US-Dollar innerem Wert und 7,27 US-Dollar Zeitwert.

Würden Sie die Option unmittelbar ausüben, müssten Sie für den Erwerb der 100 Aktien 180 US-Dollar je Aktie zahlen, insgesamt also 18.000 US-Dollar. Da der aktuelle Kurs bei 185,63 US-Dollar liegt, wäre Ihre Position 5,63 US-Dollar × 100 = 563 US-Dollar im Gewinn.

Würden Sie die Aktien sofort wieder verkaufen, könnten Sie sich also über einen Gewinn von 563 US-Dollar freuen. Na ja, freuen ist wohl nicht das richtige Wort. Sie haben zuvor schließlich 1290 US-Dollar für die Option bezahlt. Das bedeutet, dass Sie unterm Strich einen Verlust von 727 US-Dollar erzielt haben, was exakt dem Zeitwert der Option entspricht.

Anders formuliert: Wenn Sie den 180er Call kaufen, muss die Aktie mindestens 7,27 US-Dollar ansteigen. In diesem Moment sind Sie break even. Mit jedem weiteren Dollar, den die Aktie ansteigt, verdienen Sie nun 100 US-Dollar. Nehmen wir an, die Aktie steigt tatsächlich auf über 200 US-Dollar an und schließt am Verfallstermin sogar bei 208,94 US-Dollar.

Nun würden Sie 100 Aktien zu einem Kurs von 180 US-Dollar in Ihr Depot gebucht bekommen und Ihr Gewinn würde wie folgt aussehen:

> Wert der Aktien = 208,94 US-Dollar × 100 = 20.894 US-Dollar

> Kaufkurs (Ausübungspreis) = 180 US-Dollar

> Kosten für den Kauf der Aktien = 18.000 US-Dollar

> Kosten für den Kauf der Option = 1290 US-Dollar

> Gewinn aus der Aktienposition = 20.894 US-Dollar − 18.000 US-Dollar = 2894 US-Dollar

> Nettogewinn = Gewinn Aktie − Kosten für die Option = 2894 US-Dollar − 1290 US-Dollar = 1604 US-Dollar

Sie haben mit Ihrem Trade also 1604 US-Dollar verdient (unter der Annahme, dass Sie die Aktien nach der Ausübung der Option sofort wieder verkaufen würden). Ihr maximales Risiko bestand darin, dass die Option wertlos (am Geld oder aus dem Geld) verfällt, das heißt dass die Aktie am Verfallstermin unter 180 US-Dollar notiert.

Bei einem Risiko von nur 1290 US-Dollar haben Sie 1604 US-Dollar verdient. Das entspricht einer Rendite auf Ihr eingesetztes Kapital von 124 Prozent innerhalb von nur 98 Tagen. Eine beachtliche Rendite, oder? Die Sache hat nur einen − zugegebenermaßen recht großen − Haken: Damit Sie mit der gekauften Call-Option eine derartige Rendite erzielen können, muss die Aktie innerhalb der Restlaufzeit eine relativ große Kursbewegung vollziehen. Die Aktie muss sogar einige Dollar ansteigen, damit Sie überhaupt einen Gewinn erzielen, nämlich den zuvor ermittelten Betrag von 7,27 US-Dollar, was einem Kurs von 192,90

US-Dollar entspricht (185,63 US-Dollar + 7,27 US-Dollar). Sie können auch ganz einfach den Optionspreis auf Ihren Ausübungspreis (Strike) addieren und kommen so ebenfalls auf den Kurs von 192,90 US-Dollar.

Zeitwertverfall: Freund oder Feind

Wenn es eine einzigartige Eigenschaft gibt, durch die sich Optionen von anderen Finanzinstrumenten abgrenzen lassen, dann ist das der Zeitwertverfall. Jede Option besitzt einen Zeitwert, der bis zum Verfallstermin Tag für Tag stückchenweise erodiert, bis die Option schließlich nur noch aus innerem Wert besteht oder wertlos verfällt.

- ✔ Wenn Sie eine Option kaufen (wie in unserem Beispiel gerade eben), arbeitet der Zeitwertverfall gegen Sie.
- ✔ Wenn Sie hingegen den Spieß umdrehen und Optionen verkaufen, können Sie vom Zeitwertverfall profitieren.

Es gibt sehr viele unterschiedliche Optionsstrategien. Angefangen vom einfachen Kauf oder Verkauf einer einzelnen Option, über die Kombination von Optionen mit dem Kauf oder Verkauf des Underlyings, bis hin zu komplexen Strategien, die den Kauf und Verkauf von mehreren Optionen mit unterschiedlichen Basispreisen und/oder Verfallsterminen kombinieren. All diese Strategien lassen sich grundsätzlich in zwei Kategorien unterteilen: Entweder die Strategie beziehungsweise der Trade profitiert vom Zeitwertverlust der Optionen, oder sie leidet unter diesem.

Eine der entscheidenden Fragen ist deshalb: Wollen Sie primär als Optionskäufer oder als Optionsverkäufer in Erscheinung treten? Die Beantwortung dieser Frage hängt hauptsächlich von Ihren Zielen beziehungsweise vom Ziel eines jeden einzelnen Trades ab. Wenngleich es in bestimmten Situationen sinnvoll sein kann, sich auf der Käuferseite zu finden, beispielsweise wenn es um die Absicherung eines Depots geht, so lässt sich dennoch feststellen: Wenn Sie es verstehen, den Zeitwertverlust von Optionen zu Ihren Gunsten zu nutzen, haben Sie einen entscheidenden Gewinnvorteil (in der Sprache der Trader: eine *Edge*) und somit die höchste Wahrscheinlichkeit für dauerhaften Erfolg. Sie werden zwar nicht innerhalb kürzester Zeit riesige Gewinne einfahren, wie es theoretisch durch den Kauf von Optionen möglich ist (falls Sie ein perfektes Timing besitzen), Sie haben aber sehr gute Chancen, kontinuierlich Einnahmen zu generieren und Strategien mit einer hohen Trefferquote zu handeln, die zudem keine Glaskugel für exaktes Timing und exakte Kursvorhersagen benötigen.

Zeit ist Geld: Aber wie viel ist die Zeit nun wert?

Nachdem Sie nun wissen, dass Optionen einen Zeitwert besitzen, dass dieser Zeitwert abhängig von der Restlaufzeit der Option ist (höhere Restlaufzeit = höherer Zeitwert) und dass der Zeitwert bis zum Verfallstermin nach und nach abnimmt, haben Sie sich vielleicht schon eine der folgenden Fragen gestellt:

✔ Wie genau kommt die Höhe des Zeitwerts zustande?

✔ Wie genau verläuft der Zeitwertverfall?

✔ Welche Faktoren beeinflussen den Zeitwert und den Zeitwertverfall?

Am einfachsten wäre es, wenn an jedem Tag eine bestimmte Summe oder ein Prozentsatz als Zeitwert auf den inneren Wert der Option hinzuaddiert würde. Zum Beispiel 10 Cent oder ein Prozent. So könnten Sie ganz genau berechnen, wie viel Zeitwert eine Option pro Tag besitzt und wie viel Zeitwert die Option pro Tag verliert.

Der Zeitwert ist jedoch eine flexible Größe und unterliegt den Launen der Optionshändler. Die Antwort auf die eingangs gestellte Frage lautet deshalb auch hier: Der Markt regelt das.

Es gibt mehrere Faktoren, die den Zeitwert einer Option beeinflussen. Da der Zeitwert eine Art Risikoprämie ist, die aufgrund der Unsicherheit über die zukünftige Kursentwicklung des Basiswertes zustande kommt, kann man sagen:

Je größer die Unsicherheit bezüglich der zukünftigen Kursentwicklung ist, desto höher ist der Zeitwert.

Je höher das Risiko, desto höher die Prämie

Optionen sind vom Charakter her Versicherungsinstrumente. Auch bei einer Versicherung zahlen Sie eine höhere Prämie, wenn die Versicherung davon ausgeht, dass bei Ihnen ein erhöhtes Risiko besteht. Wenn Ihre Fahrkünste in der Vergangenheit beispielsweise dazu geführt haben, dass Ihre Versicherung mehrfach zur Kasse gebeten wurde, wird die Versicherung Ihre Prämie erhöhen. Dies geschieht nicht deshalb, weil die Versicherung sich bei Ihnen rächen möchte, sondern weil die auf Statistik und Wahrscheinlichkeit beruhenden Risikobewertungsmodelle der Versicherung bei Ihnen nun ein erhöhtes Risiko kalkulieren. (Naja, ein bisschen wird die Versicherung wohl auch sagen: »Der hat uns bereits so viel gekostet, da holen wir uns ein wenig zurück.«)

So ist es auch an der Börse: Wenn die Wahrscheinlichkeit einer großen Kursbewegung hoch ist, steigt die Prämie. Ganz einfach deshalb, weil der Markt – also die Summe aus allen Optionskäufern und Optionsverkäufern – ein höheres Risiko einpreist. Das bedeutet, Optionskäufer sind bereit, höhere Optionspreise zu zahlen und Optionsverkäufer verlangen höhere Optionsprämien. Da der innere Wert eine eindeutig berechenbare Größe ist, kann eine Veränderung des Optionspreises aufgrund einer hohen erwarteten Schwankungsbreite nur Einfluss auf den Zeitwert haben.

Es gibt zum Beispiel Aktien, die naturgemäß eine sehr hohe Schwankungsbreite besitzen, andere Aktien sind tendenziell eher träge, reagieren langsam und weisen langfristig eine geringere Schwankungsbreite auf. Darüber hinaus können einzelne Ereignisse die Wahrscheinlichkeit für eine Kursreaktion erhöhen, wie zum Beispiel:

✔ die Veröffentlichung von Unternehmensergebnissen (Quartalszahlen)

✔ die Rede eines Notenbankvorsitzenden

✔ die allgemeine Marktstimmung (Bullenmarkt oder Bärenmarkt)

✔ saisonale Nachfragezyklen eines Rohstoffes

✔ und vieles mehr

Der Zeitwert ist also für jede Aktie, für jeden ETF, für jeden Futures-Kontrakt individuell und kann nicht vorhergesehen werden. Was jedoch mit Sicherheit gesagt werden kann, ist: Am Verfallstermin beträgt der Zeitwert null.

Der Zeitwertverfall beschleunigt sich, je näher der Verfallstermin rückt. Das liegt daran, dass die Unsicherheit bezüglich des Kurses am Verfallstermin beziehungsweise die Wahrscheinlichkeit, dass der Basiswert eine große Kursbewegung vollzieht zum Verfallstermin hin immer geringer wird.

Es gibt es noch etwas anderes, das Sie beachten sollten: Der Zeitwert ist

✔ für jedes Underlying unterschiedlich,

✔ abhängig von externen Ereignissen, die oft unvorhersehbar sind, und

✔ abhängig von der Restlaufzeit der Option.

Zusätzlich hat die Moneyness einen großen Einfluss auf den Zeitwert und den Zeitwertverfall. Eine At-the-money-Option besitzt zum Beispiel einen viel höheren Zeitwert als eine tief im Geld liegende Option. Auch bezüglich des Zeitwertverfalls pro Tag spielt es eine wichtige Rolle, ob die Option im Geld, am Geld oder aus dem Geld liegt. Details dazu finden Sie in Kapitel 5 (»Griechische Götter des Optionshandels«), in dem Sie die Optionskennzahlen – die sogenannten Griechen – kennenlernen.

Für den Moment ist die entscheidende Erkenntnis: Der Zeitwert (und somit auch der Optionspreis) verändert sich quasi kontinuierlich und kann höher oder tiefer sein, abhängig von der erwarteten Schwankungsbreite des Marktes.

Diese erwartete Schwankungsbreite wird in der Fachsprache als *implizite Volatilität* bezeichnet.

Historische und implizite Volatilität

Jeder, der mit der Börse in Berührung kommt, wird früher oder später auf den Begriff *Volatilität* stoßen, welcher sich aus dem lateinischen Wort »volatilis« ableitet und mit »fliegend, flüchtig« übersetzt werden kann. Wenn eine Währung, eine Aktie oder der Preis von gefrorenem Orangensaftkonzentrat als volatil bezeichnet wird, bedeutet das nichts anderes, als dass der Preis stark schwankt. Bevor wir weiter ins Detail gehen, ist es wichtig zu verstehen, dass es an der Börse zwei Arten der Volatilität gibt:

✔ **Historische Volatilität**

Die historische Volatilität bezieht sich auf die Schwankungen eines Vermögenswertes in der Vergangenheit und wird oft als Maßstab für die Unsicherheit oder das Risiko dieses Vermögenswertes verwendet.

Um die historische Volatilität zu berechnen, schauen Sie sich die vergangenen Preisbewegungen an – beispielsweise die täglichen, wöchentlichen oder monatlichen Preisänderungen – und ermitteln daraus eine Standardabweichung. In der Praxis übernimmt dies eine Chartsoftware, die Ihnen die historische Volatilität automatisch ausgibt.

Diese Standardabweichung gibt an, wie stark der Preis des Vermögenswertes um seinen Mittelwert schwankt. Ein hoher Wert deutet auf große Preisbewegungen hin, ein niedriger Wert dagegen auf eine geringere Schwankungsbreite.

Die historische Volatilität ist besonders nützlich, um zu verstehen, wie volatil ein Vermögenswert in der Vergangenheit war, und bietet einen Einblick in das potenzielle Risiko, das mit einer Investition in diesen Vermögenswert verbunden ist.

✔ **Implizite Volatilität**

Im Gegensatz zur historischen Volatilität, die auf vergangenen Daten basiert, ist die implizite Volatilität zukunftsgerichtet. Sie wird aus den Preisen von Optionen abgeleitet und spiegelt die Erwartungen des Marktes bezüglich der zukünftigen Schwankungen des zugrunde liegenden Vermögenswertes wider.

Die implizite Volatilität wird oft als Indikator für die Marktstimmung angesehen: Eine hohe implizite Volatilität kann auf Unsicherheit oder Angst unter Investoren hinweisen, während eine niedrige implizite Volatilität auf ein ruhigeres Marktumfeld schließen lässt.

Interessant ist, dass die implizite Volatilität nicht direkt die tatsächlichen Preisbewegungen des Underlyings widerspiegelt, sondern vielmehr die Erwartungen der Marktteilnehmer hinsichtlich dieser Preisbewegungen (Schwankungsbreite).

Im Optionshandel interessiert Sie hauptsächlich die implizite Volatilität, da diese einen hohen Einfluss auf den Optionspreis hat. Mathematisch lässt sich die implizite Volatilität mit Optionspreismodellen wie dem *Black-Scholes-Modell* ableiten. In der

Black-Scholes-Gleichung ist die implizite Volatilität die unbekannte Größe, die Sie mithilfe eines Iterationsverfahrens bestimmen können, um den beobachteten Marktpreis einer Option zu erklären.

Die genaue mathematische Herleitung spielt in der Praxis des Optionshandels keine Rolle. Alle gängigen Softwarelösungen und Broker im Bereich des Optionshandels bieten Ihnen Werkzeuge zur Analyse der impliziten Volatilität an.

Wichtig ist, dass es sich bei der impliziten Volatilität um einen theoretischen Wert handelt. Mit diesem können Sie zwar sehr genau erkennen, ob Optionen auf ein Underlying gerade relativ teuer oder relativ günstig sind; was die Prognosekraft für die zukünftige Schwankungsbreite oder Kursentwicklung betrifft, sollten Sie die implizite Volatilität aber nicht überbewerten.

Die implizite Volatilität spiegelt lediglich die aktuelle Stimmung des Marktes wider. Nicht mehr und nicht weniger.

Nur Mittelmaß: Die implizite Volatilität im langfristigen Verlauf

Im Börsenhandel gibt es nicht viele Dinge, die mit Sicherheit vorhergesagt werden können. Unterschiedliche Meinungen und Perspektiven zur Kursentwicklung sind sogar eine zwingend notwendige Voraussetzung, damit überhaupt ein Handel stattfinden kann, und geben der Börse erst ihre Daseinsberechtigung.

Eines der wenigen Dinge, die jedoch mit Sicherheit vorhergesagt werden können, ist die folgende Aussage:

Die implizite Volatilität kehrt immer zu ihrem Mittelwert zurück.

Dieses Konzept der Rückkehr zum Mittelwert wird unter Börsenhändlern als *Reversion to the mean* bezeichnet.

Der Mittelwert der impliziten Volatilität kann sich über einen längeren Zeitraum natürlich auch verändern. Aber im Gegensatz zu einer Aktie, die über mehrere Jahre oder Jahrzehnte ansteigen kann, verläuft die implizite Volatilität langfristig grundsätzlich seitwärts.

Um dies zu veranschaulichen, vergleichen Sie doch einmal in Abbildung 2.1 die langfristige Kursentwicklung des VIX mit der Kursentwicklung des S&P 500 Index. Der S&P 500 ist der wichtigste Aktienindex der Welt. Der VIX ist der Volatilitätsindex des S&P 500 und wird aus den impliziten Volatilitäten der Optionspreise der S&P 500 Optionen berechnet. Der VIX spiegelt somit die erwartete Schwankungsbreite (IV) des Marktes (in diesem Fall des S&P 500) wider.

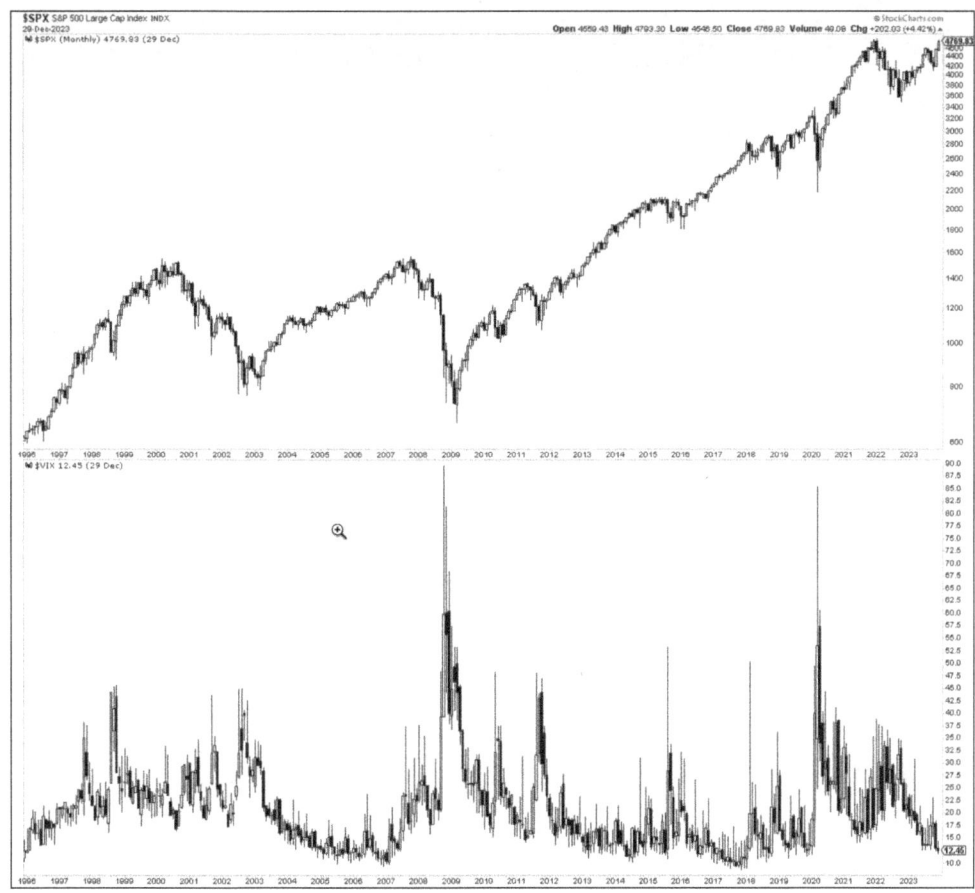

Abbildung 2.1: Oben: S&P 500 Index, unten: VIX (Volatilitätsindex) - Quelle: stockcharts.com

Was sehen Sie?

✔ Der S&P 500 tendiert im langfristigen Verlauf aufwärts.

✔ Der VIX vollzieht eine Seitwärtsbewegung.

✔ Die Volatilität kann zwar sehr starke Schwankungen aufweisen, wie beispielsweise in den Jahren 2008–2009 oder 2020.

✔ Sobald sich der Markt wieder beruhigt hatte, kehrte der VIX jedoch immer wieder zu seinem Mittelwert zurück.

✔ Es ist kein langfristiger Aufwärts- oder Abwärtstrend der Volatilität zu erkennen.

Da die implizite Volatilität die vom Markt erwartete Schwankungsbreite zum Ausdruck bringt, ist es logisch, dass diese Erwartung eine natürliche Obergrenze und Untergrenze hat. Eine Aktie oder ein Index kann schließlich nicht mehr als 100 Prozent fallen. Auch ein Anstieg von 10.000 Prozent innerhalb eines Jahres wäre vergleichsweise ungewöhnlich und niemand oder fast niemand wettet auf solch einen Kursanstieg oder sichert sich dagegen ab.

Nutzen Sie die implizite Volatilität zu Ihrem Vorteil!

Die Erkenntnis, dass die implizite Volatilität (IV) einen starken Reversion-to-the-mean-Effekt aufweist, kann für Sie als Optionshändler einen entscheidenden Gewinnvorteil bedeuten. Nutzen Sie diese Information für Ihre Anlage- oder Tradingstrategie:

- ✔ Eine überdurchschnittlich hohe IV erhöht die Wahrscheinlichkeit für einen Volatilitätsrückgang, was fallende Optionspreise zur Folge hat.

- ✔ Eine sehr tiefe implizite Volatilität bedeutet eine erhöhte Wahrscheinlichkeit, dass es zu einem IV-Anstieg kommt und die Preise für Optionen teurer werden.

- ✔ Der Kauf von Optionen in einem Umfeld hoher Volatilität ist daher weniger Erfolg versprechend als der Kauf von Optionen bei sehr niedriger IV und/oder in Erwartung einer steigenden IV.

- ✔ Strategien, die auf dem Verkauf von Optionen beruhen, sind insbesondere in einem Umfeld hoher impliziter Volatilität attraktiv, wohingegen niedrige IV-Niveaus hierfür meist weniger Erfolg versprechend sind.

Volatilität im Visier: Werkzeuge zur IV-Analyse

Starke Bewegungen der impliziten Volatilität können zu einem starken Anstieg oder Rückgang des Optionspreises führen.

Stellen Sie sich vor, sie haben einen leicht aus dem Geld liegenden Call auf den S&P 500 Index gekauft, weil Sie von einer bullischen Entwicklung, das heißt von einem Kursanstieg, ausgehen. Nun steigt der S&P 500 Index am nächsten Tag um ein Prozent an. Der Index bewegt sich also genau in die Richtung, die Sie zuvor mithilfe Ihrer Glaskugel bestimmt haben. Sie freuen sich schon und wollen einen Blick auf Ihr Konto werfen, um zu sehen, wie viele US-Dollars Ihr Trade im Plus ist. Doch nachdem Sie zu Ihrem Handy gegriffen und Ihre Trading-App geöffnet haben, sticht Ihnen sofort eine rote Zahl ins Auge. Ihr Trade ist nicht im Plus, sondern wenige Dollars im Minus. Wie kann das sein, obwohl sich der Kurs zu Ihren Gunsten entwickelt hat?

In solch einem Fall lautet die Antwort fast immer: Die implizite Volatilität ist schuld. Auch wenn eine Situation wie diese eher die Ausnahme als die Regel ist, kann es geschehen, dass eine große Bewegung der impliziten Volatilität den Optionspreis stärker beeinflusst als eine deutliche Kursbewegung. In diesem Beispiel ist ein Rückgang der IV dafür verantwortlich, dass der Preis Ihres gekauften Calls gesunken ist. Die IV ist so stark gesunken, dass selbst ein Kursanstieg des S&P 500 von einem Prozent nicht ausgereicht hat, den Wertverlust aufgrund des Volatilitätsrückgangs zu kompensieren.

Die Bedeutung der impliziten Volatilität ist Ihnen mittlerweile vermutlich klar. Damit stellt sich die Frage: Wie lässt sich die IV am besten analysieren und beobachten?

Optionshändler nutzen hierfür häufig folgende Werkzeuge:

- **Implied Volatility Index (IVX)**

    Jede Option besitzt eine individuelle implizite Volatilität, die abhängig von der Restlaufzeit und der Moneyness ist. Ein 105er Call auf eine Aktie, mit einer Restlaufzeit von 45 Tagen, hat eine andere IV als der 110er Call mit der gleichen Restlaufzeit oder der 100er Put. Der IVX ist eine Art Durchschnittswert aller impliziten Volatilitäten eines Underlyings. Dieser Durchschnitt ist normalerweise gewichtet, wobei die Moneyness und die Restlaufzeit die Gewichtung beeinflussen. Der bekannte Volatilitätsindex VIX ist im Grunde genommen nichts anderes als der Implied Volatility Index des S&P 500. Spricht man von »der« impliziten Volatilität eines Underlyings, so ist damit meist der IV-Index (IVX) gemeint.

- **Implied Volatility Rank (IV-Rank)**

    Wenn Sie den IV-Index (IVX) eines Underlyings kennen, ist es wichtig, dass Sie diesen ins Verhältnis zu seinen historischen Werten setzen. Betrachten Sie den IVX also nicht als absolute Zahl, da verschiedene Underlyings unterschiedliche und für sich typische implizite Volatilitäten aufweisen.

    Der IV-Rank setzt den aktuellen IVX auf einer Skala von 0–100 ins Verhältnis zu seinen historischen Werten eines bestimmten Zeitraums, meist der letzten 52 Wochen. Ein IV-Rank von 50 bedeutet zum Beispiel, dass die aktuelle IV beziehungsweise der aktuelle IVX genau in der Mitte zwischen dem höchsten und tiefsten Wert des letzten Jahres notiert. Die Formel zur Berechnung des IV-Ranks lautet:

    (IVX aktuell – IVX 52 Wochentief) / (IVX 52 Wochenhoch – IVX 52 Wochentief)

- **Implied Volatility Percentile (IV-Perzentil)**

    Das IV-Perzentil verfolgt das gleiche Ziel wie der IV-Rank: Eine Bewertung des aktuellen Volatilitätsniveaus auf Basis der Daten der letzten 52 Wochen. Im Gegensatz zum IV-Rank wird jedoch nicht die Spanne zwischen dem höchsten und dem niedrigsten Wert ermittelt und als Berechnungsgrundlage verwendet, sondern es wird berechnet an wie vielen Tagen der IVX höher war und an wie vielen Tagen der IVX niedriger war. Ein IV-Perzentil von beispielsweise 80 bedeutet, dass in den letzten zwölf Monaten der IVX an 80 Prozent aller Handelstage geringer war als heute.

- **Die Optionskennzahl Vega**

    Die Optionskennzahl Vega zählt zu den sogenannten *Griechen* und ist ein Maß für die Sensitivität des Optionspreises gegenüber Veränderungen der impliziten Volatilität. Die Kennzahl drückt aus, wie stark sich der Optionspreis ändert, bei einer Veränderung der IV um einen Prozentpunkt. Ausführliche Informationen zu den Optionsgriechen erhalten Sie in Kapitel 5 »Griechische Götter des Optionshandels«.

> **IN DIESEM KAPITEL**
>
> Europäische und amerikanische Optionen
>
> Unterschiedliche Abwicklungsmethoden
>
> Optionen auf Aktien, ETFs, Indizes und Futures

Kapitel 3
Unterschiedliche Arten von Optionen

Optionen sind äußerst vielseitig einsetzbar. Es gibt nicht nur zahlreiche verschiedene Optionsstrategien, sondern auch eine große Auswahl an verfügbaren Underlyings. Ob Aktien, ETFs, Aktienindizes, Edelmetalle, Energierohstoffe oder Währungen – für jeden Geschmack ist etwas dabei.

Je nach Kategorie (zum Beispiel Optionen auf Aktien, Indizes oder Währungsfutures) weisen die Optionen unterschiedliche Eigenschaften auf. Deshalb ist es sinnvoll, wenn Sie sich mit den Besonderheiten der verschiedenen Arten von Optionen vertraut machen.

Optionen der verschiedenen Kategorien können sich zum Beispiel in Folgendem unterscheiden:

- ✔ **Ausübungsstil:** Es gibt es Optionen, die Sie als Optionskäufer während der gesamten Laufzeit ausüben können. Andere Optionen hingegen können nur am Verfallstermin ausgeübt werden.

- ✔ **Abwicklungsmethode** (auf Englisch: Settlement Method): Viele Optionen werden physisch ausgeübt, das heißt, der zugrunde liegende Basiswert wird im Falle einer Ausübung der Option tatsächlich geliefert. Bei anderen Optionen gibt es keine physische Ausübung, sondern es kommt zu einer Abrechnung in bar.

Wie können Sie all diese Besonderheiten einer jeden Option in Erfahrung bringen? Ganz einfach: Für jede einzelne Option gibt es *Kontraktdetails*, in denen die wichtigsten Informationen zu finden sind. Die Kontraktdetails können Sie üblicherweise über Ihren Broker aufrufen. In diesem Kapitel erfahren Sie, welche verschiedenen Arten von Optionen es gibt und worin diese sich unterscheiden.

Wenn Sie die Trader Workstation für den Optionshandel nutzen, können Sie durch einen Doppelklick auf eine beliebige Option in der Optionskette (oder durch einen Rechtsklick und dann auf »Beschreibung« klicken) die Kontraktdetails der entsprechenden Option aufrufen.

Der Ausübungsstil: Europäische und amerikanische Optionen

Wenn Optionshändler von amerikanischen oder europäischen Optionen sprechen, geht es dabei in aller Regel nicht um Reiseziele für den nächsten Sommerurlaub, sondern um zwei gängige Arten von Optionen, die sich in ihrem Ausübungsverhalten unterscheiden. Auch der Handelsort oder die Börse spielen dabei keine Rolle. Eine europäische Option (man sagt auch: Option europäischer Art) kann in Frankfurt ebenso gehandelt werden wie in Chicago oder Tokio.

 Der *Ausübungsstil* einer Option beschreibt, zu welchem Zeitpunkt der Optionskäufer sein Recht zum Kauf des Underlyings (im Falle einer Call-Option) beziehungsweise zum Verkauf des Underlyings (im Falle einer Put-Option) wahrnehmen kann.

 Als Optionskäufer einer *europäischen Option* können Sie die Option ausschließlich am Verfallstermin ausüben.

 Es ist in etwa so, als hätten Sie ein Ticket für ein Konzert, das nur an einem bestimmten Datum stattfindet. Sie können nicht einfach an einem anderen Tag kommen und erwarten, dass die Band für Sie spielt.

Aus Sicht des Optionsverkäufers bietet Ihnen eine Option europäischer Art den Vorteil, dass Sie sicher sein können, dass der Optionskäufer während der Laufzeit die Option nicht ausüben kann. Somit besteht keine Gefahr, dass Sie den Basiswert bei einer vorzeitigen Ausübung kaufen oder verkaufen müssen, falls Sie dies von vornherein ausschließen möchten.

 Amerikanische Optionen sind flexibler. Sie können (theoretisch) während der gesamten Laufzeit ausgeübt werden.

Vielleicht fragen Sie sich nun: Wieso nur theoretisch? Wenn Sie eine amerikanische Option gekauft haben, können Sie diese zwar nicht nur theoretisch, sondern auch tatsächlich jederzeit ausüben, indem Sie es über Ihren Online-Broker mit wenigen Klicks veranlassen. Sinn ergibt dies aber nur in gewissen Situationen. Nämlich dann, wenn die Option *im Geld* liegt.

 Stellen Sie sich vor, Sie kaufen eine Call-Option auf eine Aktie. Die Aktie notiert bei 100 US-Dollar und der Basispreis der Option liegt bei 120 US-Dollar. In der Fachsprache: Sie kaufen einen *aus dem Geld* (*out of the money*) liegenden 120er Call. Sie besitzen nun also das Recht, Anteile des Unternehmens zu einem Kurs von 120 US-Dollar je Aktie zu kaufen. Da die Aktie zum aktuellen Zeitpunkt am Markt für 100 US-Dollar gehandelt wird, würden Sie aber wohl kaum Ihre

Option ausüben und 120 US-Dollar pro Aktie zahlen. Sie können die Aktie an der Börse schließlich günstiger erwerben.

Stellen Sie sich nun vor, die Aktie notiert nach wie vor bei 100 US-Dollar und Sie kaufen einen 100er Call. Würden Sie nun Ihr Recht zum Kauf der Aktien wahrnehmen und Ihre Option ausüben? Sie können nach wie vor für 100 US-Dollar je Aktie eine Kauforder direkt an der Börse platzieren. Weshalb sollten Sie also Geld für die Option zahlen, nur um diese dann sofort auszuüben.

Möglicherweise kommen Sie nun auf folgende Idee: »Super, dann kaufe ich einfach einen 80er Call, übe diesen sofort aus und kann die Aktie dann weit unter ihrem aktuellen Kursniveau günstiger kaufen.« Vielleicht kennen Sie die Börsenweisheit: »There is no free lunch.« Sinngemäß übersetzt: An der Börse gibt es nichts umsonst. Zurück zu unserem Beispiel: Das können Sie natürlich so machen, aber es empfiehlt sich nicht unbedingt. Denn der Preis der Call-Option mit einem Basispreis von 80 US-Dollar wird so hoch sein, dass Sie unterm Strich auch hier besser fahren würden, wenn Sie die Aktien direkt zum aktuellen Marktpreis von 100 US-Dollar kaufen würden. Den Grund hierfür haben Sie im vorherigen Kapitel gelernt: Die Option besitzt neben dem inneren Wert einen Zeitwert, sodass auch in diesem Fall kein »free lunch« möglich ist.

Die Ausübung einer Option ist für den Optionskäufer nur dann sinnvoll, wenn die Option im Geld notiert. Meistens sogar nur dann, wenn die Option tief im Geld notiert, das heißt nicht nur wenige Punkte, sondern so weit, dass der Zeitwert kompensiert wurde und eine Ausübung für den Käufer profitabel ist.

✔ **Als Optionskäufer** einer amerikanischen Option können Sie während der Laufzeit der Option jederzeit selbst entscheiden, ob Sie die Option ausüben möchten oder nicht. Dieses Recht besitzen ausschließlich Sie allein und der Optionsverkäufer hat hier nichts mitzureden.

✔ **Als Optionsverkäufer** müssen Sie damit rechnen, dass es zumindest theoretisch jederzeit zu einer Ausübung der Option kommen kann.

- Die Option liegt aus dem Geld (OTM): Eine Ausübung der Option kommt praktisch nie vor.

- Die Option liegt tief im Geld (ITM): In diesem Fall sollten Sie die Wahrscheinlichkeit einer Ausübung der Option vor dem Verfallstermin durch den Optionskäufer jedoch immer miteinkalkulieren. Die Wahrscheinlichkeit dafür ist ebenfalls vergleichsweise gering, solange der Verfallstermin noch mehrere Tage oder Wochen entfernt liegt.

- Kurz vor dem Verfallstermin: Kurz vor Verfall der Option erhöht sich die Wahrscheinlichkeit für eine vorzeitige Ausübung hingegen deutlich, falls die Option tief im Geld liegt.

- Dividendenauszahlung: Handelt es sich um eine verkaufte Call-Option auf eine Aktie, die tief im Geld liegt und die eine Dividende ausschüttet (genauer gesagt: eine Aktie, die Ex Dividende gehandelt wird), erhöht dies ebenfalls die Wahrscheinlichkeit für eine vorzeitige Ausübung.

Fassen wir die wichtigsten Erkenntnisse nochmals zusammen:

Als Optionskäufer besitzen ausschließlich Sie selbst die Entscheidungsgewalt über die Ausübung. Als Optionsverkäufer einer amerikanischen Option müssen Sie hingegen damit rechnen, dass die Option, die Sie verkauft haben, theoretisch jederzeit durch den Optionskäufer ausgeübt werden könnte, wodurch Sie zum Kauf oder Verkauf des Underlyings verpflichtet wären. In der Praxis geschieht dies jedoch nur, wenn die von Ihnen verkaufte Option tief im Geld liegt und der Verfallstermin sehr nahe ist.

Die Abwicklungsmethode: Physisch oder bar

Neben dem Ausübungsstil ist die sogenannte *Settlement Method* – auf Deutsch: *Abwicklungsmethode* – ein weiteres wichtiges Detail, worin sich Optionen unterscheiden.

Im Verlauf dieses Buches haben Sie bereits viel davon gelesen, was bei der Ausübung einer Option konkret geschieht und in welchen Fällen Sie zum Kauf oder Verkauf des Underlyings verpflichtet sind beziehungsweise wann Sie dieses Recht wahrnehmen können. All diese Beispiele wurden geschildert, unter der Annahme, dass es sich bei der jeweiligen Option um eine Option handelt, die physisch abgewickelt wird.

Neben dem physischen Settlement gibt es aber auch Optionen, bei denen der Basiswert nicht tatsächlich – also physisch – geliefert wird, sondern bei denen lediglich die monetäre Differenz, das heißt Ihr Buchgewinn oder Ihr Buchverlust, bar (auf Englisch: *Cash*) abgerechnet wird.

Ob die Abwicklungsmethode physisch oder bar ist, können Sie den Kontraktdetails der Option entnehmen.

Relevant ist dies insbesondere beim Handel von Strategien, bei denen Sie die Möglichkeit zum physischen Kauf oder Verkauf des Basiswertes in Betracht ziehen und vermeiden wollen, dass es zu einem Barausgleich kommt.

Wenn Sie zum Beispiel eine Put-Option auf einen Basiswert verkaufen, mit dem Ziel, den Basiswert zu kaufen, falls die verkaufte Put-Option im Geld verfällt (diese Strategie nennt sich *Cash Secured Put* und wird in Kapitel 11 detailliert beschrieben), wird Ihnen das nur gelingen, wenn es sich um eine Option handelt, die physisch »gesettled« wird. Falls Sie in den Kontraktdetails der Option erkennen, dass die Abwicklungsmethode bar ist, würden Sie am Verfallstermin einfach einen Bar-Verlust realisieren (die Differenz zwischen dem Strike des Puts und dem Kurs des Underlyings) und würden den Basiswert nicht Long ins Depot gebucht bekommen.

Optionen auf Aktien, ETFs, Indizes und Futures

Wenn Sie als privater Trader oder Anleger Optionen nutzen, um Einnahmen zu erzielen oder um sich abzusichern, gehören die Basiswerte, die Ihren gehandelten Optionen zugrunde liegen, höchstwahrscheinlich zu einer der folgenden vier Kategorien:

1. Aktien

2. ETFs

3. Aktienindizes

4. Futures

Falls Sie sich nun fragen: »Und was ist mit Gold, Silber, Erdöl, US-Staatsanleihen, dem japanischen Yen und Sojabohnen?« Wenn Sie Basiswerte wie Edelmetalle, Energierohstoffe, Agrarrohstoffe oder Währungen handeln, geschieht dies meistens über eine andere Kategorie von Terminkontrakten, nämlich Futures. Für diese Futures stehen ebenfalls Optionen zur Verfügung. Das heißt: Sie können Optionen auf Rohstoff-Futures handeln. Optionen, denen der physische Rohstoff selbst zugrunde liegt, sind äußerst selten und spielen im Börsenhandel für private Händler keine Rolle.

Wenn Sie zum Beispiel Erdöl der amerikanischen Sorte West Texas Intermediate – kurz: WTI – handeln, erfolgt der Handel über den Erdöl-Future mit dem Kürzel CL. Der zugrunde liegende Wert dieses Futures ist der physische Rohstoff, genauer gesagt: 1000 Barrel Rohöl. Wenn der Futures-Kontrakt verfällt, ist damit also eine Verpflichtung verbunden, den Rohstoff physisch zu kaufen oder zu verkaufen. Zumindest theoretisch, denn als privater Trader schützt Sie Ihr Broker vor dieser Verpflichtung und wird Sie kurz vor Verfall des Kontraktes auffordern, den Trade zu schließen. Falls Sie dies nicht tun, wird Ihr Broker für Sie den Trade beenden.

Wenn Sie nun Optionen auf Erdöl handeln wollen, werden Sie feststellen, dass es keine Optionen gibt, denen direkt der Rohstoff zugrunde liegt. Es gibt jedoch Optionen auf den Erdöl-Future (CL). Das bedeutet, das Underlying dieser Optionen ist nicht der physische Rohstoff, sondern der Future auf diesen Rohstoff, genauer gesagt: ein konkreter Futures-Kontrakt. (Ähnlich wie bei Optionen, gibt es auch bei Futures unterschiedliche Kontrakte mit verschiedenen Verfallsterminen.) Wenn die Option nun physisch abgewickelt wird, bezieht sich die physische Lieferung auf das Underlying, das heißt auf den konkreten Futures-Kontrakt (und nicht auf den Rohstoff selbst.)

Optionen der oben genannten vier Kategorien von Underlyings haben Besonderheiten und Gemeinsamkeiten. Auf den folgenden Seiten lernen Sie diese im Detail kennen.

Optionen auf Aktien

Aktienoptionen sind eine der beliebtesten und am weitesten verbreiteten Kategorien von Optionen, sowohl unter privaten Händlern als auch unter institutionellen Marktteilnehmern. Aktienoptionen können Sie zu verschiedenen Zwecken einsetzen, wie zum Beispiel:

✔ zur Absicherung von Aktien gegen Kursverluste

✔ zur Generierung von Zusatzeinnahmen für eine Aktie

✔ um auf steigende oder fallende Kurse einer Aktie zu spekulieren, ohne die Aktie zu kaufen oder leerzuverkaufen

✔ um von Seitwärtsbewegungen einer Aktie zu profitieren

✔ um von einem Anstieg oder Rückgang der impliziten Volatilität zu profitieren

Wie die einzelnen Optionsstrategien funktionieren und wann deren Einsatz sinnvoll ist, erfahren Sie in Teil III und Teil IV dieses Buches. An dieser Stelle beschäftigen wir uns zunächst mit den Faktoren und Kontraktdetails, die typisch für Aktienoptionen sind.

✔ **Sehr großes Angebot:** Aktienoptionen sind insbesondere in den USA und auch in Deutschland (mit einigen Einschränkungen) für fast alle Aktien verfügbar, die über eine gewisse Marktkapitalisierung und Liquidität verfügen. In den USA gibt es derzeit rund 3000 Aktienoptionen. Für europäische Aktien sind an der Eurex rund 900 Optionen für Aktien aus 13 Ländern handelbar.

✔ **Liquidität abhängig von der Aktie:** Die großen Blue-Chip-Unternehmen besitzen Optionen, die sehr liquide handelbar sind und sehr enge Spreads aufweisen. Bei Nebenwerten kann die Liquidität teilweise etwas geringer sein, ist in der Regel aber immer noch ausreichend hoch, wenn man nicht gerade Daytrading betreiben möchte. Im Zweifel sollten Sie sich die Weite der Spreads sowie das Open Interest anschauen, um beurteilen zu können, wie liquide die Optionen sind.

✔ **Aktienoptionen können jederzeit ausgeübt werden:** Aktienoptionen besitzen typischerweise einen Ausübungsstil amerikanischer Art, das heißt, dass die Option vom Optionskäufer jederzeit ausgeübt werden kann. Falls Sie Aktienoptionen verkaufen, sollten Sie also wissen, dass es auch während der Laufzeit zu einer Ausübung der Option kommen kann, wodurch Sie verpflichtet wären, den Basiswert zu kaufen oder zu verkaufen. Allerdings geschieht dies nur in seltenen Situationen.

Für Optionen auf Aktien europäischer Unternehmen, die über die Eurex gehandelt werden, stehen neben den amerikanischen Optionen für einige Aktien zusätzliche Optionen europäischer Art zur Verfügung. Die amerikanischen Optionen sind allerdings am weitesten verbreitet und die Liquidität der europäischen Optionen ist viel geringer.

 Falls Sie also keine triftigen Gründe haben, sollten Sie die amerikanischen Optionen handeln.

- ✔ **Monatliche und wöchentliche Verfallstermine:** In den USA und in Deutschland sind Aktienoptionen mit monatlichen Verfallsterminen verfügbar. Diese verfallen am dritten Freitag eines jeden Monats. Darüber hinaus gibt es für einige Aktien Optionen mit wöchentlichem Verfallstermin, sogenannte Weeklys, welche wöchentlich am Freitag verfallen.

- ✔ **Laufzeiten bis weit in die Zukunft:** Während Weeklys nur für einige Wochen in die Zukunft handelbar sind, können reguläre monatliche Aktienoptionen mit Verfallsterminen gehandelt werden, die einige Jahre in die Zukunft reichen.

- ✔ **Physische Abwicklungsmethode:** Aktienoptionen werden im Normalfall physisch abgewickelt, das heißt bei einer Ausübung wird die zugrunde liegende Aktie tatsächlich gekauft oder verkauft.

- ✔ **Handelbar während der üblichen Börsenzeiten:** Aktienoptionen sind während der üblichen Öffnungszeiten der Aktienbörsen handelbar. In den USA ist das zwischen 15:30 Uhr – 22:00 Uhr und in Deutschland zwischen 9:00 Uhr und 17:30 Uhr.

- ✔ **Eine Aktienoption bezieht sich auf 100 Aktien:** Der Multiplikator einer Aktienoption beträgt 100. Das bedeutet, Sie müssen zunächst den Optionspreis, den Sie in Ihrer Optionskette sehen, mit 100 multiplizieren, um die tatsächliche Prämie zu berechnen. Im Falle der Ausübung einer Aktienoption werden mit einer einzelnen Option stets 100 Aktien gekauft oder verkauft.

Optionen auf ETFs

Neben Aktien sind Exchange Traded Funds – kurz: ETFs – mittlerweile eines der populärsten Anlageinstrumente für private und professionelle Händler. Sie spielen einerseits für die langfristige Geldanlage eine wichtige Rolle, andererseits sind ETFs aufgrund ihrer Flexibilität und ihrer oft hohen Liquidität auch unter aktiven Tradern beliebt.

Ein *ETF* ist ein börsengehandelter passiver Fonds, der die Wertentwicklung eines Referenzindex automatisch nachbildet. So gibt es zum Beispiel ETFs, die den DAX oder den S&P 500 nachbilden und die im Index enthaltenen Aktien entsprechend ihrer Indexgewichtung kaufen. Wenn Sie in einen dieser ETFs investieren, kaufen Sie automatisch alle Aktien, die im Index enthalten sind. Ein ETF kann genauso gehandelt werden wie eine Aktie und bietet den Vorteil, dass Sie mit einem einzigen Instrument, in einen kompletten Index oder in eine Branche investieren können.

Mit der zunehmenden Beliebtheit von ETFs war die Einführung von Optionen auf ETFs eine logische Schlussfolgerung. Mittlerweile gibt es nicht nur ETFs für die *üblichen* Aktienindizes, sondern die verschiedensten ETFs, mit denen Sie in Regionen und Branchen auf der ganzen Welt investieren oder auch bestimmte Strategien abbilden können. Außerdem können Sie passive Indexfonds nicht nur für Investitionen in Aktien nutzen, sondern auch um Rohstoffe, Anleihen oder Währungen zu handeln.

Neben der Bezeichnung ETF wird Ihnen möglicherweise einer der folgenden Begriffe über den Weg laufen:

- ✔ **ETC:** Exchange Trades Commodities – kurz: ETCs – sind börsengehandelte Fonds, die in einzelne Rohstoffe investieren.

- ✔ **ETN:** Exchange Traded Notes – kurz: ETNs – sind börsengehandelte Schuldverschreibungen, welche die Wertentwicklung von Währungen, Zinssätzen, Kryptowährungen und anderen Underlyings nachbilden.

- ✔ **ETP:** Die Bezeichnung Exchange Traded Products – kurz: ETPs – ist ein Überbegriff für börsengehandelte Produkte wie ETFs, ETCs und ETNs.

Die Abgrenzung zwischen den Begriffen ETF, ETC, ETN und ETP ist nicht immer einheitlich. Zum Beispiel wird ein Produkt, das in einen Rohstoff investiert und technisch gesehen zur Kategorie der ETCs gehört, umgangssprachlich häufig auch einfach als Rohstoff-ETF bezeichnet.

Da es zwischen dem Handel von Aktien und dem Handel von ETFs kaum Unterschiede gibt, funktioniert der Handel von ETF-Optionen quasi genauso wie der Handel von Aktienoptionen. Auch die Merkmale, die Sie für Aktienoptionen kennengelernt haben, sollten normalerweise ebenso für ETF-Optionen gelten. Das heißt, eine ETF-Option besitzt

- ✔ einen Multiplikator von 100,

- ✔ einen amerikanischen Ausübungsstil und

- ✔ eine physische Abwicklungsmethode.

Falls Sie sich fragen, welche konkreten ETFs gut für den Optionshandel geeignet sind, so lautet die Antwort ähnlich wie bei den Aktienoptionen: »Alle ETFs, deren Optionen einigermaßen liquide handelbar sind.« Je höher die Liquidität, desto besser.

Die meisten liquiden ETF-Optionen gibt es in den USA. Googeln Sie einfach mal nach »Available Weeklys«. Wenn Sie auf das Suchergebnis der Cboe klicken, finden Sie eine Liste aller verfügbaren Weeklys (Optionen mit wöchentlichen Verfallsterminen). Die Verfügbarkeit von Weeklys ist meist ein sehr guter Indikator für eine ausreichend hohe Liquidität. Auf der Liste auf der Cboe Website sind alle ETFs und alle Aktien aufgeführt, für die aktuell Optionen mit wöchentlichen Verfallsterminen verfügbar sind.

Für den amerikanischen Aktienmarkt sind unter anderem die ETFs auf die großen und bekannten Aktienindizes sehr beliebt:

- ✔ SPY: SPDR S&P 500 ETF

- ✔ QQQ: Invesco QQQ Trust Nasdaq

- ✔ IWM: iShares Russell 2000 ETF

Darüber hinaus bieten die Sektor-ETFs von SPDR eine sehr gute Gelegenheit, um einzelne Marktsektoren des S&P 500 zu handeln:

✔ XLY: Consumer Discretionary Select Sector SPDR Fund (Zykliker/ Nicht-Basiskonsumgüter)

✔ XLC: Communication Services Select Sector SPDR Fund (Kommunikationsleistungen)

✔ XLK: Technology Select Sector SPDR Fund (Technologie)

✔ XLI: Industrial Select Sector SPDR Fund (Industrie)

✔ XLF: Financial Select Sector SPDR Fund (Finanzen)

✔ XLE: Energy Select Sector SPDR Fund (Energie)

✔ XLB: Materials Select Sector SPDR Fund (Grundstoffe)

✔ XLRE: Real Estate Select Sector SPDR Fund (Immobilien)

✔ XLV: Health Care Select Sector SPDR Fund (Gesundheit)

✔ XLP: Consumer Staples Select Sector SPDR Fund (Basiskonsumgüter)

✔ XLU: Utilities Select Sector SPDR Fund (Versorger)

ETF-Option als Umweg

Falls Sie zu den glücklichen Börsianern mit einem Wohnsitz in der EU gehören, haben Sie vielleicht schon festgestellt, dass es für den Handel von US-ETFs seit 2018 gewisse Einschränkungen gibt. Leider erfüllen auch alle eben genannten ETFs auf die bekanntesten US-Aktienindizes und Marktsektoren (sowie sehr viele andere beliebte US-ETFs) die durch die MiFID-II-Richtlinien neu festgelegten regulatorischen Anforderungen nicht. Gefordert wird eine Art Beipackzettel für ETFs, der die Kleinanleger aufklären und schützen soll. Da den ETF-Emittenten aus Übersee der Aufwand hierfür scheinbar zu groß ist, profitieren europäische Staatsbürger dafür durch den vermehrten Handel der heimischen ETFs. Zwei Fliegen mit einer Klappe also.

Obwohl die US-ETFs nicht direkt gehandelt werden können, gibt es beim Handel der entsprechenden ETF-Optionen keinerlei Einschränkung. Und jetzt wird es noch besser: Auch wenn es zu einer Ausübung einer Option kommt, deren Underlying Sie eigentlich gar nicht handeln dürften, funktioniert dies ohne Hindernisse. Das bedeutet: Falls Sie in einen der genannten ETFs investieren möchten, dies aber aufgrund der eben genannten regulatorischen Einschränkungen nicht möglich ist, können Sie einfach den Umweg über eine ETF-Option gehen und somit den gewünschten ETF kaufen (beispielsweise über einen Short Put – das heißt den Verkauf einer Put-Option – der im Geld verfällt).

Falls Sie deutsche oder europäische ETFs auf Eurobasis bevorzugen, finden Sie auf der Website der Eurex Informationen über die verfügbaren ETF-Optionen. Zur entsprechenden Internetseite gelangen Sie am einfachsten über eine Suche nach »Optionen Eurex« oder Ähnlichem.

Optionen auf Aktienindizes

Aktienindizes wie der DAX, der Dow Jones oder der S&P 500 verfolgen das Ziel, den gesamten Aktienmarkt eines Landes oder einen bestimmten Teil eines Aktienmarktes zu repräsentieren. Aktienindizes werden häufig als Indikatoren für die wirtschaftliche Entwicklung in einem Land oder einer Region angesehen. ETFs, die einen Aktienindex nachbilden, ermöglichen es Ihnen, mit einem einzigen Instrument in den kompletten Index zu investieren.

Ein Aktienindex kann selbst nicht gekauft beziehungsweise gehandelt werden, da der Index nichts anderes als eine berechnete Zahl ist, und kein Produkt, das gekauft werden kann. Es braucht also immer ein Finanzinstrument, das sich auf den Index bezieht oder den Index nachbildet. Neben ETFs gibt es Terminkontrakte auf Aktienindizes, genauer gesagt: Futures und Optionen.

Index-Optionen besitzen folgende typische Eigenschaften:

- ✔ **Cash Settlement:** Da der Index nicht gekauft oder verkauft werden kann, kann bei der Ausübung einer Index-Option auch keine physische Lieferung des Underlyings erfolgen. Deshalb werden Index-Optionen *cash gesettled*, das heißt, der Gewinn oder Verlust wird direkt abgerechnet und Ihrem Konto gutgeschrieben beziehungsweise damit belastet.

- ✔ **Europäischer Ausübungsstil:** Index-Optionen wie beispielsweise Optionen auf die wichtigen amerikanischen Aktienindizes (S&P 500, Nasdaq 100, Russell 2000) oder den DAX haben einen europäischen Ausübungsstil und können vom Optionskäufer deshalb nur am Verfallstermin ausgeübt werden.

- ✔ **Multiplikator nicht immer 100:** Während bei Optionen auf die eben genannten amerikanischen Indizes der Multiplikator 100 beträgt, haben DAX-Optionen einen Multiplikator von 5. Andere Indizes aus anderen Ländern haben ebenfalls oft individuelle Multiplikatoren, weshalb Sie vor dem Handel einer Index-Option am besten immer einen Blick in die Kontraktdetails werfen sollten.

- ✔ **Verfallstermine:** Die Nachfrage nach Index-Optionen ist sehr hoch. Deshalb gibt es sehr viele verfügbare Verfallstermine, die je nach Land und Index im Detail etwas unterschiedlich sind. Für Verfallstermine, die mehrere Jahre in der Zukunft liegen, sind meist nur einer oder wenige Verfallstermine pro Jahr handelbar. Für Verfallstermine in der nahen Zukunft sind hingegen meist monatliche, wöchentliche und häufig sogar tägliche Verfallstermine verfügbar.

Was die weiteren Kontraktdetails betrifft, gibt es keine wesentlichen Unterschiede zwischen Index-Optionen und anderen Optionen.

Optionen auf Futures

Ähnlich wie Optionen sind Futures Terminkontrakte, die geschaffen wurden, um Marktteilnehmern eine Möglichkeit zu bieten, sich gegen Preisschwankungen eines zugrunde liegenden Basiswertes abzusichern (oder von diesen zu profitieren).

Im Gegensatz zu einer Option, handelt es sich bei einem *Futures-Kontrakt* um einen Terminkontrakt, der eine beidseitige Verpflichtung beinhaltet. Ein Futures-Kontrakt ist also ein verbindlicher Vertrag zwischen zwei Parteien (Käufer und Verkäufer), der den Kauf oder Verkauf eines zugrunde liegenden Basiswertes zu einem vorab festgelegten Preis zu einem Zeitpunkt in der Zukunft vorsieht.

Futures-Kontrakte wurden ursprünglich zum Handel von Rohstoffen wie Mais, Sojabohnen, Baumwolle et cetera eingesetzt. In den Siebzigerjahren des vergangenen Jahrhunderts ebnete die Chicago Mercantile Exchange (CME) mit der Einführung verschiedener Financial Futures den Weg für den modernen Futures-Handel. Neben zahlreichen physischen Rohstoffen stehen somit heutzutage auch Futures für Währungen, Anleihen und Aktienindizes zur Verfügung.

Die Futures-Märkte bieten sehr viel Potenzial für Trader und Optionshändler und sind eine großartige Möglichkeit, mit der Sie abseits der Aktienmärkte Ihr Optionsportfolio mit unkorrelierten Underlyings erweitern können. Wenn Sie bisher noch keine Berührungen mit Futures hatten, sollten Sie allerdings sicherstellen, dass Sie die Funktionsweise und Risiken von Futures vollständig verstehen, bevor Sie Ihren ersten Optionstrade tätigen. Durch das Margin-System haben Futures einen eingebauten Hebel, mit dem Sie theoretisch Summen handeln können, die für Ihre Kontogröße viel zu hoch sind. Backen Sie deshalb auch hier lieber kleine Brötchen, aber backen Sie dafür kontinuierlich.

Für viele Futures gibt es Optionen, die von aktiven Optionstradern sehr gerne genutzt werden und das Angebot an handelbaren Märkten erweitern. In Kapitel 8 erfahren Sie mehr über die Futures-Märkte sowie deren Besonderheiten, Vorteile und welche Strategien mit Futures-Optionen Erfolg versprechend sind.

Futures-Optionen habe einige Besonderheiten, die Sie kennen sollten:

✔ **Individuelle Handelszeiten:** Die Handelszeiten für Futures-Optionen orientieren sich an den Handelszeiten der zugrunde liegenden Futures. Da es viele verschiedene Kategorien von Futures gibt, die teilweise an verschiedenen Börsen gehandelt werden, sind die Handelszeiten unterschiedlich. Während einige Futures quasi rund um die Uhr handelbar sind, haben andere Futures eingeschränkte Handelszeiten. Am besten schauen Sie in den Kontraktdetails nach.

✔ **Keine einheitlichen Multiplikatoren:** Die Multiplikatoren von Futures und Futures-Optionen sind sehr unterschiedlich. Einem Mais-Future liegen beispielsweise 5000 Scheffel Mais zugrunde. Ein Rohöl-Future hat einen Gegenwert von 1000 Barrel Öl, mit einem Gold-Future handeln Sie 100 Feinunzen des Edelmetalls und ein S&P 500 Futures-Kontrakt besitzt einen Multiplikator von 50 und so weiter.

- ✔ **Keine einheitlichen Verfallstermine:** Auch bezüglich der Verfallstermine hilft nur ein Blick in die Kontraktdetails. Während für einige Futures wöchentliche und monatliche Verfallstermine zur Verfügung stehen, werden andere Kontrakte standardmäßig mit quartalsweisen oder anderen individuellen Verfallsterminen gehandelt.

- ✔ **Unterschiedliche Abwicklungsmethoden:** Die Abwicklungsmethode einer Futures-Option kann je nach gehandeltem Markt entweder physisch oder bar sein. Für einige Futures gibt es auch beide Varianten. Wenn Sie eine Futures-Option mit physischer Abwicklung handeln, wird bei einer physischen Lieferung der entsprechende Futures-Kontrakt geliefert, und nicht der dem Future zugrunde liegende Rohstoff.

- ✔ **Ausübungsstil meist amerikanisch:** Die allermeisten Futures-Optionen haben einen amerikanischen Ausübungsstil.

- ✔ **Teilweise Besonderheiten bei der Kursnotierung:** Futures an den amerikanischen Terminbörsen werden meistens in US-Dollar pro Einheit notiert. Es gibt jedoch einige Ausnahmen wie zum Beispiel Mais, Kaffee, und einige weitere, bei denen die Kursnotierungen gemäß Börsenregeln in Cents angegeben werden. Falls Sie solch einen Hinweis in den Kontraktdetails der Option finden, bedeutet das, dass auch die Optionspreise in Cent und nicht in Dollar angegeben werden. Eine weitere Besonderheit tritt bei den Optionen auf T-Bonds oder T-Notes (Futures auf amerikanische Staatsanleihen) auf: Die Kurse der Futures werden in Zweiunddreißigstel-Schritten notiert, die Preise der Optionen werden hingegen in Vierundsechzigstel-Schritten notiert.

- ✔ **Liquidität abhängig vom Underlying:** Viele Futures-Optionen sind sehr liquide handelbar. Das trifft zum Beispiel auf Underlyings wie Rohöl, Gold, Währungen, Aktienindizes, Staatsanleihen und einige weitere zu. Andere Futures-Optionen haben eine etwas geringere Liquidität, sind aber dennoch gut handelbar. Darüber hinaus gibt es einige Märkte, die für Optionshändler aufgrund der sehr geringen Liquidität besser gemieden werden sollten. Der beste Weg, um Informationen über die Liquidität zu erhalten, besteht darin, einen Blick auf die Weite des Bid-Ask-Spreads und das Open Interest zu werfen.

> **IN DIESEM KAPITEL**
>
> Den richtigen Options-Broker finden
>
> Die Optionskette
>
> Optionen kaufen und verkaufen in der Praxis
>
> Verschiedene Orderarten
>
> Die Ausübung einer Option

Kapitel 4
Optionen handeln

Eine Option ist im Kern ein Vertrag zwischen zwei Parteien. Sobald sich ein Käufer und ein Verkäufer über die Kontraktdetails einig sind, kann es zum Handel beziehungsweise zum Vertragsabschluss kommen. Optionen sind keine neuartige Erfindung der modernen Finanzmärkte, sondern werden schon seit Hunderten oder gar Tausenden von Jahren eingesetzt. Zahlreiche historische Aufzeichnungen belegen, dass der Handel mit Optionen und optionenähnlichen Instrumenten eine weit zurückreichende Geschichte hat, was die menschliche Tendenz widerspiegelt, sich gegen Unsicherheit abzusichern und von spekulativen Gelegenheiten zu profitieren.

> Thales von Milet soll im antiken Griechenland Optionen genutzt haben, um von der Olivenernte zu profitieren. In Erwartung einer üppigen Ernte erwarb Thales bereits im Winter die Nutzungsrechte für Olivenölpressen in seiner Region, um diese während der Erntezeit im Herbst mit einem deutlichen Gewinn weiterzuverkaufen. Aus dem Mittelalter gibt es Dokumentationen über ähnliche Geschäfte, vor allem in Europa, wo Bauern und Landbesitzer Verträge nutzten, die modernen Optionen ähneln, um sich gegen Schwankungen der Ernteerträge und Preise zu schützen. Weitere historische Beispiele, bei denen der Handel von Optionen belegt ist, sind die Tulpenmanie in den Niederlanden des 17. Jahrhunderts, die japanischen Reismärkte sowie organisierte Märkte für den Optionshandel im 18. Jahrhundert in London oder im 19. Jahrhundert in den USA.

All diese Formen des Optionshandels hatten eines gemein: Es handelte sich um unregulierte Märkte und nicht standardisierte Optionskontrakte. Auch heutzutage findet diese Art des unregulierten Optionshandels noch statt, beispielsweise im Profisport oder in der Wirtschaft. Dabei werden die Kontraktdetails der Option jeweils direkt zwischen den einzelnen Vertragsparteien ausgehandelt.

Damit Sie nicht selbst beim Landwirt um die Ecke anklopfen müssen, um ihm anzubieten, die kommende Maisernte gegen ein mögliches Unwetter oder gegen den Befall des Maiswurzelbohrers (dabei handelt es sich nicht um ein landwirtschaftliches Gerät, sondern um einen Schädling) abzusichern, wurden Optionsbörsen beziehungsweise Terminbörsen erfunden.

Terminbörsen revolutionierten den Handel, indem sie *standardisierte Kontrakte* anboten. In einem standardisierten Futures- oder Optionskontrakt ist genau festgelegt, welcher Basiswert zu welchen Bedingungen (Menge, Laufzeit, Qualität, Handelszeiten, Ausübungsmethode, Lieferort et cetera) gehandelt wird.

Die erste Optionsbörse, die standardisierte Optionskontrakte anbot, war die 1973 gegründete Chicago Board Options Exchange (CBOE) in den USA. Im Laufe der Jahre folgten weitere Terminbörsen in den USA, in Europa und auf der ganzen Welt.

Damit Sie Optionen handeln können, benötigen Sie Zugang zu diesen Terminbörsen. Dies funktioniert am einfachsten über Online-Broker, die eine Art Vermittler zwischen Ihnen und der Börse darstellen. In diesem Kapitel erfahren Sie, wie Sie einen für den Optionshandel geeigneten Broker finden, wie Sie konkret Kauf- und Verkaufsaufträge platzieren können und worauf es dabei zu achten gilt.

Den richtigen Broker finden

Es ist noch gar nicht so lange her, seit der traditionelle Parketthandel durch den elektronischen Handel verdrängt wurde. Auch wenn der archaisch anmutende Handel auf dem Parkett durchaus seinen Charme hat, bietet der elektronische Handel zahlreiche Vorteile, gerade für Sie als privaten Anleger oder Trader. Sie müssen heute nicht mal mehr zum Telefonhörer greifen, sondern können bequem von zu Hause aus Ihre Orders per PC, Laptop oder mit dem Smartphone übermitteln. Zudem haben sich die Handelsbedingungen deutlich verbessert, insbesondere was die hohe Liquidität, die schnelle Orderausführung und günstige Handelsgebühren betrifft.

Kennen Sie Szenen aus Spielfilmen, in denen Trader auf dem Börsenparkett wild gestikulieren und herumbrüllen? Terminkontrakte wie Futures und Optionen wurden früher tatsächlich auf diese Art mit einem System namens *Open Outcry* gehandelt.

Neben einer Art Geheimsprache durch Handzeichen kam es vor allem darauf an, lauter als die anderen Trader zu brüllen.

Worauf es bei einem Options-Broker ankommt

Weil Optionen Terminkontrakte sind und an Terminbörsen gehandelt werden, benötigen Sie als Optionshändler einen Broker, der Ihnen Zugang zu den wichtigsten Terminbörsen der USA und Europas bietet. In den USA sind die Cboe (Chicago Board Options Exchange), die CME (Chicago Mercantile Exchange) und die zur CME Group gehörenden Börsen CBOT (Chicago Board of Trade), NYMEX (New York Mercantile Exchange) und die COMEX

(New York Commodities Exchange) die wichtigsten Adressen für den Handel mit Optionen. In Europa beziehungsweise in Deutschland ist die Eurex die wichtigste Terminbörse.

Neben dem Zugang zu den Terminmärkten gibt es einige weitere grundsätzliche Faktoren, die bei der Auswahl eines Brokers eine Rolle spielen. Beim Optionshandel sollten Sie auf folgende Kriterien achten:

- ✔ **Gebührenstruktur:** Achten Sie auf transparente und wettbewerbsfähige Handelsgebühren sowie auf mögliche versteckte Kosten wie Inaktivitätsgebühren, Gebühren für Ein- und Auszahlungen oder Gebühren für den Kundenservice.

- ✔ **Handelsplattform:** Die Handelsplattform sollte benutzerfreundlich sein und fortgeschrittene Tools für die Analyse und das Risikomanagement bieten. Eine mobile Trading-App ist ebenfalls von Vorteil.

- ✔ **Produktangebot:** Stellen Sie sicher, dass der Broker die spezifischen Optionen anbietet, die Sie handeln möchten.

- ✔ **Ausführungsqualität:** Eine schnelle und zuverlässige Ausführung von Trades ist entscheidend, um von Marktbewegungen zu profitieren und Slippage zu vermeiden. Neben dem direkten Weiterleiten Ihrer Order an die Börse, hat sich in der Broker-Industrie eine Methode namens *Payment For Order Flow* etabliert. Hier leitet Ihr Broker Ihren Auftrag nicht direkt an die Börse weiter, sondern an eine Drittpartei, die als Market Maker oder Liquiditätsprovider fungiert. Ihr Broker erhält hierfür eine Gebühr. (Diese Drittpartei ist zum Beispiel eine Abteilung einer großen Finanzinstitution oder ein Market Maker.) Dieses Vorgehen ist nicht unüblich und unterliegt ebenfalls der finanzbehördlichen Aufsicht.

  Wenn die Kommissionen Ihres Brokers sehr günstig sind, ist die Wahrscheinlichkeit hoch, dass der Order Flow verkauft wird. Dies kann tendenziell eine etwas schlechtere Ausführungsqualität bedeuten, hat sonst aber keine Nachteile. Manche Broker bieten auch verschiedene Konten mit unterschiedlichen Orderrouting-Methoden an.

- ✔ **Kundenservice:** Ein guter Kundenservice ist wichtig, insbesondere wenn Sie Unterstützung oder schnelle Antworten auf Ihre Fragen benötigen. Am besten testen Sie den Kundenservice vor Eröffnung des Kontos, indem Sie anrufen und Ihren Berater mit einigen Fragen löchern.

- ✔ **Regulierung und Sicherheit:** Der Broker sollte durch eine anerkannte Aufsichtsbehörde reguliert werden und moderne Sicherheitsstandards erfüllen. Ein zusätzlicher Blick ins Impressum der Website schadet ebenfalls nicht. Falls Sie dort den Namen einer karibischen Insel finden, sollten die Alarmglocken läuten.

- ✔ **Reputation:** Lesen Sie Bewertungen und Erfahrungen anderer Kunden, um ein Gefühl für die Vertrauenswürdigkeit und Zuverlässigkeit des Brokers zu bekommen.

- ✔ **Demokonto (Paper Trading):** Falls Sie noch nie zuvor mit Optionen gehandelt haben, bietet sich ein Demokonto an. So werden Sie mit dem Umgang der Tradingsoftware vertraut und können den Optionshandel so lange mit Spielgeld üben, bis Sie sich sicher fühlen. Viele Broker bieten Demokonten an.

Die Qual ohne Wahl

Obwohl es sehr viele Online-Broker für den Handel von Aktien, ETFs und weiteren Produkten gibt, ist die Auswahl an geeigneten Brokern für den Optionshandel vergleichsweise gering. Im deutschsprachigen Raum beschränkt sich die Auswahl auf eine Handvoll Anbieter.

Auch wenn ich in diesem Kapitel einige Namen nenne, spreche ich damit keine Empfehlung aus. Am besten verwenden Sie die Suchmaschine Ihrer Wahl und googlen einfach mal selbst. Die hier genannten Broker stellen nur eine Auswahl dar, die von schätzungsweise mindestens 80–90 Prozent aller privaten Optionshändler im deutschsprachigen Raum genutzt werden.

Zu den größten und bekanntesten Brokern der Welt für Retail-Trader (nicht professionelle Trader) gehört *Interactive Brokers*. Das Unternehmen hat seinen Hauptsitz im US-Bundesstaat Connecticut und ist an der NASDAQ gelistet. Interactive Brokers hat Niederlassungen auf der ganzen Welt und ist auch für Trader und Anleger in Europa verfügbar, inklusive deutschsprachigem Support. In Europa gibt es zudem einige sogenannte *Introducing Broker* für Interactive Brokers.

Ein *Introducing Broker* ist ein eigenständiges regionales Unternehmen, das aber auf die Infrastruktur von (in diesem Fall) Interactive Brokers zurückgreift. Das bedeutet, dass nach wie vor Interactive Brokers der operative Broker ist. Dieser ist zuständig für die Kontoführung, stellt die Handelsplattform zur Verfügung und wickelt Kauf- und Verkaufsaufträge ab et cetera. Für den Support und weitere administrative Angelegenheiten hingegen ist der jeweilige Introducing Broker zuständig.

Dies bietet den Vorteil, dass ein regionaler Introducing Broker häufig mehr Ressourcen für einen deutschsprachigen Kundensupport bieten kann. Die Handelsgebühren sind dafür in der Regel ein wenig höher.

Zu den bekanntesten Introducing Brokern für Optionshändler zählen hierzulande CapTrader und LYNX. Die Nennung dieser beiden Namen erfolgt an dieser Stelle, weil diese beiden Broker in Deutschland, Österreich und der Schweiz zu den bekanntesten Options-Brokern gehören und schon seit vielen Jahren am Markt sind. Es gibt jedoch noch den ein oder anderen weiteren Introducing Broker für Interactive Brokers und auch hier empfehle ich Ihnen, eine eigenständige Recherche durchzuführen.

Die Auswahl an potenziell geeigneten Brokern in den USA ist deutlich größer. Allerdings sind sehr viele US-Broker für Ausländer (Nichtamerikaner) nicht zugänglich oder eine Kontoeröffnung ist mit Hürden verbunden. Einer der bekanntesten US-Broker für den Optionshandel ist tastytrade, hinter dem der gleichnamige YouTube-Kanal steht, der unter Options-Fans Kultstatus genießt. Als einer der wenigen amerikanischen Broker ist tastytrade auch für Trader in Europa problemlos zugänglich, jedoch nur mit einer Kontoführung in US-Dollar.

Die Optionskette:
Alle Informationen im Überblick

Sobald Sie sich für einen Broker entschieden haben und Ihr Konto kapitalisiert ist, kann es nun endlich losgehen!

Falls Sie noch nie zuvor mit Optionen gehandelt haben, ist es ratsam, die ersten Schritte auf einem Demokonto (Paper Trading Account) zu üben, bevor Sie mit echtem Geld handeln.

Wenn Sie bereit sind, Ihre erste Order zu platzieren, bietet Ihnen Ihr Broker verschiedene Möglichkeiten:

1. Handel über eine lokale Tradingsoftware auf Ihrem Computer oder Laptop

2. Handel über die Website

3. Handel über eine Trading-App auf dem Smartphone

Anders als beim Handel einer einzelnen Aktie, stehen Ihnen beim Optionshandel für jedes Underlying Hunderte verschiedene Optionen zur Verfügung (Calls, Puts, verschiedene Strikes, verschiedene Laufzeiten). Um den Überblick nicht zu verlieren, nutzen Optionshändler hierfür häufig eine Optionskette. Diese können Sie über die Software Ihres Brokers aufrufen oder auch per Trading-App sowie gegebenenfalls über den Login-Bereich auf der Website Ihres Brokers.

In einer *Optionskette* sind alle verfügbaren Optionen eines Underlyings übersichtlich organisiert. Meist können Sie aus der Optionskette direkt einen Kauf- oder Verkaufsauftrag erstellen.

Schauen wir uns den Aufbau einer Optionskette zunächst etwas genauer an. In der Optionskette sind Calls und Puts meist in zwei separaten Bereichen aufgeführt, um eine klare Unterscheidung zu gewährleisten. Wie Sie in der exemplarischen Darstellung in Abbildung 4.1 sehen, sieht das Ganze wie eine Tabelle aus, in der Sie zunächst den gewünschten Verfallstermin auswählen können und dann jeder Strike in einer einzelnen Zeile eingetragen wird.

			Call								Put			
Bid	Mid	Ask	Delta	Theta	OI	Vol		Bid	Mid	Ask	Delta	Theta	OI	Vol
							120							
							115							
							110							
							105							
							100							
							95							
							90							

Abbildung 4.1: Exemplarische Darstellung einer Optionskette

In den verschiedenen Spalten finden Sie wichtige Informationen für jeden dieser Strikes, darunter:

✔ **Optionspreis:**

- *Ask:* Der aktuelle Marktpreis der Option, zu dem Sie als Käufer die Option mit dem entsprechenden Basispreis kaufen können und eine unmittelbare Ausführung erhalten.

- *Bid:* Der Preis, zu dem Sie als Optionsverkäufer die Option verkaufen können und eine unmittelbare Ausführung erhalten.

- *Spread:* Die Differenz zwischen dem *Bid* (Geldkurs) und dem *Ask* (Briefkurs).

- *Mid Price:* Der Mittelwert zwischen Bid und Ask. Häufig ist es ratsam, zu versuchen, eine Ausführung per Limit Order in etwa zum Mid Price zu erhalten. Aber dazu später mehr.

✔ **Die Griechen:** Bei den Optionsgriechen (Delta, Gamma, Vega, Theta) handelt es sich um Kennzahlen, die Auskunft darüber geben, wie empfindlich eine Option auf Änderungen verschiedener Faktoren wie dem Preis des Underlyings, der Volatilität oder der Zeit bis zum Verfall reagiert. In Kapitel 5 widmen wir uns dieser Thematik im Detail.

✔ **Open Interest:** Die Gesamtzahl offener Optionskontrakte, die noch nicht geschlossen oder ausgeübt wurden. Dies gibt Ihnen einen Hinweis auf die Liquidität des jeweiligen Kontraktes.

✔ **Volumen:** Die Anzahl der Kontrakte, die an einem bestimmten Tag gehandelt wurden. Das Volumen ist ebenfalls ein Indikator für die Liquidität.

Je nach Software gib es einige bis sehr viele weitere Informationen (Spalten), die Sie individuell auswählen und anzeigen lassen können.

Optionen kaufen und verkaufen in der Praxis

Wenn Sie dieses Buch bis hierher gelesen haben, sind Sie nun mit der Funktionsweise von Optionen vertraut und wissen, wie Sie die Option Ihrer Wahl bei Ihrem Broker finden können. Um die entsprechende Option zu handeln, nutzen Sie am besten die Optionskette. Hier können Sie direkt aus der Optionskette heraus eine Order – also einen Kauf- oder Verkaufsauftrag – an die Börse übermitteln.

Trades öffnen und schließen

Nehmen wir an, Sie haben Sich dafür entschieden, eine Call-Option auf die Coca-Cola-Aktie zu kaufen, mit einem Basispreis von 70 US-Dollar. Um die entsprechende Order zu übermitteln, müssen Sie zunächst die Optionskette für die Coca-Cola-Aktie aufrufen. Hier wählen Sie nun einen Verfallstermin aus und lassen sich die einzelnen Optionen für diesen Verfallstermin anzeigen.

In der Tabelle sollten Sie nun eine Auflistung der verschiedenen Basispreise sehen.

Falls Ihr gewünschter Basispreis nicht in der Liste enthalten ist, kann es sein, dass die Auswahl der einzelnen Basispreise eingeschränkt ist. Über ein Auswahlmenü können Sie bestimmen, welche Basispreise konkret in der Optionskette angezeigt werden. Das hat den Vorteil, dass die Liste nicht zu lang wird.

Wenn Sie auch im Auswahlmenü für die Basispreise Ihren gewünschten Strike nicht finden können, sind für diesen keine Optionen handelbar. Je nach Underlying sind Basispreise in verschiedenen Abständen handelbar. Bei Aktien sind zum Beispiel häufig Basispreise im Abstand von 5 US-Dollar, 2,50 US-Dollar, 1 US-Dollar oder 0,5 US-Dollar handelbar, abhängig von der konkreten Aktie und deren Kursniveau.

Sobald Sie die Option, die Sie handeln möchten, gefunden haben, können Sie in der Optionskette auf den Bid- oder auf den Ask-Preis der Option klicken. Letzterer öffnet eine Ordermaske für eine Kauforder. Beim Klick auf den Bid-Preis wiederum öffnet sich eine Ordermaske für eine Verkaufsorder.

Merken Sie sich einfach Folgendes:

Option kaufen = auf Ask klicken (den höheren Preis)

Option verkaufen = auf Bid klicken (den tieferen Preis)

Auch wenn sich die Softwares verschiedener Broker im Detail unterscheiden, funktioniert das Vorgehen bei fast allen Options-Brokern wie eben beschrieben (oder ähnlich).

Achten Sie beim Handel von Optionen auf einen engen Spread (Abstand zwischen Bid und Ask). Ein enger Spread ist ein Zeichen dafür, dass die Option eine hohe Liquidität aufweist. Werfen Sie zudem einen Blick auf das Open Interest und auf das Volumen.

✔ Ein hohes Open Interest und ein hohes Volumen signalisieren eine hohe Liquidität.

✔ Optionen mit geringer Liquidität sollten Sie meiden, insbesondere wenn Sie noch wenig Erfahrung mit dem Optionshandel haben.

✔ Die Liquidität kann sich von Strike zu Strike unterscheiden. Meistens weisen runde Kursmarken eine höhere Liquidität auf.

✔ Die Liquidität kann abnehmen, wenn der Strike der Option sehr weit aus dem Geld liegt.

Wenn Sie die Order übermitteln, sollte bei Ihrem Broker zunächst nochmals ein Fenster erscheinen, in dem Sie alle Details Ihrer Order sehen und überprüfen können, bevor Sie die Order endgültig übermitteln. Je nach Art der Order erhalten Sie entweder eine unmittelbare Ausführung oder die Order *liegt im Markt* und wartet auf eine Ausführung (dazu gleich mehr).

Natürlich sollten Sie auch auf die Handelszeiten der Börse achten. Wenn die Börse geschlossen ist, erhalten Sie keine Ausführung Ihrer Order. Die verfügbaren Zeiten für den Handel finden Sie in den Kontraktdetails der Option. Während einige Futures von Montag bis Freitag quasi rund um die Uhr handelbar sind, findet bei Aktienoptionen über Nacht kein Handel statt. Bei Optionen auf amerikanische Aktien findet der Handel zwischen 15:30 Uhr und 22:00 Uhr mitteleuropäischer Zeit statt.

Sobald Ihre Order übermittelt wurde und eine Ausführung erhalten hat, ist Ihr Trade eröffnet. Sie haben nun den 70er Call auf die Coca-Cola-Aktie gekauft und finden die Option in Ihrer Kontoübersicht. Der Buchgewinn oder -verlust wird ebenfalls in der Kontoübersicht angezeigt und ist abhängig davon, wie sich der Optionspreis entwickelt.

Wenn sich der Wert der Option erhöht, entsteht für Sie ein Gewinn. Verringert sich der Wert der Option, entsteht ein Buchverlust. Die Faktoren, die für die Entwicklung des Optionspreises verantwortlich sind, finden Sie in Kapitel 2 im Absatz »Die Bausteine des Optionspreises«.

Nachdem Sie Ihren Trade eröffnet haben, können Sie

- ✔ **bis zum Verfallstermin warten,** an dem die Option entweder am Geld oder aus dem Geld liegt und wertlos verfällt, oder im Geld liegt und eine Ausübung stattfindet (vorausgesetzt Sie teilen Ihrem Broker keine gegenteilige Absicht mit).

- ✔ **Ihren Trade jederzeit vorher (wenn die Börse geöffnet hat) wieder schließen,** um einen entstehenden Verlust zu begrenzen oder um einen Gewinn mitzunehmen.

Dazu müssen Sie die gekaufte Option wieder verkaufen. Das können Sie tun,

- indem Sie erneut in der Optionskette die Option auswählen und diesmal eine Verkaufsorder statt einer Kauforder übermitteln oder

- indem Sie über Ihrer Portfolio-Übersicht den offenen Trade auswählen und diesen schließen.

Hier gibt es je nach Software und Broker kleine Unterschiede. Meistens können Sie den Trade mit einem Rechtsklick anwählen und finden dann eine Option zum Schließen des Trades, die in diesem Beispiel ebenfalls zur Übermittlung einer Verkaufsorder für den zuvor gekauften 70er Call führen würde.

Orderarten und Orderdetails

Bei der Übermittlung einer Kauf- oder Verkaufsorder für eine Option gibt es noch einige sehr wichtige Details, die Sie unbedingt beachten sollten.

Bevor Sie eine Order übermitteln, sollten Sie die *Orderdetails* überprüfen. Dazu zählen insbesondere:

1. die Stückzahl

2. die Orderart

3. die Ordergültigkeit

Darf's ein bisschen mehr sein? Die Stückzahl

Mit der *Stückzahl* beziehungsweise der Anzahl der gehandelten Kontrakte bestimmen Sie ganz einfach, wie viele Optionen Sie kaufen oder verkaufen möchten. Diese Anzahl sollte natürlich in Einklang mit Ihrer Strategie und Ihrem Moneymanagement stehen. Wenn Sie Ihre Nerven schonen wollen, gilt: Weniger ist mehr!

Market, Stop oder Limit: Orderarten im Überblick

Was die *Orderart* betrifft, haben Sie folgende Auswahlmöglichkeiten:

✔ **Market Order:** Mit einer Market Order erteilen Sie Ihrem Broker die Anweisung, ein Finanzinstrument sofort zum bestmöglichen Preis zu kaufen oder zu verkaufen.

Wenn Sie zum Beispiel eine Aktie oder eine Option per Market Order kaufen, wird im Orderbuch der Börse geschaut, welches der günstigste verfügbare Kurs ist. Zu diesem findet dann unmittelbar die Ausführung statt.

Eine Market Order wird typischerweise genutzt, wenn eine schnelle Ausführung Vorrang vor dem Preis hat, da sie sofort ausgeführt wird, ohne auf einen spezifischen Preis zu warten.

In liquiden Märkten liegt der ausgeführte Kurs einer Market Order für gewöhnlich sehr nahe am aktuellen Marktkurs. In weniger liquiden Märkten oder in bestimmten Marktsituationen kann es aber zu Slippage kommen, das heißt zu einem deutlichen Unterschied zwischen dem aktuellen Kurs und dem zuletzt gehandelten Kurs.

✔ **Stop Order:** Stop Orders dienen zum Kauf oder Verkauf von Finanzinstrumenten, sobald ein festgelegter Kurs erreicht wird. Sie wandeln sich in Market Orders um, sobald der definierte Stoppkurs erreicht wird, und werden zum nächsten verfügbaren Marktpreis ausgeführt.

Sie können zum Beispiel mit einer Stop Buy Order in einen Trade einsteigen, sobald ein gewisses Kursniveau (über dem aktuellen Preis) erreicht wird. Genauso können Sie beim Unterschreiten eines bestimmten Kurses einen automatischen Verkaufsauftrag platzieren (Sell Stop oder Stop Loss).

 Eine Stop Order verwandelt sich automatisch in eine Market Order, sobald der Stoppkurs erreicht wurde. Das bedeutet, dass auch bei einer Stop Order Slippage auftreten kann und es keine Garantie gibt, dass Sie eine Ausführung zu Ihrem Wunschkurs erhalten.

✔ **Limit Order:** Eine Limit Order tut genau das, was ihr Name sagt: Sie limitiert den Kurs.

Wenn Sie für eine Option (oder ein anderes Finanzinstrument) eine Limit Sell Order mit einem Limit-Kurs von 3,50 Euro übermitteln, bedeutet das, dass Sie mindesten 3,50 Euro beim Verkauf der Option erhalten möchten. Dies garantiert Ihnen, dass Sie keinen schlechteren Kurs akzeptieren müssen und eine Ausführung der Order nur dann erfolgt, wenn Ihr Limit-Kurs eingehalten werden kann.

Bei einer Limit Buy Order erteilen Sie Ihrem Broker den Auftrag, die Order zu Ihrem Limit-Kurs oder einem günstigeren Kurs auszuführen, keinesfalls aber zu einem höheren Kurs.

Diese drei Orderarten sind die bekanntesten und am häufigsten genutzten. Darüber hinaus gibt es einige weitere Orderarten, die aber im Optionshandel normalerweise nicht eingesetzt werden und auf die wir hier nicht näher eingehen.

Während beim Handel von liquiden Aktien oder ETFs der Einsatz von Market Orders oder Stop Orders durchaus sinnvoll sein kann, sollten Sie beim Optionshandel nach Möglichkeit immer Limit Orders einsetzen.

Ordergültigkeit

Neben der Art der Order ist es auch noch wichtig, auf die *Ordergültigkeit* zu achten. Mit dieser können Sie festlegen, wie lange Ihr Auftrag im Markt liegt, bevor er automatisch gelöscht wird.

✔ **DAY:** Die Ordergültigkeit DAY bedeutet, dass Ihr Auftrag bis zum Ende des Handelstages Gültigkeit besitzt und dann automatisch storniert wird.

✔ **GTC:** Die Abkürzung GTC steht für *Good-Til-Canceled*. Eine GTC-Order bleibt so lange gültig, bis sie ausgeführt oder storniert wird.

✔ **GTD:** Die Abkürzung GTD steht für *Good-Til-Date* und bleibt gültig, bis zu einem individuell festgelegten Ablaufdatum.

Die Ausübung einer Option: Jetzt wird's ernst!

Optionen gehören zur Kategorie der Derivate (mehr dazu in Kapitel 2). Ein Derivat steht immer in Verbindung zu seinem Basiswert, man kann auch sagen, der Basiswert verleiht dem Derivat erst seine Existenzberechtigung. In Bezug auf Optionen sollten Sie Ihre Aufmerksamkeit daher immer auch dem zugrunde liegenden Basiswert schenken.

Nutzen Sie ausschließlich Limit Orders!

Eine Limit Order ist der einzige Ordertyp, mit dem Sie volle Kontrolle über den Ausführungskurs eines Trades haben. Dies ist im Optionshandel aus verschiedenen Gründen noch wichtiger als beim Handel von Aktien, ETFs, Futures oder Währungen. Optionen sind teilweise deutlich weniger liquide als Aktien, was zu höheren Bid-Ask-Spreads führen kann.

Wenn eine Aktienoption zum Beispiel einen Geldkurs von 2 US-Dollar und einen Briefkurs von 2,50 US-Dollar besitzt, würden Sie mit einer Market Order sehr wahrscheinlich eine Ausführung für 2,50 US-Dollar bekommen und somit 250 US-Dollar (inklusive dem Multiplikator von 100) für die Option bezahlen.

Wenn Sie stattdessen eine Limit Order in der Mitte zwischen Geld- und Briefkurs platzieren, besteht eine realistische Chance, dass Ihre Order für 2,20 US-Dollar oder 2,30 US-Dollar ausgeführt wird. Darüber hinaus werden im Optionshandel häufig *Multi-Leg-Strategien* eingesetzt. Dabei handelt es sich zum Beispiel um den gleichzeitigen Kauf von zwei Call-Optionen mit unterschiedlichen Basispreisen (dazu später mehr). Wenn auch nur ein Leg (das heißt eine Option, welche Teil der gesamten Strategie ist) aufgrund einer Market Order zu einem ungünstigen Preis ausgeführt wird, kann die gesamte Strategie unrentabel werden.

Auch zur Gewinnmitnahme sollten Sie Limit Orders verwenden, da Sie somit ebenfalls volle Kontrolle über Ihr Gewinnziel erhalten. Im Falle der Verlustbegrenzung setzen Trader häufig auf Stop Loss Orders. Da sich eine Stop Order jedoch bei Erreichen des Stoppkurses in eine Market Order umwandelt, hat der Stop Loss ebenfalls die gerade beschriebenen Nachteile.

Was in hoch liquiden Underlyings während der Haupthandelszeiten noch problemlos funktionieren kann, wird spätestens dann zum Risiko, wenn ein Underlying oder auch nur ein spezifischer Strike mit einer etwas niedrigeren Liquidität gehandelt wird und ein Stoppkurs zu einer ungünstigen Uhrzeit erreicht wird.

Viele Optionshändler nutzen daher primär mentale Stops und steigen aus einem offenen Trade bei Erreichen einer bestimmten Verlustschwelle ebenfalls per Limit Order aus. Es kann natürlich passieren, dass Sie erst dann wieder auf Ihr Konto schauen, wenn Ihre Verlustschwelle bereits deutlich überschritten wurde. Dieses Problem lässt sich aber durch ein konservatives Money- und Risikomanagement lösen und am Ende des Tages werden die Situationen, in denen Ihr Verlust deutlich höher als erwartet ist, selten sein.

Mit Stop Loss Orders riskieren Sie hingegen, dass Sie häufig zu einem sehr ungünstigen Kurs aus Trades ausgestoppt werden, da Optionspreise sehr viel volatiler sein können und beispielsweise über Nacht auch kurzzeitige extreme Preisbewegungen stattfinden können.

Das bedeutet aber nicht, dass beim Handel einer jeden Option das Ziel darin besteht, den Basiswert zu kaufen oder zu verkaufen. Für einige Marktteilnehmer ist es sogar eine zwingende Voraussetzung ihrer Strategie, dass eine Ausübung der Option vermieden wird.

Sie können sich den Handel von Optionen in etwa wie das Dating-Leben vorstellen und die Ausübung einer Option wie die Hochzeit. Der Basiswert ist wie jemand, den Sie vielleicht heiraten möchten – aber nicht unbedingt. Manchmal ist das Ziel, die Beziehung zu vertiefen und zum Altar zu schreiten, und manchmal genießen Sie einfach die Gesellschaft, ohne weitere Verpflichtungen einzugehen. Sie sollten sich aber in jedem Fall bereits vorher über das Risiko, oder sagen wir besser, über die möglichen Konsequenzen im Klaren sein.

Ganz egal, ob Sie das Ziel verfolgen, mittels einer Option den zugrunde liegenden Basiswert zu kaufen beziehungsweise zu verkaufen, ob Sie es zumindest miteinkalkulieren oder es unbedingt vermeiden wollen: In jedem Fall sollten Sie alle Details rund um die Ausübung einer Option kennen.

Wann kann es zur Ausübung kommen?

Doch wann wird die Option nun ausgeübt? Dazu unterscheiden wir zwei Situationen:

1. Die Option ist noch nicht verfallen und kann noch gehandelt werden.

2. Der Verfallstermin steht an.

Sofern sich der Verfallstermin der Option in der Zukunft befindet, kann eine Ausübung überhaupt nur stattfinden, wenn es sich um eine Option mit amerikanischem Ausübungsstil handelt.

Deshalb sollten Sie immer wissen, ob Sie eine amerikanische oder eine europäische Option handeln. Dies ist auf den ersten Blick nicht ersichtlich und kann in den Kontraktdetails nachgelesen werden.

Im Falle einer amerikanischen Option können Sie als Optionskäufer eine Ausübung der Option jederzeit veranlassen.

Wenn Sie eine amerikanische Option gekauft haben, entscheiden Sie selbst, ob die Option während der Laufzeit ausgeübt wird. Solange Sie die Ausübung nicht aktiv anfordern, geschieht dies nicht. Sind Sie der Verkäufer einer amerikanischen Option, besteht das Risiko eines *Early Assignment*.

Als *Early Assignment* – auf Deutsch: frühzeitige Ausübung – bezeichnet man die Ausübung einer (amerikanischen) Option vor dem Verfallstermin. In diesem Fall ist der Optionsverkäufer dazu gezwungen, der Forderung des Optionskäufers nachzukommen und den Basiswert zu liefern (im Fall einer Call-Option) oder zu kaufen (im Fall einer Put-Option).

Zu einer vorzeitigen Ausübung kommt es in der Praxis des Optionshandels jedoch nur in einigen Sonderfällen. Wann dies der Fall sein kann, erfahren Sie ausführlicher in Kapitel 3. Hier in Kürze:

- ✔ Zu einer vorzeitigen Ausübung kommt es nur, wenn die Option im Geld notiert, meistens sogar nur dann, wenn die Option tief im Geld notiert.

- ✔ Ein Early Assignment einer tief im Geld liegenden Option ist nur dann wahrscheinlich, wenn der Verfallstermin sehr nahe ist (wenige Stunden bis wenige Tage).

- ✔ Handelt es sich bei der Option um einen Call, erhöht sich die Wahrscheinlichkeit einer Ausübung vor dem Verfallstermin, wenn die zugrunde liegende Aktie während der Laufzeit der Option eine Dividende ausschüttet und Ex-Dividende gehandelt wird.

Falls Sie eine Option über den Verfallstermin halten, sind die Spielregeln etwas anders.

Wenn Sie eine Option handeln, die an einem Freitag verfällt und Sie die Option über den Verfallstermin hinweg halten, kann es geschehen, dass Sie am Montag in Ihr Konto schauen und feststellen, dass Ihnen Ihr Broker 100 Aktien Long oder Short zugeteilt hat. Und das unabhängig davon, ob es sich

- ✔ um einen Call oder einen Put,
- ✔ um eine europäische oder eine amerikanische Option,
- ✔ um eine gekaufte oder eine verkaufte Option handelt.

Vielleicht fragen Sie sich nun, wie das sein kann? Insbesondere wenn Sie eine Option gekauft haben, liegt die Entscheidung, ob die Option ausgeübt wird, doch allein bei Ihnen. Die Antwort auf diese Frage finden Sie im folgenden Abschnitt.

Die Rolle der Clearingstelle am Verfallstermin

Damit der Handel von Optionen reibungslos abläuft, gibt es noch eine weitere externe und neutrale Institution, die eng mit den Terminbörsen zusammenarbeitet und dafür zuständig ist, die Interessen der Optionshändler bestmöglich zu bedienen: die Clearingstelle.

Stellen Sie sich vor, Sie kaufen eine Call-Option auf eine Aktie eines Unternehmens, das in der KI-Branche tätig ist. Der aktuelle Kurs liegt bei 123,5 US-Dollar. Sie kaufen einen 130er Call mit einer Restlaufzeit von rund sechs Monaten, da Sie der Branche großes Wachstumspotenzial beimessen und denken, dass Ihre Aktie davon profitieren wird. Für die Option zahlen Sie eine Prämie von 720 US-Dollar.

In den folgenden Monaten geht Ihr Szenario auf: Die KI-Branche erlebt einen großartigen Aufschwung. Angetrieben von der positiven Gesamtmarktstimmung, starken Unternehmensergebnissen und einem positiven Trend in der KI-Branche steigt der Kurs der Aktie bis kurz vor dem Verfallstermin auf 178 US-Dollar an. Ihre Option hat nun erheblich an Wert gewonnen. Statt die Option wieder zu verkaufen und den Gewinn zu verbuchen, möchten Sie

> Ihr Recht zum Kauf der 100 Aktien zu einem Kurs von 130 US-Dollar je Aktie in Anspruch nehmen und die Aktien in Ihrem Depot behalten.
>
> Die Option verfällt am dritten Freitag im Dezember. Genau der Tag, an dem Sie zu einem Weihnachtsessen Ihrer Firma eingeladen sind. Am Wochenende fällt Ihnen ein, dass die Option nun verfallen ist. Sie haben die Option jedoch vorher nicht aktiv ausgeübt. Was nun? Blöd gelaufen?

Da Ihre Spekulation aufging und Ihre Option einen erheblichen Wertzuwachs erzielt hat, vermuten Sie sicherlich schon, dass dieser Gewinn ja nicht einfach weg sein kann, nur weil Sie vergessen haben, die Option auszuüben. An dieser Stelle kommt die *Clearingstelle* ins Spiel.

Die *Clearingstelle* – auch *Clearinghaus* genannt – hat eine wichtige Funktion im Optionshandel, insbesondere bei der Abwicklung von Optionsgeschäften. Ihre Hauptfunktion besteht darin, als neutraler Vermittler zwischen Käufer und Verkäufer aufzutreten und sicherzustellen, dass beide Parteien ihren vertraglichen Verpflichtungen nachkommen. Während die Clearingstelle primär die Integrität des Marktes und die Erfüllung der Geschäfte sicherstellt, agiert sie auch im bestmöglichen Interesse des Optionskäufers, indem sie automatische Mechanismen wie die automatische Ausübung von im Geld liegenden Optionen implementiert, sofern keine gegenteilige Anweisung des Käufers vorliegt.

Dank der Clearingstelle kann es also nicht geschehen, dass Sie den Verfallstermin verschlafen und Ihr Gewinn deshalb weg ist. Die Clearingstelle versetzt sich gedanklich in die Lage des Optionskäufers und übt die Option aus, falls dies für den Optionskäufer einen monetären Vorteil mit sich bringt.

Wenn eine Option am Verfallstermin im Geld notiert, erfolgt eine automatische Ausübung. Notiert die Option am Geld oder aus dem Geld, verfällt sie wertlos und es kommt zu keiner Ausübung. Als Optionskäufer müssen Sie hierfür keinerlei Maßnahmen treffen. Sollten Sie mit diesem Vorgehen als Käufer einer Option nicht einverstanden sein, können Sie gegenteilige Absichten mitteilen und zum Beispiel der Ausübung einer im Geld liegenden Option widersprechen. Dann wäre jedoch der Gewinn weg, weshalb dies in der Praxis von kaum einem Optionshändler getan wird. Falls Sie auf eine physische Ausübung verzichten und stattdessen den Gewinn mitnehmen wollen, müssen Sie den Trade vor dem Verfallstermin schließen.

> **IN DIESEM KAPITEL**
>
> Was sind die Griechen im Optionshandel?
>
> Der Nutzen von Optionskennzahlen
>
> Die Griechen im Detail: Delta, Gamma, Theta, Vega

Kapitel 5
Griechische Götter des Optionshandels

Falls der Optionshandel für Sie bisher noch Neuland war und Sie befürchten, dass man Ihnen Ihre fehlende Erfahrung anmerken könnte, wird sich das nun ändern. Sobald Sie Begriffe wie »Delta«, »Gamma«, »Vega« oder »Theta« in Ihren Börsenjargon mitaufnehmen, steht zweifelsfrei fest: Sie sind ein echter Optionshändler!

Die Griechen sind Kennzahlen, die beim Handel von Optionen eine wichtige Rolle spielen. Wie es in der Natur der Sache liegt, gibt es aber auch unter Optionshändlern gewisse Theoretiker, die das Ganze etwas zu ernst nehmen und meinen, sie müssten nur lange genug mit den Griechen jonglieren, um den perfekten Trade zu finden.

Sie können Optionen auch erfolgreich handeln, ohne dass Sie sich jemals mit den Griechen beschäftigen. Es handelt sich bei den Optionsgriechen um theoretische Werte, die zwar ihre Daseinsberechtigung haben und für den täglichen Handel oft sehr hilfreich sind; genaue Berechnungen und Vorhersagen sind aber auch mit den Griechen nicht möglich und die Akzeptanz einer gewissen Unschärfe ist grundsätzlich eine wichtige Eigenschaft eines erfolgreichen Börsianers.

 Lernen Sie so viel wie möglich über die Optionsgriechen und versuchen Sie, diese in Ihre Handelsstrategien miteinzubeziehen, dort wo es sinnvoll ist. Seien Sie sich aber auch über die Grenzen bewusst: Die Griechen sind eine Art Schätzung des Marktes, die auf theoretischen Optionspreismodellen beruht, und keine exakte Wissenschaft.

Der Nutzen von Optionskennzahlen

Der Preis einer Option kann durch verschiedene Faktoren beeinflusst werden. Welche das sind, haben Sie im Detail bereits in Kapitel 2 »Optionen verstehen« im Absatz »Die Bausteine des Optionspreises« erfahren.

Der Preis einer Option wird im Wesentlichen beeinflusst durch:

✔ **die Moneyness,** das heißt die Lage des Basispreises der Option im Verhältnis zum Kurs des Underlyings.

✔ **die Restlaufzeit** bis zum Verfallstermin.

✔ **die implizite Volatilität,** das heißt die erwartete Schwankungsbreite des Marktes.

Damit Sie diese Einflussfaktoren quantifizieren können, gibt es eine Reihe von Kennzahlen: die sogenannten *Griechen*.

Als *Griechen* oder *Optionsgriechen* werden Kennzahlen bezeichnet, die die Sensitivität des Optionspreises gegenüber verschiedenen Einflussfaktoren messen. Die Griechen sind mathematische Ableitungen aus einem Optionspreismodell wie dem *Black-Scholes-Modell* und bieten eine theoretische Schätzung für die Veränderung der Optionspreise. Der allgemeine Nutzen der Griechen liegt darin, dass sie es Händlern ermöglichen, das Preisrisiko einer Option besser zu verstehen und zu managen.

Den Namen verdanken die Griechen den Buchstaben aus dem griechischen Alphabet, nach denen sie benannt sind. Die am häufigsten verwendeten Griechen sind:

✔ **Delta:** misst den Einfluss der Moneyness beziehungsweise den Einfluss von Preisbewegungen des Underlyings auf den Optionspreis.

✔ **Theta:** misst den Einfluss der Zeit auf den Optionspreis.

✔ **Vega:** misst den Einfluss einer Veränderung der impliziten Volatilität auf den Optionspreis.

✔ **Gamma:** misst den Einfluss einer Preisbewegung des Underlyings auf das Delta.

Funfact

Dass der Börse ein gewisses Maß an Ungenauigkeit inhärent ist, haben Sie vielleicht auch gemerkt, wenn Ihnen das griechische Alphabet bekannt ist. Im Gegensatz zu Delta, Theta und Gamma ist Vega gar kein griechischer Buchstabe. Dennoch wird das Vega unter Optionshändlern aus Konvention und Bequemlichkeit zu den Griechen gezählt. Nachdem sich die anderen Griechen bereits als nützliche Kennzahlen etabliert hatten,

> benötigten Optionshändler noch einen Buchstaben für eine Kennzahl zur Messung der Volatilität. Allerdings gibt es keinen griechischen Buchstaben, der mit dem lateinischen »V« beginnt. Um die bewährte Nomenklatur beizubehalten, einigte man sich kurzerhand auf die Bezeichnung *Vega* und ordnete die neue Kennzahl ebenfalls den Griechen zu.

Delta: Der Einfluss von Kursbewegungen des Basiswertes auf den Optionspreis

Das Delta ist die wohl wichtigste und am häufigsten verwendete Kennzahl unter den Griechen und beschreibt, wie sich der Preis einer Option bei einer Kursbewegung des Underlyings verhält.

Das *Delta* misst die Sensitivität des Optionspreises in Bezug auf Kursbewegungen des zugrunde liegenden Basiswertes. Konkret gibt das Delta an, um wie viel sich der Preis einer Option voraussichtlich ändert, wenn sich der Preis des Basiswertes um eine Einheit bewegt. Das Delta kann entweder als absolute Zahl (zum Beispiel 0,7) oder als prozentualer Wert (zum Beispiel 70 Prozent) ausgedrückt werden.

Angenommen, eine Call-Option auf eine Aktie hat ein Delta von 0,5. Wenn der Aktienkurs um 1 Euro steigt, würde der Preis der Option theoretisch um 0,5 Euro steigen.

Bei allen Griechen gilt der Leitsatz: »Ceteris paribus«, was so viel bedeutet wie: unter sonst gleichbleibenden Bedingungen. Das heißt, das Delta würde nur dann eine exakte Aussage über die Entwicklung des Optionspreises ermöglichen, wenn alle anderen Griechen sowie das Delta selbst unverändert blieben. In der Realität ist dies jedoch nie der Fall, da der Markt ständig in Bewegung ist.

Die Optionsgriechen sind theoretische Werte und keine exakten Vorhersagen. Dennoch sind die Kennzahlen oft eine große Hilfe beim Risikomanagement und bei der Auswahl der geeigneten Optionen.

Delta beim Kauf und Verkauf von Optionen

Das Delta kann sich zwischen −1 (beziehungsweise −100 Prozent) und 1 (beziehungsweise 100 Prozent) bewegen.

- ✔ **Ein Delta von 1** bedeutet, dass der Preis der Option sich wie der des Basiswertes bewegt, was gleichzusetzen ist mit dem direkten Kauf des Basiswertes.

- ✔ **Ein Delta von −1** weist darauf hin, dass sich der Optionspreise invers zum Basiswert verhält.

Optionshändler verwenden auch die Begriffe *Long Delta* und *Short Delta*.

✔ **Long** bedeutet an der Börse grundsätzlich, dass Sie irgendetwas gekauft haben.

✔ **Short** bedeutet, dass Sie etwas verkauft beziehungsweise leerverkauft haben.

Wenn Sie *Long Delta* sind, profitieren Sie von einem Kursanstieg des Underlyings. Wenn Sie hingegen *Short Delta* sind, bedeutet ein Kursanstieg des Underlyings einen Verlust und Sie profitieren von einem Kursrückgang.

Das Delta einer Call-Option ist immer positiv. Das Delta einer Put-Option ist negativ.

Je nachdem, ob Sie eine Call-Option oder eine Put-Option kaufen oder verkaufen, wirkt sich das auf Ihr Delta wie folgt aus:

✔ **Kauf eines Calls:** Wenn Sie eine Call-Option kaufen, sind Sie *Long Delta*. Ihr Trade profitiert von einem Kursanstieg des Underlyings und leidet unter einem Kursrückgang.

✔ **Verkauf eines Calls:** Wenn Sie eine Call-Option verkaufen, sind Sie *Short Delta*. Ihr Trade profitiert von einem Kursrückgang des Underlyings und leidet unter einem Kursanstieg.

✔ **Kauf eines Puts:** Wenn Sie eine Put-Option kaufen, sind Sie *Short Delta*. Ihr Trade profitiert von einem Kursrückgang des Underlyings und leidet unter einem Kursanstieg.

✔ **Verkauf eines Puts:** Wenn Sie eine Put-Option verkaufen, sind Sie *Long Delta*. Ihr Trade profitiert von einem Kursanstieg des Underlyings und leidet unter einem Kursrückgang.

Die Griechen sind additive Zahlen

Sehr wichtig für das Verständnis der Griechen ist, dass es sich dabei um additive Kennzahlen handelt. Wenn Sie mehrere Optionen handeln, können Sie die einzelnen Griechen addieren und so das Gesamt-Delta eines Trades oder eines Portfolios berechnen.

Wenn Sie zum Beispiel einen Call auf eine Aktie mit einem Delta von 0,3 verkaufen und gleichzeitig einen Call auf dieselbe Aktie mit einem Delta von 0,2 kaufen, resultiert dies insgesamt in einem Short Delta von 0,1 beziehungsweise in einem Delta von −0,1 (−0,3 + 0,2 = −0,1).

Abschätzung der Erfolgswahrscheinlichkeiten

Neben der Aussage über die Veränderung des Optionspreises bei Bewegungen des Underlyings, wird das Delta unter Optionshändlern häufig noch zu einem anderen Zweck eingesetzt: Zur Abschätzung, wie wahrscheinlich es ist, dass eine Option am Verfallstermin im Geld notiert.

Ein Delta von 0,25 wird beispielsweise so interpretiert, dass die Wahrscheinlichkeit 25 % beträgt, dass die Option am Verfallstermin im Geld notiert.

Seien Sie nicht päpstlicher als der Papst!

In der Literatur gehen die Meinungen teilweise etwas auseinander, wenn es darum geht, das Delta für eine Einschätzung der Wahrscheinlichkeit zu nutzen, dass die Option im Geld verfällt. Wenn man streng nach der Black-Scholes-Formel geht, ist der Zweck des Deltas lediglich, die Sensitivität des Optionspreises auf kleine Änderungen im Preis des Basiswerts zu messen. Dennoch hat sich in der Praxis die Nutzung des Deltas als eine intuitive und leicht verständliche Annäherung an die Wahrscheinlichkeit, dass eine Option im Geld endet, etabliert. Diese Herangehensweise basiert auf der Beobachtung, dass das Delta bei At-the-money-Optionen nahe bei 0,5 liegt, was suggeriert, dass die Option eine ungefähr 50-prozentige Chance hat, im Geld zu verfallen. Für In-the-money-Optionen ist das Delta größer als 0,5 und für Out-of-the-money-Optionen ist es kleiner als 0,5.

In einigen Optionssoftwares werden zusätzlich Kennzahlen wie »Probability of in the money« oder Ähnliches angegeben. Wenn Sie diese Kennzahl mit dem Delta vergleichen, werden Sie feststellen, dass die beiden Zahlen meist nahezu identisch sind, weshalb das Delta unter vielen Optionshändlern auch für genau diesen Zweck genutzt wird.

Einfluss der Moneyness auf das Delta

Wenn Sie sich eine Optionskette anschauen, in der auch das Delta abgebildet ist, werden Sie feststellen, dass das Delta für alle Basispreise unterschiedlich groß ist. At-the-money-Optionen besitzen ein Delta von etwa 50. Das heißt, der Preis einer At-the-money-Option verändert sich bei einer Kursbewegung des Underlyings ungefähr halb so schnell wie der Preis des Underlyings selbst. Außerdem beträgt die Wahrscheinlichkeit rund 50 Prozent, dass der Preis des Underlyings am Verfallstermin höher oder tiefer ist als jetzt beziehungsweise dass die Option in the money oder out of the money verfällt. Je weiter die Basispreise vom aktuellen Kurs des Underlyings entfernt sind, desto größer oder kleiner wird das Delta.

Grundsätzlich gilt:

Je tiefer eine Option im Geld ist, desto größer ist ihr Delta. Je weiter eine Option aus dem Geld ist, desto geringer ist ihr Delta.

✔ Für eine *Call-Option* bedeutet das, dass das Delta umso größer ist, je niedriger der Basispreis der Option ist, und dass das Delta umso kleiner ist, je höher der Basispreis der Option ist.

✔ Bei einem *Put* ist es genau andersherum: Je niedriger der Basispreis der Option ist, desto geringer ist das Delta. Je höher der Basispreis einer Put-Option ist, desto höher ist ihr Delta.

Einfluss der Zeit auf das Delta

Neben der Moneyness hinterlässt auch die Zeit ihre Spuren, wenn es um den Einfluss auf das Delta geht.

Stellen Sie sich vor, Sie kaufen einen At-the-money-Call, um auf den Kursanstieg einer Aktie zu spekulieren. Die Restlaufzeit der Option beträgt drei Monate. Die Wahrscheinlichkeit, dass die Option zum Verfallstermin im Geld oder aus dem Geld notiert, beträgt ungefähr 50 Prozent und das Delta liegt deshalb auch bei ungefähr 50 Prozent beziehungsweise 0,5.

Nun vergehen drei Monate und die Aktie ist in der Zwischenzeit etwas gestiegen und dann wieder gefallen und notiert einen Tag vor dem Verfallstermin Ihres Calls auf dem exakt gleichen Kursniveau wie vor drei Monaten, als Sie die Option gekauft hatten.

Wie hoch ist nun die Wahrscheinlichkeit, dass die Option im Geld oder aus dem Geld notiert? Vermutlich nach wie vor rund 50 Prozent. Deshalb wird auch das Delta ebenfalls bei etwa 50 Prozent liegen. In diesem Fall hat also – anders als eingangs erwähnt – die Zeit keinesfalls ihre Spuren hinterlassen. Das Delta liegt in diesem Beispiel schließlich in beiden Fällen bei circa 0,5. Somit lässt sich bereits festhalten:

Bei At-the-money-Optionen beträgt das Delta stets circa 50 Prozent, unabhängig von der Restlaufzeit. Daher verändert sich das Delta auch nicht oder nur sehr geringfügig, wenn der Verfallstermin näher rückt.

Etwas anders verhält es sich mit Optionen, deren Basispreis weit entfernt vom aktuellen Kurs des Underlyings liegt, das heißt für Optionen, die im Geld oder aus dem Geld liegen. Wenn Sie darüber nachdenken, warum das so ist, wird es Ihnen sicherlich logisch erscheinen:

Stellen Sie sich vor, Sie handeln eine Call-Option auf eine Aktie. Der Aktienkurs liegt bei 120 US-Dollar. Sie verkaufen den 150er Call mit einer Restlaufzeit von 120 Tagen. Dieser hat ein Delta von 15, das heißt bei einer Bewegung des Aktienkurses um einen Dollar, ändert sich der Preis der Option um 0,15 US-Dollar und die Wahrscheinlichkeit, dass die Option am Verfallstermin im Geld liegt, beträgt etwas 15 Prozent. Nun vergehen 119 Tage und ein Tag vor dem Verfallstermin liegt der Aktienkurs ebenfalls wieder bei genau 120 US-Dollar. Die Wahrscheinlichkeit, dass die Option nun innerhalb eines einzigen Tages einen inneren Wert erlangt und auf über 150 US-Dollar ansteigt, ist logischerweise viel geringer als vor 119 Tagen. Aus diesem Grund beträgt das Delta nicht mehr 15, sondern liegt bereits fast bei 0.

Im Gegensatz zu At-the-money-Optionen hat die Zeit auf Out-of-the-money-Optionen also einen erheblichen Einfluss. Ebenso ist es bei im Geld liegenden Optionen.

Das Delta einer Out-of-the-money-Option nähert sich bis zum Verfallstermin dem Wert 0 an. Das Delta einer In-the-money-Option nähert sich bis zum Verfallstermin dem Wert 1 an (im Fall eines Calls) beziehungsweise dem Wert −1 (im Fall eines Puts).

Einfluss der impliziten Volatilität auf das Delta

Auch ein Anstieg oder ein Rückgang der impliziten Volatilität (der vom Markt erwarteten Schwankungsbreite eines Underlyings, auch kurz IV genannt) wirkt sich auf das Delta einer Option aus.

Wenn der Markt eine höhere oder geringere Schwankungsbreite erwartet, ist es logisch, dass dies auch Auswirkungen auf das Delta hat. Ähnlich wie beim Theta gilt dies aber ebenfalls hauptsächlich für Optionen, die im Geld oder aus dem Geld liegen. Zwar können starke Veränderungen der impliziten Volatilität auch zu einer Änderung des Deltas von At-the-money-Optionen führen; dieser Einfluss ist im Gegensatz zu In-the-money- oder Out-of-the-money-Optionen aber vergleichsweise sehr gering.

Ein Anstieg der impliziten Volatilität führt bei aus dem Geld liegenden Optionen zu einem Zuwachs des Deltas und bei im Geld liegenden Optionen zu einem geringeren Delta.

Ein Rückgang der impliziten Volatilität hingegen führt bei aus dem Geld liegenden Optionen zu einer Verringerung des Deltas und bei im Geld liegenden Optionen zu einem Zuwachs des Deltas.

Doch was bedeutet ein Zuwachs oder eine Verringerung des Deltas?

- ✔ **Ein Zuwachs des Deltas** bedeutet in diesem Fall, dass das Delta eines Calls sich in Richtung 1 bewegt und das Delta eines Puts in Richtung −1.
- ✔ **Eine Verringerung des Deltas** bedeutet, dass das Delta eines Calls sich von 1 wegbewegt in Richtung 0 und im Falle eines Puts, dass sich das Delta von −1 wegbewegt in Richtung 0.

Gamma: Die Veränderung des Deltas

Das Gamma kann als der kleine Bruder des Deltas bezeichnet werden. Während das Delta Auswirkungen einer Kursbewegung auf den Optionspreis zum Ausdruck bringt, misst das Gamma, wie sich das Delta verändert.

Das *Gamma* misst die Sensitivität des Deltas in Bezug auf Kursbewegungen des Underlyings. Die Kennzahl gibt an, wie stark sich das Delta, bei einer Kursbewegung des Underlyings um eine Einheit, verändert. Der Wert des Gammas ist sowohl für Calls als auch für Puts immer positiv.

Eine At-the-money-Call-Option auf eine Aktie hat ein Delta von 0,5 und ein Gamma von 0,1. Steigt der Aktienkurs um 1 Euro, erhöht sich das Delta theoretisch um das Gamma von 0,1 auf 0,6. Sinkt der Kurs hingegen um 1 Euro, würde das Delta um 0,1 auf 0,4 sinken.

Im Vergleich zu den anderen in diesem Kapitel beschriebenen Kennzahlen Delta, Theta und Vega spielt das Gamma in der Praxis des Optionshandels insbesondere für private Händler eine vergleichsweise geringe Rolle. Dennoch kann das Gamma eine nützliche Kennzahl für das Risikomanagement sein, um einzuschätzen, wie schnell sich das Delta verändert.

Einfluss der Moneyness auf das Gamma

Das Gamma hat den höchsten Wert bei Optionen, die at the money (ATM) sind. Das liegt daran, dass ATM-Optionen die größte Unsicherheit bezüglich ihrer Moneyness (im Geld oder aus dem Geld) am Verfallstag aufweisen. Daher reagiert das Delta von ATM-Optionen am sensibelsten auf Änderungen im Preis des Underlyings, was sich in einem hohen Gamma-Wert widerspiegelt. Eine kleine Bewegung im Preis des zugrunde liegenden Wertes kann eine relativ große Änderung im Delta und damit im Preis der Option selbst verursachen.

Bei In-the-money- und Out-of-the-money-Optionen ist das Gamma niedriger als bei ATM-Optionen. Der Grund hierfür ist, dass die Wahrscheinlichkeit, dass sich die Moneyness dieser Optionen durch Preisbewegungen des Underlyings ändert, geringer ist als bei ATM-Optionen.

Das Gamma ist tendenziell bei At-the-money-Optionen am höchsten. Je weiter eine Option im Geld oder aus dem Geld liegt, desto geringer ist ihr Gamma.

Einfluss der Zeit auf das Gamma

Um den Einfluss der Zeit auf das Gamma zu beschreiben, muss ebenfalls die Moneyness beachtet werden:

- ✔ **At-the-money-Optionen:** Bei ATM-Optionen wird das Gamma größer, wenn der Verfallstermin näher rückt. At-the-money-Optionen weisen bezüglich der Frage, ob diese im Geld oder aus dem Geld verfallen, die größte Unsicherheit auf. Deshalb führen kurz vor dem Verfallstermin Kursbewegungen des Underlyings zu einer größeren Veränderung des Deltas.

- ✔ **In-the-money- und Out-of-the-money-Optionen:** Bei Optionen, deren Basispreis weit weg vom aktuellen Kurs des Underlyings liegt, ist die Unsicherheit, ob die Option im Geld oder aus dem Geld verfällt, kurz vor dem Verfallstermin vergleichsweise gering. Aufgrund dieser geringeren Unsicherheit führen Kursbewegungen im Underlying kurz vor dem Verfallstermin zu geringeren Änderungen des Deltas. Das bedeutet: Je näher der Verfallstermin rückt, desto geringer wird das Gamma von Optionen, die im Geld oder aus dem Geld notieren.

Einfluss der impliziten Volatilität auf das Gamma

Mit dem Einfluss der impliziten Volatilität auf das Gamma einer Option verhält es sich ähnlich wie mit dem Einfluss der Zeit auf das Gamma:

- ✔ **At-the-money-Optionen:** Bei ATM-Optionen wird das Gamma größer, wenn die implizite Volatilität abnimmt. Ein Anstieg der IV führt hingegen zu einem geringeren Gamma von am Geld liegenden Optionen. Das bedeutet: In einem Umfeld hoher IV ändert sich das Delta von At-the-money-Optionen aufgrund der hohen erwarteten Schwankungsbreite (beziehungsweise aufgrund der hohen Unsicherheit) nicht so schnell wie in einem Umfeld niedriger IV.

- ✔ **In-the-money- und Out-of-the-money-Optionen:** Das Delta von Optionen, die weit im Geld oder weit aus dem Geld liegen, reagiert sensibler auf eine Veränderung der impliziten Volatilität. Deshalb wird auch das Gamma größer, wenn die IV ansteigt. Fällt die IV, so hat dies ein geringeres Gamma zur Folge.

Theta: Zeit ist Geld

Zu den spannendsten Faktoren im Optionshandel zählen der Zeitwert und der Zeitwertverfall. Die Kennzahl, die den Zeitwertverfall einer Option zum Ausdruck bringt, ist das Theta. Weshalb Optionen einen Zeitwert (auch äußerer Wert genannt) besitzen und weshalb dieser bis zum Verfallstermin auf null sinkt, lesen Sie in Kapitel 2.

Das *Theta* einer Option bringt zum Ausdruck, um welchen Wert der Optionspreis pro Tag sinkt.

Das Theta ist fast immer negativ, mit Ausnahme einiger Sondersituationen. Bei sehr tief im Geld oder sehr tief aus dem Geld liegenden Optionen, deren Delta bei 1 oder bei 0 liegt, kann das Theta auch bei 0 oder nahe bei 0 liegen. Unter bestimmten Umständen kann das Theta in manchen Pricing-Modellen sogar leicht positiv sein.

Einfluss der Moneyness auf das Theta

Auch das Theta hat unterschiedlich hohe Werte, abhängig von der Moneyness der einzelnen Optionen. Bei Optionen, die am Geld oder nahe am Geld liegen, ist das Theta am größten. Optionen, die weit aus dem Geld oder weit im Geld liegen, haben geringere Thetas. Das bedeutet, dass bei At-the-money-Optionen der Zeitwertverlust pro Tag am höchsten ist. Zumindest, was den absoluten Zeitwertverlust betrifft.

Der Rückschluss, dass es deshalb vorteilhaft wäre, am Geld liegende Optionen zu verkaufen, weil bei diesen Optionen das Theta am größten ist, ist jedoch falsch. Das liegt daran, dass At-the-money-Optionen viel teurer sind als Out-of-the-money-Optionen. Wenn Sie den Zeitwertverlust einer Option ins Verhältnis zu ihrem Optionspreis setzen, werden Sie feststellen, dass Out-of-the-money-Optionen verhältnismäßig einen höheren Zeitwertverlust pro Tag erleiden als At-the-money-Optionen.

Dieses Verhältnis zwischen Theta und dem Optionspreis wird als *relatives Theta* bezeichnet.

Das *relative Theta* setzt das Theta einer Option ins Verhältnis zu ihrem Optionspreis. Sie können das relative Theta berechnen, indem Sie das Theta durch den Optionspreis dividieren. Während das absolute Theta einer Option am Geld am höchsten ist, besitzen Out-of-the-money-Optionen das höchste relative Theta.

Genau das ist der Grund, weshalb viele Stillhalter (Optionsverkäufer) bevorzugt Out-of-the-money-Optionen verkaufen.

Einfluss der Zeit auf das Theta

Das Theta beschreibt den Einfluss der Zeit auf den Optionspreis. Der Einfluss der Zeit wirkt sich aber auch auf das Theta selbst aus. Mit Annäherung an den Verfallstermin beschleunigt sich der Zeitwertverfall exponentiell, weshalb sich das Theta erhöht. Der Grund dafür ist naheliegend:

Der Zeitwert einer Option ist eine Prämie, die jemand bereit ist zu zahlen, für die Möglichkeit, dass die Option am Verfallstermin im Geld endet. Die Wahrscheinlichkeit von signifikanten Preisbewegungen des Underlyings nimmt mit Annäherung an den Verfallstermin nach und nach ab. Aufgrund dieser geringer werdenden Unsicherheit, beschleunigt sich auch der Zeitwertverfall, da der Zeitwert genau diese Unsicherheit symbolisiert.

Einfluss der impliziten Volatilität auf das Theta

Die implizite Volatilität ist eng mit dem Zeitwert verbunden (siehe Kapitel 2). Rufen wir uns diesen Zusammenhang noch einmal in Erinnerung:

Wenn sich die vom Markt erwartete Schwankungsbreite (implizite Volatilität) eines Basiswertes erhöht, hat dies einen Anstieg des Optionspreises zur Folge. Unter der Annahme, dass alle anderen Faktoren (und somit auch der innere Wert der Option) unverändert bleiben, bedeutet das, dass sich der Zeitwert der Option erhöht hat.

Da das Theta den Zeitwertverfall zum Ausdruck bringt, ist es logisch, dass sich eine Veränderung der IV und somit ein erhöhter Zeitwert immer auch auf das Theta auswirken muss. Der Zeitwert beträgt am Verfallstermin stets null. Das bedeutet, dass nach einem Anstieg des Zeitwerts mehr Zeitwert pro Tag abgebaut werden muss als zuvor. Fassen wir diese Erkenntnis nochmals zusammen:

Je höher die implizite Volatilität, desto höher das Theta.

Vega: Der Einfluss der impliziten Volatilität auf den Optionspreis

Erfahrene Optionshändler wissen, dass die implizite Volatilität oft ein entscheidender Faktor für den Erfolg oder Misserfolg im Optionshandel ist. Mit dem Vega steht Ihnen eine Optionskennzahl zur Verfügung, mit der sich der Einfluss von Veränderungen der impliziten Volatilität auf den Optionspreis messen lässt.

Das *Vega* misst, wie stark sich der Optionspreis verändert, bei einer Veränderung der impliziten Volatilität um einen Prozentpunkt.

Stellen Sie sich vor, Sie haben eine Call-Option auf eine Aktie gekauft, die aktuell bei 80 US-Dollar notiert. Die Option hat ein Vega von 0,15, was bedeutet, dass sich der Preis der Option um 0,15 US-Dollar ändert, wenn die implizite Volatilität um einen Prozentpunkt steigt oder fällt. Angenommen, der aktuelle Optionspreis beträgt 3 US-Dollar und die implizite Volatilität liegt bei 25 Prozent. Wenn nun die implizite Volatilität auf 26 Prozent steigt, könnten Sie erwarten, dass der Preis der Call-Option von 3 US-Dollar auf etwa 3,15 US-Dollar steigt.

Einfluss der Moneyness auf das Vega

Eine Veränderung der impliziten Volatilität wirkt sich unterschiedlich stark aus, je nachdem ob die Option im Geld, am Geld oder aus dem Geld liegt. Der absolute Wert des Vegas ist bei At-the-money-Optionen am höchsten und wird in beide Richtungen (in the money und out of the money) desto geringer, je weiter sich der Optionspreis vom aktuellen ATM-Preis entfernt.

Einfluss der Zeit auf das Vega

Wie bei allen anderen Griechen, ist auch der Einfluss der Zeit auf des Vega ein Faktor, den Sie unbedingt kennen sollten. Je näher der Verfallstermin rückt, desto geringer wird das (absolute) Vega einer Option. Das bedeutet, dass kurz vor dem Verfallstermin eine Veränderung der impliziten Volatilität den Optionspreis nicht mehr so stark beeinflusst, wie bei einer Option mit einer sehr langen Restlaufzeit. Begründet liegt dies ebenfalls in der Tatsache, dass kurz vor dem Verfallstermin die Wahrscheinlichkeit auf eine große Kursbewegung geringer ist.

Beachten Sie das relative Vega!

Ähnlich wie beim Theta empfiehlt es sich auch beim Vega, zwischen dem absoluten Vega und dem relativen Vega zu unterscheiden. Das relative Vega können Sie ermitteln, indem Sie das Vega einer Option durch ihren Optionspreis dividieren.

> Den größten absoluten Wert besitzt das Vega bei am Geld liegenden Optionen. Das größte relative Vega besitzen jedoch Out-of-the-money-Optionen. Das bedeutet, dass diese am sensibelsten auf Veränderungen der impliziten Volatilität reagieren.

Einfluss der impliziten Volatilität auf das Vega

Die Optionskennzahl Vega steht für den Einfluss der impliziten Volatilität auf den Optionspreis. Eine Veränderung der IV wirkt sich jedoch nicht nur auf den Optionspreis aus, sondern, wie Sie in diesem Kapitel erfahren haben, auch auf alle Griechen. Deshalb hat eine Veränderung der IV auch eine Veränderung des Vegas zur Folge.

- ✔ **At-the-money-Optionen:** Bei ATM-Optionen hat eine Veränderung der impliziten Volatilität keine oder eine nur sehr geringfügige Veränderung des Vegas zur Folge.

- ✔ **In-the-money- und Out-of-the-money-Optionen:** Anders verhält es sich mit ITM- und OTM-Optionen. Bei diesen hat ein Anstieg der IV ein erhöhtes Vega zur Folge. Je weiter die IV ansteigt, desto höher ist das Vega. Das bedeutet, dass sich der Optionspreis immer schneller erhöht, je weiter die IV steigt.

Nun aber genug der grauen Theorie. Im folgenden Kapitel lernen Sie die vier Basisstrategien kennen, die das Fundament aller Optionsstrategien bilden. Im weiteren Verlauf des Buches werden wir im Zusammenhang mit konkreten Strategien immer wieder auf die Griechen und den Einfluss der Griechen zu sprechen kommen und Sie werden erkennen, dass diese durchaus einen praktischen Nutzen bieten.

> Am besten schlagen Sie die Details zu den einzelnen Optionsgriechen an gegebener Stelle immer wieder nach, so lange bis Sie diese verinnerlicht haben und intuitiv in Ihre Handelsentscheidungen einfließen lassen können. Denn ein tiefes Verständnis der Griechen ermöglicht es Ihnen, die Risiken und Potenziale Ihrer Optionspositionen präzise zu bewerten und Strategien gezielt und mit Bedacht auszuwählen.

> **IN DIESEM KAPITEL**
>
> Die Verwendung von GuV-Diagrammen
>
> Long Call
>
> Short Calll
>
> Long Put
>
> Short Put

Kapitel 6
Die vier Basisstrategien im Optionshandel

Eine Optionsstrategie ist der gezielte Einsatz einer Option oder mehrerer Optionen gleichzeitig, mit dem Ziel, von einer bestimmten Markterwartung zu profitieren oder sich gegen bestimmte Marktrisiken abzusichern.

Es gibt zahlreiche Optionsstrategien, mit denen Sie in steigenden, fallenden, oder seitwärts verlaufenden Märkten Gewinne erzielen können. Die einfachsten Strategien sind der Kauf oder der Verkauf eines einzelnen Calls oder eines einzelnen Puts. Über diese vier Basisstrategien geht es in diesem Kapitel. Alle anderen Optionsstrategien, die aus dem gleichzeitigen Handel mehrerer Optionen oder dem Handel von Optionen in Kombination mit dem Basiswert bestehen, bauen auf diesen vier Grundstrategien auf:

- ✔ **Long Call:** Kauf einer Call-Option
- ✔ **Short Call:** Verkauf einer Call-Option
- ✔ **Long Put:** Kauf einer Put-Option
- ✔ **Short Put:** Verkauf einer Put-Option

Die Verwendung von GuV-Diagrammen

GuV-Diagramme sind unter Optionshändlern sehr beliebt zur Visualisierung von Optionsstrategien und helfen dabei, ein schnelles Verständnis für das Gewinn- und Verlustpotenzial eines Trades zu erhalten.

Ein *Gewinn-und-Verlust-Diagramm* – kurz: *GuV-Diagramm* – ist die grafische Darstellung des Auszahlungsprofils einer Option am Verfallstag. Auf der x-Achse ist der Kurs des Basiswertes abgebildet und auf der y-Achse der Gewinn oder der Verlust der Option.

Bevor Sie die GuV-Diagramme für verschiedene Optionsstrategien kennenlernen, schauen Sie am besten einmal das in Abbildung 6.1 dargestellte Auszahlungsprofil für den Kauf einer Aktie an. Im Gegensatz zu den meisten Optionsstrategien handelt es sich dabei einfach um eine linear verlaufende Linie, da sich der Gewinn beziehungsweise der Verlust einer Aktienposition immer linear zur Kursentwicklung der Aktie verhält.

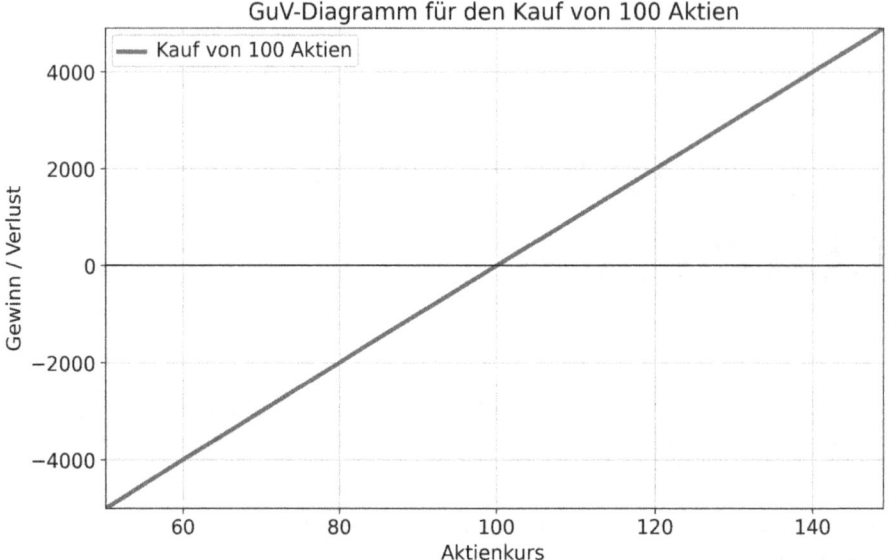

Abbildung 6.1: GuV-Diagramm einer Aktienposition

In Abbildung 6.1 sehen Sie verschiedene Dinge:

1. Der Break-even-Point liegt bei 100 Euro. Dies entspricht dem Kaufkurs.

2. Je weiter der Kurs der Aktie über 100 Euro ansteigt, desto höher wird Ihr Gewinn.

3. Je tiefer der Aktienkurs unter 100 Euro fällt, desto größer wird Ihr Verlust.

4. Der maximale Gewinn ist unbegrenzt. Die Aktie kann theoretisch immer weiter ansteigen.

5. Der maximale Verlust ist unbegrenzt, so lange, bis die Aktie bei 0 Euro notiert.

 Im weiteren Verlauf dieses Kapitels und der nächsten Kapitel werden Sie noch zahlreiche verschiedene GuV-Diagramme kennenlernen. Versuchen Sie immer, sich in den jeweiligen Trade »hineinzudenken«, um logisch nachvollziehen zu können, weshalb sich der Gewinn oder der Verlust so entwickelt, wie es auf dem jeweiligen Diagramm zu sehen ist.

Long Call: Der Kauf einer Kaufoption

Die erste Basisstrategie im Optionshandel ist der Long Call. Einen Long Call können Sie nutzen, um auf steigende Preise zu spekulieren oder um sich gegen steigende Preise abzusichern.

 Der Kauf einer Call-Option wird als *Long Call* bezeichnet. Ein Long Call gibt Ihnen das Recht (aber nicht die Pflicht), einen bestimmten Basiswert (zum Beispiel eine Aktie, einen Index oder ein Future) zu einem festgelegten Preis (dem Basispreis beziehungsweise Strike) an einem oder bis zu einem bestimmten Datum (dem Verfallstermin) zu kaufen. Für dieses Recht zahlen Sie die Optionsprämie an den Verkäufer der Option.

Die wichtigsten Kennzahlen im Überblick

Im Zusammenhang mit Long Calls sollten Sie die folgenden Kennzahlen kennen:

- ✔ **Credit/Debit:** Der Handel eines Long Calls resultiert in einem Debit, also einem Kostenfaktor für den Käufer, da für den Erwerb der Option die Optionsprämie gezahlt werden muss.

- ✔ **Delta und Optionspreis:** Für einen Long Call verringert sich das Delta, je weiter der Basispreis über dem aktuellen Kurs des Underlyings (out of the money) liegt. Je niedriger das Delta und die Moneyness sind, desto geringer ist auch der Optionspreis. Optionen mit Strikes weit über dem aktuellen Kurs des Underlyings sind daher am günstigsten, während Optionen mit tieferen Strikes (in the money) teurer sind.

- ✔ **Theta (Zeitwertverlust):** Ein Long Call hat ein negatives Theta. Das bedeutet, dass der Wert der Option mit der Zeit abnimmt (unter sonst gleichbleibenden Umständen). Wenn Sie einen Long Call handeln, arbeitet der Zeitwertverlust also gegen Sie und dieser Verlust muss durch andere Faktoren (Anstieg des Kurses des Underlyings und/oder Anstieg der impliziten Volatilität) kompensiert werden, damit der Trade einen Gewinn erzielt.

- ✔ **Vega (Volatilität):** Ein Long Call profitiert von einem Anstieg der impliziten Volatilität, das heißt Sie sind Long Vega. Um die Erfolgswahrscheinlichkeit zu erhöhen, sollten Sie daher idealerweise nicht nur eine Erwartung bezüglich des Kurses des Underlyings haben, sondern auch bezüglich der Volatilität.

- ✔ **Maximaler Gewinn:** Der maximale Gewinn eines Long Calls ist theoretisch unbegrenzt, da der Kurs des Underlyings immer weiter steigen kann. Den Gewinn am Verfallstermin können Sie wie folgt berechnen:

    Kurs des Underlyings – Strike – gezahlte Optionsprämie

- ✔ **Maximaler Verlust:** Der maximale Verlust entsteht, wenn der gekauft Call wertlos verfällt (das heißt ATM oder OTM), und ist demnach genauso hoch wie die gezahlte Optionsprämie. Mehr können Sie mit einem Long Call nicht verlieren, ganz egal wie weit der Kurs des Underlyings fällt.

✔ **Break-even-Point:** Den Break-even-Point eines Long Calls können Sie berechnen, indem Sie die gezahlte Prämie auf den Strike hinzuaddieren. Erst wenn der Kurs des Underlyings über diesen Punkt steigt, erzielen Sie mit dem Trade (am Verfallstermin) einen Gewinn.

Break-even-Point = Strike + Optionsprämie

Beispiel für den Handel eines Long Calls

Nehmen wir an, Sie kaufen eine Call-Option (Long Call) auf eine Aktie mit einem Basispreis von 100 Euro, die in drei Monaten verfällt. Die Prämie für die Option beträgt 10 Euro pro Aktie.

Das bedeutet:

✔ Der Break-even-Point liegt bei 110 Euro (Basispreis + Prämie). Erst wenn der Aktienkurs am Verfallstermin über diesem Wert notiert, erzielen Sie einen Gewinn.

✔ Der maximale Gewinn ist unbegrenzt, da dieser immer größer wird, je höher der Aktienkurs über 110 Euro steigt.

✔ Der maximale Verlust ist begrenzt auf die gezahlte Prämie von 1000 Euro (10 Euro pro Aktie multipliziert mit 100, da eine Aktienoption immer 100 Aktien umfasst), falls die Aktie bei Verfall bei oder unter 100 Euro notiert.

✔ Falls der Aktienkurs zum Verfallsdatum bei 120 Euro liegt, realisieren Sie einen Gewinn von 1000 Euro. Sollte der Kurs jedoch unter 100 Euro fallen, verlieren Sie die gesamte Investition von 1000 Euro, was jedoch auch das maximal mögliche Verlustrisiko darstellt.

GuV-Diagramm eines Long Calls

In Abbildung 6.2 sehen Sie das GuV-Diagramm des Long Calls aus dem gerade angeführten Beispiel.

Was sehen Sie?

✔ Der Basispreis der Option liegt bei 100 Euro.

✔ Der Optionspreis beträgt 10 Euro. Da es sich um eine Aktienoption mit einem Multiplikator von 100 handelt, hat die Option 1000 Euro gekostet.

✔ Abgebildet ist das Auszahlungsprofil am Verfallstermin. Sollte die Option at the money oder out of the money verfallen, was der Fall wäre, wenn die Aktie am Verfallstag bei 100 Euro oder weniger schließt, wäre der Maximalverlust erreicht. Wie Sie an der horizontal nach links verlaufenden Linie sehen, spielt es keine Rolle, wie tief die Aktie fällt, der Maximalverlust beträgt stets 1000 Euro, was der Summe für den Kauf der Option entspricht.

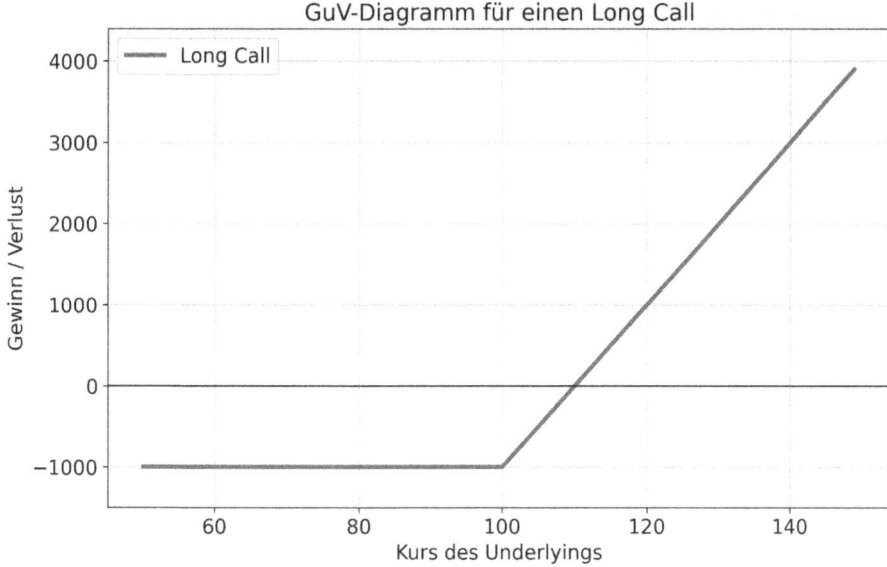

Abbildung 6.2: GuV-Diagramm Long Call

✔ Bei einem Aktienkurs über 100 Euro reduziert sich zunächst der Verlust, bis bei einem Aktienkurs von 110 Euro der Break-even-Point erreicht ist.

✔ Für jeden Euro, den die Aktie weiter ansteigt, entsteht ein Gewinn von 100 Euro pro Euro Kursanstieg.

✔ Bei einem Kurs von 120 Euro je Aktie beträgt der Gewinn 1000 Euro (120 US-Dollar − 100 Euro = 20 Euro Kursanstieg. Multipliziert mit 100 ergibt dies 2000 Euro Gewinn. Abzüglich der gezahlten Optionsprämie von 1000 Euro ist dies ein Nettogewinn von 1000 Euro.)

Short Call: Der Verkauf einer Kaufoption

Ein Short Call wird typischerweise eingesetzt, um von stagnierenden oder fallenden Preisen zu profitieren oder um Zusatzeinnahmen auf eine bereits bestehende Long-Position im Basiswert (Covered Call) zu generieren.

 Der Verkauf einer Call-Option wird als *Short Call* bezeichnet. Mit einem Short Call übernehmen Sie als Optionsverkäufer die Verpflichtung, den Basiswert (zum Beispiel eine Aktie, einen ETF oder einen Futures-Kontrakt) zu einem festgelegten Preis (dem Basispreis beziehungsweise Strike) an einem oder bis zu einem bestimmten Datum (dem Verfallstermin) zu liefern, falls der Käufer der Option sein Recht ausübt. Für die Übernahme dieser Verpflichtung erhalten Sie bei Eröffnung des Trades die Optionsprämie vom Käufer der Option.

Die wichtigsten Kennzahlen im Überblick

Folgende Kennzahlen sollten Sie beim Handel eines Short Calls kennen:

- ✔ **Credit/Debit:** Der Handel eines Short Calls resultiert in einem Credit, also einem Geldeingang für den Verkäufer, da er für den Verkauf der Option die Optionsprämie erhält.

- ✔ **Delta und Optionspreis:** Beim Short Call ist das Delta negativ, was bedeutet, dass Sie einen Verlust erzielen, wenn das Underlying steigt. Ist der Basispreis weit über dem aktuellen Kurs des Underlyings (out of the money), hat die Option ein geringes Delta und ist weniger empfindlich gegenüber Preisbewegungen des Underlyings. Außerdem ist die vereinnahmte Optionsprämie desto geringer, je weiter die Option OTM ist.

- ✔ **Theta (Zeitwertverlust):** Mit einem Short Call profitieren Sie vom Zeitwertverlust der Option. Als Verkäufer haben Sie die Prämie erhalten und der Optionspreis nimmt Tag für Tag ab (unter sonst gleichbleibenden Umständen).

- ✔ **Vega (Volatilität):** Ein Short Call profitiert von einem Rückgang der impliziten Volatilität, das heißt, man ist Short Vega. Wenn die Volatilität abnimmt, sinkt der Wert der Option und somit der potenzielle Rückkaufpreis für den Verkäufer.

- ✔ **Maximaler Gewinn:** Der maximale Gewinn eines Short Calls ist auf die erhaltene Optionsprämie begrenzt, da dies der Betrag ist, den Sie für den Verkauf der Option erhalten.

- ✔ **Maximaler Verlust:** Der maximale Verlust ist theoretisch unbegrenzt, da der Kurs des Underlyings stark steigen kann und Sie als Verkäufer verpflichtet sind, das Underlying zu einem niedrigeren Basispreis zu liefern (verkaufen).

- ✔ **Break-even-Point:** Den Break-even-Point eines Short Calls können Sie berechnen, indem Sie den Optionspreis auf den Basispreis addieren. Wenn der Kurs des Underlyings über diesen Punkt steigt, beginnt der Verkäufer einen Verlust zu realisieren (Break-even-Point = Strike + Optionsprämie).

Beispiel für den Handel eines Short Calls

Angenommen, Sie verkaufen eine Call-Option (Short Call) auf eine Aktie mit einem Basispreis von 100 Euro, die in drei Monaten verfällt. Die Prämie für die Option beträgt 10 Euro pro Aktie.

Das bedeutet:

- ✔ Der Break-even-Point liegt bei 110 Euro (Basispreis + Prämie). Wenn der Aktienkurs über diesen Wert steigt, entstehen Verluste.

- ✔ Der maximale Gewinn ist begrenzt auf den Betrag der erhaltenen Prämie von 1000 Euro (10 Euro pro Aktie multipliziert mit 100).

- ✔ Der maximale Verlust ist theoretisch unbegrenzt, da der Kurs des Underlyings stark steigen kann.

✓ Falls der Aktienkurs zum Verfallsdatum bei oder unter 100 Euro liegt, behalten Sie die gesamte Prämie von 1000 Euro, da die Option wertlos verfällt.

GuV-Diagramm eines Short Calls

Im GuV-Diagramm in Abbildung 6.3 wird das Auszahlungsprofil am Verfallstermin für den Short Call aus unserem Beispiel dargestellt.

✓ Die diagonale Linie, die nach rechts unten verläuft, zeigt das unbegrenzte Verlustpotenzial an, wenn der Kurs des Underlyings ansteigt.

✓ Die nach links verlaufende horizontale Linie bei 1000 Euro (y-Achse) für Aktienkurse ≤ 100 Euro (x-Achse), zeigt den maximalen Gewinn, der auf die Höhe der erhaltenen Prämie begrenzt ist.

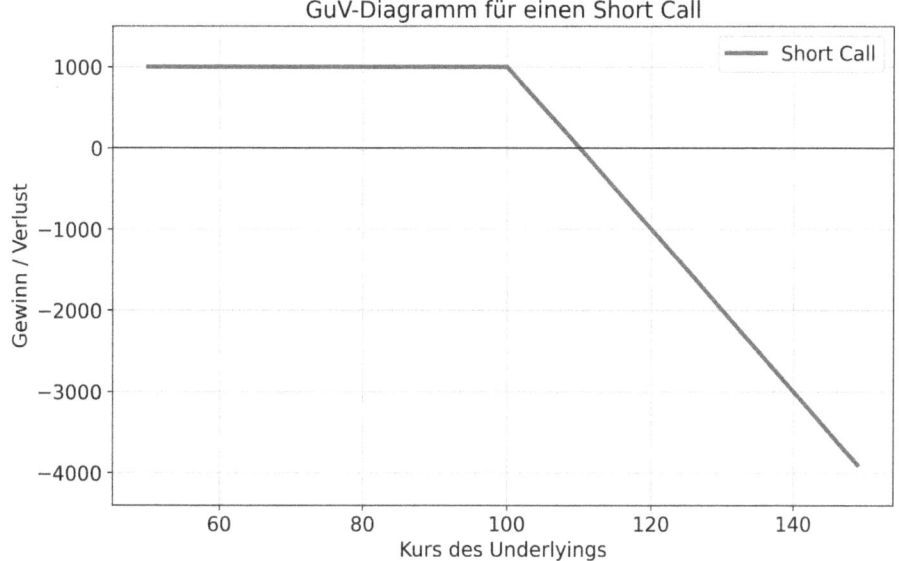

Abbildung 6.3: GuV-Diagramm Short Call

Long Put: Der Kauf einer Verkaufsoption

Der Long Put ist typischerweise eine Strategie, die zur Absicherung einer einzelnen Position, aber auch zur Absicherung eines gesamten Aktienportfolios genutzt wird.

 Der Kauf einer Put-Option wird als *Long Put* bezeichnet. Ein Long Put verleiht Ihnen das Recht (aber nicht die Pflicht), einen bestimmten Basiswert zu einem festgelegten Preis (dem Basispreis beziehungsweise Strike) an einem oder bis zu einem bestimmten Datum (dem Verfallstermin) zu verkaufen. Für dieses Recht zahlen Sie die Optionsprämie an den Verkäufer der Option.

Der Long Put kann natürlich auch zu rein spekulativen Zwecken eingesetzt werden, um von fallenden Kursen eines Underlyings zu profitieren.

Die wichtigsten Kennzahlen im Überblick

Die folgenden Kennzahlen werden Ihnen im Zusammenhang mit Long Puts begegnen:

- ✔ **Credit/Debit:** Da es sich beim Long Put um den Kauf einer Option handelt, resultiert die Strategie in einem Debit, also einem Kostenfaktor für den Optionskäufer.

- ✔ **Delta und Optionspreis:** Ein Long Put hat ein negatives Delta. Je weiter der Put in the money ist, das heißt, je weiter der Strike über dem aktuellen Kurs des Underlyings liegt, desto mehr nähert sich das Delta dem Wert −1 an und desto teurer ist die Option. Strikes unterhalb des aktuellen Kurses sind out of the money und haben ein niedrigeres Delta (näher bei 0). Die OTM-Optionen sind günstiger, reagieren dafür aber auch weniger sensibel auf Kursänderungen des Underlyings.

- ✔ **Theta (Zeitwertverlust):** Ebenso wie beim Long Call hat der Long Put ein negatives Theta und der Zeitwertverlust wirkt sich zu Ihren Ungunsten aus. Damit mit dem Trade ein Gewinn entsteht, muss der Zeitwertverlust durch andere Faktoren (sinkender Kurs des Underlyings und/oder Anstieg der impliziten Volatilität) kompensiert werden.

- ✔ **Vega (Volatilität):** Ein Long Put profitiert von einem Anstieg der impliziten Volatilität, also sind Sie Long Vega.

- ✔ **Maximaler Gewinn:** Den Gewinn eines Long Puts am Verfallstermin können Sie wie folgt ermitteln: Gewinn = Basispreis − Kurs des Underlyings − Optionsprämie. Dieser maximale Gewinn ist theoretisch unbegrenzt beziehungsweise fast unbegrenzt. Da ein Underlying wie eine Aktie nicht unter null fallen kann, ist der maximale Gewinn der Basispreis abzüglich der gezahlten Prämie.

- ✔ **Maximaler Verlust:** Der maximale Verlust entsteht, wenn die Option at the money oder out of the money verfällt, das heißt, wenn der Kurs des Underlyings am Verfallstermin nicht unterhalb des Basispreises notiert. Die Höhe des Maximalverlustes beschränkt sich auf die gezahlte Optionsprämie.

- ✔ **Break-even-Point:** Den Break-even-Point eines Long Puts berechnen Sie, indem Sie die gezahlte Prämie vom Strike subtrahieren. Der Kurs des Underlyings muss unter diesen Punkt fallen, damit Sie einen Gewinn erzielen.

    Break-even-Point = Strike − Optionsprämie

Beispiel für den Handel eines Long Puts

Nehmen wir an, Sie kaufen eine Put-Option (Long Put) auf eine Aktie mit einem Basispreis von 100 Euro. Die Prämie für die Option beträgt 10 Euro pro Aktie.

Das bedeutet:

- ✔ Der Break-even-Point liegt bei 90 Euro (Basispreis − Prämie). Erst wenn der Aktienkurs unter diesen Wert fällt, erzielen Sie einen Gewinn.

✔ Der maximale Gewinn wird erreicht, wenn die Aktie auf 0 Euro fällt, was theoretisch einen Gewinn von 100 Euro pro Aktie (insgesamt also 100 Euro × 100 = 10.000 Euro) ergibt, abzüglich der gezahlten Prämie, das heißt einen Nettogewinn von 9000 Euro.

✔ Der maximale Verlust ist begrenzt auf die gezahlte Prämie von 1000 Euro (10 Euro pro Aktie multipliziert mit 100), falls die Aktie bei Verfall über oder bei 100 Euro notiert.

✔ Falls der Aktienkurs zum Verfallsdatum bei 80 Euro liegt, realisieren Sie einen Gewinn von 1000 Euro. Sollte der Kurs jedoch über 100 Euro steigen, verlieren Sie die gezahlte Optionsprämie.

GuV-Diagramm eines Long Puts

In Abbildung 6.4 sehen Sie das Auszahlungsprofil des Long Puts aus dem gerade beschriebenen Beispiel. Bei Aktienkursen ≥ 100 Euro entsteht der maximale Verlust von 1000 Euro, was durch die nach rechts verlaufende horizontale Linie visualisiert wird. Die nach links oben verlaufende diagonale Linie zeigt, dass der Gewinn immer höher wird, je weiter der Kurs der Aktie fällt.

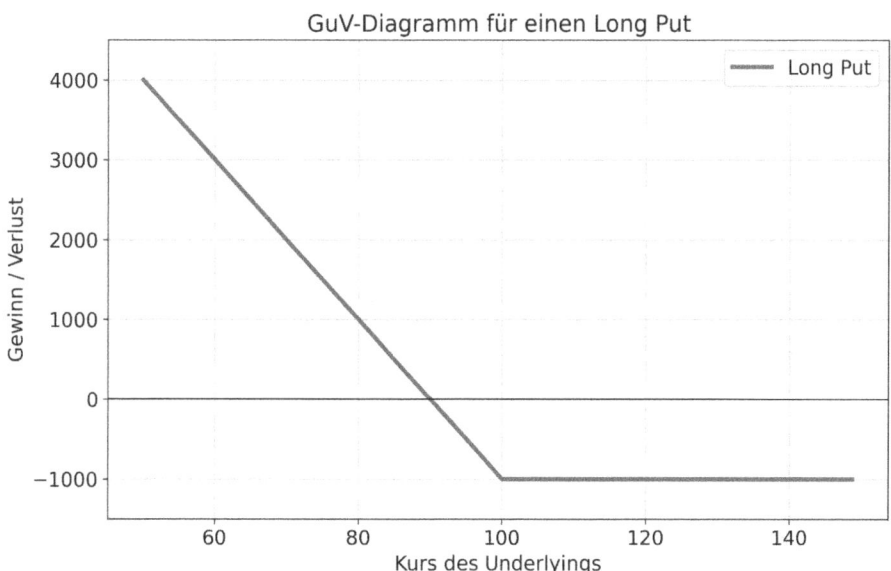

Abbildung 6.4: GuV-Diagramm Long Put

Short Put: Der Verkauf einer Verkaufsoption

Ein Short Put wird häufig eingesetzt, um von steigenden oder stagnierenden Preisen des Underlyings zu profitieren oder um eine zusätzliche Prämieneinnahme zu erzielen, falls man bereit ist, das Underlying zu einem bestimmten Preis zu erwerben (Cash Secured Put).

Der Verkauf einer Put-Option wird als *Short Put* bezeichnet. Mit einem Short Put übernehmen Sie als Optionsverkäufer die Verpflichtung, den Basiswert zu einem festgelegten Preis (dem Basispreis beziehungsweise Strike) an einem oder bis zu einem bestimmten Datum (dem Verfallstermin) zu kaufen, falls der Käufer des Puts sein Recht ausübt. Für die Übernahme dieser Verpflichtung erhalten Sie bei der Eröffnung des Trades die Optionsprämie vom Optionskäufer.

Die wichtigsten Kennzahlen im Überblick

Die folgenden Kennzahlen sollten Sie kennen:

- ✔ **Credit/Debit:** Der Handel eines Short Puts resultiert in einem Credit, das heißt Sie bekommen direkt bei der Eröffnung des Trades die Optionsprämie auf Ihr Konto gutgeschrieben.

- ✔ **Delta und Optionspreis:** Ein Short Put hat ein positives Delta und profitiert somit von einem Preisanstieg des Underlyings. Je weiter der Basispreis unterhalb des aktuellen Kurses des Underlyings liegt, desto geringer ist das Delta und desto geringer ist die Optionsprämie, die Sie einnehmen. Dafür ist für diese aus dem Geld liegenden Optionen die Erfolgswahrscheinlichkeit höher und die Sensitivität gegenüber Kursbewegungen des Underlyings niedriger. Je höher der Basispreis liegt, desto höher ist das Delta und desto teurer sind die Optionen.

- ✔ **Theta (Zeitwertverlust):** Ebenso wie der Short Call profitiert der Short Put vom Zeitwertverfall.

- ✔ **Vega (Volatilität):** Auch ein Rückgang der impliziten Volatilität wirkt sich positiv auf einen Short Put aus, weshalb die Strategie häufig in einem Umfeld hoher IV beziehungsweise in Erwartung einer rückläufigen IV eingesetzt wird.

- ✔ **Maximaler Gewinn:** Der maximale Gewinn entsteht mit einem Short Put, wenn die Option wertlos verfällt und somit die gesamte Prämieneinnahme als Gewinn verbucht werden kann. Dies ist der Fall, wenn das Underlying am Verfallstermin nicht unter dem Basispreis notiert (at the money oder out of the money).

- ✔ **Maximaler Verlust:** Der maximale Verlust ist theoretisch (fast) unbegrenzt, da der Preis des Underlyings sehr weit beziehungsweise bis auf null fallen kann. (Im Fall von Futures-Optionen kann das Underlying theoretisch sogar auf Werte unter null fallen. Dass dies zumindest im Risikomanagement berücksichtigt werden sollte und tatsächlich möglich ist, wurde 2020 deutlich, als der Preis eines Rohöl-Futures kurzzeitig negativ war. Dennoch bleibt dies wohl eine äußerst seltene Ausnahme.)

- ✔ **Break-even-Point:** Den Break-even-Point eines Short Puts können Sie berechnen, indem Sie die Optionsprämie vom Basispreis subtrahieren.

    Break-even-Point = Strike - Optionsprämie

Beispiel für den Handel eines Short Puts

Angenommen, Sie verkaufen eine Put-Option (Short Put) auf eine Aktie mit einem Basispreis von 100 Euro. Die Prämie für die Option beträgt 10 Euro pro Aktie.

Das bedeutet:

✔ Der Break-even-Point liegt bei 90 Euro (Basispreis – Prämie). Wenn der Aktienkurs unter diesen Wert fällt, erzielt Ihr Trade am Verfallstermin einen Verlust.

✔ Der maximale Gewinn ist begrenzt auf den Betrag der erhaltenen Prämie von 1000 Euro (10 Euro pro Aktie multipliziert mit 100).

✔ Der Verlust kann sehr groß werden bei einem starken Kurseinbruch der Aktie. Der maximal mögliche Verlust ist auf den Basispreis minus der erhaltenen Prämie (100 Euro – 10 Euro = 90 Euro, multipliziert mit 100 = 9000 Euro) begrenzt, falls das Underlying auf 0 fällt und Sie gezwungen sind, es zum Basispreis von 100 Euro zu kaufen.

✔ Falls der Aktienkurs zum Verfallsdatum bei oder über 100 Euro liegt, behalten Sie die gesamte Prämie von 1000 Euro, da die Option wertlos verfällt.

GuV-Diagramm eines Short Puts

Der Trade aus dem gerade beschriebenen Beispiel ist im GuV-Diagramm in Abbildung 6.5 abgebildet. Wie Sie an der horizontal nach rechts verlaufenden Linie sehen können, entsteht der Maximalgewinn für Aktienkurse ≥ 100 Euro. Für Kurse unter 100 Euro reduziert sich zunächst der Gewinn. Der Break-even-Point liegt bei 90 Euro. Notiert die Aktie am Verfallstermin unter 90 Euro, entsteht ein Verlust.

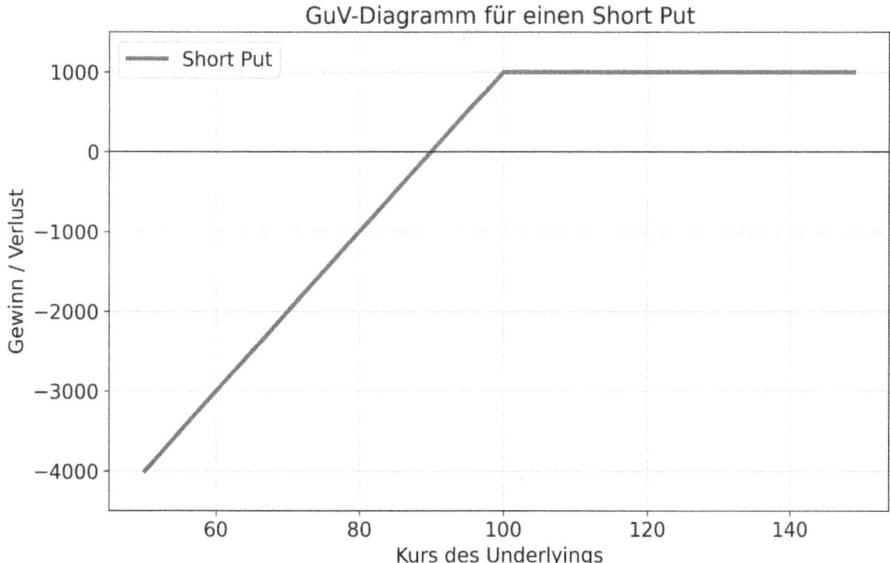

Abbildung 6.5: GuV-Diagramm Short Put

Teil II
Von der Analyse zur profitablen Strategie

IN DIESEM TEIL ...

Sie entwickeln ein tieferes Verständnis für die Marktanalyse und lernen, wie Sie profitable Strategien für den Optionshandel aufbauen. Sie erfahren, wie Sie Trends erkennen und bewerten, welche Rolle verschiedene Marktphasen spielen und wie Sie Ihre Handelsstrategien optimal an die aktuelle Marktsituation anpassen können.

Darüber hinaus erhalten Sie Einblicke in die Welt der Futures-Märkte und den Handel von Futures-Optionen. Sie lernen, welche verschiedenen Gruppen von Marktteilnehmern es gibt, wie diese agieren und wie Sie diese Informationen nutzen können.

Ein weiterer Fokus liegt auf saisonalen Trends und deren Einfluss auf verschiedene Märkte. Sie entdecken, wie Sie wiederkehrende Muster analysieren und mit Optionen davon profitieren können.

IN DIESEM KAPITEL

Wie Sie den Trend eines Marktes erkennen

Die Kernaussagen der Dow-Theorie

Die Analyse des breiten Marktes

Optionshandel in Trendmärkten

Kapitel 7
Bullen gegen Bären: So erkennen und handeln Sie den Trend

Im ersten Teil dieses Buches haben Sie die theoretischen Grundlagen gelernt, die notwendig sind, um erfolgreich mit Optionen zu handeln. Optionen sind zwar in der Tat sehr attraktive Handelsinstrumente, die einen wesentlichen Beitrag zu Ihrem langfristigen Börsenerfolg leisten können; wenn Sie jedoch bisher mit Aktien, ETFs, Futures oder CFDs gehandelt haben und dabei unterm Strich nichts rüberkam, wird sich das nicht allein dadurch ändern, dass Sie nun Optionen einsetzen.

Stellen Sie sich vor, ein Sternekoch lädt Sie in seine Küche ein, und Sie haben das Vergnügen, ihn bei der Arbeit zu beobachten. Überall dampft und brutzelt es, und intensive Aromen erfüllen den Raum. Nun bekommen Sie die identischen Zutaten und Utensilien, die der Sternekoch für seine preisgekrönten Gerichte verwendet. Trotzdem würden Sie ohne seine Rezepte, seine jahrelange Erfahrung und das Gespür für das perfekte Timing vermutlich nicht das gleiche Resultat erzielen.

Ebenso verhält es sich beim Optionshandel: Sie benötigen nicht nur die richtigen Zutaten (Optionen), sondern auch ein Rezept beziehungsweise eine Strategie, die Ihnen dabei hilft, die richtigen Optionen auszuwählen und diese zum richtigen Zeitpunkt einzusetzen. An dieser Stelle kommt die *Marktanalyse* ins Spiel.

Für einen erfolgreichen Börsianer ist es unabdingbar, das Marktgeschehen kontinuierlich und ganzheitlich zu beobachten. Beginnen Sie bei der Analyse nicht mit einer einzelnen Aktie oder einem einzelnen Rohstoff, sondern nutzen Sie einen Top-down-Ansatz und analysieren Sie alle wichtigen Assetklassen.

Mit der Beobachtung des Marktgeschehens beziehungsweise der Marktanalyse ist in erster Linie die *Trendbestimmung* und die *Trendanalyse* gemeint.

Finanzmärkte bewegen sich in Trends, das heißt sie tendieren über einen längeren Zeitraum in dieselbe Richtung. Diese Trends zu erkennen und für sich zu nutzen, ist eine der wichtigsten Aufgaben eines jeden aktiven Börsianers.

Oder einfacher ausgedrückt: Sie sollten ungefähr wissen,

- ✔ ob der Aktienmarkt gerade steigt oder fällt,
- ✔ ob der US-Dollar beispielsweise Rückenwind erhält, weil die Fed die Zinsen stark anhebt,
- ✔ ob die Renditen von Staatsanleihen aus demselben Grund durch die Decke gehen und die Kurse der Anleihen deshalb im Sinkflug sind,
- ✔ ob der Goldpreis gerade ein neues Allzeithoch erzielt hat oder ob er vergleichsweise günstig ist,
- ✔ und so weiter.

Die Trends verschiedener Märkte beziehungsweise verschiedener Assetklassen existieren oftmals nicht für sich allein, sondern stehen in Wechselwirkung zu den Trends anderer Märkte und Assetklassen. Das bedeutet, es gibt Relationen und Korrelationen zwischen einzelnen Märkten. Aber dazu später mehr. Zunächst mal stellt sich die Frage, was genau ein Trend ist, wie Sie einen Trend erkennen, wann ein Trend zu Ende ist und wie Sie durch den Einsatz von Optionen von Trends profitieren können.

Verschiedene Methoden der Trendbestimmung

Die Erkenntnis, dass Finanzmärkte sich in Trends bewegen, geht auf Charles Dow zurück, den Namensgeber des bekannten *Dow-Jones-Aktienindex*. Dow analysierte die Kursentwicklungen von Aktien bereits Ende des 19. Jahrhunderts und veröffentlichte seine Beobachtungen in einem Börsenbrief namens *Customer Afternoon Letter*, woraus sich später das Wall Street Journal entwickelte. Die Thesen von Charles Dow wurden später zusammengefasst und als Dow-Theorie bekannt.

Die sechs Prämissen der Dow-Theorie

Die Beobachtungen von Charles Dow lassen sich im Wesentlichen auf sechs Kernaussagen zusammenfassen:

1. Die Indizes diskontieren alles.
2. Der Markt hat drei Trends.

3. Primäre Trends haben drei Phasen.
4. Die Indizes müssen einander bestätigen.
5. Das Volumen muss den Trend bestätigen.
6. Ein Trend besteht so lange, bis es definitive Signale gibt, dass er sich umgekehrt hat.

Die erste Prämisse der Dow-Theorie bringt zum Ausdruck, dass alle verfügbaren Informationen, Meinungen, Nachrichten et cetera durch den aktuellen Preis des Marktes (beziehungsweise eines Aktienindex) widergespiegelt werden. Deshalb sollten Sie sich bei der Marktanalyse hauptsächlich auf die Analyse der Kapitalströme konzentrieren (also: die Trends analysieren) und nicht auf Basis von Nachrichten oder anderer Informationen handeln.

Die weiteren Prämissen der Dow-Theorie beschreiben die Erkenntnisse von Charles Dow hinsichtlich der Kursbewegungen von Kapitalmärkten aus technischer Perspektive. Dows Erkenntnisse bezogen sich auf die Analyse von Aktienindizes (genauer gesagt des Dow Jones Transportation Average und des Dow Jones Industrial Average). Das grundlegende Trendverhalten von Kapitalmärkten lässt sich aber ebenso in jedem anderen Markt beobachten.

Die klassische Trenddefinition

Charles Dow beschrieb das Kursverhalten von Aktienmärkten vor mehr als 100 Jahren und leitete daraus eine Trenddefinition ab. Obwohl der Vater der technischen Analyse seine Erkenntnisse bereits im vorletzten Jahrhundert niederschrieb, sind diese auch heute noch brandaktuell.

Der Mythos des rationalen Anlegers

Der *Homo oeconomicus* ist und bleibt wohl ein wirtschaftswissenschaftliches und theoretisches Modell, das in physischer Gestalt äußerst selten anzutreffen ist. Weder der Privatanleger noch der professionelle und institutionelle Händler (oder automatisierte Handelssysteme, die von Letzterem programmiert wurden) handeln stets rational und sind in vollständiger Kenntnis aller Entscheidungsmöglichkeiten und deren Folgen.

Die unbequeme Wahrheit ist: Entscheidungen, die für die Kursbewegungen von Kapitalmärkten verantwortlich sind, lassen sich zu einem großen Teil auf die menschliche Psyche und massenpsychologische Faktoren zurückführen. Da sich die menschliche Psyche nicht oder nur sehr langsam verändert, hat sich in den letzten 100 Jahren auch am typischen Verhalten von Aktienkursen (oder den Kursbewegungen von anderen Märkten) nicht sehr viel geändert.

Das beste Werkzeug, um ebendiese Kursbewegungen zu visualisieren und zu analysieren, ist die *technische Analyse*, also das Nutzen von *Charts*.

Mithilfe von Charts können Sie den Trend eines Marktes relativ einfach erkennen. Na ja, zumindest theoretisch. Wenn Sie den Chart einer Aktie drei technischen Analysten geben, werden Sie vermutlich vier Meinungen erhalten.

Aufwärts, abwärts, seitwärts

Wenn Sie es jedoch einfach halten und nach einem bestimmten Regelwerk vorgehen, sollte es Ihnen gelingen, den aktuell vorherrschenden Trend eines Marktes zu erkennen. Aber was genau ist überhaupt ein Trend beziehungsweise: Wie können Sie einen Trend (nach klassischer Definition von Charles Dow) erkennen?

Ein *Aufwärtstrend* ist die Abfolge von steigenden Hochpunkten und steigenden Tiefpunkten.

Ein *Abwärtstrend* ist die Abfolge von fallenden Hochpunkten und fallenden Tiefpunkten.

Aufwärtstrend und Abwärtstrend ergeben zwei Trends. Wie Sie in den sechs Prämissen der Dow-Theorie in diesem Kapitel lesen können, gibt es jedoch drei Trends. Wo ist also der dritte Trend?

Neben Aufwärtstrends und Abwärtstrend gibt es auch noch *Seitwärtstrends*. Dabei handelt es sich um Phasen, in denen weder eine Abfolge von steigenden Hochs und steigenden Tiefs noch eine Abfolge von fallenden Hochs und fallenden Tiefs erkennbar ist. Neben der Bezeichnung Seitwärtstrend kann man auch ganz einfach sagen: Es gibt keinen Trend.

In Abbildung 7.1 sehen Sie einen Candlestick-Tageschart der Apple-Aktie. Der Chart bewegt sich von links unten nach rechts oben. Das ist schon einmal ein gutes Indiz für einen Aufwärtstrend.

Abbildung 7.1: Beispiel für einen Aufwärtstrend, Quelle: stockcharts.com

Wenn Sie die einzelnen Bewegungen des Trends genauer betrachten, erkennen Sie, dass die lokalen Hochpunkte einer jeden Bewegungsphase des Trends ansteigend sind. Auch die lokalen Tiefpunkte sind ansteigend. Somit ist die Aktie per Definition in einem Aufwärtstrend.

In Abbildung 7.2 sehen Sie denselben Chart, ergänzt durch Einzeichnungen, die die Abfolge der einzelnen Bewegungs- und Korrekturphasen darstellen.

Abbildung 7.2: Bewegungen und Korrekturen in einem Aufwärtstrend, Quelle: stockcharts.com

   Eine der Kernaussagen der Dow-Theorie lautet: Ein Trend besteht so lange, bis es definitive Signale gibt, dass er sich umgekehrt hat.

   Nutzen Sie deshalb den Trend für sich und versuchen Sie nicht, gegen diesen anzukämpfen, weil vielleicht ein Analyst im Börsenfernsehen gemeint hat, dass die Aktie jetzt schon sehr teuer ist.

Primär, sekundär oder tertiär? Die Dauer von Trends

Den langfristigen Trend des Marktes bezeichnete Dow als den *primären Trend*. Dieser dauert in der Regel einige Monate bis einige Jahre an. Wenn Sie den Chart in Abbildung 7.1 nochmals genauer anschauen, werden Sie erkennen, dass innerhalb der einzelnen Bewegungs- und Korrekturphasen kleinere, untergeordnete Trends vorhanden sind. Das bedeutet: Sowohl die Bewegungsphase als auch die Korrekturphase eines primären Trends besteht aus einem kurzfristigeren Trend.

> **Der Markt hat drei Trends**
>
> Charles Dow verglich das Trendverhalten von Aktienindizes mit den Bewegungen des Wassers im Meer. Gemäß dieser Analogie steht der *primäre Trend* für die Gezeiten (Ebbe und Flut). Der *sekundäre Trend* wird durch die einzelnen Wellen symbolisiert, die sich zur Küste und wieder zurückbewegen. Die Kräuselungen auf dem Wasser stehen wiederum für den *tertiären Trend*.

Die einzelnen Trendgrößen sind also ineinander verschachtelt. Wenn Sie beispielsweise einen Stundenchart betrachten und einen Abwärtstrend erkennen, kann es sein, dass dieser Abwärtstrend ein sekundärer Trend ist und die Korrekturphase eines primären Aufwärtstrends darstellt.

Beginnen Sie bei der Trendanalyse immer mit dem primären Trend. Fragen Sie sich, ob der langfristige Trend aufwärts oder abwärts gerichtet ist. Ist dies nicht nach wenigen Sekunden deutlich erkennbar, spricht dies für einen Seitwärtstrend. Zur Visualisierung des langfristigen (primären) Trends eignen sich am besten Tages- oder Wochencharts.

Falls Sie sich bezüglich der Trendgröße unsicher sind, ist es hilfreich, die Dauer des Trends zu beachten. Folgende Faustregel kann dabei hilfreich sein:

- ✔ Der primäre (langfristige) Trend dauert mindestens drei Monate. In den meisten Fällen ist er deutlich länger und kann einige Jahre andauern.
- ✔ Der sekundäre Trend dauert ungefähr drei Wochen bis drei Monate.
- ✔ Bei einem Trend, der weniger als drei Wochen dauert, handelt es sich um den tertiären Trend oder um eine noch kleinere Trendgröße.

Dank Echtzeitkursen und kleinen Zeiteinheiten wie Stundencharts, 10-Minuten-Charts, Minutencharts oder Tickcharts ist es möglich, weitaus mehr Trendgrößen als die von Charles Dow genannten drei Trends zu identifizieren. Meistens ist es aber sinnvoll, sich vor allem auf den primären und sekundären Trend zu fokussieren, falls Sie nicht gerade Daytrading oder Scalping betreiben wollen.

Wenn Trends enden: Trendbruch und Trendumkehr

Neben der Frage, wie Sie einen Trend erkennen, ist es wichtig zu wissen, wann ein Trend zu Ende ist. Hierfür gibt es zwei Möglichkeiten:

1. Es findet ein Trendbruch statt.
2. Es entsteht ein Gegensignal beziehungsweise eine Trendumkehr.

Bei einem *Trendbruch* wird die Abfolge von höheren Hochs und höheren Tiefs (Aufwärtstrend) beziehungsweise die Abfolge von tieferen Tiefs und tieferen Hochs (Abwärtstrend) gebrochen. Dies geschieht, wenn sich die Korrekturbewegung eines Trends so lange fortsetzt, bis das vorangegangene Korrekturtief (Aufwärtstrend) beziehungsweise Korrekturhoch (Abwärtstrend) verletzt wird.

Der Bruch eines Trends führt nicht automatisch zu einem Trend in die entgegengesetzte Richtung. Solange nicht erneut eine Abfolge von höheren Hochs und höheren Tiefs beziehungsweise von tieferen Tiefs und tieferen Hochs erkennbar ist, ist der Markt trendlos beziehungsweise befindet sich in einem Seitwärtstrend.

Die zweite Möglichkeit ist eine *Trendumkehr*.

Wenn Sie zum Beispiel den Chart einer Aktie betrachten und einen eindeutigen Aufwärtstrend identifizieren, kann es geschehen, dass Sie plötzlich eine Abfolge von fallenden Tiefs und fallenden Hochs erkennen. Wenn dies der Fall ist, kann es sein, dass sich der Trend umgekehrt hat, auch wenn das letzte Korrekturtief des Aufwärtstrends noch nicht unterschritten wurde.

Achtung! Es gibt mehrere Trendgrößen. Es kann also sein, dass es sich bei dem von Ihnen identifizierten Abwärtstrend lediglich um einen sekundären Abwärtstrend handelt, der die Korrektur des primären Aufwärtstrends darstellt.

Eine eindeutige Regel, wann es sich um einen primären und wann es sich um einen sekundären Trend handelt, gibt es leider nicht. Es liegt also immer im Auge des Betrachters.

Versuchen Sie, die Trendgröße visuell einzuschätzen und betrachten Sie hauptsächlich die großen und länger andauernden Bewegungen. Ein guter, wenngleich eher grober Anhaltspunkt sind auch die von Charles Dow definierten Zeitdauern für Trendgrößen, die Sie weiter oben in diesem Kapitel unter »Primär, sekundär oder tertiär? Die Dauer von Trends« finden. Demnach dauert ein primärer Trend mindestens drei Monate bis zu mehreren Jahren. Bei einem Trendsignal, das eine Zeitdauer von drei Wochen bis drei Monate umfasst, ist die Wahrscheinlichkeit groß, dass es sich dabei lediglich um einen sekundären Trend handelt.

Trendlinien und Trendfolgeindikatoren

Obwohl die klassische Trenddefinition gemäß der Dow-Theorie auf den ersten Blick relativ simpel und unmissverständlich scheint, besteht dabei ein gewisser Interpretationsspielraum. Manchmal ist nicht eindeutig, welche lokalen Hochpunkte und Tiefpunkte zur Trendanalyse herangezogen werden müssen. Oder vielleicht fragen Sie sich bei einem Kursrückgang innerhalb eines Aufwärtstrends, ob es sich bereits um eine Korrektur des primären Trends handelt oder nur um eine Korrektur des sekundären Trends. Am Ende des Tages gibt es bei dieser Art der Trenddefinition auch keine eindeutigen Regeln und deshalb im Detail unterschiedliche Sichtweisen.

Je mehr Erfahrung Sie sammeln, desto sicherer werden Sie bei der Trendanalyse.

Nichtsdestotrotz kann es sinnvoll sein, weitere Werkzeuge der technischen Analyse zu nutzen, die sich zur Trendbestimmung etabliert haben. Dazu zählen vor allem:

✔ Trendlinien

✔ Gleitende Durchschnitte

Es gibt zwar noch zahlreiche weitere Trendfolgeindikatoren, jedoch ist es meist besser, wenn Sie sich auf eine kleine Auswahl beschränken und diese konsequent anwenden.

Trendbestimmung mit Trendlinien

Bei einer *Trendlinie* handelt es sich um eine Einzeichnung, die Sie im Chart vornehmen.

✔ In einem Aufwärtstrend verbinden Sie mindestens zwei aufsteigende Tiefpunkte.

✔ In einem Abwärtstrend verbinden Sie mindestens zwei absteigende Hochpunkte.

Trendbestimmung mit gleitenden Durchschnitten

Bei einem *einfachen gleitenden Durchschnitt* – auf Englisch *Simple Moving Average* oder SMA – wird der Durchschnittskurs aus einer bestimmten Anzahl an Handelsperioden berechnet.

Bei einem *exponentiell gewichteten gleitenden Durchschnitt*, auf Englisch: *Exponential Moving Average* oder EMA werden die Kurse aus der jüngsten Vergangenheit höher gewichtet als weit zurückliegende Kurse.

✔ Wenn der gleitende Durchschnitt ansteigt und der Kurs sich zudem über dem gleitenden Durchschnitt befindet, signalisiert dies einen Aufwärtstrend.

✔ Befindet sich der Kurs unter dem gleitenden Durchschnitt und verläuft der gleitende Durchschnitt abwärts, signalisiert dies einen Abwärtstrend.

Eine längere Periodenanzahl kann zur Bestimmung des langfristigen Trends herangezogen werden. Gleitende Durchschnitte mit einer kürzeren Periodenanzahl eignen sich zur Bestimmung des mittelfristigen oder kurzfristigen Trends.

Nutzen Sie zur Trendbestimmung die klassische Trenddefinition der Dow-Theorie. Der Einsatz von Trendlinien und gleitenden Durchschnitten ist zusätzlich sinnvoll, um eindeutige Signale mit möglichst wenig Interpretationsspielraum zu erhalten.

Zu den am häufigsten verwendeten gleitenden Durchschnitten gehören die Simple Moving und Exponential Moving Averages mit den Periodenlängen 200 und 50. Die 200-Tage-Linie (SMA 200 oder auch EMA 200) hat sich als der wichtigste gleitende Durchschnitt etabliert und wird häufig zur Definition des langfristigen Trends verwendet.

- ✔ Wenn der Kurs eines Underlyings über der 200-Tage-Linie notiert und wenn diese zudem selbst eine Steigung nach oben aufweist, ist dies ein Signal für einen langfristigen Aufwärtstrend.

- ✔ Notiert das Underlying unter der SMA oder EMA 200 und verläuft dieser zudem nach unten, gilt dies als ein Signal für einen langfristigen Abwärtstrend.

Während die Periodenlänge von 200 für die Definition des langfristigen Trends herangezogen werden kann, gibt die 50-Tage-Linie Aufschluss über den mittelfristigen (beziehungsweise sekundären Trend). Zusätzlich ist die EMA oder SMA 20 als Signal für den kurzfristigen Trend sehr beliebt.

Wie Sie die klassische Trendanalyse mit dem Einsatz von gleitenden Durchschnitten kombinieren können, um den Trend zu bestimmen, sehen Sie anhand der nachfolgenden Beispiele.

Abbildung 7.3 zeigt einen Tageschart der Alphabet Aktie.

- ✔ Nach einem mehrjährigen Aufwärtstrend geriet dieser gegen Ende des Jahres 2021 ins Stocken, bevor in den ersten Monaten des Jahres 2022 eine Trendumkehr stattfand.

- ✔ Die Aktie notierte zunächst noch über der 200-Tage-Linie (EMA 200) und diese stieg ebenfalls an, was ein Signal für einen Aufwärtstrend darstellt.

- ✔ Ein weiteres beliebtes Signal ist die Kreuzung von EMA 50 und EMA 200. Während des Aufwärtstrends bis ins Jahr 2021 verlief der EMA 50 über dem EMA 200, was ebenfalls ein trendbestätigendes Signal ist.

Abbildung 7.3: Abwärtstrend Alphabet Aktie, Quelle: stockcharts.com

Zwischen Januar und April 2022 folgten einige Entwicklungen, die eindeutig einen Abwärtstrend signalisierten:

✔ Die Aktie konnte keine neuen Hochs mehr generieren.

✔ Der Kurs fiel unter den EMA 200.

✔ Der EMA 200 drehte langsam nach unten.

✔ Der EMA 50 kreuzte den EMA 200 nach unten. (Ein Signal, das unter Charttechnikern als »Death Cross« bekannt ist.)

✔ Ein charttechnischer Abwärtstrend – also eine Abfolge von fallenden Hochpunkten und fallenden Tiefpunkten – bildete sich aus.

Spätestens Ende April 2022 war der Abwärtstrend eindeutig erkennbar. Als Optionshändler konnte man somit Strategien wählen, die von fallenden oder nicht steigenden Kursen profitieren.

Den weiteren Verlauf der Alphabet Aktien sehen Sie in Abbildung 7.4. Nachdem das gesamte Jahr 2022 durch einen Abwärtstrend geprägt war, folgten zu Beginn des Jahres 2023 erneut einige sehr interessante Entwicklungen:

✔ Die Aktie generierte keine neuen Tiefpunkte mehr und verlief zunächst seitwärts.

✔ Der EMA 200 wurde nach oben durchbrochen.

✔ Der EMA 200 drehte langsam nach oben.

✔ Der EMA 50 kreuzte den EMA 200 nach oben. (Im Gegensatz zum »Death Cross« wird dieses Signal als »Golden Cross« bezeichnet.)

✔ Ein charttechnischer Aufwärtstrend – also eine Abfolge von steigenden Hochpunkten und steigenden Tiefpunkten – bildete sich aus.

Abbildung 7.4: Aufwärtstrend Alphabet Aktie, Quelle: stockcharts.com

Spätestens im Mai 2023 war also klar, dass der Trend wieder nach oben gedreht hat, und deshalb Strategien gewählt werden sollten, die von steigenden beziehungsweise nicht fallenden Märkten profitieren.

Die Flut hebt alle Boote: Analyse des breiten Marktes

Eine der wichtigsten Konsequenzen der Dow-Theorie ist es, in einem vorherrschenden Trend davon auszugehen, dass dieser sich so lange fortsetzt, bis es eindeutige Signale gibt, dass er sich umgekehrt hat.

Träge wie ein großer Dampfer

Stellen Sie sich den Aktienmarkt wie einen schweren Dampfer vor, der in eine bestimmte Richtung fährt. Wenn dieser in Fahrt ist, würden Sie vermutlich instinktiv davon ausgehen, dass er seine Richtung beibehält und geradeaus weiterfährt. Selbst wenn er den Motor abstellt, wird der Dampfer einige Kilometer weiterfahren. Sollte sich der Kapitän zu einer Wende entschließen und umkehren, würde dies nicht schlagartig von einem Moment auf den nächsten geschehen, sondern ein Wendemanöver erfordern, dass eine gewisse Zeit in Anspruch nimmt und für jeden Außenstehenden deutlich sichtbar wäre.

Bei Trends am Aktienmarkt verhält es sich ganz ähnlich. Ein Trend endet für gewöhnlich nicht schlagartig. Häufig verlangsamt sich der Trend zuerst oder pausiert, bevor eine Trendwende erfolgt.

Solange der Trend aber intakt ist, sollten Sie davon ausgehen, dass die Wahrscheinlichkeit für eine Trendfortsetzung höher ist als für eine Trendumkehr. Diese Erkenntnis von Charles Dow hat sich zu einer allgemeinen Börsenweisheit entwickelt: »The trend is your friend.«

Charles Dow führte diese Tendenz zur Trendfortsetzung tatsächlich auf ein physikalisches Grundgesetz zurück, nämlich auf *das erste Newton'sche Gesetz*, das auch als *Trägheitsgesetz* bekannt ist und besagt:

✔ Ein ruhender Körper bleibt in Ruhe, solange keine äußeren Kräfte auf ihn einwirken.

✔ Ein Körper, der sich in Bewegung befindet, setzt diese Bewegung mit konstanter Geschwindigkeit fort, wenn keine äußeren Kräfte auf ihn einwirken.

In den vorangegangenen Beispielen haben Sie eine einzelne Aktie betrachtet und den Trend dieser Aktie analysiert. Bevor Sie nun losgehen und die Trends von Hunderten von Aktien analysieren, um geeignete Kandidaten für Ihren nächsten Optionstrade zu finden, ist jedoch eine andere Herangehensweise empfehlenswert. Lassen Sie uns an dieser Stelle noch einmal eine vielleicht schon abgedroschene, aber dennoch zeitlose Börsenweisheit bemühen: »Die Flut hebt alle Boote.«

Bezogen auf den Aktienmarkt bedeutet das, dass Sie die Kursentwicklung einer einzelnen Aktie nicht isoliert betrachten, sondern immer im Kontext des Gesamtmarktes analysieren sollten. Wenn der Gesamtmarkt steigt, profitiert in der Regel auch die Mehrheit aller Aktien von diesem Gesamtmarkttrend. Ebenso verhält es sich, wenn der Markt fällt. Einzelne Aktien können sich dabei zwar entgegen dem Markttrend entwickeln, aber das ist eher die Ausnahme.

Daher empfiehlt es sich, zuerst die allgemeine Marktlage zu beurteilen, bevor Sie einzelne Aktien genauer unter die Lupe nehmen. Durch die Beobachtung von Indizes und Sektoren können Sie einen Überblick über die generelle Richtung des Marktes bekommen und so fundiertere Entscheidungen treffen.

Die Beobachtung und Analyse von Aktienindizes gehört für jeden Börsianer zum Pflichtprogramm. Selbst wenn Sie gar keine Aktien handeln, sondern vielleicht ausschließlich Währungen, Rohstoffe oder Schrottanleihen, ist es wichtig die Entwicklung des Aktienmarktes auf dem Schirm zu haben.

Betrachten Sie das Geschehen an den Finanzmärkten ganzheitlich. Entwicklungen des Aktienmarktes haben immer auch Implikationen auf andere Assetklassen.

Eine Trendwende am Aktienmarkt kann also ein Auslöser für eine Trendwende in einem anderen Markt sein. Eventuell ließen aber auch die Entwicklungen eines anderen Marktes bereits vermuten, dass der Aktienmarkt Schwierigkeiten bekommen könnte. Oder es gibt fundamentale Einflussfaktoren, die sich gleichermaßen auf Aktien, Anleihen, Währungen und Rohstoffe auswirken. Das Spannende dabei ist, dass diese Entwicklungen häufig nicht zeitgleich geschehen, sondern dass in einem Markt etwas zu beobachten ist, was als Frühindikator für einen anderen Markt gesehen werden kann.

Wenn Sie stets alle Assetklassen im Blick behalten, haben Sie einen entscheidenden Gewinnvorteil. Ein Fachbereich, der sich dieser Thematik im Detail widmet, ist die *Intermarket-Analyse*. Im weiteren Verlauf werden wir gelegentlich einzelne Aspekte der Intermarket-Analyse beleuchten; eine vollumfängliche Betrachtung würde aber den Rahmen dieses Buches sprengen.

Hier spielt die Musik: Die US-Aktienindizes

In einem ersten Schritt ist es ratsam, dass Sie sich eine Liste der wichtigsten Aktienindizes anlegen und diese regelmäßig durchgehen und dabei insbesondere den langfristigen Trend untersuchen. Hierfür eignen sich am besten Tages- oder Wochencharts.

Wie häufig Sie Chartkino betreiben, hängt ganz von Ihrer individuellen Strategie ab. Wenn Sie aktiv traden, sollten Sie mindestens ein bis zwei Mal pro Woche die wichtigsten Märkte durchgehen. Wenn Sie langfristig investieren und Optionen nutzen, um Zusatzeinnahmen zu generieren oder sich gegen langfristige Bärenmärkte abzusichern, genügt auch ein Blick auf das Marktgeschehen alle zwei bis drei Wochen.

Auch die Intensivität des Chartstudiums ist abhängig von Ihrer Strategie und nicht zuletzt auch von Ihrem Interesse. Für eine Einschätzung der primären Trends der wichtigsten Aktienindizes sind wenige Minuten ausreichend. Für umfassende Marktanalysen, die für aktive Trader mit kurz- bis mittelfristigem Zeithorizont notwendig sind, können schnell mal ein paar Stunden pro Woche ins Land ziehen.

Was die Auswahl der Aktienindizes betrifft, ist es sinnvoll, wenn Sie sich zunächst auf die US-amerikanischen Märkte konzentrieren. Unter Tradern und Anlegern im deutschsprachigen Raum sind zwar der DAX (Deutschland) oder der SMI (Schweiz) häufig beliebter als der S&P 500 oder der Russell 2000; zurückzuführen ist dies vor allem auf den *Home Bias*, das heißt die Neigung von Anlegern und Tradern, den Heimatmarkt zu bevorzugen.

Es spricht natürlich nichts dagegen, auch deutsche, niederländische, dänische oder australische Aktien zu handeln. Ganz im Gegenteil. Die Rolle der US-Märkte ist aber für das Geschehen an den internationalen Finanzmärkten so dominant, dass bei der Analyse des Gesamtmarktes zumindest im ersten Schritt mit den wichtigsten US-Indizes begonnen werden sollte.

Nicht umsonst heißt es: »Wenn die USA husten, bekommt Europa eine Erkältung.« Wichtige Entwicklungen am amerikanischen Aktienmarkt wirken sich fast immer auf den europäischen Markt wie auch auf andere internationale Märkte aus.

Das heißt, selbst wenn Sie ausschließlich den DAX handeln wollen, ist es wichtig, bei der Analyse stets die US-Märkte im Blick zu behalten. So können Sie die Kursentwicklungen des DAX mit den Entwicklungen der US-Indizes vergleichen und bereits erste Rückschlüsse daraus ziehen.

Außerdem ist es insbesondere als Optionshändler wichtig, dass Sie eine Affinität für die amerikanischen Märkte entwickeln. Hier stehen Ihnen die meisten Aktien zur Verfügung und die Liquidität ist am höchsten.

Was die Auswahl im Konkreten betrifft, sind die folgenden vier US-Aktienindizes von entscheidender Bedeutung:

1. **S&P 500:** Der S&P 500 ist wohl der wichtigste Aktienindex der Welt und wird als Benchmark für die Entwicklung des Aktienmarktes insgesamt gesehen. Im Index enthalten sind die 500 größten börsennotierten Unternehmen der USA, gewichtet nach Marktkapitalisierung.

2. **Dow Jones:** Der Dow Jones ist zwar unter der breiten Bevölkerung bekannter und in den Nachrichten oft prominenter vertreten als der S&P 500. Allerdings spiegelt der Dow die Entwicklung von nur 30 US-Unternehmen wider und ist deshalb weniger marktbreit als der S&P 500. Zudem werden die 30 Aktien im Vergleich zu den meisten anderen Indizes nicht nach Marktkapitalisierung oder anderen quantitativen Kriterien bestimmt, sondern von einem Ausschuss ausgewählt.

3. **Nasdaq 100:** Der Nasdaq 100 bildet die Entwicklung der 100 größten Unternehmen ab, die an der Nasdaq gehandelt werden, exklusive Unternehmen aus dem Finanzsektor. Der Index ist stark technologieorientiert und zu einem wesentlichen Teil abhängig von der Entwicklung der großen und bekannten US-Big-Tech-Unternehmen.

4. **Russell 2000:** Der Russell 2000 umfasst 2000 kleinere US-Unternehmen und gilt als Benchmark für amerikanische Small Caps. Diese Unternehmen mit einer geringeren Marktkapitalisierung reagieren häufig früher auf wirtschaftliche Veränderungen und können häufig als Frühindikator sowie als bestätigender Indikator für den breiten Markt gesehen werden.

Beginnen Sie bei der Analyse des Aktienmarktes mit dem S&P 500, dem Dow Jones Industrial Average, dem Nasdaq 100 und dem Russell 2000. Analysieren Sie die Trends der einzelnen Indizes und achten Sie darauf, ob sich die Signale der einzelnen Indizes bestätigen oder in Widerspruch zueinander stehen.

Die Analyse des breiten Marktes und der Marktbreite

Durch eine vollumfängliche Analyse des Geschehens an den Finanzmärkten können Sie die Entwicklungen in einem einzelnen Markt besser einordnen. In Bezug auf die Aktienmärkte bedeutet dies einerseits, dass Sie verschiedene Aktienindizes verfolgen und deren Entwicklung vergleichen sollten, um ein umfassendes Bild zu erhalten. Börsianer bezeichnen dies als die Analyse des *breiten Marktes*.

Darüber hinaus ist es sinnvoll, die innere Dynamik dieses Marktes genauer zu untersuchen. Dieser Ansatz ist ein weiterer Teilbereich der technischen Analyse, der für fast alle professionellen Händler eine wichtige Rolle spielt und als *Marktbreite* bezeichnet wird. Hierfür haben sich verschiedene Indikatoren und Analysewerkzeuge etabliert, zum Beispiel die *Advance-Decline-Line*. Diese untersucht, ob bei einem Aufwärtstrend am Aktienmarkt eine Vielzahl aller Aktien an diesem Trend partizipieren oder ob nur wenige Aktien mit einer sehr hohen Gewichtung den Trend vorantreiben. Die Analyse, ob es derzeit mehr Aktien gibt, die neue 52-Wochen-Hochs erzielen, als Aktien, die neue 52-Wochen-Tiefs erreichen, ist ein weiterer Ansatz, der ein ähnliches Ziel verfolgt.

Wenn Sie aktiv an den Aktienmärkten traden möchten, ist die Analyse der Marktbreite ein Bereich, in den Sie sich unbedingt tiefer einarbeiten sollten. Die Signale aus der Marktbreiteanalyse sind häufig sehr zuverlässig und helfen Ihnen dabei, die Bewegungen der Aktienindizes besser zu beurteilen.

Optionshandel in Trendmärkten

Vermutlich haben Sie sich beim Lesen dieses Kapitels bereits einige Male gefragt, wie Sie das Vorhandensein eines Trends zu Ihren Gunsten nutzen können. Wenn Sie zum Beispiel erkannt haben, dass aktuell ein Bullenmarkt herrscht und die Aktienindizes ebenso wie viele einzelne Aktien deutlich erkennbare Aufwärtstrends ausgebildet haben, gibt es verschiedene Optionsstrategien, die Sie einsetzen können.

In Teil III dieses Buches erfahren Sie mehr über die Anwendung konkreter Optionsstrategien in verschiedenen Märkten und Marktphasen. An dieser Stelle beschäftigen wir uns zunächst noch detaillierter mit den verschiedenen Phasen eines Trends und mit der Frage, welche Möglichkeiten Ihnen als Optionshändler grundsätzlich in einem Trendmarkt zur Verfügung stehen.

Wann Sie mit dem Strom schwimmen sollten

Rufen Sie sich nochmals die sechste Prämisse der Dow-Theorie in Erinnerung:

Ein Trend besteht so lange, bis es definitive Signale gibt, dass er sich umgekehrt hat.

Am besten schauen Sie sich so viele Charts wie möglich an. Sie werden erkennen, dass es Phasen von lang anhaltenden Trends gibt, die mehrere Monate bis mehrere Jahre andauern können. Die größten Chancen auf Erfolg haben Sie, wenn Sie Strategien wählen, die von dem langfristigen Trend profitieren.

Möglicherweise kommt Ihnen dieser Tipp auf den ersten Blick trivial vor und Sie denken: »Nicht der Rede wert, ist doch klar.« Charts zu betrachten und im Nachhinein zu analysieren, was hätte getan werden müssen, ist natürlich sehr einfach. In der Realität sieht es aber meist ganz anders aus und ein nüchterner und emotionsloser Blick auf das aktuelle Kursgeschehen fällt vielen Händlern schwer. Wer sich aktiv mit der Börse beschäftigt, wird fast zwangsläufig kontinuierlich mit Meinungen, Analysen und Nachrichten konfrontiert.

- ✔ »Die Aktie ist schon viel zu teuer.«

- ✔ »Der Markt ist schon so weit angestiegen, das kann nicht gut gehen.«

- ✔ »Es kommt eine Rezession, das muss zu einem Crash führen.«

- ✔ »Die Analysten der großen Banken blicken pessimistisch in die Zukunft und sehen kein weiteres Kurspotenzial.«

- ✔ Und so weiter ...

Kommt Ihnen das bekannt vor?

Das menschliche Gehirn ist nicht für die Börse gemacht

Emotionen wie Angst und Gier sind tief verankert in der Psyche eines jeden Menschen. Gerade beim Thema Geld übernimmt häufig der Teil des Gehirns das Ruder, der instinktiv und schnell Entscheidungen trifft, ohne diese rational abzuwägen. In der Evolution der Menschheit war diese Fähigkeit überlebenswichtig. Wenn der Säbelzahntiger hinter dem Busch hervorblinzelte, konnten unsere Vorfahren nicht erst eine Sitzung einberufen und abwägen, in welche Richtung man am besten fliehen sollte. Überlebt hat nur, wer seine Beine in die Hand nahm und seinem Fluchtinstinkt folgte.

Da sich das Gehirn eines Menschen nur sehr langsam weiterentwickelt, werden unsere Entscheidungen im täglichen Leben heutzutage häufig nach wie vor von unserem Ur-Hirn getroffen und entziehen sich unserem Bewusstsein. An der Börse trifft dies besonders zu, schließlich geht es hier auch um Leben und Tod ... na ja, fast.

Das Gemeine ist: Selbst, wenn Sie sich bewusst darüber sind, dass das menschliche Gehirn eigentlich nicht für den Börsenhandel geschaffen wurde, wird es Ihnen kaum gelingen, die Emotionen komplett auszuschalten. Wenn Sie es nur schon schaffen, Ihre Emotionen zu erkennen und zu bemerken, wann Ihr Ur-Hirn Ihnen gerade einen Streich spielen und Sie zu irrationalem Handeln verleiten möchte, sind Sie den meisten Tradern und Anlegern einen Schritt voraus. Wenn Sie dieses Thema genauer interessiert, empfehle ich Ihnen *Trading-Psychologie für Dummies*.

Wenn Ihre Strategie zum Beispiel vorsieht, dass Sie Korrekturen im S&P 500 nutzen, um sich bullisch zu positionieren (beispielsweise durch den Verkauf einer Put-Option), ist es wichtig, dass Sie dazu mental auch in der Lage sind, sobald die Korrektur auftritt.

Möglicherweise fällt der Markt während der Korrektur zwei Prozent an einem Tag und das Börsenfernsehen berichtet von Konjunktursorgen und von Analysten, die vor einem langfristigen Abwärtstrend warnen. Außerdem wurde die Zinssenkung der Fed auch gerade schon wieder verschoben und die Inflationsdaten sind erneut heißer ausgefallen als erwartet, was dazu geführt hat, dass sich ein ehemaliger und pensionierter regionaler Notenbanker aus Philadelphia dafür ausgesprochen hat, die Zinsen nochmals zu erhöhen. (Über solche Dinge wird tatsächlich im Börsenfernsehen berichtet.)

In solch einem Szenario ist es besonders wichtig, dass Sie sich auf Ihre Strategie besinnen und den ganzen anderen »Lärm« ausblenden. Wenn bei Ihnen während der Betrachtung der roten Candlesticks auf Ihrem Bildschirm Zweifel aufkommen, ob Sie Ihren Trade nun tatsächlich platzieren sollten, hilft es oft, etwas herauszuzoomen und den Chart mit zwei Metern Abstand zum Bildschirm zu betrachten.

Erinnern Sie sich an die erste Kernaussage der Dow-Theorie? Diese lautet: Der Markt diskontiert alles. Das bedeutet: In dem Moment, in dem Sie den Fernseher anschalten und sich vom medialen Pessimismus berieseln lassen, sind diese Nachrichten schon längst eingepreist. Der aktuelle Marktpreis spiegelt bereits alle bekannten Informationen wider.

Passend dazu ist auch eines der bekanntesten Zitate der Börsenlegende André Kostolany, nachdem nicht die Nachrichten die Kurse machen, sondern andersherum die Kurse die Nachrichten.

Die verschiedenen Phasen eines Trends

Wenn Sie einen Trend in einem Markt erkannt haben, bedeutet das nicht, dass Sie sofort handeln müssen und einen Long-Trade platzieren sollten. Ein Trend besteht naturgemäß aus den folgenden Trendphasen:

✔ Bewegungsphase

✔ Korrekturphase

Das bedeutet: Auf jede *Bewegungsphase* (der Kurs bewegt sich in Richtung des Trends) folgt zwangsläufig früher oder später eine *Korrekturphase* (der Kurs bewegt sich entgegen der Trendrichtung).

 Wenn die Bewegungsphase eines Trends bereits sehr weit fortgeschritten ist, erhöht sich die Wahrscheinlichkeit einer Korrektur. Wenn sich der Trend in einer Korrekturphase befindet, ist die Wahrscheinlichkeit hoch, dass der Kurs bald wieder in Richtung des Trends dreht und eine neue Bewegungsphase beginnt.

Es gibt zum Beispiel Phasen, in denen der Kurs einer Aktie immer weiter steigt und eine Korrektur einfach nicht kommen will.

 Auch hier gibt es eine bekannte psychologisch Falle, die unter Börsianern unter der Bezeichnung *Fear Of Missing Out* bekannt ist, kurz: FOMO. Diese Angst, etwas zu verpassen, führt häufig dazu, dass Anleger auf eine weit fortgeschrittene Trendbewegung aufspringen, weil sie befürchten etwas zu verpassen.

Dabei wird der Schmerz meist umso größer, je weiter die Aktie steigt. Es kann doch nicht sein, dass alle anderen Geld verdienen, und Sie stehen an der Seitenlinie und gehen leer aus! Häufig führt dies dazu, dass man zu einem sehr ungünstigen Zeitpunkt auf den Trend aufspringt. Das bedeutet, dass die Wahrscheinlichkeit hoch ist, dass die Aktie in den Korrekturmodus übergeht und Sie lange warten müssen, bis die Aktie wieder auf neue Hochs ansteigt.

Fassen wir die wichtigsten Erkenntnisse nochmals zusammen:

✔ Märkte bewegen sich in Trends.

✔ In den meisten Fällen ist es gut, den Trend zu respektieren und Strategien zu wählen, die von einer Fortsetzung des Trends profitieren.

✔ Ein Trend besteht aus Bewegungsphasen und Korrekturphasen.

✔ Ein Trend, der sich in einer weit fortgeschrittenen Bewegungsphase befindet, ist mit höherer Wahrscheinlichkeit anfällig für eine Korrektur.

✔ Ein Trend, der sich in einer Korrektur befindet, wird mit erhöhter Wahrscheinlichkeit zeitnah die Korrektur beenden und wieder in eine Bewegungsphase übergehen.

Der ideale Zeitpunkt, um sich innerhalb eines Trends zu positionieren, wäre deshalb ein Einstieg genau dann, wenn die Korrektur zu Ende ist, und ein Ausstieg genau dann, wenn die Bewegung zu Ende ist. Wie Sie sicher schon vermuten, gelingt dies aber auch den besten Tradern nicht. Dennoch können Sie das Wissen um die Trendphasen zu Ihren Gunsten nutzen:

 Ein Trend, der gerade aus einer Korrektur kommt und in eine neue Bewegungsphase übergeht, bietet häufig einen vorteilhaften Einstiegszeitpunkt. Ebenso kann es sinnvoll sein, während einer Korrektur bereits darauf zu spekulieren, dass sich der Trend bald fortsetzen wird, wenn es beispielsweise charttechnische Signale dafür gibt.

Trendfolge: Die einzig wahre Strategie?

Um ein Verständnis für die langfristige Entwicklung des Aktienmarktes zu erhalten, ist es empfehlenswert, wenn Sie sich einmal den Chart des S&P 500 oder des Dow Jones anschauen und den Zeitraum so langfristig wie möglich einstellen. Mit einer guten Chartsoftware erhalten Sie historische Kurse für den S&P 500, die bis in die 1950er-Jahre zurückgehen. Für den Dow Jones Industrial Average sind sogar historische Daten auf täglicher Basis bis ins Jahr 1896 verfügbar. Sie werden erkennen, dass Sie eine logarithmische Chartskalierung wählen müssen, damit eine Betrachtung eines so langen Zeitraums überhaupt Sinn ergibt. Die Aktienindizes sind in den letzten 100 Jahren so stark angestiegen, dass Sie sonst nur eine scheinbar senkrecht nach oben beziehungsweise exponentiell nach oben verlaufende Linie erkennen würden. Daher scheint es naheliegend, dass insbesondere am Aktienmarkt Trendfolgestrategien eine hohe Erfolgswahrscheinlichkeit haben. Allein durch Buy and Hold können Sie schon mit einer langfristigen Performance von etwa acht Prozent pro Jahr rechnen.

Ein etwas anderes Bild zeigt sich, wenn Sie sich langfristige Kurscharts verschiedener Rohstoff-Futures anschauen. Für viele Rohstoffe stehen historische Daten auf Futures-Basis seit den 1970er- oder 1980er-Jahren zur Verfügung. In den meisten Fällen bewegen sich Rohstoffpreise auf sehr langfristiger Basis in einem Seitwärtstrend. Jedoch gibt es auch Zeiträume, in denen Rohstoffe Trends entwickeln, die über mehrere Jahre andauern. Grundsätzlich lässt sich aber sagen, dass ein großer Teil der Marktteilnehmer an den Rohstoffmärkten mit ganz anderen Motiven und Strategien handelt wie am Aktienmarkt. Wenn der Preis eines Rohstoffs sehr stark in eine Richtung überdehnt wurde, besteht die Tendenz, dass sich der Preis früher oder später wieder normalisieren wird. Stellen Sie sich zum Beispiel vor, ein Fass Öl würde über mehrere Jahre nur noch 1 US-Dollar kosten. Dies würde in der Ölbranche massenhaft zu Insolvenzen führen. Die Kräfte von Angebot und Nachfrage würden so auf ganz natürliche Art und Weise wieder zu steigenden Preisen führen. Deshalb kann es insbesondere an den Rohstoffmärkten auch sinnvoll sein, antizyklisch zu agieren oder auf eine Korrektur eines Trends zu setzen und nicht blind dem Motto »The trend is your friend« zu folgen.

Optionsstrategien in Trendmärkten

Stellen Sie sich vor, Sie könnten mithilfe Ihrer Glaskugel in die Zukunft sehen und treffsicher vorhersagen,

- ✔ wann die Korrektur eines Trends in einer Aktie zu Ende ist,
- ✔ wie weit die Aktie ansteigen wird
- ✔ und wie lange diese Trendbewegung dauern wird.

Welche der vier Basisoptionsstrategien würden Sie wählen?

1. Long Call (Kauf einer Call-Option)
2. Short Call (Verkauf einer Call-Option)
3. Long Put (Kauf einer Put-Option)
4. Short Put (Verkauf einer Put-Option)

Long Call

Wenn Sie die Funktionsweise der in Kapitel 6 vorgestellten Basisstrategien im Optionshandel verinnerlicht haben, tendieren Sie vermutlich zu Antwort 1: Long Call. Durch ein perfektes Timing (dank Ihrer Glaskugel) werden Sie sicherlich eine Option mit geeignetem Basispreis und geeigneter Laufzeit finden, die Ihnen einen Profit einbringen wird. Sie müssen lediglich darauf achten, dass der innere Wert der Option am Ende der Laufzeit größer ist als die gezahlte Optionsprämie. Einzig notwendig hierfür ist, dass die Aktie tatsächlich einen nennenswerten Betrag ansteigt, und zwar möglichst schnell.

Falls Sie gedanklich bereits in die Realität (ohne Glaskugel) zurückgekehrt sind, haben Sie sich vielleicht bereits die folgenden Fragen gestellt:

- ✔ Wie wahrscheinlich ist es, dass Sie nicht nur den Trend korrekt identifizieren, sondern auch erkennen, wann genau die Aktie die Korrektur beendet und in eine neue Bewegungsphase übergeht? Und selbst wenn Sie hierbei ein sehr gutes Timing besitzen:

- ✔ Wie wahrscheinlich ist es, dass die Aktie auch weit genug ansteigt, damit Ihr Long Call den Zeitwertverlust kompensiert. Selbst wenn die Aktie weit genug ansteigt:

- ✔ Wie wahrscheinlich ist es, dass die Aktie auch unmittelbar nachdem Sie den Call gekauft haben, eine nennenswerte Kursbewegung vollzieht und nicht erst einige Wochen auf der Stelle tritt, bevor eine Kursexplosion stattfindet?

Richtig! Nicht sehr wahrscheinlich. Die gute Nachricht ist: Wenn Sie richtig liegen, können Sie ein Vielfaches Ihres eingesetzten Kapitals verdienen. In der Realität ist die Wahrscheinlichkeit aber hoch, dass der eine Volltreffer nicht ausreichen wird, um all die kleinen Verluste auszugleichen.

Short Call

Wie wahrscheinlich ist es, dass Sie durch den Verkauf einer Call-Option in einem Aufwärtstrend Geld verdienen? In Kenntnis der Zukunft beziehungsweise der Frage, wie weit die Aktie während der Laufzeit der Option ansteigen wird, könnten Sie auch mit einem Short Call einen Profit generieren. Um den Maximalgewinn zu erzielen, müssten Sie nur darauf achten, dass der Basispreis des Calls am Verfallstermin über dem Schlusskurs der Aktie liegt. In der Realität können Sie zwar theoretisch einen Call wählen, der sehr weit aus dem Geld liegt und so die Erfolgswahrscheinlichkeit erhöhen. Allerdings wird die Prämieneinnahme für solch eine Option sehr gering sein. Außerdem stellt sich grundsätzlich die Frage, ob es sinnvoll ist, sich gegen den Trend zu positionieren und Gefahr zu laufen, dass der Trade unter Druck gerät.

Short Call in Kombination mit Aktienkauf

Etwas anders sieht es aus, wenn Sie den Short Call mit dem Kauf der Aktie selbst kombinieren. Diese Strategie heißt *Covered Call* und wird in Kapitel 10 und 11 im Detail vorgestellt. Durch den Kauf der Aktie profitieren Sie in vollem Umfang von einer Kurssteigerung. Der gleichzeitige Verkauf eines Calls führt dazu, dass Sie eine zusätzliche Einnahme durch die Optionsprämie erhalten.

Falls die Aktie nicht über den Basispreis Ihres Calls ansteigt, verfällt die Option wertlos. Sie können die Einnahme der Optionsprämie als Gewinn verbuchen und bei Bedarf erneut einen Call verkaufen. Sollte die Aktie über den Basispreis der Option ansteigen, führt dies lediglich dazu, dass Ihr Gewinn mit der Aktie begrenzt ist. Falls die Option im Geld verfällt, sind Sie dazu verpflichtet 100 Aktien zu verkaufen. Da Sie die Aktien bereits besitzen und damit einen Gewinn erzielt haben, wird dies Ihnen keine großen Sorgen bereiten. Der Short Call fungiert hier also als eine Art Take Profit mit zusätzlicher Einnahme.

Long Put

Der Kauf eines Puts ist eine Strategie, die ausschließlich in fallenden Märkten einen Gewinn erzielt. In steigenden oder seitwärts verlaufenden Märkten können Sie mit einem Long Put kein Geld verdienen, weshalb die Strategie in einem Aufwärtstrend kaum sinnvoll ist. Der einzige Grund, weshalb jemand in einem Aufwärtstrend einen Long Put handeln würde, wäre zur Absicherung einer Position.

Wenn Sie zum Beispiel 100 Aktien eines Unternehmens besitzen, könnten Sie die Position durch einen Long Put absichern, um sich vor einem Kurseinbruch zu schützen. Allerdings ist dies mit Kosten verbunden. In einem Aufwärtstrend beziehungsweise in einem Bullenmarkt sind Put-Optionen zwar tendenziell günstiger; dennoch scheint es fraglich, ob es sinnvoll ist, den Preis für diese

Versicherung zu zahlen, wenn Sie ohnehin von steigenden Kursen ausgehen. Wenn Sie ein Haus in der Wüste besitzen, würden Sie dieses vermutlich auch nicht gegen einen Hochwasserschaden versichern.

Ein gewisses Risiko gehört beim Börsenhandel einfach dazu. Der kontinuierliche Kauf von Puts kann den Gewinn der Kurssteigerungen der Aktie schnell zunichtemachen.

Short Put

Wie sieht es mit einem Short Put aus? Wäre der Verkauf eines Puts eine sinnvolle Strategie, wenn Sie sich sicher wären, dass die Aktie in den nächsten Wochen einen Kursanstieg vollziehen wird? Durchaus. Durch den Verkauf des Puts erzielen Sie eine Prämieneinnahme und der Trade endet als Gewinner, solange die Aktie am Verfallstermin nicht unter dem Basispreis des Puts notiert.

Selbst wenn Sie nicht in die Zukunft blicken können, können Sie den Basispreis des Short Puts so wählen, dass die Wahrscheinlichkeit hoch ist, dass die Aktie nicht ins Geld läuft. Den Gewinn, den Sie mit dieser Strategie erzielen können, ist zwar nicht so hoch, wie wenn Sie mit einem Long Call einen Volltreffer landen. Dafür ist aber die Wahrscheinlichkeit, dass Sie überhaupt einen Gewinn erzielen, deutlich höher:

✔ Wenn die Aktie den Aufwärtstrend fortsetzt und sofort auf neue Höchststände ansteigt, erzielt der verkaufte Put sehr schnell einen Gewinn.

✔ Aber auch wenn die Aktie seitwärts tendiert oder sogar moderat fällt, erzielen Sie durch den Zeitwertverfall der Option Tag für Tag einen kleinen Gewinn.

✔ Ein Verlust entsteht nur, wenn die Aktie stark fällt beziehungsweise wenn sie am Verfallstermin unter dem Basispreis des Puts notiert.

Fassen wir die wichtigsten Erkenntnisse nochmals zusammen:

✔ In einem Aufwärtstrend können Sie mit einem Long Call (theoretisch) am meisten Geld verdienen. Notwendig ist dabei jedoch ein sehr gutes Timing.

✔ Wenn Sie kein Glücksritter sein wollen und auf der Suche nach einer Strategie mit einer hohen Erfolgswahrscheinlichkeit sind, ist der Short Put eine gute Wahl.

✔ Wenn Sie das Underlying besitzen beziehungsweise kaufen möchten, kann in einem Aufwärtstrend zudem der Short Call eine interessante Strategie sein, mit der Sie in Kombination mit einer Long-Position im Underlying Zusatzeinnahmen generieren können. (Mehr dazu in Kapitel 11.)

✔ Der Kauf eines Puts (Long Put) ist in einem Aufwärtstrend grundsätzlich eine Strategie mit wenig Erfolgschancen und macht allenfalls als günstige Absicherung einer Long-Position Sinn, wobei die Kosten für diese Versicherung den Gewinn der Long-Position zunichtemachen können.

In Teil III und Teil IV dieses Buches lernen Sie eine Auswahl an verschiedenen Optionsstrategien im Detail kennen:

✔ **Die Wheel-Strategie** (Kapitel 11) eignet sich sehr gut für den Handel von Aktien- und ETF-Optionen, insbesondere in Trendmärkten, aber auch in Seitwärtsmärkten.

✔ **Vertikale Spreads beziehungsweise Credit Spreads** (Kapitel 12) bieten Ihnen die Möglichkeit, Einnahmen durch den Optionsverkauf zu generieren, sowohl in Aufwärtstrends, Abwärtstrends als auch in trendlosen Phasen.

In jedem Fall sollten Sie aber in der Lage sein, den aktuell vorherrschenden Trend zu erkennen. Auch beim Einsatz von komplexeren Optionsstrategien, wie Sie sie in Teil IV finden, ist es meistens sinnvoll, die Strategie an das aktuelle Marktumfeld anzupassen.

Fernab der Aktienmärkte sind die Rohstoff- und Futures-Märkte ein weiteres Spielfeld, auf dem Sie als Optionshändler zahlreiche Handelsgelegenheiten finden. Welche Besonderheiten Futures-Optionen besitzen, lesen Sie in Kapitel 3. Im folgenden Kapitel 8 lernen Sie die Futures-Märkte noch etwas näher kennen. Die im nächsten Kapitel vorgestellten Analysewerkzeuge für die Futures-Märkte wie auch die Analyse von saisonalen Trends (Kapitel 9) sollten Sie auch immer in Verbindung mit der Trendanalyse anwenden.

IN DIESEM KAPITEL

Die Funktionsweise von Futures und Futures-Optionen

Margin im Futures-Handel

Handelbare Futures-Märkte für Optionshändler

Commitments Of Traders: Legale Insiderinformationen

Kapitel 8
Futures-Märkte: Wo die Zukunft schon heute gehandelt wird

Futures und Optionen werden häufig in einem Atemzug genannt. In beiden Fällen handelt es sich um Terminkontrakte, die ursprünglich als Absicherungsinstrumente für professionelle Marktteilnehmer an den Rohstoffmärkten geschaffen wurden. Im Laufe der Jahre wuchs die Anzahl an handelbaren Futures kontinuierlich an und umfasst neben zahlreichen verschiedenen Rohstoffen heutzutage viele Aktienindizes, Anleihen und Währungen. Für viele dieser Futures stehen Optionen zur Verfügung, die sehr liquide handelbar sind und insbesondere aktiven Tradern die Chance bieten, abseits der Aktienmärkte attraktive Handelsmöglichkeiten zu finden.

Ein *Futures-Kontrakt* ist eine Vereinbarung zwischen zwei Parteien (Käufer und Verkäufer des Futures), bei der diese sich verpflichten, eine bestimmte Menge eines Underlyings (wie zum Beispiel Rohöl, Gold oder Weizen) zu einem festgelegten Preis zu einem bestimmten Zeitpunkt in der Zukunft zu kaufen oder zu verkaufen.

Ebenso wie Optionen werden Futures an Terminbörsen gehandelt und sind standardisiert. Das bedeutet, dass die Kontraktdetails wie Menge, Qualität, Lieferzeit und so weiter genau festgelegt sind. Futures werden genutzt, um sich gegen Preisschwankungen abzusichern oder um auf Preisänderungen zu spekulieren.

Wozu benötigt man überhaupt Futures?

Wenn Sie zum Beispiel ein Unternehmen gründen wollen, das Mehl produziert und Sie dafür eine große Menge Weizen benötigen, haben Sie verschiedene Möglichkeiten, wie Sie den Weizen einkaufen können:

1. Sie können individuelle Kaufverträge mit Handelspartnern Ihrer Wahl abschließen und den Weizen zu den jeweils aktuellen Bedingungen erwerben. Dieser Markt wird als *Spotmarkt* (beziehungsweise *Kassamarkt*) und der Preis als *Spotpreis* (beziehungsweise *Kassapreis*) bezeichnet.

2. Sie können den Rohstoff am Terminmarkt kaufen. Dabei nutzen Sie einen Futures-Kontrakt, mit dem Sie eine bestimmte Menge Weizen kaufen, der an einem bestimmten Datum in der Zukunft geliefert wird.

Welche Vorteile der Handel über den Terminmarkt hat, liegt auf der Hand:

✔ Sie können sich sicher sein, dass der Rohstoff genau dann, wenn Sie ihn benötigen, in der entsprechenden Qualität geliefert wird.

✔ Außerdem können Sie den Weizen bereits mehrere Monate oder Jahre im Voraus »bestellen« und dafür den zu diesem Zeitpunkt aktuellen Marktpreis (beziehungsweise den Preis des Futures) zahlen.

✔ Sie haben also eine gewisse Planungssicherheit. Falls es ein schlechtes Erntejahr geben sollte und der Preis für Weizen deshalb zwischenzeitlich ansteigt, kann Ihnen das egal sein.

Für jeden Rohstoff beziehungsweise für jedes Underlying stehen Futures mit verschiedenen Fälligkeitsterminen zur Verfügung. Die Preise der einzelnen Futures sind dabei nicht identisch und je nach Markt gibt es größere oder kleiner Preisunterschiede zwischen den Preisen verschiedener Fälligkeitstermine.

Meistens sind Futures-Kontrakte mit einem Fälligkeitsdatum, das weiter in der Zukunft liegt, teurer, als Futures, die in naher Zukunft fällig werden. Dies liegt an den sogenannten *Cost Of Carry*.

Als *Cost Of Carry* bezeichnet man die Kosten, die entstehen, um einen Rohstoff (oder ein anderes Underlying) bis zum Verfallstermin eines Futures-Kontrakts vorzuhalten. Dazu zählen insbesondere Lagerkosten, Versicherungskosten, Zinsen und andere Finanzierungskosten sowie Opportunitätskosten.

Die Preisbildung von Terminkontrakten geschieht grundsätzlich frei am Markt. Das bedeutet: Auch die Cost Of Carry werden von keiner Behörde oder Institution auf den Preis des Futures hinzuaddiert, sondern durch Angebot und Nachfrage automatisch gebildet.

Verschiedene Underlyings des gleichen Underlyings

Eine Option hat immer einen zugrunde liegenden Basiswert, das sogenannte *Underlying*. Wenn Sie zum Beispiel eine Aktienoption auf die Microsoft-Aktie handeln, ist die Microsoft-Aktie das Underlying. Handeln Sie eine Option auf den DAX, ist der Index selbst das Underlying. Dabei spielt es keine Rolle, ob die Option eine Restlaufzeit von drei Tagen, drei Monaten oder drei Jahren hat. Das Underlying bleibt immer das gleiche.

Wie verhält es sich an den Futures-Märkten? Wenn Sie zum Beispiel eine Option auf den Gold-Future handeln möchten, ist zunächst wichtig zu beachten, dass es nicht »den« einen Gold-Future gibt. Es gibt mehrere Gold-Futures mit verschiedenen Fälligkeitsterminen. Da Futures also ähnlich wie Optionen ein Ablaufdatum haben, ist es naheliegend, dass bei Futures-Optionen mit unterschiedlichen Verfallsterminen unterschiedliche Futures-Kontrakte zugrunde liegen. In den meisten Fällen ist das Underlying einer Futures-Option der Futures-Kontrakt mit dem nächsten Verfallstermin nach dem Verfallstermin der Option. Da es zwischen den Preisen einzelner Futures Unterschiede geben kann, ist es wichtig, dass Sie immer den konkreten Kontraktmonat des Futures kennen, der Ihrer Option zugrunde liegt. Welcher das ist, können Sie in den Kontraktdetails der Option nachlesen.

Margin: Der eingebaute Hebel bei Futures

Einem Futures-Kontrakt liegt immer eine bestimmte Menge eines Rohstoffes oder eines anderen Basiswertes zugrunde. Wenn Sie zum Beispiel einen Rohöl-Future der Sorte WTI kaufen (Kürzel: CL), bewegen Sie damit den Gegenwert von 1000 Barrel Öl. (Ein Barrel entspricht 159 Litern.) Bei einem Ölpreis von beispielsweise 50 US-Dollar entspricht dies einem monetären Wert von 50.000 US-Dollar. Eine Bewegung des Rohölpreises um 1 US-Dollar verursacht also einen Gewinn oder einen Verlust von 1000 US-Dollar pro Futures-Kontrakt. Damit Sie einen Rohöl-Future kaufen oder verkaufen können, müssen Sie jedoch nicht den kompletten Gegenwert zahlen, sondern nur einen Bruchteil davon als Sicherheitsleistung hinterlegen.

Diese Sicherheitsleistung, die Sie beim Handel eines Futures-Kontraktes hinterlegen müssen, heißt *Margin*. Es gibt zwei Arten von Margins:

✔ Die *Initial Margin* ist der Betrag, den Sie auf Ihrem Konto haben müssen, um eine Position zu eröffnen.

✔ Die *Maintenance Margin* ist der Betrag, den Sie mindestens auf dem Konto haben müssen, um die Position zu halten.

Die Margin ist je nach Future und je nach Broker unterschiedlich hoch und kann abhängig von den Marktbedingungen variieren.

Wenn die Initial Margin für einen Rohöl-Future beispielsweise 10.000 US-Dollar beträgt, bei einem Ölpreis von 50 US-Dollar, entspricht dies einer Margin von 20 Prozent. Oder anders formuliert: Sie besitzen einen Hebel von fünf auf Ihr eingesetztes Kapital.

Durch das Margin-System besitzen Futures also einen eingebauten Hebel. Dieser ermöglicht es Marktteilnehmern, kosteneffizient beziehungsweise kapitaleffizient zu agieren, da immer nur ein Bruchteil des gesamten Kontraktwertes als Gegenwert hinterlegt werden muss. Andererseits besteht durch den Handel auf Margin die Gefahr, dass sich Händler durch ein mangelhaftes Risikomanagement überhebeln und eine Anzahl an Kontrakten handeln, die für ihr Konto eigentlich viel zu hoch ist.

Handelbare Futures-Märkte für Optionshändler

Futures lassen sich grundsätzlich in verschiedene Kategorien einteilen:

✔ Indizes (Indices)

✔ Anleihen (Bonds)

✔ Währungen (Currencies)

✔ Metalle (Metals)

✔ Energie (Energy)

✔ Getreide (Grains)

✔ Fleisch (Meats)

✔ Softs

Auf den folgenden Seiten erfahren Sie einige Details zu jeder dieser Kategorien. Die Besonderheiten von Futures-Optionen im Vergleich zu anderen Optionen wurden bereits in Kapitel 3 erläutert.

Indizes (Indices)

Ein Aktienindex ist zunächst nur ein berechneter Wert und kann selbst nicht gehandelt werden. Es benötigt also ein Produkt, das handelbar ist und die Wertentwicklung des Aktienindex nachbildet. Hierfür eignen sich unter anderem Index-Futures.

Für viele Indizes gibt es sowohl Index-Optionen als auch Optionen auf die Index-Futures, deren Kontraktdetails unterschiedlich sind. Das trifft zum Beispiel auf die wichtigsten amerikanischen Aktienindizes zu.

Was den Handel von Index-Optionen und Optionen auf Index-Futures für die amerikanischen Aktienindizes betrifft, sind unter Optionshändlern hauptsächlich die folgenden Indizes beliebt:

✔ S&P 500

✔ Nasdaq 100

✔ Russell 2000

Futures-Optionen auf die amerikanischen Aktienindizes können fast rund um die Uhr gehandelt werden und besitzen eine sehr hohe Liquidität.

Um dem *Home Bias* gerecht zu werden, darf auch eine Erwähnung des DAX nicht fehlen. Der deutsche Leitindex kann mit Index-Optionen gehandelt werden. Es gibt zwar auch Futures-Kontrakte auf den DAX, jedoch stehen keine Optionen auf die DAX-Futures zur Verfügung.

Anleihen (Bonds)

Neben den Aktienmärkten sind *Anleihen* – auf Englisch: *Bonds* – eine der wichtigsten Assetklassen überhaupt. Anleihen-Futures sind ebenfalls sehr beliebte Handelsinstrumente unter Tradern.

 Für Optionshändler eignen sich insbesondere die T-Bond-Futures (Symbol: ZB), welche die Kursentwicklung von 30-jährigen US-Staatsanleihen nachbilden.

Die T-Note-Futures (Symbol: ZN) repräsentieren die Kursentwicklung von 10-jährigen US-Staatsanleihen. Auch für den Euro-Bund-Future sind über die Eurex Optionen handelbar.

Währungen (Currencies)

Der globale Währungshandel, auch bekannt als *Forex-Markt* (Foreign Exchange Market), ist einer der größten und liquidesten Märkte der Welt. Der Forex-Markt hat ein durchschnittliches tägliches Handelsvolumen von über 6 Billionen US-Dollar. Das ist mehr als das Volumen aller anderen Finanzmärkte. Zu den Marktteilnehmern gehören:

✔ Zentralbanken

✔ Geschäftsbanken

✔ Hedgefonds

✔ Unternehmen

✔ Investmentfonds

✔ Privatanleger

Die meisten Transaktionen im Forex-Markt betreffen einige Hauptwährungspaare, darunter:

✔ EUR/USD (Euro/US-Dollar)

✔ USD/JPY (US-Dollar/Japanischer Yen)

✔ GBP/USD (Britisches Pfund/US-Dollar)

✔ USD/CHF (US-Dollar/Schweizer Franken)

Neben dem direkten Forex-Handel gibt es für alle wichtigen Währungen Futures, die an der CME gehandelt werden. Für diese Währungs-Futures stehen ebenfalls Optionen zur Verfügung.

Metalle (Metals)

Unter den Metallen sind für Optionshändler hauptsächlich Gold und Silber interessant.

✔ **Gold** ist ein wertvolles Edelmetall, das häufig als Absicherung gegen Inflation und wirtschaftliche Unsicherheit genutzt wird.

✔ **Silber** ist eine Art Hybridmetall, das einerseits einen Edelmetallcharakter besitzt, andererseits aber auch als Industriemetall verwendet wird.

✔ **Kupfer** ist ein weiteres interessantes Underlying, das mit Futures und Futures-Optionen sehr gut handelbar ist. Kupfer ist ein wichtiges Industriemetall, dessen Preis stark von der globalen wirtschaftlichen Entwicklung abhängt.

Energie (Energy)

Die wichtigsten Energierohstoffe an den Futures-Märkten sind:

✔ Erdöl (Crude Oil)

✔ Erdgas (Natural Gas)

✔ Benzin (Gasoline)

✔ Heizöl (Heating Oil)

Für Optionshändler eignen sich nur Crude Oil WTI (Symbol: CL) sowie Natural Gas (Symbol: NG), da die anderen Futures-Optionen aus dem Energiekomplex deutlich weniger liquide sind.

Getreide (Grains)

Eine weitere wichtige Kategorie von Rohstoffen im Futures-Markt sind die sogenannten *Grains* – auf Deutsch: Getreide beziehungsweise Agrarrohstoffe. Zu den wichtigsten Getreide-Futures gehören:

- ✔ Weizen (Wheat)
- ✔ Mais (Corn)
- ✔ Sojabohnen (Soybeans)

Diese werden an großen Rohstoffbörsen wie der Chicago Board of Trade (CBOT) gehandelt und spielen eine wichtige Rolle in der globalen Agrarwirtschaft. Darüber hinaus sind sie auch unter vielen spekulativ orientierten Futures- und Optionshändlern beliebt.

- ✔ **Weizen (Symbol: ZW)** ist eines der wichtigsten Grundnahrungsmittel der Welt.
- ✔ **Mais (Symbol: ZC)** wird sowohl als Nahrungsmittel als auch als Futtermittel verwendet und spielt zudem eine wichtige Rolle in der Produktion von Ethanol.
- ✔ **Sojabohnen (Symbol: ZS)** sind eine wichtige Proteinquelle und werden sowohl in der Lebensmittel- als auch in der Futtermittelindustrie verwendet.
- ✔ **Sojamehl-Futures (Symbol: ZM)** und **Sojaöl-Futures (Symbol: ZL)** sind weitere gut handelbare Underlyings für Optionshändler.

Die Volatilität der Getreidepreise wird durch Faktoren wie Wetterbedingungen, Ernteerträge, Nachfrage und geopolitische Ereignisse beeinflusst.

Fleisch (Meats)

Neben den Getreiden spielen die Fleischmärkte eine wichtige Rolle für die Nahrungsmittelindustrie. Zu den wichtigsten Fleisch-Futures gehören:

- ✔ **Lebendrind (Live Cattle):** Die Live-Cattle-Futures basieren auf dem Preis von lebenden, schlachtreifen Rindern und sind ein wichtiger Indikator für die Rindfleischmärkte.
- ✔ **Mastrind (Feeder Cattle):** Die Feeder-Cattle-Futures beziehen sich auf den Preis von Jungrindern, die zur Aufzucht und zur Mast verkauft werden. Diese Futures sind besonders relevant für Viehzüchter und Futtermittelhersteller.
- ✔ **Mageres Schwein (Lean Hogs):** Lean-Hogs-Futures basieren auf dem Preis für marktfähige Schweine und sind entscheidend für die Preisgestaltung und Absatzplanung in der Schweinefleischindustrie. Der Markt reagiert sensibel auf Veränderungen in der Schweinefleischnachfrage und Gesundheitsvorschriften.

Softs

Die sogenannten *Soft Commodities* – kurz: *Softs* – sind eine weitere Kategorie von landwirtschaftlichen Rohstoffen, die nicht zu den Getreiden oder Fleisch gehören. Zu den wichtigsten Futures in dieser Kategorie zählen:

- ✔ Kaffee (Coffee)
- ✔ Kakao (Cocoa)

✔ Zucker (Sugar)

✔ Baumwolle (Cotton)

✔ Orangensaft (Orange Juice)

Diese Futures können teilweise eine sehr hohe Volatilität besitzen und sind deshalb nicht unbedingt für Anfänger geeignet.zugr

Coffee (Symbol: KC) und Sugar (Symbol: SB) sind sehr gut mit Futures-Optionen handelbar.

Bei Cocoa (Symbol: CC) und Cotton (Symbol: CT) kann die Liquidität teilweise schon deutlich geringer sein.

Ganz verzichten sollten Sie auf den Handel von Optionen auf Orange-Juice-Futures (Symbol: OJ), wenn es nicht unbedingt sein muss, da es hier Phasen mit sehr geringer Liquidität gibt, die den Handel fast unmöglich machen.

Vorteile von Futures-Optionen

Falls Sie bisher noch keine Berührungspunkte mit den Futures- und Rohstoffmärkten hatten, fragen Sie sich nun vielleicht, was dafür oder dagegen spricht, in Zukunft auch Futures-Optionen zu handeln. Die Frage, die Sie zuerst beantworten müssen, lautet:

✔ Wollen Sie Optionen »nur« nutzen, um für Ihre mittel- bis langfristigen Investitionen Zusatzeinnahmen zu erzielen beziehungsweise um sich gegen starke Kursrückgänge zu versichern?

✔ Oder wollen Sie als Optionshändler aktives Trading betreiben?

Für mittel- bis langfristige Investitionen sind Aktien, Anleihen oder ETFs eine hervorragende Wahl. Langfristig in Futures zu investieren, ist jedoch nicht möglich, da jeder Futures-Kontrakt ein Ablaufdatum besitzt.

Sie müssten Ihre Positionen also fortlaufend rollen. Das bedeutet, Sie müssten den aktuellen Kontrakt verkaufen und wieder einen anderen Kontrakt mit einer längeren Laufzeit kaufen. Dieses Vorgehen würde nicht nur Transaktionskosten verursachen, sondern auch Rollverluste, da die Futures mit der längeren Laufzeit wegen den Cost of Carry meistens teurer sind. Das bedeutet: Strategien, bei denen Optionen mit dem Kauf oder Verkauf des Underlyings kombiniert werden (beispielsweise Cash Secured Puts oder Covered Calls), sind zwar auch an den Futures-Märkten möglich, jedoch nicht mit dem Ziel einer langfristigen Investition.

Was das aktive Trading betrifft, sieht es ein wenig anders aus. Hier können Sie grundsätzlich in allen Assetklassen und Märkten agieren. An den Aktienmärkten steht Ihnen als Optionshändler eine sehr große Auswahl an liquide handelbaren Aktien, ETFs und Indizes zur Verfügung.

Die Frage ist: Wie sinnvoll ist es, wenn Sie sich als Trader auf diese eine Assetklasse der Aktien beschränken? Die Antwort lautet: Wenn Sie ausschließlich an den Aktienmärkten handeln, besitzen Sie ein großes Klumpenrisiko.

Sie können zwar ein gewisses Maß an Diversifikation erreichen, indem Sie Long-Trades und Short-Trades kombinieren. Das heißt: Bei einer Aktie setzen Sie auf steigende Kurse und bei einer anderen Aktie auf fallende Kurse. Auch wenn dieses Vorgehen grundsätzlich sinnvoll sein kann, bewegen Sie sich dabei nach wie vor innerhalb einer Assetklasse und besitzen eine große Anzahl an korrelierten Trades.

Wie Sie wissen, spielt für den Erfolg eines Optionshändlers nicht nur die Richtung der Kursentwicklung des Underlyings eine Rolle, sondern auch die Entwicklung der impliziten Volatilität (IV).

Falls die IV am gesamten Aktienmarkt durch die Decke geht und Sie viele Aktienoptionen verkauft haben, wird also Ihr gesamtes Optionsportfolio darunter leiden. Um den Grad der Diversifikation weiter zu erhöhen, könnten Sie zum Beispiel verschiedene Optionsstrategien miteinander kombinieren. Solche, die von einem Anstieg der IV profitieren, und solche, die von einem Rückgang der IV profitieren.

Nichtsdestotrotz ist es sinnvoll, wenn Sie als Trader nicht alle Ihrer Eier in den gleichen Korb legen. Mit Futures-Optionen können Sie in allen vier wichtigen Assetklassen traden:

✔ Aktien

✔ Anleihen

✔ Rohstoffe

✔ Währungen

Die Diversifikation auf verschiedene Assetklassen ist also ein Vorteil, den Sie durch den Handel von Futures-Optionen erreichen können. Darüber hinaus bieten die Futures-Märkte und insbesondere die Rohstoffmärkte einige weitere Vorteile:

✔ Mit dem *COT Report* steht Ihnen ein Analysewerkzeug für die Futures-Märkte zur Verfügung, das Ihnen sehr wertvolle Einblicke in die Handelsaktivitäten von professionellen Marktteilnehmern ermöglicht. Wenn Sie wissen, wie Sie diese Daten lesen und nutzen können, besitzen Sie ein sehr mächtiges Werkzeug, das Ihr Trading merklich verbessern kann.

✔ Die Analyse von *saisonalen Trends* ist ein weiterer Bereich, der sich zwischen der Fundamentalanalyse und der technischen Analyse bewegt. Diese können an den Finanzmärkten in allen Assetklassen auftreten und lassen sich ebenfalls sehr gut durch Handelsstrategien mit Optionen umsetzen. Häufig ist die Zuverlässigkeit von saisonalen Trends bei physischen Rohstoffen besonders hoch. Mehr zu diesem spannenden Thema lesen Sie in Kapitel 9 und in Kapitel 13.

✔ Durch das Margin-System im Futures-Handel wird auch beim Handel von Futures-Optionen weniger Kapital gebunden als beim Handel von Aktien- oder Index-Optionen. Somit können Sie die Rendite auf Ihr eingesetztes Kapital erhöhen.

Commitments Of Traders (COT):
Legale Insiderinformationen

Die Kursbewegungen an den Futures-Märkten entstehen durch das Aufeinandertreffen von Angebot und Nachfrage im Orderbuch der Börse. Wahrscheinlich ist Ihnen klar, dass Sie oder der private Trader von nebenan kaum dazu in der Lage sind, durch Ihre Trades den Markt nachhaltig zu bewegen. Dazu bedarf es etwas mehr Kapital, als die meisten privaten »kleinen Fische« besitzen. Aber wer genau sind die Marktteilnehmer, die aufgrund ihrer tiefen Taschen dazu in der Lage sind, die Märkte zu bewegen? Und wie wäre es, wenn Sie zu jeder Zeit wüssten, welche Futures diese Marktteilnehmer kaufen und verkaufen? Glauben Sie, dass Ihnen diese Informationen einen Vorteil verschaffen würden? Vermutlich denken Sie nun: »Na ja, solche Insiderinformationen kann ich sowieso nicht erhalten. Zumindest nicht auf legalem Weg.« Könnte man meinen! Tatsächlich stehen jedem Menschen auf der Welt diese »legalen Insiderinformationen« kostenlos zur Verfügung. Aber der Reihe nach. Werfen wir zunächst einen Blick auf die verschiedenen Akteure am Futures-Markt.

Die Marktteilnehmer am Futures-Markt

Bevor es Futures-Märkte gab, wurden landwirtschaftliche Produkte und andere Rohstoffe auf traditionellen Märkten und anderen Handelsplätzen gehandelt. Die Marktteilnehmer waren

- ✔ Kleinbauern
- ✔ Großproduzenten
- ✔ Kaufleute, Zwischenhändler
- ✔ Verarbeiter von Rohstoffen
- ✔ Einzelhändler und so weiter

Das heißt hauptsächlich Menschen und Unternehmen, die aus einem kommerziellen Interesse mit dem physischen Rohstoff gehandelt haben, da sie diesen für ihr primäres Geschäft benötigten.

Die Einführung des Future-Handels war insbesondere für diese Gruppe von Marktteilnehmern ein großer Fortschritt und hat dabei geholfen, Risiken zu minimieren und das Geschäft besser planbar zu machen. Mit der Einführung von Futures-Kontrakten wurden aber auch mehr und mehr Spekulanten angelockt, die darauf aus waren, aus den Preisschwankungen der Rohstoffe Profit zu schlagen.

Die bösen Spekulanten?

Spekulanten sind nichts Schlimmes, auch wenn der Begriff in der öffentlichen Wahrnehmung häufig negativ konnotiert ist, insbesondere wenn es um Rohstoffspekulation geht. Ganz im Gegenteil: Spekulanten sorgen unter

> anderem für eine höhere Liquidität eines Marktes und können sogar dabei helfen, vor Marktmanipulation zu schützen und Ungleichgewichte auszugleichen. Ein Markt, in dem es keine Spekulanten gäbe, wäre sehr viel leichter zu manipulieren, da Spekulanten durch ihre ständige Beobachtung und schnelle Reaktion auf Marktinformationen Preisanomalien aufdecken und ausnutzen, was Manipulationsversuche erschwert und Markteffizienzen reduziert.

Somit sind die zwei wichtigsten Gruppen von Marktteilnehmern:

1. **Kommerzielle Marktteilnehmer (Hedger)**

   Dazu zählen Unternehmen und Personen, die direkt mit dem physischen Rohstoff verbunden sind. Ihr Hauptinteresse am Futures-Markt besteht darin, sich gegen Preisschwankungen abzusichern, die ihre Geschäftstätigkeiten negativ beeinflussen könnten. Durch den Einsatz von Futures-Kontrakten können sie Preise im Voraus festlegen und somit ihre Kosten und Einnahmen besser planen. Diese Absicherungsstrategien helfen, das Risiko von Preisschwankungen zu minimieren und die wirtschaftliche Stabilität ihrer Unternehmen zu gewährleisten.

2. **Spekulanten**

   Spekulanten sind Marktteilnehmer, die hauptsächlich daran interessiert sind, von den Preisbewegungen der Futures-Kontrakte zu profitieren, ohne ein direktes Interesse am physischen Rohstoff zu haben.

Meldepflicht für professionelle Marktteilnehmer

Damit der Handel mit Futures und Optionen an den Terminbörsen reibungslos abläuft und damit der Markt vor Manipulation geschützt ist, gibt es Institutionen, die den Handel überwachen.

In den USA ist die *CFTC (Commodity Futures Trading Comission)* die zuständige Behörde, die den Terminhandel überwacht und reguliert. Das Ziel der CFTC ist es, Transparenz zu gewährleisten und das Vertrauen der Anleger zu schützen. Die Behörde setzt Vorschriften durch, die darauf abzielen, Marktmanipulationen, Betrug und andere illegale Praktiken zu verhindern.

Die CFTC hat unter anderem eine Meldepflicht für Marktteilnehmer über deren aktuelle Positionierung am Futures- und Optionsmarkt eingeführt. Jeder Marktteilnehmer, der ein pro Markt individuell festgelegtes Position-Limit überschreitet, ist dazu verpflichtet, wöchentlich alle offenen Positionen an die CFTC zu melden. Und der Clou dabei ist: Die CFTC veröffentlicht diese Daten im Internet!

Damit Sie sicher sind, dass Sie gerade richtig gelesen haben, noch einmal: Die CFTC veröffentlicht die Anzahl der offenen Futures- und Optionskontrakte aller meldepflichtigen Marktteilnehmer.

Dabei werden aber nicht die Namen der Personen oder Institutionen veröffentlicht. Die CFTC teilt alle Marktteilnehmer in verschiedene Kategorien ein und veröffentlicht anschließend die Anzahl der offenen Kontrakte pro Kategorie von Marktteilnehmern im sogenannten COT Report.

Der *COT Report (Commitments Of Traders)* ist ein wöchentlich von der CFTC veröffentlichter Bericht, der die Anzahl offener Futures- und Optionskontrakte von verschiedenen Gruppen von Marktteilnehmern offenlegt. Im klassischen COT Report werden die Marktteilnehmer in die folgenden Kategorien eingeteilt:

✔ Commercials

✔ Non-Commercials

✔ Non-Reportables

Mittlerweile gibt es einige verschiedene Varianten des COT Reports. Der erste COT Report wurde 1962 veröffentlicht. Dieser klassische COT Report wird heute unter dem Namen *Legacy Report* publiziert.

Der klassische COT Report (Legacy Report)

Der klassische COT Report wurde in den 1960er-Jahren zunächst monatlich für 13 verschiedene Agrarrohstoffe herausgegeben und seit den 1990er-Jahren zwei Mal pro Monat. Seit 2000 wird der COT Report wöchentlich veröffentlicht, und zwar jeweils freitags um 3:30 Uhr Eastern Standard Time, das bedeutet am späten Freitagabend mitteleuropäischer Zeit. Der Bericht beinhaltet die Anzahl der offenen Kontrakte (Open Interest) vom Dienstagabend nach Handelsschluss. Das bedeutet, die Daten sind einige Tage verzögert. Neben Agrarrohstoffen werden mittlerweile auch viele andere Futures wie Energierohstoffe, Währungen, Anleihen, Aktienindizes, Edelmetalle et cetera berücksichtigt.

Im Legacy Report werden die Marktteilnehmer in die Kategorien Commercials und Non-Commercials eingeteilt. Da außerdem das gesamte Open Interest berichtet wird, kann man aus diesen beiden Gruppen von Marktteilnehmern die dritte Kategorie der Non-Reportables berechnen.

✔ **Commercials (Hedgers)**

Commercials, auch *Hedger* genannt, sind Marktteilnehmer, die Futures und Optionen nutzen, um sich gegen Preisänderungen in den physischen Märkten abzusichern. Dabei handelt es sich in erster Linie um Rohstoffproduzenten, Zwischenhändler und Verarbeiter von Rohstoffen. Oder anders ausgedrückt: Die kommerziellen Marktteilnehmer sind all diejenigen Marktteilnehmer, die an den Primärmärkten aktiv sind, Terminkontrakte lediglich zur Absicherung (Hedging) ihrer Geschäftstätigkeit nutzen und dabei kein spekulatives Interesse verfolgen.

✔ **Non-Commercials (Large Traders)**

Die *Non-Commercials*, oft auch *Large Traders* oder *Spekulanten* genannt, sind Marktteilnehmer, die nicht mit der physischen Ware handeln und ein spekulatives Interesse verfolgen. Da die meisten privaten Trader wohl unterhalb des Positionslimits zur Meldepflicht agieren, handelt es sich bei den Non-Commercials hauptsächlich um institutionelle Marktteilnehmer wie beispielsweise Hedgefonds, Investmentbanken, Proptrading Firmen et cetera.

✔ **Non-Reportables (Small Traders)**

Als *Non-Reportables* werden alle Marktteilnehmer bezeichnet, die unterhalb der Schwelle für die Meldepflicht liegen. Diese Gruppe wird häufig auch als *Small Traders* oder *Kleinspekulanten* bezeichnet, da es sich dabei häufig um private Händler mit vergleichsweise wenig Kapital handelt. Allerdings wird dabei oft vergessen, dass die Non-Reportables auch kommerzielle Marktteilnehmer sein können, die sich absichern und keine Spekulation betreiben, aber unterhalb der Schwelle für die Meldepflicht liegen. Je nach Markt kann die Gruppe der Non-Reportables also sowohl spekulativ orientierte Händler als auch Marktteilnehmer mit einem kommerziellen Interesse beinhalten.

Wenn Sie sich die Mühe machen, einen originalen COT Report auf der Website der CFTC – cftc.gov – herunterzuladen, werden Sie feststellen, dass das Dokument ausschaut wie ein Fax aus dem letzten Jahrhundert. In Abbildung 8.1 sehen Sie solch ein Exemplar für den Mais Future, gehandelt an der CBOT.

```
CORN - CHICAGO BOARD OF TRADE                                      Code-002602
FUTURES ONLY POSITIONS AS OF 11/19/24                       |
------------------------------------------------------------| NONREPORTABLE
           NON-COMMERCIAL       |      COMMERCIAL      |       TOTAL        |    POSITIONS
--------------------------------|----------------------|--------------------|------------------
   LONG  |  SHORT  |SPREADS |   LONG  |  SHORT  |   LONG   |  SHORT  |   LONG   |  SHORT
--------------------------------------------------------------------------------------------
(CONTRACTS OF 5,000 BUSHELS)                           OPEN INTEREST:      1,666,967
COMMITMENTS
  418,990   255,689  330,199    787,938   901,089   1537127   1486977    129,840   179,990

CHANGES FROM 11/12/24 (CHANGE IN OPEN INTEREST:       -7,218)
  -15,794    -1,449  -14,451     24,050    11,081    -6,195    -4,819     -1,023    -2,399

PERCENT OF OPEN INTEREST FOR EACH CATEGORY OF TRADERS
     25.1      15.3     19.8       47.3      54.1      92.2      89.2        7.8      10.8

NUMBER OF TRADERS IN EACH CATEGORY (TOTAL TRADERS:       807)
      146       143      190        326       395       582       651
```

Abbildung 8.1: COT Report Corn Future, Quelle: cftc.gov

Wie Sie erkennen, beinhaltet das Dokument folgende Informationen:

✔ Anzahl an Long- und Short-Kontrakten der Commercials und Non-Commercials

✔ Anzahl aller offenen Kontrakte (Open Interest)

✔ Anzahl an Kontrakten der Non-Reportables

✔ Veränderungen im Vergleich zur Vorwoche

✔ den jeweiligen prozentualen Anteil am Open Interest

✔ Anzahl an verschiedenen Tradern pro Kategorie und Richtung (Long oder Short)

Damit Sie diese Informationen nicht händisch in Ihr Tabellenkalkulationsprogramm übertragen müssen, gibt es zahlreiche Tradingsoftwares und Websites, die die Daten des COT Reports grafisch abbilden.

Am häufigsten wird dabei zunächst die Nettoposition pro Gruppe von Marktteilnehmern ermittelt.

 Wenn die Commercials zum Beispiel 200.000 Kontrakte Long und 100.000 Kontrakte Short halten, würde dies in einer Nettoposition von 100.000 Kontrakten Long resultieren.

Das Ergebnis – das heißt: die Nettopositionsgröße – wird dann im Zeitverlauf dargestellt.

In Abbildung 8.2 sehen Sie die Nettopositionen der Commercials und Non-Commercials im Silber-Future für einen Zeitraum von drei Jahren.

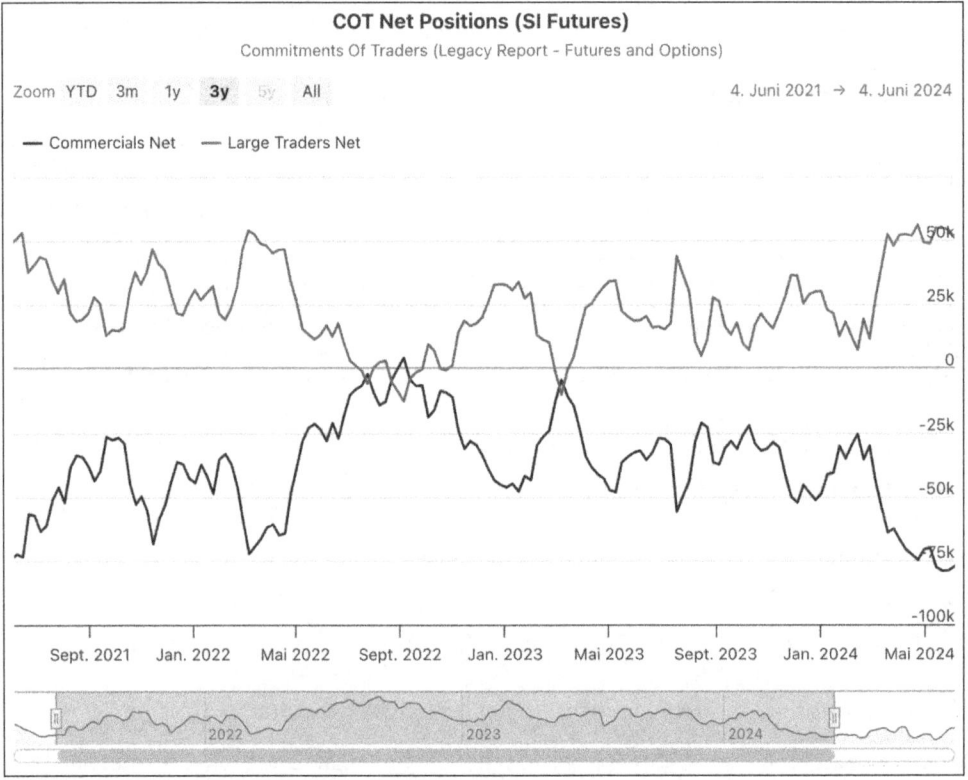

Abbildung 8.2: COT Nettopositionen im Silber-Future, Quelle: `fomo-finance.com/tools/cot-daten/`

Hier erkennen Sie bereits auf den ersten Blick verschiedene Dinge:

✔ Die **Non-Commercials** (obere Linie) haben netto eine große Long-Position aufgebaut.

✔ Die **Commercials** (untere Linie) haben netto eine große Short-Position aufgebaut.

- ✔ Die **Netto-Long-Position** der Non-Commercials und die Netto-Short-Position der Commercials befinden sich auf einem Extremniveau aus Sicht der letzten drei Jahre.

- ✔ Die Positionen von Commercials und Non-Commercials tendieren scheinbar immer in die exakt gegenseitige Richtung.

Wie diese Daten zu interpretieren sind und welchen Mehrwert Ihnen diese liefern, lesen Sie im weiteren Verlauf in diesem Kapitel. Zunächst lernen Sie aber noch die anderen Varianten des COT Reports kennen.

Weitere COT Reports

Neben dem Legacy Report gibt es noch drei weitere Varianten des COT Reports, die unter Tradern häufig verwendet werden:

- ✔ Disaggregated COT Report
- ✔ TIFF Report (Traders in Financial Futures)
- ✔ Supplemental Report beziehungsweise Commodity Index Traders Report (CIT)

Während der Legacy Report für Futures aller verschiedenen Kategorien veröffentlicht wird, konzentrieren sich die anderen drei COT Reports nur auf eine bestimmte Kategorie von Futures, wie beispielsweise Finanz-Futures oder Agrarrohstoffe. Ein weiteres Unterscheidungsmerkmal ist die Kategorisierung der Marktteilnehmer. Im Legacy Report gibt es für alle Futures eine Aufteilung der Marktteilnehmer in Commercials, Non-Commercials und Non-Reportables. Bei den anderen Berichten gibt es jeweils eine eigene spezifische Klassifizierung.

Disaggregated COT Report

Den Disaggregated COT Report gibt es seit 2009. Dieser bietet eine tiefere Untergliederung der Commercials und Non-Commercials, mit dem Ziel, einen besseren Überblick über die einzelnen Marktteilnehmer zu erhalten. Der Bericht konzentriert sich auf die physischen Rohstoffmärkte und ist für Futures aus den Bereichen Grains, Metals, Energy, Softs und Meats verfügbar. Die Marktteilnehmer im Disaggregated Report sind in die folgenden Kategorien eingeteilt:

- ✔ **Producer/Merchant/Processor/User**

    Diese Kategorie umfasst Produzenten, Händler, Verarbeiter und Verbraucher des Rohstoffes. Diese Marktteilnehmer nutzen die Terminmärkte, um Risiken von Preisschwankungen abzusichern oder um Ware auf Termin zu kaufen und zu verkaufen. Es handelt sich also um die klassischen Commercials. Im Gegensatz zum Legacy Report bilden jedoch die Swap Dealers eine eigenständige Kategorie.

- ✔ **Swap Dealers**

    Ein *Swap* ist ein Tauschgeschäft. Es handelt sich um ein Finanzinstrument, bei dem zwei Parteien Vereinbarungen treffen, um Zahlungsströme oder finanzielle Verpflichtungen zu tauschen. Zum Beispiel könnte ein Unternehmen, das einen Kredit mit variablen Zinsen hat, mit einer Bank vereinbaren, diese variablen Zinszahlungen gegen feste Zinszahlungen zu tauschen. Das hilft dem Unternehmen, seine Kosten besser vorherzusehen und Risiken zu minimieren. Diese Vereinbarung wird als *Swap* bezeichnet.

Swap Dealer sind spezialisierte Finanzunternehmen oder Händler, die solche Swap-Geschäfte anbieten und abwickeln. Sie handeln mit diesen Swaps und nutzen zusätzlich Futures und Optionen, um sich gegen Preisänderungen und andere Risiken abzusichern, die mit den Swaps verbunden sind. Die Swap Dealer nutzen Futures und Optionen also ebenfalls, um sich gegen Preisrisiken (in Zusammenhang mit Swap-Geschäften) abzusichern; allerdings ist in den meisten Fällen nicht bekannt, ob es sich bei der Gegenpartei der Swap Dealer um einen kommerziellen Marktteilnehmer (Produzent, Hersteller, Verarbeiter et cetera) oder um spekulativ orientierte Personen oder Institutionen (wie beispielsweise Hedgefonds) handelt. Das ist auch der Grund, weshalb diese neue Kategorie geschaffen wurde. Im Legacy COT wurden Swap Dealer oft einfach als kommerzielle Marktteilnehmer eingestuft, obwohl sie manchmal auch spekulativ orientiertes Kapital repräsentierten.

✔ **Managed Money**

Die Kategorie *Managed Money* steht für professionelle Marktteilnehmer, die Gelder im Auftrag von Kunden verwalten und häufig systematische Tradingstrategien anwenden. Dabei kann es sich zum Beispiel um CTAs, CPOs oder um unregistrierte Fonds handeln. CTAs (Commodity Trading Advisors) beraten Kunden und handeln in deren Auftrag am Terminmarkt. Bei CPOs (Commodity Pool Operators) handelt es sich um Betreiber von Fonds, die Gelder von Kunden einsammeln und damit an den Futures- und Optionsmärkten handeln. Managed Money ist also typsicherweise spekulatives Kapital.

✔ **Other Reportables**

Im Bereich *Other Reportables* werden alle anderen meldepflichtigen Marktteilnehmer erfasst, die in keine der anderen drei Kategorien passen.

✔ **Non-Reportables**

In dieser Kategorie befinden sich alle nicht-meldepflichtigen Marktteilnehmer (Differenz zwischen gesamtem Open Interest und dem Open Interest der anderen Kategorien).

TIFF Report (Traders in Financial Futures)

Der *TIFF Report (Traders In Financial Futures)* wird seit 2010 veröffentlicht und ist eine weitere Alternative zum klassischen Legacy Report. Wie es der Name verrät, fokussiert sich dieser Bericht auf Finanz-Futures. Genauer gesagt auf Währungen, Anleihen, Indizes und mittlerweile auch Kryptowährungen. Da es im Gegensatz zu physischen Rohstoffen bei Finanz-Futures keine Produzenten und Verbraucher gibt, war es sinnvoll, hierfür einen separaten COT Report zu generieren. Der TIFF Bericht teilt die Marktteilnehmer in folgende Kategorien ein:

✔ **Dealer/Intermediary**

Dieser Kategorie werden typischerweise Finanzinstitutionen zugeordnet, die die sogenannte »Sell Side« vertreten. Dabei kann es sich zum Beispiel um Banken handeln, die Finanzprodukte verkaufen und sich mit Futures und Optionen am Terminmarkt absichern.

✔ **Asset Manager/Institutional**

Asset Manager und institutionelle Investoren wie Pensionsfonds und Versicherungsgesellschaften sind ebenfalls an den Terminmärkten aktiv, um ihre Portfolios zu verwalten und Risiken abzusichern.

✔ **Leveraged Funds**

Die Kategorie Leveraged Funds beinhaltet Hedgefonds und andere Money Manager wie CTAs und CPOs, die oft spekulative Strategien verfolgen und sowohl eigene Positionen handeln als auch im Auftrag von Kunden agieren.

✔ **Other Reportables**

Alle anderen meldepflichtigen Marktteilnehmer werden in der Kategorie Other Reportables zusammengefasst. Das können zum Beispiel kleinere Banken sein, Zentralbanken oder Finanzabteilungen von Unternehmen, die Futures zur Risikominimierung einsetzen.

✔ **Non-Reportables**

In dieser Kategorie befinden sich alle nicht-meldepflichtigen Marktteilnehmer (Differenz zwischen gesamtem Open Interest und dem Open Interest der anderen Kategorien).

Supplemental Report

Der Supplemental Report ist für 13 spezifische Agrarrohstoff-Futures verfügbar. Darunter befinden sich die wichtigsten und unter Futures-Tradern beliebtesten Futures aus den Bereichen Grains (beispielsweise Weizen, Mais, und so weiter), Meats (Lebendrind, Mastrind und so weiter) und Softs (Kaffee, Zucker und so weiter). Der Supplemental Report kombiniert das Open Interest von Futures- und Optionskontrakten. Die Kategorisierung der Marktteilnehmer ist die gleiche wie im Legacy Report, mit dem Unterschied, dass es zusätzlich die Kategorie *Index Trader* gibt. Deshalb ist der Bericht auch unter dem Namen *Commodity Index Traders Report* beziehungsweise *CIT Report* bekannt.

Bei den *Index Tradern* handelt es sich um Marktteilnehmer, die Handelsstrategien verfolgen, die einen bestimmten Index nachbilden. Das sind in der Regel große Finanzinstitutionen, darunter auch Pensionsfonds und andere Investmentfonds.

Auf den Spuren der Insider: So lesen Sie den COT Report

Nachdem Sie nun die verschiedenen Gruppen von Marktteilnehmern kennengelernt haben und wissen, was der COT Report ist, fragen Sie sich sicherlich: »Was bringt mir das Ganze jetzt?« Zunächst einmal haben Sie nun ein Verständnis dafür, wer die Marktteilnehmer mit den tiefen Taschen sind. Das heißt die Marktteilnehmer, die durch ihre Transaktionen an den Terminmärkten dazu in der Lage sind, die Märkte zu bewegen und für die Entstehung oder das Ende eines Trends sorgen können. Wenn Sie die Aktionen dieser Marktteilnehmer genau verfolgen, kann Ihnen das großen Mehrwert bieten und Ihre Gewinnwahrscheinlichkeit deutlich erhöhen.

Beginnen Sie bei der Analyse der COT Daten am besten mit dem klassischen COT Report, dem Legacy Report. Für viele Trader ist der Legacy Report bereits ausreichend. Die anderen Arten des COT Reports können Sie bei Bedarf zusätzlich verwenden, sobald Sie mit der Analyse des Legacy Reports vertraut sind.

✔ Ein zusätzlicher Vorteil des Legacy Reports ist, dass dies der ursprüngliche und bekannteste COT Report ist und dass er für alle relevanten Futures verfügbar ist.

✔ Außerdem ist die Aufteilung der Marktteilnehmer hier am einfachsten und verständlichsten.

Der erste Schritt bei der Analyse und der Interpretation des COT Reports besteht darin, dass Sie sich in die verschiedenen Marktteilnehmer »hineindenken« und verstehen, wie und aus welchen Beweggründen diese am Futures-Markt agieren.

Commercials (Hedger)

Commercials sind Marktteilnehmer, die *Hedging* betreiben. Diese Marktteilnehmer wollen also keine spekulativen Gewinne erzielen, sondern lediglich die Risiken von Preisschwankungen für ihr Kerngeschäft absichern.

Wie die Commercials denken

Stellen Sie sich vor, Sie besitzen eine Mühle. Ihr primäres Geschäft ist es, Weizen einzukaufen, daraus Mehl herzustellen und anschließend das Mehl zu verkaufen. Aufgrund Ihrer langjährigen Erfahrung kennen Sie die langfristigen Weizenpreise und Sie wissen genau, wie viel Sie für einen Scheffel Weizen (das entspricht rund 30 Kilogramm beziehungsweise rund einer Million Weizenkörnern) bezahlen können, damit Sie am Ende des Tages durch den Verkauf des Mehls noch einen Gewinn erzielen.

Nehmen wir an, der Weizenpreis liegt aktuell bei 7 Euro pro Scheffel und ist in den letzten zehn Jahren zwischen 5 Euro und 10 Euro geschwankt. Was bedeutet das für Ihr Mehl-Business? Wenn Sie einfach den Weizen zum jeweils aktuellen Preis am Kassamarkt kaufen, sind die Gewinne, die Sie durch den Verkauf des Mehls erzielen, stark schwankend. Je höher der Weizenpreis ist, desto unrentabler wird die Herstellung und der Verkauf des Mehls für Sie.

Sie haben jedoch vorausgedacht und neben Ihre Mühle ein großes Silo gebaut. Nehmen wir an, der Weizenpreis fällt nun von 7 Euro auf 6 Euro. Diese Gelegenheit lassen Sie sich nicht entgehen: Sie kaufen so viel Weizen, dass Sie die nächsten sechs Monate versorgt sind, und Sie freuen sich über den zusätzlichen Gewinn.

Plötzlich fällt der Weizenpreis weiter bis auf fünf Euro pro Scheffel. Solch eine Chance gab es seit einigen Jahren nicht. Sie kaufen so viel Sie kriegen können, bis Ihr Silo fast überläuft. Auf dem Nachhauseweg von der Arbeit berechnen Sie im Kopf bereits den zusätzlichen Gewinn, den Sie durch Ihr vorausschauendes Handeln in den nächsten zwölf Monaten einfahren werden.

Am Abend schauen Sie nochmals auf die aktuellen Weizenpreise und trauen Ihren Augen nicht: Der Preis ist auf vier Euro gesunken. Haben Sie nun also einen Verlust erzielt, weil Sie bereits bei 7 Euro, bei 6 Euro und bei 5 Euro Long gegangen sind (nichts anderes ist es, wenn Sie den physischen Rohstoff kaufen)? Nein! Sie betreiben ja kein Daytrading, sondern Sie verarbeiten den Rohstoff gewinnbringend.

Ihr Silo ist nun schon voll. Da Sie aber genau wissen, dass Sie spätestens in zwölf Monaten Ihr Silo erneut füllen müssen, möchten Sie sich diese einmalige Gelegenheit nicht entgehen lassen. Zum Preis von 4 Euro pro Scheffel kaufen Sie Futures-Kontrakte mit einem Liefertermin für das nächste Jahr. Ob der dem Futures-Kontrakt zugrunde liegende Rohstoff schlussendlich physisch geliefert wird oder nicht, ist für Sie nicht entscheidend. Sie frieren den Preis von 4 Euro pro Scheffel Weizen ein. Auch wenn der Weizenpreis im nächsten Jahr auf drei Euro fällt, ist das für Sie kein Problem. Entweder nehmen Sie den Rohstoff zum Preis von 4 Euro physisch entgegen, oder Sie verkaufen den Futures-Kontrakt mit einem Verlust von 1 Euro pro Scheffel, kaufen den Weizen dafür aber am Kassamarkt für drei Euro ein. Unterm Strich haben Sie also auch bei diesem Vorgehen 4 Euro pro Scheffel Weizen gezahlt.

Kommerzielle Marktteilnehmer (*Commercials* beziehungsweise *Hedger*) handeln von Natur aus antizyklisch. Je weiter der Preis eines Rohstoffes ansteigt, desto weniger kaufen und desto mehr verkaufen sie. Je weiter der Preis eines Rohstoffes sinkt, desto mehr kaufen und desto weniger verkaufen sie.

Kehren Sie gedanklich nochmals zurück zu dem Beispiel von eben. Neben Ihnen, der als Käufer am Weizenmarkt agiert, gibt es noch die Weizenproduzenten. Wie werden diese sich bei einer Schwankung der Weizenpreise verhalten?

Für den Weizenproduzenten sind hohe Weizenpreise gut und niedrige Preise schlecht. Deshalb werden die Produzenten bei hohen beziehungsweise steigenden Preisen so viel verkaufen, wie es geht. Bei niedrigeren Preisen sinkt die Rentabilität der Rohstoffproduzenten. Deshalb werden sie immer weniger und weniger verkaufen, je tiefer die Preise sinken.

Sowohl die Produzenten als auch die Verbraucher handeln also gegen den Trend. Wenn Sie die Nettopositionen der Commercials betrachten (Anzahl Kontrakte Long − Anzahl Kontrakte Short), führt dies zu einer immer bullischeren Positionierung, je tiefer die Preise fallen, und zu einer immer bärischeren Positionierung, je weiter die Preise steigen.

In Abbildung 8.3 sehen Sie einen Tages-Chart des Weizen-Futures. Wie Sie erkennen können, befand sich der Weizenpreis von Oktober 2022 bis Juni 2023 in einem Abwärtstrend. Im Juni 2023 folgte eine sehr starke und schnelle Aufwärtsbewegung.

Abbildung 8.3: Weizen-Future, Quelle: stockcharts.com

Wenn Sie in der Zeit zurück in den Herbst 2022 reisen könnten, würden Sie vermutlich eine große Short-Position aufbauen und diese möglicherweise bei steigenden Gewinnen während des Fortschreitens des Abwärtstrends noch vergrößern. Im Juni 2023 könnten Sie dann Kasse machen und Ihre Position schließen oder drehen.

Nicht so die kommerziellen Marktteilnehmer. Schauen Sie sich in Abbildung 8.4 die Nettopositionierung der Commercials an.

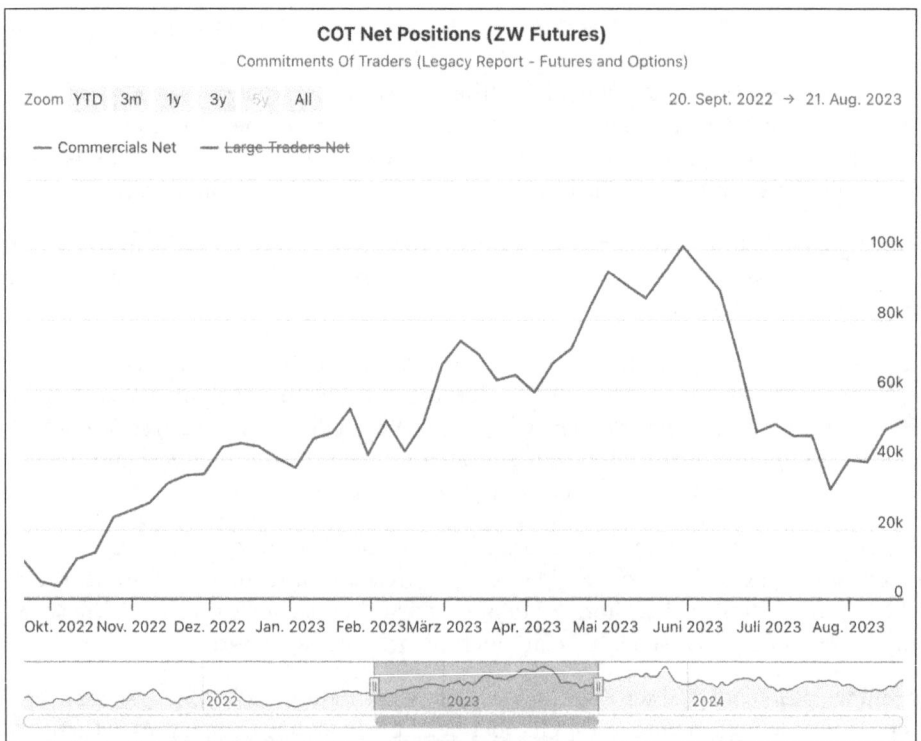

Abbildung 8.4: Nettopositionierung der Commercials im Weizen-Future, Quelle: fomo-finance.com/tools/cot-daten/

- ✔ Zu Beginn des Abwärtstrends waren die Commercials ungefähr neutral positioniert, das heißt es wurden etwa gleich viele Long-Kontrakte wie Short-Kontrakte gehalten.

- ✔ Als der Abwärtstrend Fahrt aufnahm, bauten die Commercials ihre Netto-Long-Position immer weiter aus.

- ✔ Das bedeutet, es wurden immer weniger Short-Kontrakte und/oder immer mehr Long-Kontrakte gehalten.

- ✔ Bei einer genaueren Analyse der COT Daten (in diesem Chart nicht ersichtlich) ist erkennbar, dass sich die Anzahl der Long-Kontrakte kaum veränderte, die Anzahl der Short-Kontrakte aber immer geringer wurde.

Die Commercials handeln mit dem physischen Rohstoff. Short-Kontrakte werden daher primär von Verkäufern beziehungsweise Produzenten zum Verkauf der Ware auf Termin eingesetzt. Somit kann der aktuelle Preis »eingefroren« werden.

Je tiefer der Preis sank, desto weniger attraktiv war es für die Weizenproduzenten, den Preis für den Verkauf einzufrieren und desto weniger Kontrakte wurden verkauft. Dies führte dazu, dass die Nettopositionierung der Commercials im Juni 2023 ein extrem bullisches Niveau erreichte. Wann immer solch ein Extrempunkt erreicht ist, spricht dies dafür, dass die Wahrscheinlichkeit für eine Trendwende stark gestiegen ist. Im Juni begann dann der Preis sehr schnell und sehr stark zu steigen. Dies führte dazu, dass die Netto-Long-Position rasch abgebaut wurde.

Non-Commercials (Large Traders)

Bei den nichtkommerziellen Marktteilnehmern handelt es sich primär um Finanzinstitutionen und Trader, die nach einem gewissen Regelwerk handeln. Einer der häufigsten Handelsstrategien ist die Trendfolge. Deshalb positionieren sich die Non-Commercials meist in Richtung des vorherrschenden Trends.

Wenn Sie die Nettopositionen der Non-Commercials betrachten, werden Sie feststellen, dass diese genau in die andere Richtung verlaufen als diejenigen der Commercials.

Je weiter der Preis eines Futures-Kontraktes steigt, desto bullischer wird die Nettopositionierung der Non-Commercials. Je tiefer der Preis fällt, desto bärischer wird die Nettopositionierung.

In Abbildung 8.5 sehen Sie die Nettopositionierung der Non-Commercials im Weizenmarkt, für den gleichen Zeitraum wie im Beispiel zuvor. Der Weizenpreis befand sich zwischen Oktober 2022 bis Juni 2023 in einem deutlichen Abwärtstrend.

Wie Sie sehen, sind auch die Non-Commercials (Large Traders) im Oktober 2022 noch neutral positioniert. In den folgenden Wochen und Monaten bauen die Non-Commercials jedoch eine immer größere Netto-Short-Position auf. Bei einer Detailanalyse der COT Daten ist zu sehen, dass diese auf eine starke Erhöhung der Short-Kontrakte zurückzuführen ist und dass die Anzahl der Long-Kontrakte nahezu unverändert blieb. Auch hier wurde im Juni 2023 ein langjähriger Extrempunkt erreicht.

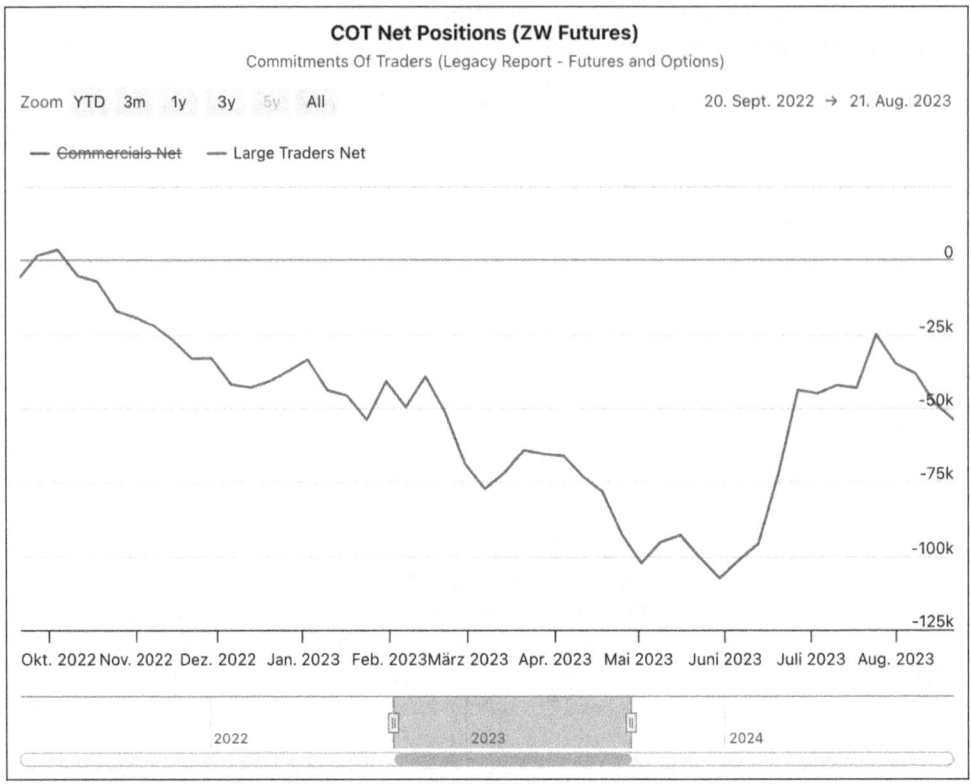

Abbildung 8.5: Nettopositionierung der Non-Commercials im Weizen-Future, Quelle: fomo-finance.com/tools/cot-daten/

 Wenn plötzlich niemand mehr verkaufen will

Die Large Traders saßen in diesem Beispiel auf einer sehr hohen Anzahl an Short-Kontrakten. Mehr verkaufen konnten sie kaum noch. Sobald der Preis zu steigen begann, mussten sie ihre Short-Positionen rasch abbauen (*Short-Covering*), was den Preisanstieg zusätzlich beschleunigte. Dieser Vorgang, bekannt als *Short-Squeeze*, kann an den Rohstoffmärkten zu teils sehr starken und schnellen Preisexplosionen führen.

Non-Reportables (Small Traders)

Bei den nicht-meldepflichtigen Marktteilnehmern handelt es sich um eine weniger homogene Gruppe. Die typischen Handelsmuster der Non-Reportables können deshalb von Markt zu Markt etwas variieren. Da die Non-Reportables in vielen Märkten tatsächlich private Kleinanleger und Trader sind, agieren diese ebenfalls häufig trendfolgend.

KAPITEL 8 Futures-Märkte: Wo die Zukunft schon heute gehandelt wird

Für diese Gruppe von Händlern hat sich der Begriff *Dumb Money* – auf Deutsch: *Dummes Geld* – etabliert. Wie Sie sicherlich vermuten, hat dies damit zu tun, dass der typische Kleinanleger häufig irrational handelt und an bedeutenden Marktwendepunkten genau auf der falschen Seite positioniert ist.

Neben privaten Anlegern und Traden können an den Rohstoffmärkten jedoch auch kleinere Betriebe, die eigentlich der Kategorie Commercials zugeordnet werden müssten, sich aber unterhalb der Meldepflicht bewegen, zu den Non-Reportables zählen.

Extrempunkte der Nettopositionierungen identifizieren

Bei der Analyse der COT Daten ist es zunächst sinnvoll, sich auf die jeweilige Nettopositionierung pro Gruppe von Marktteilnehmern zu konzentrieren. Wie in dem Beispiel zuvor deutlich wurde, gibt es bei den Commercials sowohl Unternehmen, die primär als Käufer auf dem Terminmarkt agieren, als auch solche, die vor allem als Verkäufer auftreten. Wenn Sie die Differenz zwischen den Long-Kontrakten (Käufer) und Short-Kontrakten (Verkäufer) des COT Reports ermitteln, erhalten Sie die Nettoposition. Auch die Non-Commercials halten sowohl Long- als auch Short-Positionen und es ist sinnvoll, die Nettoposition zu ermitteln.

In Abbildung 8.6 sehen Sie die Nettopositionen der Commercials für den Silber-Future. Der Chart umfasst den Zeitraum von Januar 2018 bis Januar 2023, also genau fünf Jahre.

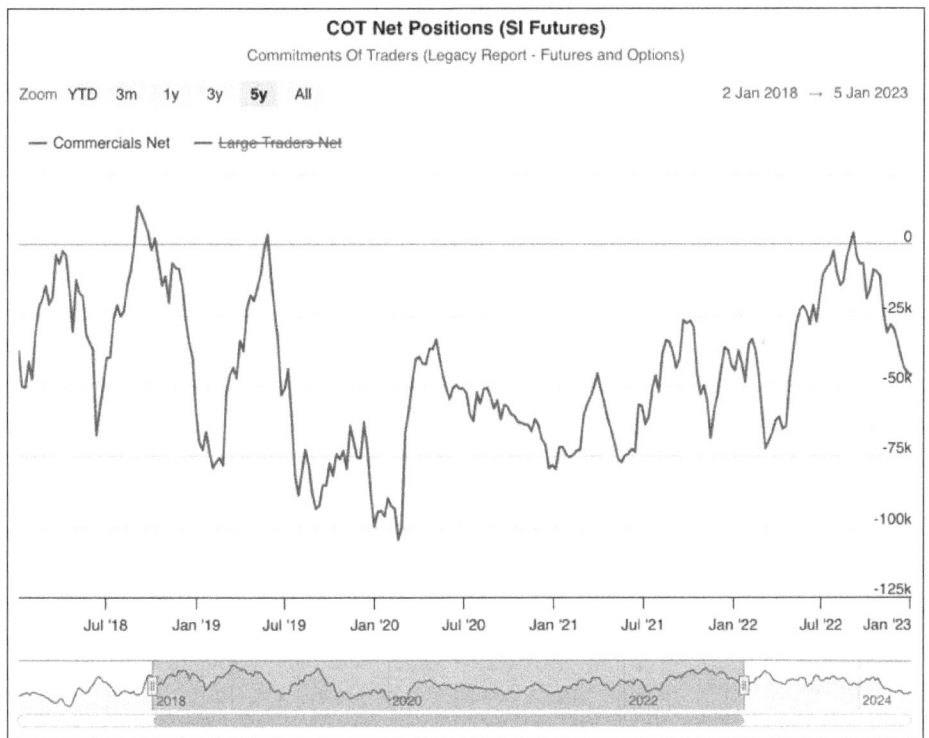

Abbildung 8.6: Silber Future – Net Positions Commercials, Quelle: fomo-finance.com/tools/cot-daten/

Wenn Sie sich den Verlauf der Linie, die die Anzahl der Nettopositionsgröße der kommerziellen Marktteilnehmer abbildet, anschauen, erkennen Sie folgende Dinge:

✔ Der Wert befindet sich fast immer im negativen Bereich.

✔ Die Anzahl der gehaltenen Kontrakte schwankt ungefähr zwischen −100.000 und etwas über 0.

✔ Wenn sich der Wert dem oberen Extrembereich bei etwa 0 nähert, folgt kurz darauf ein sehr schneller Rücklauf.

Daraus lässt sich schlussfolgern, dass es am Silber-Markt eine Art natürliche Obergrenze gibt, was die Nettopositionierung der Commercials betrifft. Erinnern wir uns nochmals an das typische Verhalten von kommerziellen Marktteilnehmern:

 Die Commercials agieren antizyklisch. Je weiter der Silberpreis fällt, desto mehr kaufen sie.

Wenn auf der einen Seite die Commercials immer mehr und mehr Kontrakte kaufen und auf der anderen Seite die Spekulanten (Non-Commercials) bereits bis zum Anschlag Short positioniert sind, führt dies unweigerlich dazu, dass das Abwärtsmomentum an einem gewissen Zeitpunkt nachlässt und der Silberpreis wieder zu steigen beginnt.

Schauen Sie sich an, wie der Silberpreis reagierte, als die Positionen der Commercials auf einem Extremniveau bei etwa ± 0 angelangt waren. Das war gemäß Abbildung 8.6 zu folgenden Zeitpunkten der Fall:

✔ April 2018

✔ September 2018

✔ Mai 2019

✔ Juli 2022

✔ September 2022

✔ März 2023

Auf dem in Abbildung 8.7 dargestellten Wochenchart des Silberpreises (fortlaufender Endloskontrakt) sind diese Zeitpunkte mit einem senkrechten Pfeil markiert.

Im April 2018 (erster Pfeil), als die Nettopositionierung der Commercials nahe bei 0 lag, lief der Silberpreis anschließend einige Monate seitwärts.

Falls Sie erwartet hatten, dass beim Auftreten dieses Signals der Preis gleich durch die Decke schießt, wurden Sie nun enttäuscht. Der Preis bewegte sich lediglich seitwärts. Als smarter Optionshändler wissen Sie aber, dass Sie nicht unbedingt auf einen Preisanstieg setzen müssen, um Geld verdienen zu können. Wenn Sie zum Beispiel Put-Optionen oder Bull Put Spreads verkauft hätten, hätte die Seitwärtsbewegung bereits gereicht, um einige

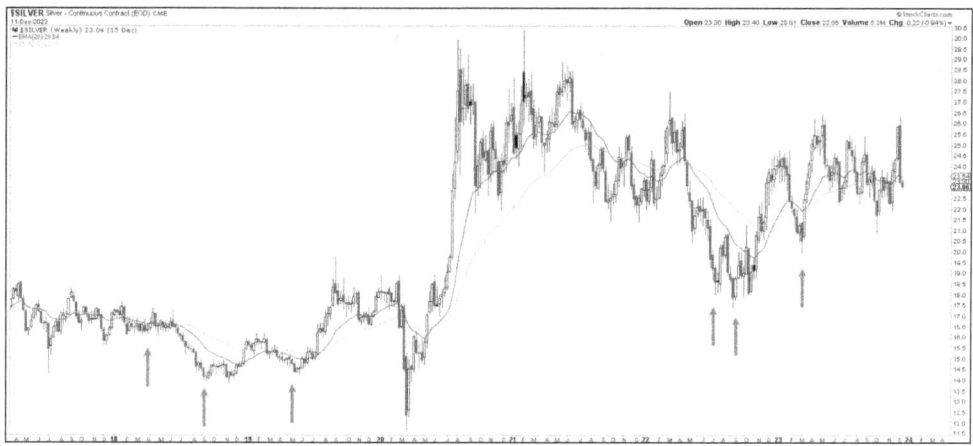

Abbildung 8.7: Endloskontrakt Silber, Quelle: stockcharts.com

Dollars mitzunehmen. Nach den anderen markierten Zeitpunkten im Chart kam es allerdings tatsächlich jeweils zu einer starken Preisbewegung gen Norden.

 Wie bei allen Werkzeugen der technischen Analyse, gilt auch im Umgang mit den COT-Daten: Nutzen Sie diese nicht als alleiniges Handelssignal, sondern kombinieren Sie die Signale aus dem COT Report am besten mit der Trend- und der Volumenanalyse sowie mit weiteren Analysemethoden.

Der Commercials Index

Wie Sie eben gesehen haben, ist es sinnvoll, Extrempunkte in der Positionierung der kommerziellen Marktteilnehmer zu identifizieren. Statt die Nettopositionierung als Linienchart zu betrachten, hat sich bei der Analyse von COT-Daten ein weiterer Indikator etabliert: der sogenannte *COT-Index* beziehungsweise *Commercials Index*.

 Der *Commercials Index* ist ein Indikator, der verwendet wird, um die Positionierung der Commercials (Hedger) im Commitment of Traders (COT) Report zu quantifizieren und zu analysieren. Der Indikator setzt die aktuelle Positionierung der Commercials in Relation zu den historischen Werten über einen definierten Zeitraum. Der Indikator zeigt Werte zwischen 0 und 100 an, wobei 0 den tiefsten Wert der Nettopositionierung der Commercials während des definierten Zeitraums und 100 den höchsten Wert darstellt.

Was die Dauer des betrachteten Zeitraums betrifft, ist es eine gute Idee, zwei verschiedene Zeiträume miteinander zu kombinieren:

✔ Der Commercials Index für sechs Monate kann zur Analyse der kurz- bis mittelfristigen Positionierung genutzt werden.

✔ Der Commercials Index für drei Jahre repräsentiert die mittel- bis langfristige Positionierung.

Identifizieren Sie mithilfe des Commercials Index Situationen, in denen sowohl die »schnelle« Linie (6 Monate) als auch die »langsame« Linie (3 Jahre) einen Extremwert erreicht. Das bedeutet beide Linien befinden sich entweder auf Werten ≥ 90 (Long-Signal) oder auf Werten ≤ 10 (Short-Signal).

In Abbildung 8.8 sehen Sie den Commercials Index für den WTI Crude Oil Future (Symbol: CL). Die dunkle Linie bildet den Commercials Index für den Drei-Jahres-Zeitraum ab. Die hellere Linie bildet den Commercials Index für den Zeitraum der letzten sechs Monate ab.

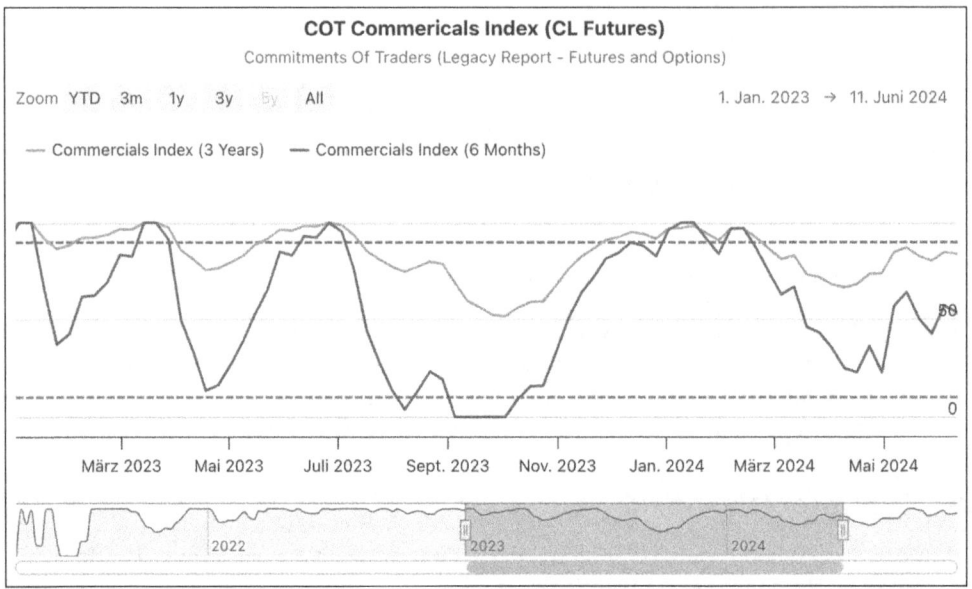

Abbildung 8.8: COT Commercials Index Crude Oil Future, Quelle: fomo-finance.com/tools/cot-daten/

Wie Sie erkennen können, gab es drei Situationen, in denen sich beide Linien im bullischen Extrembereich befanden:

✔ Mitte März bis Ende März 2023

✔ Mitte Juni bis Ende Juni 2023

✔ Dezember 2023 bis Februar 2024

In Abbildung 8.9 sind diese Zeiträume erneut mit einem senkrechten Pfeil markiert. Auch hier lässt sich sagen: keine schlechten Einstiegszeitpunkte für bullische Strategien!

Die Signale funktionieren natürlich nicht immer so ausgezeichnet, wie in dem eben dargestellten Beispiel. Teilweise ist die Trefferquote auch abhängig vom konkreten Markt. Während diese in einigen Märkten sehr hoch ist, gibt es andere Märkte, in denen die COT-Signale nicht ganz so zuverlässig sind. Dies liegt daran, dass es noch andere Einflussfaktoren gibt, welche für Preisbewegungen sorgen können. Wie zuvor erwähnt, gehört zu einer erfolgreichen Handelsstrategie mehr als ein Indikator, nach dem man blind handeln kann.

KAPITEL 8 Futures-Märkte: Wo die Zukunft schon heute gehandelt wird 163

Abbildung 8.9: Erdöl-Future (Endloskontrakt), Quelle: stockcharts.com

 In jedem Fall ist aber die Analyse der COT-Daten beziehungsweise der COT-Index ein sehr mächtiges Werkzeug! Kein Trader, der an den Futures-Märkten agiert, sollte auf dieses Hilfsmittel verzichten. Eine Extrempositionierung der kommerziellen Marktteilnehmer sollten Sie immer beachten, da die Wahrscheinlichkeit hoch ist, dass in naher Zukunft eine Reaktion des Marktes eintritt.

Die in diesem Kapitel beschriebene Herangehensweise bei der Analyse des Commitments of Traders Reports ist unter Futures- und Rohstoffhändlern weit verbreitet. Bei einer genauen Verfolgung der Positionierungen der unterschiedlichen Gruppen von Marktteilnehmern können Sie den COT-Daten allerdings noch einige weitere relevante Informationen entlocken.

- ✔ Es kann zum Beispiel eine gute Idee sein, die Positionen der Large Traders genau zu verfolgen. Diese institutionellen Trader können für die Entstehung von Trends und Momentum eine wichtige Rolle spielen.

- ✔ Ein weiterer Aspekt bei der Analyse ist die Untersuchung der Dynamik von Positionsänderungen. Wenn Sie zum Beispiel plötzlich eine ungewöhnlich schnelle Änderung in den Positionsgrößen der kommerziellen Marktteilnehmer feststellen, könnte das eine wichtige Information darstellen.

- ✔ Darüber hinaus ist es sinnvoll, je nach gehandeltem Markt, auch den Disaggregated COT Report und den TIFF Report genauer zu analysieren.

Wie Sie sehen, könnte problemlos ein ganzes Buch über den Futures-Handel mit COT-Daten geschrieben werden. Da es diese Bücher glücklicherweise schon gibt, können Sie die Ausführungen in diesem Kapitel als Anregung verstehen, sich tiefer mit der Materie zu beschäftigen.

Bevor Sie in den nächsten beiden Teilen des Buches mehr über den Einsatz von konkreten Optionsstrategien erfahren, beschäftigt sich das nächste Kapitel mit einer weiteren Thematik, die sich ebenfalls sehr gut mit dem Optionshandel kombinieren lässt: der Analyse von saisonalen Trends.

> **IN DIESEM KAPITEL**
>
> Weshalb es saisonale Trends an den Finanzmärkten gibt
>
> Saisonale Muster erkennen
>
> Von saisonalen Trends profitieren
>
> Typische saisonale Muster verschiedener Märkte

Kapitel 9
Saisonale Trends an den Finanzmärkten

Wenn Sie regelmäßig mit dem Auto unterwegs sind, kennen Sie das: Sobald Sie an einer Tankstelle vorbeifahren, schweift Ihr Blick ab auf das Preisschild. Dabei ist es kaum zu übersehen, dass die Preise für Benzin und Diesel nicht selten innerhalb weniger Tage oder sogar Stunden stark schwanken. Ähnlich verhält es sich bei anderen alltäglichen Ausgaben. Denken Sie zum Beispiel an die Preise für frisches Obst und Gemüse im Supermarkt. Diese variieren je nach Saison und Wetterbedingungen, wodurch Erdbeeren im Winter deutlich teurer sind als im Sommer. Auch bei der Urlaubsplanung ist Ihnen sicherlich schon aufgefallen, dass die Preise für Flüge, Hotels oder den Eintritt im Freizeitpark eine hohe Volatilität aufweisen können.

Woran genau liegt das? Beziehungsweise: Wer legt diese Preise fest? Möglicherweise sind Sie auch schon mal auf die Idee gekommen, dass Ihnen einfach irgendwer ein paar Taler mehr aus der Tasche ziehen will und Ihre Not ausnutzen möchte. Wenn Sie am Montagmorgen zur Arbeit fahren müssen und Ihre Warnleuchte schon rot blinkt, haben Sie schließlich keine Wahl.

Tatsächlich gibt es aber meist gute Gründe für die schwankenden Preise von Rohstoffen, Nahrungsmitteln und anderen Gütern und Dienstleistungen. Wie in jedem anderen Markt, werden die Preise von Rohstoffen – sei es physisch oder an den Terminmärkten – durch Angebot und Nachfrage bestimmt.

Wenn in der Ferienzeit während der Sommermonate sehr viele Menschen und Familien ein Hotel am Strand buchen möchten, die Anzahl der Zimmer aber unverändert bleibt, wird das den Preis in die Höhe treiben. Wenn Sie diesen Engpass erkennen und einen großen Hotelkomplex direkt neben das bestehende Hotel bauen, wird sich die Anzahl der Zimmer erhöhen und sehr wahrscheinlich zu sinkenden Preisen führen.

Neben saisonalen Trends können natürlich auch andere unvorhergesehene Ereignisse zu einer Veränderung der Preise führen.

Geopolitische Spannungen, Sanktionen oder Kürzungen der Fördermengen der OPEC können zum Beispiel den Ölpreis in die Höhe treiben, was sich auch auf die Preise von Benzin oder Heizöl auswirken kann.

Das bedeutet: Natürliche und wiederkehrende saisonale Schwankungen können die Kräfte von Angebot und Nachfrage zwar beeinflussen, sind aber nicht der einzige Faktor, der für die Preisbildung relevant ist.

Was im alltäglichen Privat- oder Berufsleben offensichtlich ist, zeigt sich auch an den Finanzmärkten:

Die Preise für sehr viele an der Börse gehandelten Produkte weisen häufig typische saisonale Schwankungen auf. Diese zu kennen beziehungsweise zu erkennen, wird die Gewinnwahrscheinlichkeit (Ihre Edge) ein weiteres Stück zu Ihren Gunsten verschieben.

Saisonale Muster erkennen

Wenn Sie sich auf die Suche nach typischen saisonalen Trends verschiedener Märkte begeben, stehen Ihnen zwei Möglichkeiten zur Verfügung:

1. **Recherche nach bekannten Saisonalitäten**

   Die erste Möglichkeit besteht darin, im Internet oder in Büchern nach bekannten saisonalen Trends zu recherchieren. Es gibt zahlreiche Ressourcen, die detaillierte Informationen über saisonale Muster in verschiedenen Märkten bieten. Beispielsweise können Websites von Finanzinstituten, Marktanalysen und wissenschaftliche Studien nützliche Daten und Analysen bereitstellen. Auch in Trading-Büchern finden Sie teilweise Kapitel, die sich speziell mit der Analyse von Saisonalitäten beschäftigen. Häufig werden dabei die fundamentalen Einflussfaktoren erläutert, die für die Entstehung der saisonalen Trends verantwortlich sind. Dies hilft Ihnen einerseits, den saisonalen Faktor im Kopf zu behalten, andererseits ist das Wissen diesbezüglich häufig auch hilfreich, um das notwendige Vertrauen in den saisonalen Trend aufzubauen.

2. **Saisonale Trends selbst analysieren**

   Wenn Sie eine Tradingsoftware mit historischen Kursdaten für Futures, Währungen, Aktien, Indizes et cetera besitzen, können Sie die saisonalen Muster selbst untersuchen. In einigen Tradingsoftwares haben Sie die Möglichkeit, den saisonalen Trend für eine beliebige Anzahl an Jahren direkt unter dem Chart darzustellen. Eine Alternative ist es, die Kursdaten zu exportieren oder herunterzuladen, und die Berechnung und Visualisierung des saisonalen Trends selbst vorzunehmen. Darüber hinaus gibt es kostenlose und kostenpflichtige Angebote im Internet, die Ihnen Zugriff auf zahlreiche saisonale Charts anbieten.

Beide der eben genannten Varianten sind sinnvoll.

Vertrauen Sie bei der Existenz eines saisonalen Trends nicht einfach auf das Hörensagen. »Sell in May and go away« lautet beispielsweise eine bekannte Börsenweisheit, mit dem Zusatz: »But remember to come back in September.« Aber haben Sie diese Aussage jemals selbst verifiziert und einen saisonalen Chart angeschaut, der diese Behauptung bestätigt oder eben widerlegt?

Bevor Sie Ihr sauer Erspartes aufgrund einer Redensart oder eines bekannten saisonalen Preistrends investieren, sollten Sie in jedem Fall die Fakten prüfen und die saisonalen Charts selbst analysieren.

Aber wie schaut es nun aus mit »Sell in May«? Und sollten Sie im September wieder zurückkehren und auf steigende Preise spekulieren? Wenn Sie noch etwas Geduld haben, werden Sie im Verlauf dieses Kapitels eine Antwort darauf finden.

Berechnung von saisonalen Charts

Doch was ist ein saisonaler Preischart überhaupt und wie wird dieser berechnet?

Ein *saisonaler Preischart* zeigt die durchschnittliche Preisbewegung eines Underlyings über einen festgelegten Zeitraum (normalerweise ein Jahr). Dabei wird in der Regel die prozentuale tägliche Preisänderung der letzten Jahre (beispielsweise 15 Jahre oder 30 Jahre) betrachtet und ein Durchschnittswert ermittelt.

Die Berechnung von saisonalen Charts

Die genaue Berechnungsmethode eines saisonalen Charts kann je nach Software- oder Datenanbieter variieren. Dies liegt daran, dass ein einfacher Durchschnittspreis auf absoluter oder relativer Ebene zwar relativ einfach berechnet werden kann, sich aber möglicherweise die Berechnungsmethoden im Detail unterscheiden, was zu leicht unterschiedlichen Ergebnissen führen kann. Folgende Faktoren, die bei der Berechnung eines saisonalen Trends eine Rolle spielen, sollten Sie beachten:

✔ **Datenfrequenz**

Die Häufigkeit der verwendeten Datenpunkte (täglich, wöchentlich, monatlich) kann erheblichen Einfluss auf die Ergebnisse haben. Eine wöchentliche Aggregation glättet beispielsweise kurzzeitige Schwankungen, während eine tägliche Betrachtung detailliertere, aber auch volatilere Ergebnisse liefert.

✔ **Ausreißer**

Wenn es an einzelnen Tagen überdurchschnittlich starke Preisbewegungen gibt, kann dies den durchschnittlichen Preis beziehungsweise die durchschnittliche tägliche Performance verzerren. Ob und wie solche Ausreißer berücksichtigt werden oder nicht, kann je nach Anbieter unterschiedlich sein.

✔ **Glättung**

Nicht selten wird der saisonale Trend geglättet, damit der Chart nur die wichtig mittel- bis langfristigen Trends abbildet und kurzfristig weniger volatil ist. Dabei gibt es unterschiedliche Glättungstechniken.

✔ **Verschiedene Futures-Kontrakte**

Bei Futures gibt es mehrere Kontraktmonate mit unterschiedlichen Preisen. Bei der Verwendung von Endloskontrakten gibt es verschiedene Roll-Methoden (Übergang von einem Kontraktmonat zum nächsten), die zu leicht unterschiedlichen Preisen bei langfristigen Endloskontrakten führen können. Zudem können Endloskontrakte adjustiert (back-adjusted) werden, was rückwirkend zu falschen absoluten Preisen führt und auch für die Berechnung von saisonalen Charts einige Komplikationen mit sich bringt.

✔ **Zeitraum**

Nicht zuletzt spielt natürlich auch der betrachtete Zeitraum eine Rolle. Wenn Sie den saisonalen Trend eines Marktes auf Basis der letzten zehn Jahre berechnen, wird dieser Chart ein wenig anders ausschauen als ein saisonaler Chart für die letzten 30 Jahre.

Falls Sie saisonale Preischarts nicht selbst berechnen, sondern auf einen externen Service oder eine Software zurückgreifen, spielen die genauen Details der Berechnungsmethode für Sie keine sehr wichtige Rolle. Dennoch ist es nicht verkehrt zu wissen, womit Sie es zu tun haben, damit Sie keine vorschnellen und möglicherweise falschen Schlüsse ziehen. Es ist im Zweifel immer besser, wenn Sie die saisonalen Charts von mehr als einem Anbieter oder einer Software verwenden und vergleichen.

Wie ein saisonaler Chart aussehen kann, sehen Sie in Abbildung 9.1. Dieser zeigt den saisonalen Trend des S&P 500 Index für die letzten 20 Jahre.

Daraus können Sie folgende Erkenntnisse ziehen:

✔ Von März bis Ende Mai beziehungsweise Anfang Juni steigt der S&P 500 tendenziell.

✔ Ende Juni bis Ende Juli ist erneut eine saisonal sehr starke Phase.

✔ Da der S&P 500 langfristig rund 8 Prozent pro Jahr steigt, sind auch die Sommermonate häufiger von steigenden als von fallenden Preisen geprägt. Kurzzeitig deutliche Rücksetzer sind hier aber wahrscheinlicher.

✔ Der September ist tendenziell anfällig für eine Korrektur.

✔ Von Oktober bis zum Ende des Jahres ist ein deutlicher saisonaler Aufwärtstrend vorhanden.

✔ Der Zeitraum von Januar bis März ist vergleichsweise schwach beziehungsweise richtungslos.

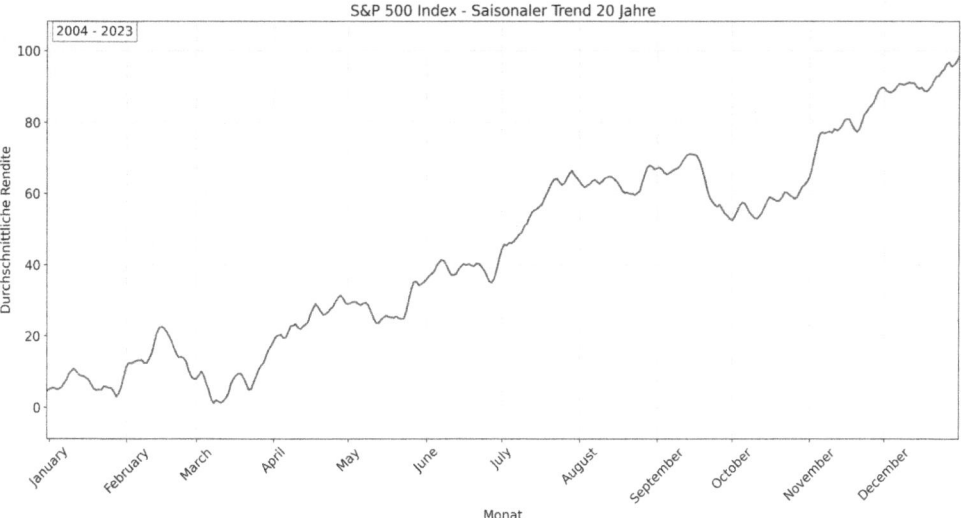

Abbildung 9.1: Saisonaler Trend des S&P 500 Index

Aufgrund des langfristigen Aufwärtstrends der Aktienmärkte zeigt auch der saisonale Chart des S&P 500 von Januar bis Dezember einen Aufwärtstrend. Es ist jedoch auch nicht unüblich, diesen langfristigen Trend aus den saisonalen Charts herauszurechnen, sodass der erste und der letzte Wert des Charts identisch sind.

Statistiken zur monatlichen Performance

Eine weitere beliebte und verbreitete Methode, um einen Eindruck von den saisonalen Trends eines Marktes zu erhalten, ist die Betrachtung der Gewinnwahrscheinlichkeit pro Monat auf Basis der historischen Statistik.

In Abbildung 9.2 sehen Sie einen Balkenchart, der Ihnen verrät, in wie viel Prozent der Fälle der S&P 500 Index in den letzten zehn Jahren in jedem einzelnen Monat einen Kursanstieg verbuchen konnte.

Folgende Dinge können Sie erkennen:

✔ Während der Januar und Februar mit 50 Prozent sowie der März mit 60 Prozent relativ neutral sind, stiegen die Kurse von April bis Juli in den meisten Fällen an.

✔ Im Juli stiegen die Kurse in 10 der letzten 10 Jahre an (100 Prozent).

✔ Die späten Sommermonate waren schwächer. Im September stieg der S&P 500 nur in 33 Prozent aller Fälle an.

✔ Zum Jahresende gab es erneut häufiger steigende Kurse, wobei der November der beste Monat war und in 89 Prozent der Fälle anstieg.

Der Mensch ist nun mal ein Gewohnheitstier. In Monaten zu denken haben wir von klein auf gelernt und der Monatsrhythmus prägt unser Privat- und Berufsleben. Und im Übrigen

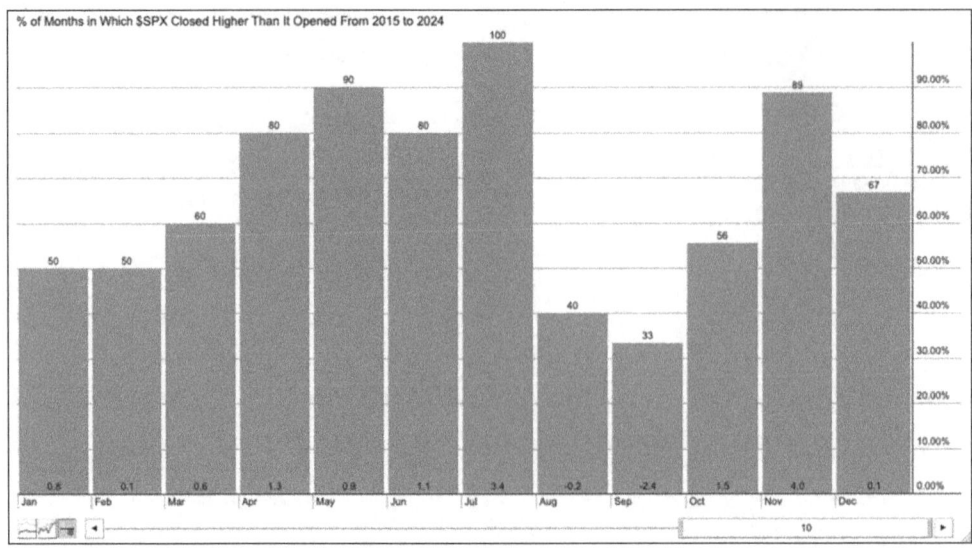

Abbildung 9.2: Die besten und schlechtesten Monate des S&P 500, Quelle: stockcharts.com

auch das von vielen Investoren. Bilanziert wird normalerweise zum Ende eines Quartals oder eines Jahres. Und da würde es ja schlecht aussehen, wenn man eine der besten Aktien, über deren enormen Kursanstieg ständig in den Medien berichtet wurde, nicht im Depot hat. Deshalb ist es nicht unüblich, dass Investoren Bilanzkosmetik betreiben und noch schnell ein paar dieser Super-Aktie kaufen, bevor sie Bericht ablegen müssen. Es soll sich schließlich niemand beschweren.

Sie sehen also, dass es auch am Aktienmarkt gewisse Regelmäßigkeiten geben kann, die für saisonale Effekte sorgen können. Neben dem gerade geschilderten Vorgehen, das bei Börsianern unter dem Begriff *Window Dressing* bekannt ist, gibt es weitere Termine innerhalb eines Kalenderjahres, die dafür sorgen könnten, dass vermehrt Geld in den Aktienmarkt rein- oder rausfließt:

✔ Falls Sie selbst einen Sparplan besitzen, wird dieser höchstwahrscheinlich zu einem regelmäßigen wiederkehrenden Zeitpunkt ausgeführt.

✔ Die Mittelzuflüsse bei Investoren geschehen ebenso häufig auf regelmäßiger Basis, und dieses Geld will möglichst zeitnah investiert werden.

✔ Oder denken Sie an das Thema Steuererklärung: Der Fiskus wird keinen Spaß verstehen, wenn Sie, oder der Fondsmanager, der Ihre Altersvorsorge verwaltet, im Nachhinein argumentieren: »Ich hab aus Versehen einen Tag zu früh auf Verkaufen geklickt.«

 Hinter zuverlässigen saisonalen Trends an den Finanzmärkten stehen meist regelmäßig wiederkehrende fundamentale Triebkräfte. In einigen Märkten sind die saisonalen Einflussfaktoren sehr gut bekannt, in anderen Märkten sind diese Faktoren oder deren Ausmaß auf die Preisentwicklung möglicherweise weniger bekannt. Deshalb ist es wichtig, dass Sie Charts verwenden, um saisonale Trends zu analysieren.

Betrachten Sie verschiedene Zeiträume

Bei der Verwendung von saisonalen Charts stellt sich die Frage, wie groß der Zeitraum sein soll, für den Sie die durchschnittliche Performance (nichts anderes ist ein saisonaler Chart) untersuchen. Es ist wohl einleuchtend, dass die Betrachtung der Kursentwicklung der letzten beiden Jahre nicht ausreichend ist, damit aus einer Kursbewegung auf einen saisonalen Trend geschlossen werden kann.

Wenn es in den letzten beiden Jahren am 16. Juni jeweils geregnet hat und die Temperatur nicht über 12 Grad anstieg, würden Sie vermutlich auch nicht auf die Idee kommen, dass der Juni grundsätzlich ein regnerischer und eher kühler Monat ist. Ein paar Jahre mehr sind schon notwendig.

Unter Börsianern werden häufig saisonale Charts mit einem Betrachtungszeitraum von 15, 20 oder 30 Jahren verwendet. Um den kurzfristigen Trend zu analysieren, sind auch 5 oder 10 Jahre in Ordnung. In Märkten, bei denen es zuverlässige historische Daten gibt, kann auch ein Blick auf längerfristige Zeiträume interessant sein und mehr Hintergrundinformationen liefern.

Sofern in einem Markt ein zuverlässiges saisonales Muster vorhanden ist, sollte dieses in allen verschiedenen Betrachtungszeiträumen deutlich erkennbar sein. Bei kürzeren Zeiträumen kann die Abweichung zum langfristigen saisonalen Trend naturgemäß höher sein, da der Einfluss von einmaligen starken Kursbewegungen hier größer ist.

Wenn Ihnen saisonale Charts für verschiedenen Betrachtungszeiträume zur Verfügung stehen, sollten Sie diese miteinander vergleichen. Suchen Sie nach Mustern, die in allen verschiedenen Zeiträumen deutlich erkennbar sind. Das sind oft diejenigen, die am zuverlässigsten funktionieren.

Eine gute Idee ist es auch, die Linien der saisonalen Trends verschiedener Zeiträume übereinanderzulegen. In Abbildung 9.3 sehen Sie die saisonalen Trends des S&P 500 für die letzten 5 Jahre, 10 Jahre, 20 Jahre und 30 Jahre in einem Chart.

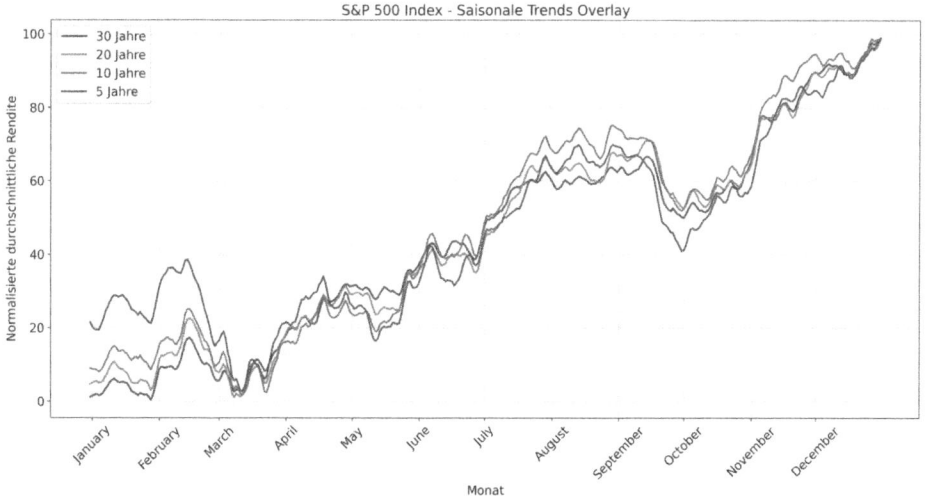

Abbildung 9.3: Saisonale Trends verschiedener Zeiträume übereinander dargestellt

Die zuvor beschriebenen saisonalen Trends des S&P 500 sind hier ebenfalls deutlich erkennbar. Es scheint also einige saisonale Muster zu geben, die sehr robust sind und häufig auftreten. So zum Beispiel die Tendenz, dass der Index im März einen Tiefpunkt ausbildet und dann zu steigen beginnt. Auch bei der kurzzeitigen Schwäche im Spätsommer, gefolgt von einer Rally ab Oktober, scheint es sich um ein zuverlässiges Muster zu handeln.

Wenn Sie bei der Analyse noch weiter ins Detail gehen wollen, ist es sinnvoll, wenn Sie sich die Chartverläufe von einzelnen Jahren anschauen. So können Sie sehen, wie sich ein zuvor erkanntes saisonales Muster in jedem einzelnen Jahr darstellt.

Typische saisonale Muster verschiedener Märkte

Für viele Märkte gibt es typische und bekannte Saisonalitäten. Auf den folgenden Seiten lernen Sie die wichtigsten saisonalen Trends verschiedener Märkte kennen. In Kapitel 13 lesen Sie, wie Sie mittels unterschiedlicher Optionsstrategien einige dieser saisonalen Muster handeln können.

Aktienmärkte

Fassen wir die wichtigsten saisonalen Muster am Aktienmarkt nochmals zusammen:

✔ Im März oder April entsteht häufig ein saisonales Tief.

✔ Der anschließende saisonale Aufwärtstrend läuft ungefähr bis Ende Mai oder Anfang Juni. Der Juli ist historisch auch nochmals ein sehr starker Monat.

✔ Die Sommermonate August und September sind tendenziell schwächer, wobei es insbesondere im September häufig zu einem kurzzeitigen Kursrückgang kommt.

✔ Im Oktober tendieren die Preise dazu, einen Tiefpunkt auszubilden und anschließend wieder anzusteigen. Die Rally setzt sich bis zum Ende des Jahres fort, wobei es in der ersten Hälfte des Dezembers zu einer Korrektur kommen kann.

Diese Ausführungen beziehen sich auf den S&P 500, den wohl wichtigsten Aktienindex der Welt.

Wenn Sie andere Märkte oder Indizes als den S&P 500 handeln, sollten Sie die Saisonalität dieser Indizes unbedingt selbst genauer untersuchen.

Während sich in physischen Rohstoffmärkten die fundamentalen Auslöser für saisonale Muster häufig eindeutig belegen oder zumindest erklären lassen, sind die Gründe für die Entstehung von Saisonalitäten in anderen Märkten (beispielsweise Aktien, Währungen oder Anleihen) häufig nicht ganz so eindeutig oder teilweise unbekannt. Es gibt viele Mythen, die einer genaueren Analyse nicht standhalten oder sich im Laufe der Jahre möglicherweise verändert haben.

Januar-Effekt widerlegt

In Bezug auf die Aktienmärkte gibt es zum Beispiel den *Januar-Effekt*. Dieser soll erklären, dass beziehungsweise weshalb es im Januar häufig zu steigenden Preisen kommt. Als Ursachen werden steuerliche Gründe genannt sowie Window Dressing und ein möglicher psychologischer Effekt (Optimismus zum Jahresbeginn).

Wenn Sie sich die Kursperformance pro Monat des S&P 500 für den Zeitraum 2005–2024 anschauen, werden Sie feststellen, dass es im Januar nur in 50 Prozent aller Fälle zu einem Kursanstieg kam. Somit ist der Januar sogar der schlechteste Monat des Jahres. Der Januar-Effekt ist somit eindeutig widerlegt. Bei einem Blick auf die saisonalen Liniencharts ist zwar zu Beginn des Januars noch ein kleiner Aufwärtstrend zu sehen; dieser ist in der Ausprägung aber so klein, dass hier nicht von einem robusten und zuverlässigen saisonalen Muster ausgegangen werden sollte.

Für die schwächeren Kurse in den Sommermonaten wird häufig angeführt, dass zu dieser Zeit viele Fondsmanager und Investoren im Urlaub sind und daher die Handelsaktivitäten zurückgehen. Dies kann tatsächlich zu einem geringeren Handelsvolumen führen, wodurch der Markt anfälliger für Korrekturen wird. Allerdings ist es fraglich, ob dies als alleinige Erklärung ausreicht. Glauben Sie wirklich, dass ein milliardenschwerer Fonds oder eine Pensionskasse ihre Anlagestrategie allein an der Urlaubsplanung ihrer Mitarbeiter ausrichtet?

Ein unter Tradern geläufiges Motto lautet: Handeln Sie, was Sie sehen, und nicht, was Sie denken. Wenn Sie in einem Chart ein eindeutiges saisonales Muster erkennen, sollten Sie dieses respektieren. Wenn Sie hingegen vom Hörensagen auf einen saisonalen Trend aufmerksam werden, sollten Sie diesen in jedem Fall durch Ihre eigenen Analysen verifizieren.

Energie-Futures

Falls Sie eine Ölheizung besitzen, deren Tank regelmäßig nachgefüllt werden muss, haben Sie vielleicht auch schon einmal die Erfahrung gemacht, dass die Preise zu verschiedenen Jahreszeiten unterschiedlich hoch sein können.

Stellen Sie sich vor, Sie sind gerade aus dem Sommerurlaub zurückgekehrt. Die Temperaturen kühlen ab und der Herbst kündigt sich an. Da fällt Ihnen ein, dass Sie prüfen müssen, ob Ihr Öltank noch ausreichend gefüllt ist, um durch den Winter zu kommen. Sie bemerken, dass es knapp wird, und kümmern sich noch rasch um Nachschub, bevor es richtig kalt wird. Denken Sie, dass dies ein guter Zeitpunkt ist, um Heizöl zu kaufen? Vermutlich wird es anderen Hausbesitzern ähnlich gehen wie Ihnen und die Nachfrage nach Heizöl könnte ansteigen.

Tatsächlich ist bei einem Blick auf einen saisonalen Chart der Heizöl-Futures zu erkennen, dass der Preis ab August bis Mitte Oktober tendenziell steigt. Danach kommt es häufig zu einer Korrektur und im Dezember können die Preise nochmals ansteigen. Da Heizöl für Optionshändler aufgrund der niedrigen Liquidität kein gut handelbarer Markt ist, fokussieren wir uns nun auf Rohöl und Erdgas.

Saisonale Trends im Rohöl (Crude Oil WTI)

Rohöl ist einer der wichtigsten Rohstoffe für die Energieerzeugung und wird darüber hinaus in vielen anderen Industriezweigen benötigt. Der Ölpreis reagiert teilweise sensibel auf geopolitische Ereignisse oder Kürzungen und Ausweitungen der Produktionsmenge der OPEC. Zudem gibt es jedoch einige typische saisonale Einflussfaktoren, die sehr häufig den Preis beeinflussen.

✔ **Steigende Preise in der ersten Jahreshälfte**

Der Rohölpreis tendiert dazu, in der ersten Jahreshälfte anzusteigen. Grund dafür ist die *Driving Season*, das heißt die erhöhte Nachfrage nach Benzin in den Sommermonaten. Raffinerien bereiten sich bereits einige Monate im Voraus auf diese erhöhte Nachfrage vor und stocken deshalb ihre Rohöl-Lagerbestände auf.

✔ **Konsolidierung in den Sommermonaten möglich**

Sobald die Nachfrage abflacht, ist es nicht ungewöhnlich, dass die Rohölpreise ab Juli etwas schwächer notieren, in den späteren Sommermonaten aber häufig wieder kurzzeitige Stärke zeigen. Ein deutlicher saisonaler Abwärtstrend tritt erst ab Herbst auf.

✔ **Schwache Preise zwischen Oktober und Dezember**

Auf die erhöhte Nachfrage nach Heizöl für den Winter bereiten sich die Raffinerien im Voraus vor, stellen ihre Produktion bereits in den Sommermonaten um und produzieren nun vermehrt Heizöl. Sobald sich diese Nachfrage im Herbst reduziert, kann das zu deutlich rückläufigen Rohölpreisen führen.

Die eben geschilderten saisonalen Tendenzen des Rohölpreises können Sie in Abbildung 9.4 nachvollziehen. Von Januar bis Juli steigen die Preise tendenziell an, mit einer möglichen zwischenzeitlichen Korrektur im März, bevor im Mai und Juni die Preise wieder steigen. Je nach betrachtetem Zeitraum beginnen die Preise im Juli zu fallen oder weisen in den Sommermonaten volatile Schwankungen auf. Ab Oktober bis Anfang Dezember ist hingegen wieder für alle Zeiträume ein Abwärtstrend erkennbar.

KAPITEL 9 Saisonale Trends an den Finanzmärkten

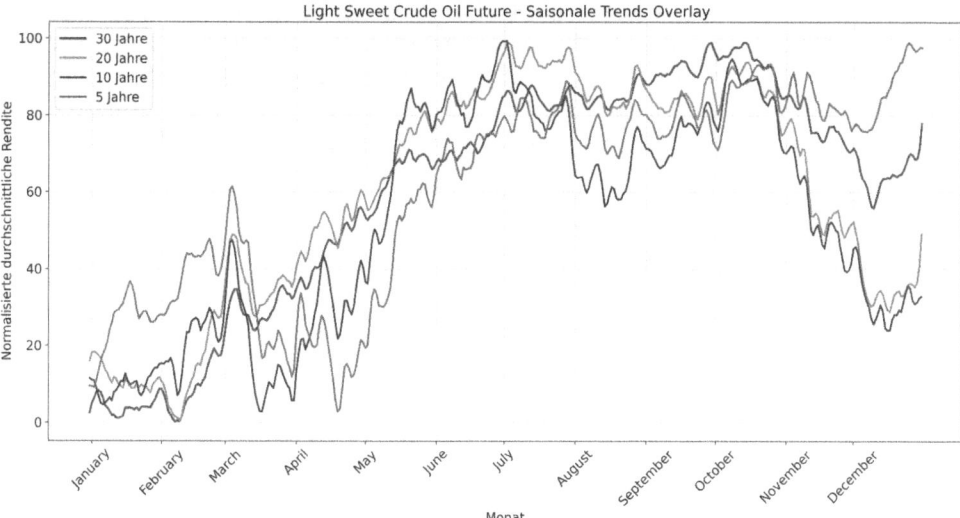

Abbildung 9.4: Saisonale Trends im Rohöl

Saisonale Trends im Erdgas (Natural Gas)

Erdgas ist in den USA wie auch in Europa der am häufigsten zum Heizen verwendete Rohstoff. Zudem wird Erdgas häufig auch zur Stromerzeugung genutzt. Deshalb folgen die Erdgaspreise häufig einem typischen saisonalen Muster:

✔ Im Winter ist die Nachfrage nach Erdgas durch Verbraucher am höchsten. Energieversorger und Händler füllen für gewöhnlich ab Herbst ihre Lager auf, um der erhöhten Nachfrage im Winter nachzukommen. Dies kann zu steigenden Preisen im Herbst führen.

✔ Ab Herbst bis in den Winter hinein fallen die Erdgaspreise in der Regel.

✔ Wenn die Nachfrage im Winter durch den Verbrauch zum Heizen am höchsten ist, sind die Preise ironischerweise häufig am niedrigsten.

✔ Wegen der Klimaanlagen ist der Stromverbrauch insbesondere in den USA in den Sommermonaten deutlich höher. Auf diese erhöhte Nachfrage bereiten sich Energieerzeuger bereits im Winter und Frühjahr vor. Die zu diesem Zeitpunkt tiefen Preise nutzen die Energieversorger, Stromerzeuger und Großhändler häufig aus, um ihre Lagerbestände auszuweiten. Ungefähr ab Februar oder März beginnen die Preise deshalb häufig wieder zu steigen.

✔ Dieser saisonale Aufwärtstrend dauert ungefähr bis Anfang Juni an. Wenn die Lagerbestände nun ausreichend aufgefüllt sind und die Nachfrage nachlässt, gibt der Erdgaspreis häufig erneut nach.

✔ Der 1. Juni ist der offizielle Start der *Hurricane Season*. Viele Erdgasproduktionsanlagen, insbesondere im Golf von Mexiko, liegen in Regionen, die häufig von Hurrikans betroffen sind. Wenn ein Hurrikan diese Gebiete trifft, müssen Produktionsplattformen eventuell evakuiert und vorübergehend stillgelegt werden. Dies führt zu einer Verringerung des Angebots auf dem Markt, was die Preise erhöhen kann. Meist ist diese Furcht aber übertrieben. Das heißt, Erdgas kann zwar im Extremfall anfällig für plötzliche Preisanstiege sein (denken Sie beispielsweise an den Hurrikan »Katrina« im Jahr 2005); da es aber in den meisten Jahren zu keinen erheblichen Beeinträchtigungen kommt, führt dies im Umkehrschluss nicht selten zu rückläufigen Preisen.

Wie sich die eben beschriebenen Einflussfaktoren in Form eines saisonalen Charts darstellen, sehen Sie in Abbildung 9.5.

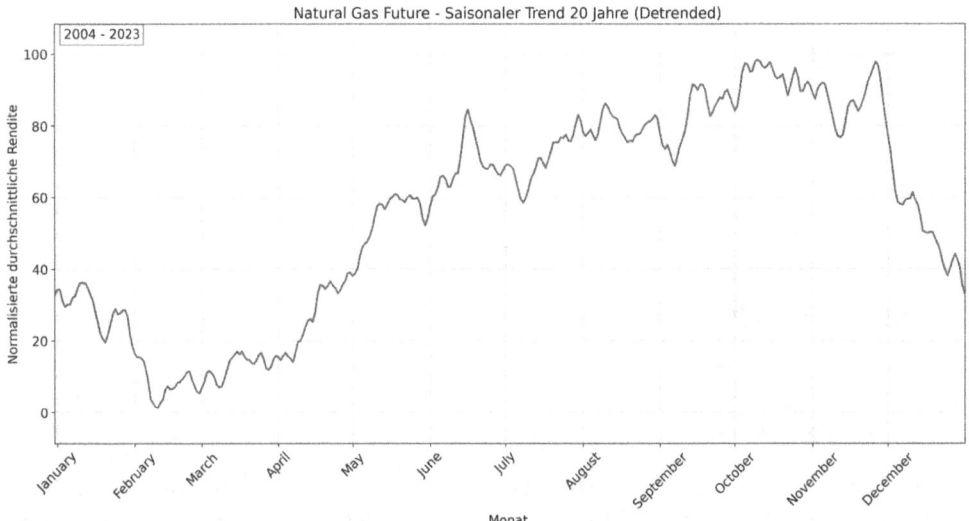

Abbildung 9.5: Saisonaler Trend im Erdgas

Edelmetalle

Auch im Bereich der Edelmetalle gibt es typische saisonale Muster, die durch den Handel mit Optionen häufig gut ausgenutzt werden können. In Abbildung 9.6 sehen Sie einen saisonalen Chart des Goldpreises für die letzten 20 Jahre.

Die saisonalen Muster des Goldpreises sind hauptsächlich auf Nachfragezyklen zurückzuführen. Folgende typischen saisonalen Trends gibt es im Goldpreis:

✔ Ungefähr ab Mitte Dezember bis Ende Februar tendiert der Goldpreis dazu anzusteigen. Die Nachfrage nach Gold ist in dieser Zeit meist höher, aufgrund einiger Feierlichkeiten, zu denen häufig Schmuck geschenkt wird. Dazu gehören das chinesische Neujahr und der Valentinstag. Auch das Rebalancing von professionell gemanagten Investment-Portfolios zu Beginn des neuen Jahres kann die Nachfrage nach Gold steigern.

✔ Nachdem der saisonale Aufwärtstrend zu Beginn des Jahres seinen Höhepunkt erreicht hat und die Nachfrage anschließend rückläufig ist, geben die Preise ungefähr ab Mitte Februar oft wieder nach.

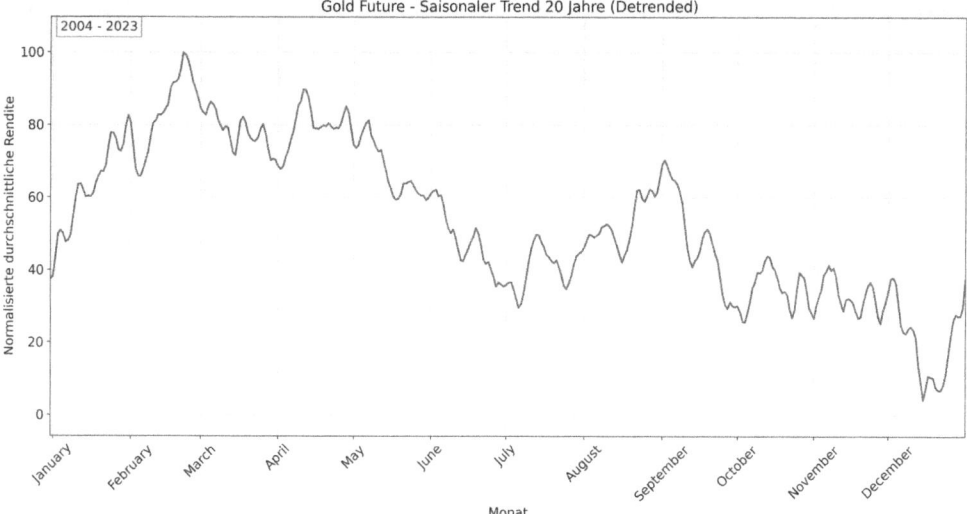

Abbildung 9.6: Saisonaler Trend im Gold

✔ Zwischen Juli und September ist die Wahrscheinlichkeit auf einen erneuten Preisanstieg hoch. Ab Herbst ist in Indien bereits seit Jahrtausenden typischerweise Hochzeitssaison. Indische Hochzeiten laufen auch heute noch sehr traditionell ab und es wird Wert auf kulturelle Bräuche und Hochzeitsrituale gelegt. Das Verschenken von Gold ist ein fester Bestandteil der Zeremonie. Die Nachfrage von Schmuckhändlern nach Gold beginnt deshalb einige Monate im Voraus anzusteigen, was dem Goldpreis in den Sommermonaten häufig Rückenwind verleiht.

Der Goldpreis und der Silberpreis weisen eine sehr hohe Korrelation auf. Diese ist auch in den saisonalen Trends ersichtlich. Genau wie beim Gold, ist der Zeitraum zwischen Mitte Dezember bis Ende Februar für Silber eine saisonal starke Phase. Anschließend folgt eine saisonal schwächere Phase, bevor von Juli bis September erneut ein bullisches saisonales Muster auftritt.

Grains

Im Bereich der Agrarrohstoffe gibt es zahlreiche saisonale Muster, die eine sehr hohe Trefferquote besitzen. Anders als bei den Edelmetallen, werden die saisonalen Trends in den Grains zu einem großen Teil durch die Erntezyklen bestimmt. Da der globale Handel mit Agrarrohstoffen häufig von einem oder wenigen Ländern (häufig die USA) dominiert wird und viele Rohstoffe nur ein oder zwei Mal pro Jahr geerntet werden, ist es nachvollziehbar, dass Erntezyklen ein wesentlicher fundamentaler Einflussfaktor für die Preise von Agrarrohstoffen sind.

Saisonale Trends bei den Sojabohnen (Soybeans)

Die USA sind einer der weltweit größten Produzenten und Exporteure von Sojabohnen. Die saisonalen Trends der Sojabohnenpreise sind deshalb eng verknüpft mit dem Erntezyklus für Sojabohnen in den USA. Mittlerweile wurden die USA allerdings bereits von Brasilien als größter Sojabohnenproduzent überholt. Deshalb hinterlässt auch der brasilianische Erntezyklus seine Spuren, was die Saisonalität der Sojabohnenpreise betrifft.

In Abbildung 9.7 sehen Sie den saisonalen Trend der Sojabohnen-Futures der letzten 20 Jahre.

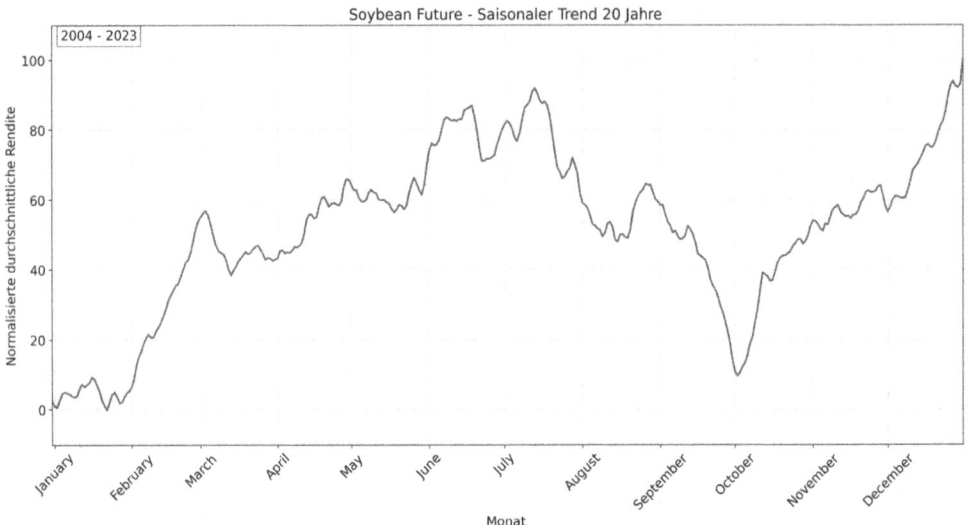

Abbildung 9.7: Saisonaler Trend des Sojabohnenpreises

Die folgenden typischen saisonalen Muster sind erkennbar:

✔ **Fallende Preise von Juni bis Oktober**

Die Sojabohnenernte in den USA beginnt im September oder Oktober. Mehrere Monate vor der Ernte ist es häufig noch nicht absehbar, ob es eine gute oder eine schlechte Ernte geben wird. Zudem sind die Pflanzen in der frühen Wachstumsphase anfällig für witterungsbedingte Schäden. Wenn diese Unsicherheit vorüber ist und der Erntetermin näher rückt, beginnen die Preise häufig zu fallen, vorausgesetzt es gab keine unerwarteten Schäden, die die Ernte gefährden. Dieser saisonale Abwärtstrend ist sehr zuverlässig und beginnt meistens im Juni oder Juli und dauert bis in den September an.

✔ **Steigende Preise ab Oktober**

Sobald geerntet wird, ist die Unsicherheit endgültig vorüber und es kommt eine große Menge an Sojabohnen auf den Markt. Deshalb sind die Preise zu diesem Zeitpunkt meistens am günstigsten und beginnen danach wieder zu steigen.

Saisonale Trends in weiteren Agrarrohstoffen

Neben den Sojabohnen-Futures sind die saisonalen Trends im Sojabohnenmehl und Sojabohnenöl ähnlich. Darüber hinaus sind Weizen (Wheat) und Mais (Corn) weitere Märkte, die unter Optionshändlern sehr beliebt sind und die ebenfalls typische saisonale Muster aufweisen.

Im Mais sieht der saisonale Trend ähnlich aus wie bei den Sojabohnen, was darauf zurückzuführen ist, dass auch der Erntezyklus ähnlich verläuft. Hier ist ebenfalls häufig ein saisonaler Preisrückgang in den Sommermonaten zu beobachten, gefolgt von den *Harvest Lows* im Herbst und anschließend steigenden Preisen.

Teil III
Ausgewählte Strategien für ausgewählte Märkte

IN DIESEM TEIL ...

Sie beschäftigen sich mit spezifischen Strategien, die auf ausgewählte Märkte und Situationen abgestimmt sind.

Neben der Frage, ob und wann die Absicherung von Aktien, ETFs und Portfolios sinnvoll ist, lernen Sie die Wheel-Strategie sowie vertikale Spreads im Detail kennen. Diese Strategien verfolgen das Ziel, einen kontinuierlichen Cashflow in Ihrem Konto aufzubauen.

Zudem erfahren Sie, wie saisonale Muster in verschiedenen Märkten – von Aktien über Edelmetalle bis hin zu Agrarrohstoffen – gezielt genutzt werden können und wie Sie Trades mit einer sehr hohen Gewinnwahrscheinlichkeit identifizieren.

> **IN DIESEM KAPITEL**
>
> Steigen Aktien immer?
>
> Die Angst vor dem großen Crash
>
> Wann eine Absicherung sinnvoll sein kann
>
> Verschiedene Absicherungsstrategien im Überblick

Kapitel 10
Absicherung oder volles Risiko?

Halten Sie Aktien für eine riskante Anlageform? Wenn Sie in Ihrem persönlichen Umfeld eine kleine Umfrage starten, wird ein großer Teil der Befragten sicherlich mit einem »Ja« antworten. In der Tat: Aktien bieten zwar Potenzial für attraktive Gewinne, bergen aber auch ein hohes Risiko für Kursverluste. Oder etwa nicht? Zumindest in den Nachrichten wird ja häufig davon berichtet, wenn es an den Aktienmärkten mal wieder einen Crash gab, oder wenn ein DAX-Konzern in die Insolvenz gehen musste. So ist es nicht sehr verwunderlich, dass die allermeisten Privathaushalte dem Aktienmarkt lieber fernbleiben. Eine Riester-Rente ist da wohl das solidere Investment, insbesondere wenn es um die eigene Altersvorsorge geht.

Für die paar wenigen Adrenalin-Junkies, die ihr Schicksal in die eigenen Hände nehmen und dabei auch auf Aktien setzen, scheint das Bedürfnis nachvollziehbar, sich in irgendeiner Form gegen größere Verluste absichern zu wollen. Genau hier kommen Optionen ins Spiel. Der ursprüngliche Zweck einer Option war und ist es, Anlegern eine Möglichkeit zu bieten, sich gegen Kursschwankungen absichern zu können. An den Aktienmärkten bedeutet dies im Normalfall, sich gegen fallende Kurse einer Aktie oder des gesamten Aktienmarktes abzusichern. Mit steigenden Kursen haben die wenigsten Anleger ein Problem. Die klassische Versicherung gegen Kursrückgänge von Aktien ist deshalb der Kauf einer Put-Option (Long Put).

Damit wäre das Problem gelöst. Sie können Aktien kaufen und bei steigenden Kursen wandern die Gewinne in Ihr Depot. Sollte es zu einem größeren Kursrückgang kommen, sind Sie versichert und es drohen keine größeren Verluste. Die Sache hat nur einen kleinen Haken: Die Versicherung, genauer gesagt die Put-Optionen, gibt es nicht umsonst. Sie müssen die Optionsprämie zahlen. Außerdem hat die Option einen Verfallstermin. Sollten Sie sich danach gleich nochmals absichern wollen, entstehen erneut Kosten.

Die kontinuierliche Absicherung von Aktien oder eines Aktiendepots ist mit Kosten verbunden, die man nicht unterschätzen darf. Solange die Kurse stark ansteigen, bewegen sich die Kosten für die Absicherung noch in einem überschaubaren Rahmen. Bei nur moderat steigenden Kursen oder bei seitwärts verlaufenden Kursen sieht es jedoch etwas anders aus: Die Kosten für Absicherungen können hier schnell einen großen Teil oder sogar die kompletten langfristigen Gewinne auffressen.

Es soll sogar einen prominenten deutschen Aktienfonds geben, der genau diese Strategie verfolgt. Wegen der Angst vor dem nächsten großen Crash werden hier kontinuierlich Absicherungen gekauft. Nach mittlerweile zehn Jahren müssen die Anleger aber leider nach wie vor in die Röhre schauen. Trotz zwischenzeitlichem Crash und Bärenmarkt ist der Fonds mit mehr als zehn Prozent im Minus, während eine einfache Buy-and-Hold-Strategie in diesem Zeitraum – je nach betrachtetem Benchmark – zu einer Verdoppelung oder Verdreifachung des Kapitals geführt hätte.

Aktien steigen immer

Es stellen sich also zwei Fragen:

1. **Ist die Absicherung eines Aktienportfolios grundsätzlich sinnvoll?**

   Möglicherweise ist eine Absicherung auch nur in bestimmten Börsenphasen sinnvoll, nämlich dann, wenn die Wahrscheinlichkeit von Kursrückgängen gestiegen ist.

2. **Welche Absicherungsstrategie sollten Sie nutzen?**

   Neben dem »einfachen« Kauf eines Puts gibt es noch einige weitere Optionsstrategien, mit denen Sie die Kosten für die Absicherung gegen fallende Aktienkurse deutlich senken können.

Bevor Sie über den Einsatz einer Absicherung nachdenken, ist es wichtig, dass Sie einige Fakten über die langfristige Entwicklung des Aktienmarktes kennen, damit Sie sich ein besseres Bild von der zu erwartenden Rendite sowie den möglichen Risiken machen können. Dies hilft Ihnen zu entscheiden, ob für Sie der Einsatz einer Absicherungsstrategie sinnvoll ist, oder ob Sie die Risiken eines Aktieninvestments ohne Absicherung in Kauf nehmen wollen.

Die Alternative zu einer Strategie, die versucht, mittels Markttiming gute Einstiegs- und Ausstiegszeitpunkte (beziehungsweise gute Zeitpunkte für den Einsatz einer Absicherung) zu finden, ist eine *Buy-and-Hold-Strategie*. Das bedeutet: Sie kaufen Aktien und lassen diese für immer (oder zumindest sehr lange) einfach in Ihrem Depot liegen.

Die historischen Renditen des Aktienmarktes

In Abbildung 10.1 sehen Sie einen Linienchart des S&P 500 von 1900–2024. Der S&P 500 dient uns in diesem Beispiel als Benchmark für den breiten Aktienmarkt. Auf den ersten

Blick scheint es so, als würden die Kurse in den ersten 80 Jahren seitwärts oder nur minimal aufwärts verlaufen. Ein steiler Anstieg ist erst ab den 1990er-Jahren visuell ersichtlich.

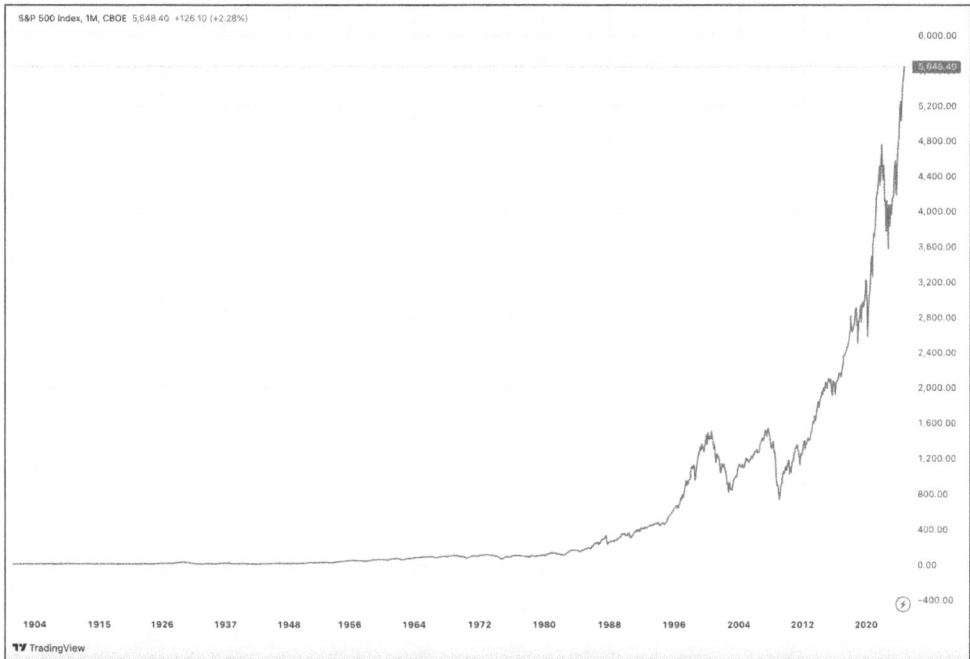

Abbildung 10.1: S&P 500 Index (Januar 1900 – August 2024), Quelle: TradingView

Tatsächlich sind die Kurse jedoch im gesamten 20. Jahrhundert stark angestiegen (mit einigen Unterbrechungen). Aufgrund der linearen Skalierung des Charts sind diese im langfristigen Chartbild aber kaum noch erkennbar.

 Wenn der Index bei einem Stand von 10 Punkten um zehn Prozent auf 11 Punkte ansteigt, ist das auf absoluter Basis nur ein Punkt. Wenn der Index bei einem Stand von 5000 Punkten um zehn Prozent ansteigt, entspricht dies 500 Punkten. Der eine Punkt aus dem ersten Fall ist deshalb auf der Skala nicht mehr erkennbar, obwohl die Kurssteigerung ebenfalls zehn Prozent betrug.

Das Kurswachstum des Aktienmarktes ist also exponentiell, wenn davon ausgegangen wird, dass es jedes Jahr eine Steigerung um einen gewissen durchschnittlichen Prozentsatz gibt. Und dies ist zumindest für den Zeitraum, für den historische Daten zur Verfügung stehen, der Fall. Inklusive reinvestierter Dividenden beträgt die Performance (Total Return) des S&P 500 seit 1900 nominal im Durchschnitt etwa zehn Prozent pro Jahr.

Da der S&P 500 ein Kursindex ist und keine Dividenden berücksichtigt, fließen diese in die Berechnung der Kurse nicht mit ein. Dennoch ist die Kursentwicklung des S&P 500 auch ohne Dividenden bereits mehr als beeindruckend. Damit diese in einem langfristigen Chart erkennbar wird, sollten Sie einen Chart mit logarithmischer Skalierung verwenden.

Bei einer *logarithmischen Skalierung* in einem Chart werden gleiche relative (prozentuale) Änderungen des Basiswertes durch gleich große Abstände auf der y-Achse dargestellt. Das bedeutet, dass jede Einheit auf der Skala einen Anstieg um einen festen Prozentsatz darstellt. Auf diese Weise können langfristige Charts mit einem sehr hohen beziehungsweise exponentiellen Wachstum besser visualisiert werden.

In Abbildung 10.2 sehen Sie erneut die Kursentwicklung des S&P 500 von Januar 1900 – August 2024. Diesmal mit logarithmischer Chartskalierung.

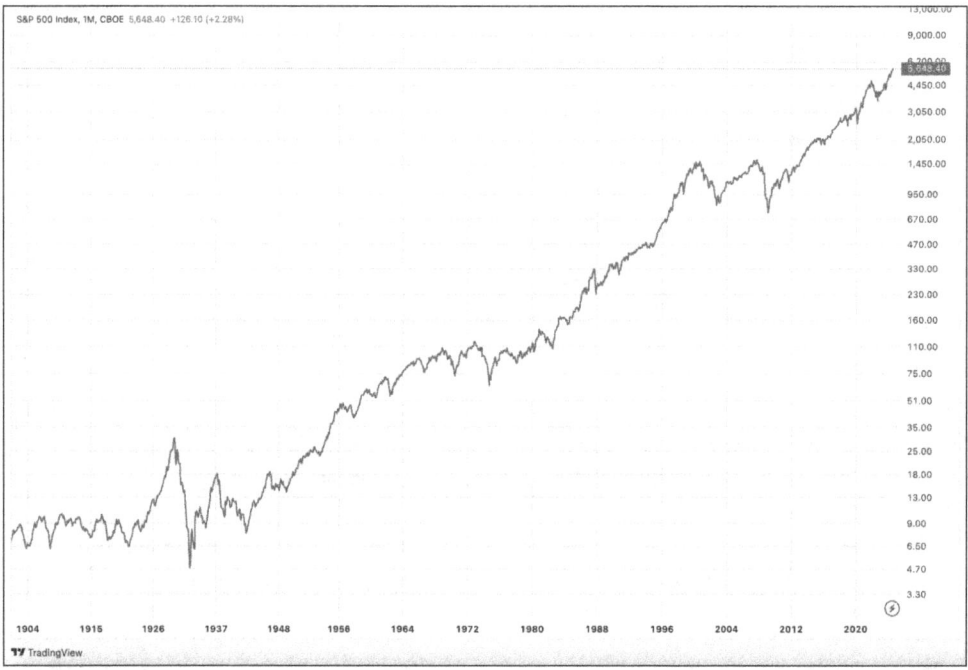

Abbildung 10.2: S&P 500 Index (Januar 1900 – August 2024) mit logarithmischer Skalierung, Quelle: TradingView

Wie Sie sehen, kennt der Markt, zumindest im sehr langfristigen Bild, nur eine Richtung: nach oben. Zwischenzeitlich gab es aber durchaus größere Kursrückgänge. Der größte Crash des Aktienmarktes fand 1929 statt. Vom Höchststand im September 1929 bis zum Tiefpunkt im Juli 1932 erlitten Aktien einen Verlust von rund 90 Prozent.

Die Angst vor dem großen Crash

Ein Glück, dass sich Anleger heutzutage mit Aktienoptionen gegen solch ein Unglück absichern können. Na ja, die Frage ist: Muss man tatsächlich damit rechnen, dass ein Crash mit Kursverlusten von 90 Prozent erneut drohen könnte?

Ausschließen kann man dies natürlich nicht. Aber:

✔ Wie wahrscheinlich ist ein Börsencrash in der Größenordnung von 1929?

✔ Wie würde unsere Welt aussehen, wenn es zu einem Crash in diesem Ausmaß kommt?

In den 100 Jahren nach 1929 gab es drei Bärenmärkte, in denen der Aktienmarkt etwa 50 Prozent an Wert verlor. Einer davon fand während der Finanzkrise zwischen 2007 und 2009 statt. Vielleicht erinnern Sie sich noch an diese Zeit. Unsere Welt beziehungsweise das globale Finanzsystem stand scheinbar kurz vor dem Zusammenbruch. Was wäre passiert, wenn es tatsächlich zu diesem Zusammenbruch gekommen wäre? Die Folgen mag man sich kaum ausmalen. Wahrscheinlich wären nicht nur Ihre Aktien nichts mehr wert gewesen, sondern auch das Geld auf Ihrem Konto, Ihre private, betriebliche oder staatliche Altersvorsorge sowie sonstige Versicherungen. Ihre Bank wäre wahrscheinlich pleite gewesen. Die Wahrscheinlichkeit, dass Sie Ihren Job verloren hätten und Ihr Arbeitgeber oder Ihr eigenes Unternehmen hätte Insolvenz anmelden müssen, wäre zudem vergleichsweise hoch gewesen.

In der großen Depression nach 1929 traten viele dieser Entwicklungen ein. Die wirtschaftliche Krise führte zu einer Massenarbeitslosigkeit, einer schweren Bankenkrise und einem erheblichen Rückgang der Wirtschaftstätigkeit, was dazu führte, dass viele Menschen in Armut lebten. Diese extremen wirtschaftlichen Bedingungen verursachten soziale Unruhen und politische Instabilität.

Halten wir also fest:

Bärenmärkte, das heißt Phasen, in denen Aktien im Schnitt mindestens 20 Prozent Kursverlust erleiden, treten im Schnitt etwas mehr als einmal pro Jahrzehnt auf. Auf Kursverluste von rund 50 Prozent sollte man sich etwa ein Mal pro Generation einstellen. Kursrückgänge von 90 Prozent sind zwar theoretisch auch in Zukunft wieder möglich. Dazu kommt es aber sehr wahrscheinlich nur dann, wenn es eine tiefgreifende Krise gibt, die einhergeht mit einem Zusammenbruch unseres Finanzsystems und der globalen Wirtschaft.

Über die Frage, wie wahrscheinlich solch eine globale Wirtschafts- und Finanzkrise ist, lässt sich streiten. Aber wenn es dazu kommen sollte, ist Ihr Aktienportfolio wahrscheinlich das geringste Problem, das Sie haben.

Es gibt zwar nicht wenige »Crash-Gurus«, die ständig vor der nächsten Krise warnen. Sie sollten sich dadurch jedoch nicht verunsichern lassen. Das Spiel mit der Angst vor dem großen Crash ist häufig nur ein Geschäftsmodell. Werfen Sie einfach einen Blick auf den langfristigen Chart des S&P 500 und nehmen Sie dies mit einem Schmunzeln zur Kenntnis.

Wann eine Absicherung sinnvoll sein kann

Falls Sie zu denjenigen Personen gehören, die vom langfristigen Potenzial der Aktienmärkte überzeugt sind und diese für den privaten Vermögensaufbau oder die Altersvorsorge nutzen möchten, stehen Sie nun vor der Entscheidung: Setzen Sie auf Buy and Hold und verzichten Sie auf Absicherungen und gehen Sie somit das Risiko eines zwischenzeitlich größeren Buchverlustes ein? Oder bricht bei Ihnen bereits der Angstschweiß aus, wenn Sie daran denken, dass der Aktienmarkt um zehn Prozent korrigieren könnte?

Die Antwort auf diese Frage hängt sicherlich auch von Ihren persönlichen Lebensumständen, Ihrer Risikobereitschaft und der Höhe des Ihnen für Investitionen zur Verfügung stehenden Kapitals ab.

Wenn Sie 20 Jahre alt sind, gerade ins Berufsleben starten und eine glänzende Karriere vor sich haben, ist dies etwas anderes, als wenn Sie dieses Jahr Ihren 80. Geburtstag feiern und durch den Verkauf Ihres Eigenheims an Kapital gelangen.

In jedem Fall sollten Sie Ihr Risikoprofil kennen und sich bewusst sein, dass es an den Aktienmärkten Phasen geben kann, in denen es einige Jahre dauert, bis Ihr Depot ein neues Allzeithoch erreicht. Falls Ihnen zwischenzeitliche Verluste keine Sorge bereiten und Sie einen langfristigen Zeithorizont besitzen, ist es möglicherweise die beste Strategie, komplett auf Absicherungen zu verzichten.

Die durchschnittliche Rendite des S&P 500 seit 1900 lag inklusive Dividenden bei fast zehn Prozent pro Jahr.

Rendite versus Drawdown

Wenn Sie eine Anlagestrategie verfolgen, die auf passives Investieren in den Index beruht, ist die Wahrscheinlichkeit sehr hoch, dass Sie auch in Zukunft im Durchschnitt eine Rendite von etwa zehn Prozent pro Jahr erzielen können. Durch die Auswahl der »richtigen« Aktien und durch Markttiming lässt sich diese Rendite zwar noch um einige Prozentpunkte erhöhen, allerdings erfordert dies, dass Sie sich aktiv mit den Märkten beschäftigen. Und selbst dann gelingt dies den meisten privaten Anlegern nicht.

Neben der absoluten Rendite ist auch die Höhe des *maximalen Drawdowns* – das heißt des maximalen zwischenzeitlichen Verlustes – eine wichtige Kennzahl und ein Erfolgskriterium. Wenn Ihre Rendite genauso hoch ist wie die durchschnittliche Marktrendite, Ihr maximaler Drawdown aber nur halb so hoch ist wie der des Marktes, haben Sie den Markt deutlich geschlagen. Häufig geht eine Reduzierung des Risikos aber auch mit einer Reduzierung der Renditeerwartung einher.

Wenn Ihre langfristige Renditeerwartung bei einem passiven Investment in einen ETF auf den S&P 500 bei etwa 8–10 Prozent liegt, könnten Sie zum Beispiel davon ausgehen, dass es in den nächsten 30–50 Jahren ein bis zwei Mal zu einem Kursrückgang von etwa 50 Prozent kommt. Wenn Sie es schaffen, durch Absicherungsstrategien Ihren maximal möglichen Drawdown auf 20 Prozent zu reduzieren, könnte das möglicherweise Ihre erwartete Rendite auf 6–7 Prozent schmälern.

Falls Sie sich dazu entschließen sollten, Ihr Aktien- oder ETF-Portfolio oder einzelne Aktienpositionen durch die Zuhilfenahme von Optionen abzusichern, ergeben sich zwei Überlegungen:

1. Welche Absicherungsstrategien gibt es?
2. Wann genau sollten Sie diese einsetzen?

An der Börse wird nicht geklingelt, oder etwa doch?

Im Zusammenhang mit dem Aktienmarkt gibt es ein bekanntes Sprichwort, das lautet: »An der Börse wird nicht geklingelt.«

Diese Redensart soll zum Ausdruck bringen, dass eine Trendwende an der Börse quasi unangekündigt auftreten kann und dass man sich auf einen Bärenmarkt nicht vorbereiten kann.

Im zweiten Teil dieses Buches haben wir den Aktienmarkt mit einem schweren Dampfer verglichen. Wenn dieser seine Richtung ändert, geschieht dies keineswegs über Nacht und es gibt eindeutige Signale, um diese Trendwende frühzeitig zu erkennen.

Es ist richtig: Es gibt keinen Service von der Börse, der Sie benachrichtigt und Ihnen mitteilt, dass Sie Ihre Aktien nun verkaufen können, da in den kommenden zwölf Monaten die Kurse fallen werden. Aber: Wenn Sie die wichtigsten Werkzeuge zur Analyse der Aktienmärkte einzusetzen wissen, werden Sie erkennen, wann die Wahrscheinlichkeit einer größeren Korrektur höher oder geringer ist. Natürlich werden Sie auch hier nicht immer richtig liegen. Allerdings stehen die Chancen gut, dass es Ihnen gelingen wird, auszusteigen beziehungsweise Ihr Portfolio abzusichern, bevor der Schaden all zu groß wird.

Wie Sie in Kapitel 7 lesen können, ist die technische Analyse des primären Trends eine Methode, mit der Sie die Großwetterlagen am Aktienmarkt sehr gut erkennen können. Hierfür können Sie auf die klassische Trendanalyse setzen, oder auch eine einfache Methode wie die 200-Tagelinie, oder ein Crossover-Signal von zwei gleitenden Durchschnitten verwenden.

Wenn Sie die größten Kursrückgänge der letzten 100 Jahre untersuchen, werden Sie feststellen, dass sich mit diesen Signalen jeder Bärenmarkt eindeutig angekündigt hat und die Wahrscheinlichkeit sehr groß ist, dass Sie nicht auf dem falschen Fuß erwischt worden wären.

Wenn es um die Absicherung von Aktienpositionen geht, erscheint es also sinnvoll, wenn Sie nicht einfach kontinuierlich Absicherungen kaufen. Stattdessen können Sie durch ein regelbasiertes System die aktuelle Großwetterlage bestimmen.

Wenn die Sonne scheint und keine Wolken am Himmel sind, können Sie den Regenschirm zu Hause lassen. Wenn der Himmel jedoch grau bedeckt ist und Sie in der Ferne schon das Donnern hören, würde es sich anbieten, auf Nummer sicher zu gehen.

Verschiedene Absicherungsstrategien im Überblick

Es gibt eine Reihe von einfachen Absicherungsstrategien bis hin zu vergleichsweise komplexen Strategien, die den Einsatz verschiedener Optionen kombinieren. Mehr Komplexität bedeutet allerdings nicht gleichzeitig mehr Sicherheit oder mehr Gewinn. Häufig ist genau das Gegenteil der Fall. An dieser Stelle betrachten wir drei der bekanntesten und am weitesten verbreiteten Absicherungsstrategien:

- Protective Put
- Covered Call
- Collar

Protective Put: Absicherung von Aktien und Depots

Der Klassiker unter den Absicherungsstrategien ist der Kauf einer Put-Option (Long Put).

Wenn eine Put-Option gekauft wird, um eine Aktienposition oder ein Portfolio gegen Kursverluste abzusichern, wird dies als *Protective Put* bezeichnet. Ein Protective Put ist nichts anderes als ein einfacher Long Put.

Einen Protective Put können Sie sowohl für eine einzelne Aktienposition als auch für ein gesamtes Aktienportfolio kaufen.

Wenn Sie beispielsweise 100 McDonald's Aktien besitzen und diese gegen einen drohenden Kursrückgang absichern wollen, können Sie eine Put-Option auf die McDonald's Aktie kaufen. Diese bietet Ihnen das Recht, Ihre 100 Aktien bis zum Verfallstermin zum festgelegten Basispreis zu verkaufen.

Wenn Sie hingegen ein Aktienportfolio besitzen, das aus zahlreichen verschiedenen Aktien besteht, wäre es etwas mühsam, für alle Aktien separate Optionen zu kaufen. Zudem ist die Wahrscheinlichkeit groß, dass Sie nicht von jeder Aktie genau 100 Stück besitzen. In diesem Fall können Sie die Summe des insgesamt investierten Kapitals ermitteln und Ihr gesamtes Portfolio mit einer einzigen Optionsposition absichern. Hierfür bieten sich Indexoptionen sowie ETF-Optionen an.

Bei dieser Herangehensweise wird unterstellt, dass Ihr Aktienportfolio eine hohe Korrelation mit dem Referenzindex aufweist.

Bevor Sie Ihr Aktienportfolio mit Index-Optionen absichern, ist es wichtig, einen geeigneten Referenzindex zu bestimmen. Kontrollieren Sie deshalb vorher, wie hoch die Korrelation Ihres Portfolios mit dem Referenzindex ist.

Gesamtes Depot mit nur einer Option absichern

Stellen Sie sich vor, Sie besitzen zehn US-amerikanische Large-Cap-Aktien. In jede dieser Aktien haben Sie einen individuellen Betrag investiert, der zwischen 1.000 und 10.000 US-Dollar liegt. Insgesamt haben Sie 50.000 US-Dollar investiert.

Um dieses Portfolio abzusichern, könnten Sie theoretisch einen Protective Put auf den S&P 500 Index (Symbol: SPX) kaufen. Die Index-Optionen auf den S&P 500 besitzen einen Multiplikator von 100. Bei einem Indexstand von 5.000 Punkten ergibt dies einen Gegenwert von 5.000 * 100 = 500.000 US-Dollar. Für Ihr Portfolio ist dies eine Null zu viel und Sie wären um den Faktor 10 überversichert.

Glücklicherweise gibt es Alternativen:

- ✔ Neben dem »regulären« S&P 500 Index gibt es einen kleineren Index, dessen Wert nur ein Zehntel des S&P 500 beträgt. Auch für diesen Mini S&P 500 Index sind Optionen unter dem Symbol XSP handelbar.

- ✔ Eine weitere Alternative bieten Ihnen Index-ETFs. Der SPDR S&P 500 ETF (Symbol: SPY) ist der bekannteste ETF auf den S&P 500 und notiert ebenfalls bei einem Zehntel des Index-Werts.

Nehmen wir an, der S&P 500 notiert bei 5.000 Punkten. Das bedeutet, der Mini S&P 500 liegt bei 500 Punkten. Sie kaufen eine Option mit einem Basispreis von 450 Punkten und einer Restlaufzeit von zwölf Monaten. Für die ersten 50 Punkte beziehungsweise 10 Prozent Kursverlust besitzen Sie also keine Absicherung. Dieses Risiko sind Sie bereit einzugehen.

Sie könnten auch einen Basispreis von 500 wählen, das heißt eine At-the-money-Option kaufen. Diese würde Ihnen bereits ab dem ersten Punkt Kursverlust einen Schutz bieten. Allerdings wäre diese Option deutlich teurer, weshalb Sie den Basispreis von 450 Punkten gewählt haben. Nun stellen wir uns vor, dass der S&P 500 innerhalb der nächsten zwölf Monate einen Kursverlust von 30 Prozent erleidet. Sie halten die Option über den Verfallstermin und es kommt zu einer Ausübung. Da Index-Optionen Cash gesettled werden, kommt es zu einer Abrechnung in bar:

- ✔ Basispreis der Option = 450 Punkte
- ✔ Stand des Mini S&P 500 am Verfallstermin = 350 Punkte
- ✔ Basispreis − aktueller Indexstand = 100 Punkte
- ✔ Multiplikator der Option = 100 US-Dollar
- ✔ Gutschrift auf Ihr Konto = 100 × 100 US-Dollar = 10.000 US-Dollar

Der S&P 500 ist um 30 Prozent gefallen. Mit der Absicherung haben Sie einen Gewinn von 10.000 US-Dollar erzielt. Dies entspricht 20 Prozent Ihres investierten Kapitals von 50.000 US-Dollar. Die restlichen 10 Prozent Verlust hatten Sie von Beginn an miteinkalkuliert.

Ihr Aktienportfolio besteht in diesem Beispiel aus zehn US-amerikanischen Large-Cap-Aktien. Die Wahrscheinlichkeit ist sehr hoch, dass die Kursentwicklung Ihres Portfolios eine sehr hohe Korrelation mit dem S&P 500 aufweist. Es könnte aber auch sein, dass der S&P 500 um 30 Prozent gefallen ist, Ihr Portfolio aber einen Verlust von 25 Prozent oder von 35 Prozent erlitten hat. Bei einer Absicherung mit einer Index-Option ist also eine gewisse Vorsicht geboten. Wenn Sie zum Beispiel statt zehn amerikanischen Large-Cap-Aktien zehn deutsche Technologie-Aktien besitzen, kann es sein, dass deren Kursverhalten eine größere Diskrepanz zur Entwicklung des S&P 500 aufweist. In diesem Fall wäre der Kauf von Index-Optionen auf den TecDAX eine mögliche Alternative.

Die Wahl des Basispreises und der Restlaufzeit

Für den Erfolg oder Misserfolg eines Protective Puts spielen auch die Wahl des Basispreises und der Restlaufzeit eine entscheidende Rolle. Genau wie beim Handel eines Long Puts aus spekulativen Gründen, kann es sein, dass Ihr Protective Put am Ende wertlos verfällt.

✔ **Wenn das Underlying in der Zwischenzeit angestiegen ist,** ist das kein Problem. In diesem Fall wurde der Verlust der Absicherung sehr wahrscheinlich durch den Kursgewinn des Underlyings kompensiert.

✔ **Wenn das Underlying aber gefallen ist und einen Verlust erlitten hat** und Ihr Protective Put ebenfalls wertlos verfallen ist, hat sich Ihr Verlust sogar erhöht.

Wie ein Protective Put Ihren Verlust erhöhen kann

Stellen Sie sich vor, Sie besitzen 100 Aktien eines Unternehmens, die aktuell bei einem Kurs von 100 Euro je Aktie notieren. Da der Gesamtmarkt gerade Schwäche zeigt und in einen Abwärtstrend überging, fürchten Sie, dass auch bei Ihren Aktien das Risiko von Kursverlusten besteht. Um Ihre Position abzusichern, kaufen Sie einen Protective Put. Die Restlaufzeit beträgt drei Monate und der Basispreis liegt bei 70 Euro. Für diese Option zahlen Sie eine Prämie von 150 Euro.

Nun kann es geschehen, dass die Aktie bis zum Verfallstermin Ihres Protective Puts auf 75 Euro fällt. Ihre Investition von 10.000 Euro (100 Aktien × 100 Euro) hätte somit einen Buchverlust von 2.500 Euro erzielt. Der Protective Put war im Verhältnis zu Ihrem investierten Kapital zwar sehr günstig; aber jetzt sehen Sie auch warum: Der Put ist wertlos verfallen. Schutz

> geboten hat er Ihnen in diesem Beispiel nicht. Auch wenn die Aktie möglicherweise einen Verlust von 50 Prozent erleidet, dies aber nicht während der Restlaufzeit Ihrer Option geschieht, würde der Schutz durch die Option nicht greifen.

 Der Reiz mag groß sein, eine günstige Absicherung zu kaufen. Das heißt, eine Put-Option mit einer kurzen Restlaufzeit und/oder einem niedrigen Basispreis. Die Wahrscheinlichkeit ist dabei jedoch groß, dass die Option wertlos verfällt und Ihnen gar keinen Schutz bietet.

Wenn Sie hingegen einen Protective Put mit einer sehr langen Restlaufzeit und einem hohen Basispreis (zum Beispiel einen At-the-money-Put) kaufen, sind die Kosten für diese Option zwar deutlich höher, dafür bietet Ihnen der Put aber im Falle eines Kursverlustes des Underlyings tatsächlich einen Schutz.

Die Frage ist also: Wie finden Sie den perfekten Basispreis und die perfekte Restlaufzeit, sodass das Verhältnis von Schutzfaktor und Kosten ideal ist.

Sie ahnen es schon: Den perfekten Basispreis gibt es nicht. Die Wahl der passenden Option hängt von Ihrer persönlichen Risikobereitschaft und den Zielen Ihrer Anlagestrategie ab. Der häufigste Fehler, den Anleger in diesem Zusammenhang machen, ist es, vor allem auf den Preis der Option zu achten und ein Schnäppchen machen zu wollen, statt eine Option mit einer hohen Gewinnwahrscheinlichkeit beziehungsweise einem hohen *Schutzfaktor* zu wählen.

 Bevor Sie sich Gedanken über die Wahl des passenden Basispreises und der Restlaufzeit des Protective Puts machen, sollten Sie eine klare Strategie besitzen, die Ihnen vorgibt, ob beziehungsweise wann Sie einen Protective Put einsetzen möchten. Neben einem Regelwerk, das den Einstieg definiert, sollten Sie auch wissen, wann Sie wieder aussteigen beziehungsweise die Absicherung auflösen möchten.

 Nehmen wir an, der S&P 500 befindet sich ein einem eindeutigen primären Aufwärtstrend. Sämtliche Indikatoren bestätigen dies. Zudem erkennen Sie durch die Analyse der Marktbreite, dass der breite Markt dem Bullenmarkt folgt und es derzeit keine Anzeichen für eine Trendumkehr gibt.

Wäre es in solch einem Fall sinnvoll, Ihr Depot abzusichern? Die Kosten für einen Protective Put wären zwar vergleichsweise gering, wenn die Märkte sich auf Allzeithochs befinden. Dennoch können die Kosten mit der Zeit erheblich zu Buche schlagen, wenn Sie sich fortlaufend absichern.

 Stellen Sie sich nun vor, dass der S&P 500 seit einigen Monaten seitwärts tendiert und Sie regelmäßig Verkäufe mit überdurchschnittlich hohem Volumen erkennen. Zudem stellen Sie fest, dass Kapital aus offensiven Marktsektoren in die defensiven Marktsektoren fließt und eine Vielzahl aller Aktien im S&P 500 bereits Abwärtstrends ausgebildet haben.

In diesem Fall könnte der Einsatz eines Protective Puts durchaus angebracht sein. Sollte die Schwäche jedoch nur kurzzeitig anhalten und der S&P 500 würde nach oben ausbrechen, könnten Sie die Absicherung wieder auflösen. Hierzu würden Sie ganz einfach den zuvor gekauften Put wieder verkaufen und somit dessen Kosten beziehungsweise dessen Verlust deutlich reduzieren.

Covered Call: Eine Art »umgekehrte Selbstbeteiligung«

Der Covered Call ist eine Optionsstrategie, die eigentlich zu den *Income-Strategien* zählt. Das bedeutet, sie wird häufig eingesetzt, mit dem Ziel, einen mehr oder weniger regelmäßigen Cashflow zu generieren. Wie Sie den Covered Call für diesen Zweck nutzen können, lesen Sie in Kapitel 11. Hier erfahren Sie, ob sich der Covered Call auch als Absicherungsstrategie eignet.

Als *Covered Call* – auf Deutsch: gedeckter Call – wird der Verkauf einer Call-Option (Short Call) bezeichnet, bei gleichzeitigem Besitz des Underlyings.

Sollte ein Short Call am Verfallstermin im Geld notieren, kommt es zu einer Ausübung der Option. Als Verkäufer des Calls sind Sie verpflichtet, das Underlying zu liefern, das heißt zu verkaufen.

Wenn Sie das Underlying bereits besitzen, würde dieses einfach aus Ihrem Depot ausgebucht werden. Für Sie besteht daher kein Risiko bei steigenden Preisen, weshalb man in diesem Zusammenhang von einem *gedeckten (covered) Call* spricht.

Damit das mit dem Verkauf des Calls einhergehende Risiko tatsächlich gedeckt ist, müssen Sie darauf achten, dass die Zahl der Aktien in Ihrem Depot mit dem Bezugsverhältnis (Multiplikator) der Option übereinstimmt. Im Fall von Aktienoptionen bedeutet das, dass Sie pro Option 100 Aktien besitzen müssen.

Funktionsweise eines Covered Calls

Stellen Sie sich vor, Sie kaufen 100 Stück einer Aktie für 120 Euro pro Aktie. Sie haben also 12.000 Euro investiert. Der Kurs der Aktie steigt auf 150 Euro. Nun verkaufen Sie eine Call-Option auf diese Aktie mit einem Basispreis von 150 Euro. Hierfür erzielen Sie eine Zusatzeinnahme von 900 Euro.

Nun gibt es zwei mögliche Szenarien:

3. **Die Aktie steigt weiter an:** In diesem Fall wird die Option am Verfallstermin (oder gegebenenfalls bereits vorher) ausgeübt. Sie müssen Ihre Aktien für 150 Euro je Stück verkaufen. Ihr Gewinn beläuft sich auf die 30 Euro Kursgewinn pro Aktie plus die eingenommene Optionsprämie. Insgesamt also 100 × 30 Euro + 900 Euro = 3.900 Euro. Wie Sie sehen,

> entstand für Sie durch den Verkauf des Calls kein zusätzliches Risiko, da dieser gedeckt war. Sie konnten lediglich vom weiteren Kursanstieg der Aktie nicht profitieren. Der Covered Call hat in diesem Fall wie ein Take Profit plus Zusatzeinnahme funktioniert.
>
> 4. **Die Aktie läuft seitwärts oder fällt:** Notiert die Aktie am Verfallstermin am Geld oder aus dem Geld, das heißt ≤ 150 EUR, verfällt der verkaufte Call wertlos. In diesem Fall können Sie sich über die zusätzlich eingenommene Prämie von 900 Euro freuen.

Sie haben nun gesehen, wie ein Covered Call funktioniert. Vielleicht denken Sie sich: »Eine schöne Strategie, aber was hat das mit einer Absicherung zu tun?«

Um dies zu beantworten, können Sie nochmals an das oben ausgeführte Beispiel denken. Die Prämieneinnahme von 900 Euro beziehungsweise 9 Euro pro Aktie hat zu einem zusätzlichen Cashflow auf Ihrem Konto geführt. Diesen können Sie mental Ihrer Aktienposition zuordnen. Das bedeutet, der Kaufpreis Ihrer Aktien hat sich um 9 Euro pro Aktie reduziert beziehungsweise: Der Break-even-Point Ihrer Aktie ist um 9 Euro pro Aktie gesunken. Da Sie die Aktie zu einem Kurs von 120 Euro gekauft haben, liegt der neue Break-even-Point nun bei 111 Euro. Der Covered Call hat also dazu geführt, dass die Aktie unter den Kaufkurs fallen kann, ohne dass Sie einen Verlust erzielen. Somit kann der Covered Call zumindest ein Stück weit als Absicherungsstrategie gesehen werden.

Bei einem Protective Put ist Ihre Aktienposition ab einem bestimmten Schwellenwert vollständig gegen alle weiteren Verluste abgesichert. Im Vergleich dazu ist Ihre Position mit einem Covered Call fast nie vollständig abgesichert. Sie erzielen »lediglich« eine Zusatzeinnahme, die Ihnen einen gewissen Puffer nach unten gibt. Wie hoch die zusätzliche Einnahme durch den Verkauf der Call-Option ist, hängt immer davon ab, welchen Basispreis und welche Laufzeit Sie wählen.

 Falls Sie für Ihr Auto eine Vollkaskoversicherung abgeschlossen haben, gibt es dabei wahrscheinlich einen Selbstbehalt. Wenn der Schaden zum Beispiel 10.000 Euro beträgt, müssen Sie beispielsweise 1000 Euro selbst bezahlen, den Rest zahlt Ihre Versicherung. Den Covered Call können Sie sich als eine Art »umgekehrte Selbstbeteiligung« vorstellen. Die ersten 1000 Euro Kursverlust der Aktie sind versichert. Für alle weiteren Verluste müssen Sie selbst aufkommen.

Collar: Die clevere Kombination aus Short Call und Long Put

Eine weitere bekannte und häufig angewandte Absicherungsstrategie ist der Collar. Um diesen zu verstehen, sollten Sie nochmals an den Protective Put und den Covered Call zurückdenken.

✔ Der Nachteil des Protective Puts besteht darin, dass dieser mit gewissen Kosten für den Optionskauf verbunden ist.

✔ Der Nachteil eines Covered Calls besteht darin, dass Ihr Gewinnpotenzial bei einem steigenden Aktienkurs begrenzt ist.

Wieso nicht beide Nachteile kombinieren und einen Protective Put und einen Short Call gleichzeitig handeln? Genau das geschieht bei einem Collar.

Ein *Collar* ist eine Kombination aus einem Short Call und einem Long Put bei einer gleichzeitigen Long-Position in der zugrunde liegenden Aktie.

Wenn Sie 100 Stück einer Aktie besitzen, können Sie einen Put (Protective Put) als Absicherung kaufen und gleichzeitig einen Call (Covered Call) verkaufen, wodurch ein Collar entsteht.

Sobald Sie etwas näher über den Collar nachdenken, werden Sie feststellen, dass diese Strategie keineswegs nur aus Nachteilen besteht, sondern sogar sehr große Vorteile besitzt, weshalb der Collar unter Optionshändlern auch durchaus beliebt ist.

Kostenlose Absicherung?

Sie können sich das Vorgehen bei einem Collar so vorstellen, dass Sie einen Covered Call handeln und die eingenommene Prämie dazu nutzen, um einen Protective Put zu kaufen. Somit hätten Sie einen kostenlosen Protective Put.

Der Nachteil des Covered Calls besteht jedoch weiterhin: Wenn die Aktie ansteigt, sind Sie gezwungen diese zu verkaufen. Da Sie die Aktie bereits besitzen, entsteht damit zumindest kein finanzieller Verlust. Ihnen entgeht lediglich der Gewinn. Ob der Collar tatsächlich kostenlos ist oder ob er Kosten verursacht, ist abhängig davon, welche Basispreise Sie für die Optionen auswählen. Je nachdem entstehen moderate Kosten, keine Kosten oder sogar eine Einnahme.

Absicherung einer Aktie mit einem Collar

Stellen Sie sich vor, Sie besitzen eine Aktie, die bei einem Kurs von 151 US-Dollar notiert. Nun verkaufen Sie einen Call mit einem Basispreis von 160 US-Dollar. Mit diesem Covered Call erzielen Sie eine Prämieneinnahme von 1.185 US-Dollar. Anschließend kaufen Sie einen Put mit einem Basispreis bei 150 US-Dollar. Dieser kostet 1.257 US-Dollar. Die Restlaufzeit beider Optionen ist identisch und beträgt 90 Tage.

In diesem Fall hat der Collar folgende Kosten verursacht:

Prämie Put − Prämie Call = 1257 US-Dollar − 1185 US-Dollar = 72 US-Dollar

Wenn Sie diese 72 US-Dollar in Relation zum Wert der Aktien setzen (151 US-Dollar × 100 = 15.100 US-Dollar) sehen Sie, dass der Collar quasi kostenneutral ist.

Der aktuelle Kurs der Aktie liegt bei 151 US-Dollar. Ihr Protective Put hat einen Basispreis von 150 US-Dollar. Das bedeutet, Ihre Position ist nahezu vollständig abgesichert. Das Risiko beträgt lediglich 1000 US-Dollar + 72 US-Dollar = 1072 US-Dollar. Sollte die Aktie weiter ansteigen, würden Sie in diesem Fall sogar bis zum Kursniveau von 160 US-Dollar daran partizipieren.

Notiert die Aktie am Verfallstermin über 160 US-Dollar, beträgt der Gewinn:

160 US-Dollar – 151 US-Dollar) × 100 – 72 US-Dollar = 828 US-Dollar

Sie können natürlich auch andere Basispreise für den Call und den Put verwenden. Entweder steigen oder sinken die Kosten beziehungsweise die Einnahmen des Collars.

Sie könnten die Basispreise beispielsweise so wählen, dass Sie eine Prämieneinnahme von 500 US-Dollar erzielen. Dabei müssten Sie entweder den Call näher am Geld handeln oder den Put weiter nach unten schieben, wodurch sich das Risiko der Aktienposition erhöhen würde. Je nachdem wie Ihre Markterwartung ist und wie viel Risiko Sie eingehen möchten, können Sie den Collar feinjustieren.

Der Collar ist im Vergleich zu einem Protective Put deutlich günstiger. Je nach Wahl der Strikes kann beim Handel eines Collars sogar eine Einnahme entstehen. Ein weiterer Vorteil ist die große Flexibilität der Strategie. Durch eine Adjustierung der Strikes können Sie den Collar sehr gut an Ihr Risikoprofil und an Ihre Markterwartungen anpassen.

IN DIESEM KAPITEL

Cash Secured Put: Verkauf eines gedeckten Puts

Covered Call: Verkauf eines gedeckten Calls

Regelmäßige Einnahmen mit der Wheel-Strategie

Risikomanagement bei der Wheel-Strategie

Wie Sie die richtigen Aktien und Optionen für die Wheel-Strategie auswählen

Kapitel 11
Drehen Sie am Rad: Die Wheel-Strategie

Sind Sie bereits Aktionär und investieren Sie für den langfristigen Vermögensaufbau regelmäßig in Aktien? Dann könnte die Wheel-Strategie genau das Richtige für Sie sein. Aber auch wenn Sie mit Aktien noch keine Erfahrungen gesammelt haben und lediglich Einnahmen mit Optionen generieren möchten, ist die Wheel-Strategie insbesondere für Neulinge im Bereich des Optionshandels bestens geeignet. Die Strategie bietet eine systematische Vorgehensweise, um regelmäßig Einkünfte zu erzielen, und kombiniert dabei den Besitz von Aktien mit dem Verkauf von Optionen.

 Die *Wheel-Strategie* besteht aus einer sich wiederholenden Abfolge von *Cash Secured Puts* und *Covered Calls*. Ziel ist ein möglichst kontinuierlicher Cashflow durch die Einnahme von Optionsprämien sowie gegebenenfalls durch Kursgewinne der Aktie.

Cash Secured Put: Verkauf eines gedeckten Puts

Wenn Sie diesem Buch bis hierher aufmerksam gefolgt sind, kennen Sie den Cash Secured Put im Grunde genommen schon.

 Ein *Cash Secured Put* ist nichts anderes als der Verkauf einer Put-Option (Short Put), bei dem Sie bewusst die Möglichkeit einer Ausübung der Option miteinkalkulieren.

Die Bezeichnung »Cash Secured« bedeutet übersetzt: durch Bargeld gedeckt. Das heißt, es muss genügend Geld auf Ihrem Handelskonto vorhanden sein, damit Sie im Falle einer Ausübung der Option am Verfallstag das Underlying auch kaufen können. Technisch gesehen ist der Cash Secured Put also nichts anderes als ein Short Put. Lediglich das bewusste Inkaufnehmen oder das Ziel einer Ausübung der Option macht den Short Put zum Cash Secured Put. Das Underlying kann jedes beliebige Underlying sein. Im Falle der Wheel-Strategie beziehungsweise bei einem Cash Secured Put ist dies aber in der Regel eine Aktie oder ein ETF.

 Wenn Sie eine Put-Option verkaufen und über den Verfallstermin halten, veranlasst die Clearingstelle der Börse automatisch eine Ausübung der Option, falls diese im Geld verfällt. Im Falle eines Short Puts bedeutet das, dass Sie 100 Stück der zugrunde liegenden Aktie kaufen müssen, falls der Aktienkurs am Verfallstermin mindestens einen Punkt unter dem Basispreis des Puts schließt.

 Die Aktie eines Unternehmens steht bei einem Kurs von 122,37 Euro. Sie verkaufen einen 120er Put (Cash Secured Put) mit einer Restlaufzeit von 14 Tagen und erhalten hierfür eine Prämieneinnahme von 165 Euro. Falls die Aktie am Verfallstermin bei einem Kurs von 120 Euro oder darüber schließt, verfällt die Option wertlos und Sie haben einen Gewinn von 165 Euro erzielt. Falls die Aktie unter dem Basispreis von 120 Euro schließt, haben Sie ebenfalls 165 Euro verdient, sind aber gezwungen, 100 Stück der Aktie zu einem Preis von 120 Euro je Aktie zu kaufen. Ihr Konto muss in diesem Fall also eine Kaufkraft von mindestens 12.000 Euro besitzen.

Im Falle des wertlosen Verfalls der Option wird bei der Wheel-Strategie unmittelbar nach dem Verfallstermin beziehungsweise möglichst zeitnah erneut eine Put-Option verkauft. Auch diese wird entweder wertlos verfallen oder es wird zu einer Ausübung der Option kommen, falls diese im Geld verfällt. Früher oder später werden Sie also 100 Stück der Aktie gekauft haben. Das ist der Zeitpunkt, an dem Sie zum nächsten Schritt der Wheel-Strategie übergehen: dem Handel eines Covered Calls.

Covered Call: Verkauf eines gedeckten Calls

Den Covered Call haben Sie bereits in Kapitel 10 kennengelernt, als Werkzeug zur Absicherung einer Aktienposition und als Bestandteil eines Collars. Der meistgenutzte Anwendungsfall eines Covered Calls besteht klassischerweise jedoch darin, Zusatzeinnahmen bei einer bestehenden Aktienposition zu erzielen.

 Der Verkauf einer Call-Option (Short Call) wird als *Covered Call* bezeichnet, wenn das Risiko des Calls durch eine Aktienposition (100 Stück pro Option) gedeckt ist.

Die Wheel-Strategie im Einsatz

Nachdem Sie einige Cash Secured Puts gehandelt haben, die wertlos verfallen sind, verkaufen Sie erneut einen 120er Put auf eine Aktie. Dieses Mal fällt die Aktie unter Ihren Basispreis und notiert am Verfallstermin bei 119,23 Euro. Ihre Option verfällt im Geld und Sie sind gezwungen 100 Aktien zu einem Kurs von 120 Euro je Aktie zu kaufen.

Insgesamt kostet Sie dieser Spaß also 12.000 Euro. Da die Aktie bei 119,23 Euro notiert, ist Ihre Position bereits einige Euro im Minus. Das sollte Sie zunächst nicht beunruhigen. Schließlich habe Sie zuvor einige Cash Secured Puts gehandelt und somit Prämieneinnahmen von mehreren Hundert Euro erzielt. Am nächsten Handelstag können Sie Ihre Chance nutzen und erneut eine Option verkaufen.

Da Sie nun 100 Aktien besitzen, verkaufen Sie einen 120er Call, genauer gesagt einen Covered Call. Für diesen Call erhalten Sie eine Prämie von 105 Euro.

Auch hier gibt es am Verfallstermin wieder zwei Szenarien:

1. **Die Option verfällt wertlos**

    Falls der Aktienkurs am Verfallstermin unter dem Basispreis Ihres verkauften Calls oder auf dem exakt selben Kursniveau liegt, verfällt die Option wertlos und Sie können die eingenommene Optionsprämie von 105 Euro als Gewinn verbuchen. In diesem Fall können Sie gleich wieder einen neuen Call verkaufen und nochmals eine Prämieneinnahme erzielen.

2. **Die Option verfällt im Geld**

    Falls die Aktie am Verfallstermin über dem Kursniveau des Basispreises des Calls notiert, verfällt die Option im Geld. In diesem Fall müssen Sie 100 Aktien zu einem Kurs von 120 Euro je Aktie verkaufen. Da Sie die Aktien bereits besitzen, besteht somit kein Risiko für Sie, ganz egal wie weit der Aktienkurs in der Zwischenzeit angestiegen ist. Die zuvor eingenommene Optionsprämie von 105 Euro können Sie auch in diesem Fall als Gewinn verbuchen.

Sobald Sie einen oder mehrere Covered Calls gehandelt haben, tritt sehr wahrscheinlich irgendwann der Fall ein, dass der Call im Geld verfällt und Sie Ihre 100 Aktien verkaufen müssen. Nun stehen Sie wieder mit leeren Händen da. Aber dafür mit vollen Taschen. Schließlich haben Sie in der Zwischenzeit mehrere Optionen verkauft und immer wieder Prämieneinnahmen erzielt. Sobald dieser Fall eingetreten ist, können Sie wieder zum ersten Schritt der Strategie zurückkehren und das Rad erneut drehen, indem Sie eine Put-Option verkaufen.

Wenn Sie eine Call-Option verkaufen und diese über den Verfallstermin halten, kommt es zu einer Ausübung, wenn die Aktie mindestens einen Punkt im Geld notiert, das heißt wenn der Aktienkurs über dem Basispreis der Option liegt.

Bei einer Ausübung des Calls wären Sie in diesem Fall gezwungen, 100 Stück der Aktie zu verkaufen. Im Gegensatz zu einem »nackten« Call, bei dem das Risiko nach oben unbegrenzt ist, besteht bei einem Covered Call kein Risiko bei steigenden Kursen. Sie besitzen die Aktie bereits und diese wird im Falle einer Ausübung ganz einfach zum Kurs des Basispreises aus Ihrem Depot ausgebucht.

Als Bestandteil der Wheel-Strategie kommt der Covered Call dann zum Einsatz, wenn der zuvor verkaufte Put (Cash Secured Put) im Geld verfällt, wodurch Sie 100 Aktien in Ihr Depot gebucht bekommen. Ob Sie bei einer neuen »Wheel-Position« mit dem Verkauf eines Cash Secured Puts oder mit einem Covered Call beginnen, bleibt aber Ihnen überlassen. Beide Varianten sind möglich.

Regelmäßige Einnahmen mit der Wheel-Strategie

Wie Sie sehen, ist die Wheel-Strategie eine Art Kreislauf, bei dem Sie fortlaufend Optionen verkaufen. Zwischendurch besitzen Sie dabei 100 Aktien (pro Option), die aber früher oder später meist wieder verkauft werden.

Hier sehen Sie den Ablauf der Wheel-Strategie noch einmal kurz zusammengefasst:

1. **Verkauf einer Put-Option (Cash Secured Put)**

   a) Option verfällt wertlos: Kehren Sie zurück zu Schritt 1.

   b) Option verfällt im Geld: Sie erhalten automatisch 100 Aktien. Gehen Sie zu Schritt 2.

2. **Verkauf einer Call-Option (Covered Call)**

   c) Option verfällt wertlos: Kehren Sie zurück zu Schritt 2.

   d) Option verfällt im Geld. Ihre 100 Aktien werden automatisch verkauft. Kehren Sie zurück zu Schritt 1.

 Bei der Wheel-Strategie besteht der erste Schritt im Verkauf einer Put-Option. Sie können aber auch direkt mit Schritt 2 beginnen. Sollten Sie mit Schritt 2 starten, müssen Sie die 100 Aktien initial und einmalig selbst kaufen, da es zu keiner Ausübung der Put-Option kommt.

Wie Sie anhand der zuvor dargestellten Beispiele gesehen haben, fließen bei der Wheel-Strategie im Idealfall kontinuierlich Prämieneinnahmen in Ihr Depot. Zwischendurch kaufen und verkaufen Sie hin und wieder 100 Aktien, die Prämieneinnahmen sorgen jedoch für einen kontinuierlichen Cashflow. Die verkauften Optionen sind gedeckt, weshalb Sie mit diesen immer wieder aufs Neue Einnahmen erzielen, jedoch nie einen Verlust realisieren.

Aber Sie ahnen es schon: Die Sache hat einen Haken. Wie bei jeder Strategie, gibt es auch bei der Wheel-Strategie ein Risiko. Dieses liegt ausschließlich in der Aktie. Das bedeutet, dass sie durch den Handel der Optionen zwar keine Verluste realisieren, dass aber die zugrunde liegende Aktie sehr stark fallen könnte, theoretisch bis auf null.

Wenn Sie zum Beispiel einen Cash Secured Put mit einem Basispreis bei 80 US-Dollar verkaufen und die zugrunde liegende Aktie bis zum Verfallstermin auf 50 US-Dollar fällt, ist die Aktie bereits 30 US-Dollar im Minus, wenn Ihr Put ausgeübt wird. Das bedeutet, Ihr Buchverlust beträgt 30 US-Dollar × 100 = 3000 US-Dollar. (Die zuvor eingenommene Optionsprämie wurde in diesem Beispiel außen vor gelassen).

Auch bei einem Covered Call kann die Aktie stark fallen und einen hohen Verlust erzielen.

Wenn Sie zum Beispiel einen Cash Secured Put mit einem Basispreis bei 70 US-Dollar verkaufen und die Aktie am Verfallstermin bei 68 US-Dollar notiert, befindet sich Ihre Aktienposition 2 US-Dollar pro Aktie im Minus. Durch den Verkauf eines Covered Calls erzielen Sie zwar gleich wieder eine Prämieneinnahme; die Aktie könnte aber auch in diesem Fall anschließend so stark einbrechen, dass die zuvor eingenommenen Prämien den Verlust nur leicht reduzieren.

Der Vorteil bei der Wheel-Strategie ist: Die Einnahmen fließen quasi von selbst auf Ihr Konto. Das Einzige, worum Sie sich kümmern müssen, sind das Risiko und die Frage, wie Sie dieses managen wollen.

Risikomanagement bei der Wheel-Strategie

Das Risiko beim Handel der Wheel-Strategie liegt in der Aktienposition. Auf die Frage, wie Sie mit diesem Risiko umgehen wollen, gibt es mehrere Antworten. Welche Art des Risikomanagements für Sie die richtige ist, hängt von Ihrer Handelsstrategie und Ihrer Risikobereitschaft ab.

Folgende Möglichkeiten bestehen, um mit dem Risiko von fallenden Aktienkursen umzugehen:

1. Aktie halten und Verluste aussitzen

2. Verlust »hart« begrenzen (Stop Loss)

3. Optionen rollen

4. Aktienposition durch Protective Put absichern

Aktie halten und Verluste aussitzen (plus: weiterhin Einnahmen erzielen)

Wenn Sie 100 Stück einer Aktie besitzen, die auf Ihrem Konto bereits einen gewissen Buchverlust generiert hat, könnten Sie sich ganz einfach dazu entschließen, diese Aktie langfristig zu halten und den Verlust *auszusitzen*. Besser wäre es natürlich, wenn Sie diese Entscheidung nicht erst dann treffen, wenn der Verlust da ist, sondern bereits vor der Positionseröffnung. In diesem Fall würden Sie die Wheel-Strategie mit einem Buy-and-Hold-Ansatz kombinieren. Dies kann sinnvoll sein, wenn es sich um eine Aktie handelt, die Sie sowieso gerne langfristig besitzen möchten, und bei der Sie zuversichtlich sind, dass diese langfristig zu den Gewinnern gehören wird. Eine Garantie dafür gibt es natürlich nicht, aber in diesem Fall wäre das Risiko das gleiche, wie bei einem »klassischen« Buy-and-Hold-Anleger.

Als Optionshändler haben Sie dabei den Vorteil, dass Sie durch den Handel der Wheel-Strategie vermutlich bereits einige Prämieneinnahmen erzielt haben, bevor die Aktie ins Minus dreht. Und auch wenn die Aktie zum Beispiel 20 Prozent gefallen ist, können Sie weiterhin Covered Calls auf diese Aktie verkaufen. Wenn die Aktie dann irgendwann wieder über den Kaufkurs angestiegen ist, haben Sie in der Zwischenzeit kontinuierlich Prämieneinnahmen generiert.

Wenn Sie eine Aktie besitzen, die zu fallen beginnt, und Sie kontinuierlich Call-Optionen auf diese Aktie verkaufen, kann es also geschehen, dass Ihre Aktie plötzlich nach oben dreht, im Geld landet und Sie gezwungen sind, die Aktien weit unter Ihrem Einstiegskurs zu verkaufen. Zumindest wenn Sie nicht aufpassen. Denn auch für eine Situation wie diese gibt es einen Ausweg.

Zunächst empfiehlt es sich in solch einem Fall, bei der Wahl des Basispreises der verkauften Call-Option etwas konservativer vorzugehen. Das heißt: Wählen Sie lieber einen Basispreis, der etwas weiter aus dem Geld liegt. Die Prämieneinnahme wird zwar etwas geringer ausfallen. Das Risiko, dass Ihnen Ihre Aktien »weggecallt« werden, ist dafür aber geringer.

Der Idealfall würde also so ausschauen:

Ihre 100 Aktien, die aktuell einen Buchverlust auf Ihrem Konto produziert haben, bewegen sich in einem moderaten Aufwärtstrend nach oben. Sie verkaufen kontinuierlich Call-Optionen, die immer gerade noch so wertlos – das heißt: *out of the money* – verfallen. Irgendwann haben Sie Ihren Einstiegskurs wieder erreicht und haben auch kein Problem damit, wenn Ihre Aktien nun »weggecallt« – sprich: verkauft – werden.

Dieses Kunststück wird Ihnen aber vermutlich nicht mal in einem Börsensimulationsspiel gelingen. Die Wahrscheinlichkeit ist sehr hoch, dass die Aktie irgendwann über Ihren Basispreis ansteigen wird.

Das Risiko beim Verlust aussitzen

Wenn Sie sich dazu entscheiden, eine Aktie langfristig zu halten und einen drohenden Verlust aussitzen möchten, sollten Sie sich immer über Folgendes bewusst sein: Es kann sein, dass Ihre Annahme oder Ihre Analyse falsch ist, und dass die Aktie langfristig nicht wieder über Ihren Kaufkurs steigen wird, oder dass dies möglicherweise sehr lange dauern wird. Wenn Sie bei einem fallenden Aktienkurs weiterhin Short Calls handeln und Prämieneinnahmen erzielen möchten, müssen Sie noch auf eine weitere Sache achten:

Stellen Sie sich vor, Sie besitzen eine Aktie, die Sie bei einem Kurs von 112 US-Dollar gekauft haben. Der aktuelle Aktienkurs liegt bei 79 US-Dollar. Sie denken Sich: »Okay, langfristig steigt die Aktie wieder. In der Zwischenzeit lass ich ein paar Prämieneinnahmen in mein Konto fließen.« An und für sich eine gute Idee. Sobald Sie jedoch einen Blick in die Optionskette Ihres Online-Brokers geworfen haben, folgt die Ernüchterung.

Wenn Ihr Ziel darin besteht, dass Sie die Aktie für nicht weniger als 112 US-Dollar je Aktie wieder verkaufen möchten, müssten Sie einen Basispreis von mindestens 112 US-Dollar wählen. Da die Aktie aber bereits so stark gefallen ist, erhalten Sie für Optionen mit einem Basispreis, der so weit aus dem Geld liegt, kaum noch etwas. Es sei denn Sie wählen einen Verfallstermin, der sehr weit in der Zukunft liegt. Aber auch dann würden Sie in diesem Fall vermutlich maximal 100–200 US-Dollar an Prämieneinnahmen erzielen, was im Verhältnis zum Wert der Aktien und aufgrund der sehr langen Wartezeit relativ wenig ist.

Sie können auch eine Restlaufzeit von 7, 14 oder 30 Tagen wählen. Damit Sie mit solch einer Option aber einen nennenswerten Betrag einnehmen, müssen Sie einen Basispreis wählen, der deutlich näher am Geld liegt, beispielsweise bei 80 US-Dollar.

Stellen Sie sich vor, Sie verkaufen einen 80er Call auf diese Aktie mit einer Restlaufzeit von 14 Tagen. Für diese Option erzielen Sie Prämieneinnahmen von 125 US-Dollar. Nun beginnt die Aktie zu steigen und notiert nach 14 Tagen bei einem Preis von 81 US-Dollar je Aktie.

Was passiert nun? Richtig! Ihre 100 Aktien werden zu einem Kurs von 80 US-Dollar verkauft. Sie haben zwar eine Prämieneinnahme von 125 US-Dollar erzielt, allerdings haben Sie die Aktie zuvor für 112 US-Dollar gekauft und nun für nur 80 US-Dollar wieder verkauft. Das bedeutet, der Verlust Ihrer Aktienposition beträgt:

(112 US-Dollar − 80 US-Dollar) × 100 = 3200 US-Dollar.

Möglicherweise haben Sie in Summe zuvor einige Hundert Dollar Optionsprämien eingenommen. Unterm Strich haben Sie aber dennoch einen Verlust erzielt. Nicht gerade das, was Sie sich unter Buy and Hold vorgestellt haben!

In diesem Fall müssen Sie jedoch nicht warten, bis es zur Ausübung der Option kommt. Sie können die Option ganz einfach rollen.

Rollen bedeutet im Falle des Optionsverkaufs, dass Sie eine zuvor verkaufte Option zurückkaufen und gleichzeitig beziehungsweise unmittelbar danach eine neue Option mit einem anderen Verfallstermin und/oder einem anderen Basispreis verkaufen.

Denken Sie noch einmal an das vorherige Beispiel zurück, in dem Sie eine Aktie zu 112 US-Dollar gekauft haben, die auf 79 US-Dollar gefallen ist und stellen Sie sich folgendes Szenario vor:

✔ Sie verkaufen einen 82er Call mit 14 Tagen Restlaufzeit.

✔ Die Aktie ist nach 14 Tagen auf 81,37 US-Dollar angestiegen. Das heißt, Ihr Covered Call verfällt wertlos und der Verlust Ihrer Aktienposition hat sich bereits etwas reduziert.

✔ Nun verkaufen Sie einen neuen Covered Call mit 14 Tagen Restlaufzeit und einem Basispreis von 83 US-Dollar und erzielen erneut eine Prämieneinnahme.

✔ Wenige Tage später beginnt die Aktie stark anzusteigen und notiert bei einem Kurs von 83,67 US-Dollar.

Wenn Sie in diesem Fall einfach abwarten, kann es geschehen, dass die Option im Geld verfällt und Sie Ihre Aktien mit Verlust verkaufen müssen. Sie könnten zwar unmittelbar danach erneut 100 Aktien kaufen und weiterhin Covered Calls auf diese Aktie schreiben. Allerdings können Sie den Call auch ganz einfach rollen: Sie kaufen den Call zurück und verkaufen danach beziehungsweise gleichzeitig einen Call mit einem höheren Basispreis, beispielsweise einen 85er Call. Dieser liegt nun wieder out of the money und gibt Ihrer Aktie etwas Luft nach oben. Falls der Verfallstermin derselbe ist, werden Sie für den 85er Call allerdings deutlich weniger Prämie einnehmen, als Sie für das Zurückkaufen des 83er Calls gezahlt haben. Das bedeutet: Es entsteht ein *Rollverlust*. Um dies zu vermeiden, können Sie einen Verfallstermin wählen, der weiter in der Zukunft liegt.

Je weiter entfernt der Verfallstermin liegt, desto höher ist der Optionspreis.

Sobald der Basispreis Ihres Covered Calls unter Druck gerät, können Sie den Call also nach hinten (auf einen späteren Verfallstermin) und nach oben rollen. Der gerollte Call wird dann entweder wertlos verfallen oder die Aktie wird weiter steigen und wieder über den Basispreis des Calls ansteigen. In diesem Fall könnten Sie den Call erneut rollen. Dieses Spiel können Sie so lange fortsetzen, bis die Aktie wieder Ihren ursprünglichen Kaufkurs erreicht hat. In den meisten Fällen steigen Aktien nicht ununterbrochen an. Daher werden Sie wahrscheinlich mit einigen Covered Calls einen Gewinn erzielen und mit einigen anderen durch das Rollen etwas Zeit kaufen.

Verlust »hart« begrenzen (Stop Loss)

Selbstverständlich sind Sie nicht gezwungen, beim Handel der Wheel-Strategie zuzuschauen, wie der Verlust Ihrer Aktienposition immer größer und größer wird. Wie beim *gewöhnlichen* Aktienhandel, können Sie auch bei der Wheel-Strategie jederzeit die Reißleine ziehen und den Verlust begrenzen.

Dazu könnten Sie zum Beispiel eine *Sell Stop Order* im Markt platzieren. Sobald der Markt den Stoppkurs nach unten durchbricht, würden Sie somit automatisch 100 Aktien verkaufen.

Wenn Sie die Wheel-Strategie bei einer Aktie handeln, die sich in einem moderaten Aufwärtstrend befindet, könnten Sie sich zum Beispiel dazu entschließen, die Strategie so lange zu handeln, wie sich die Aktie im Aufwärtstrend befindet. Wenn die Aktie über einen gewissen Zeitraum seitwärts verläuft oder nach einer Korrektur nicht wieder ansteigt, könnten Sie einen Stop Loss beziehungsweise eine Sell-Stop-Order einige Punkte unter dem letzten charttechnischen Korrekturtief platzieren. Sollte der Aufwärtstrend gebrochen werden, was die Wahrscheinlichkeit auf einen weiteren Kursrückgang erhöhen würde, würden Sie automatisch 100 Aktien verkaufen.

Wenn Sie 100 Aktien besitzen, führt der Stop Loss dazu, dass diese 100 Aktien verkauft werden. Sie können die Sell-Stop-Order allerdings auch platzieren, wenn Sie die 100 Aktien gar nicht besitzen, sondern wenn Sie einen Cash Secured Put gehandelt haben. Auch hier wäre das Risiko nach unten zunächst unbegrenzt, weshalb Sie der Sell Stop vor weiteren Verlusten schützen würde. Allerdings wären Sie in diesem Fall nach der Ausführung der Stop-Order 100 Aktien Short. Wenn Sie zu diesem Zeitpunkt noch den Cash Secured Put besitzen, wird am Verfallstermin Folgendes geschehen:

✔ Der verkaufte Put verfällt im Geld.

✔ Dies führt dazu, dass Sie 100 Aktien zum Basispreis der Put-Option kaufen müssen.

✔ Wenn Sie durch die vorherige Ausführung des Sell Stops 100 Aktien Short sind, werden Sie nach dem Verfallstermin der Option wieder *flat* sein (−100 Aktien + 100 Aktien = 0 Aktien).

Statt der Platzierung einer Sell-Stop-Order können Sie auch mit einem *mentalen Stop Loss* arbeiten. Dabei würden Sie die Aktie selbst verkaufen, sobald diese eine definierte Verlustschwelle überschritten hat. Die Gefahr bei diesem Vorgehen besteht allerdings darin, dass die Aktie stark fällt, ohne dass Sie es merken oder bevor Sie reagieren können.

Optionen rollen

Das Rollen von Optionen ist für die meisten aktiven Optionshändler genauso selbstverständlich, wie das Eröffnen eines neuen Trades oder das Schließen einer Position. Auch bei der Wheel-Strategie besteht die Möglichkeit, dass Sie durch aktives Eingreifen in Ihre Trades nicht bis zum Verfallstermin warten, sondern die Optionen vorher rollen. Entweder zur Verlustbegrenzung beziehungsweise aus Gründen des Risikomanagements oder um den möglichen Gewinn zu erhöhen.

Rollen eines Cash Secured Puts

Sie haben einen Cash Secured Put auf eine Aktie verkauft. Der Basispreis liegt bei 325 US-Dollar und die Restlaufzeit beträgt noch acht Tage. Die Aktie notierte gestern noch bei 328,47 US-Dollar, bevor sie sich heute auf den Weg Richtung Süden machte. Sie stehen nun vor der Wahl: Warten Sie die restlichen acht Tage ab? Die Aktie könnte weiter fallen und Ihr Verlust könnte sich erhöhen. Oder greifen Sie in den Trade ein?

Falls Sie 325 US-Dollar als einen attraktiven Kaufkurs erachten, zu dem Sie bereit sind, die Aktie zu kaufen und möglicherweise langfristig zu halten, könnten Sie einfach abwarten. Wenn Sie hingegen davon ausgehen, dass die Aktie noch weiter fallen könnte oder wenn Sie die Aktie eigentlich erst bei einem Kurs von 300 US-Dollar kaufen möchten, können Sie den Put rollen. Dazu gehen Sie ähnlich vor wie in dem zuvor dargestellten Beispiel beim Rollen eines Covered Calls: Sie kaufen den Put zurück und verkaufen anschließend einen Put mit einem tieferen Basispreis und einer längeren Restlaufzeit.

Gerät der neue Cash Secured Put mit dem tieferen Basispreis auch wieder unter Druck, können Sie ihn nochmals rollen. Das können Sie so oft wiederholen, bis die Aktie auf ein Kursniveau gefallen ist, zu dem Sie bereit sind zu kaufen.

Falls beim Handel eines Cash Secured Puts die Aktie nicht fällt, sondern stark ansteigt, ist es ebenfalls häufig eine gute Idee in den Trade einzugreifen.

Rollen, um den Gewinn zu erhöhen

Stellen Sie sich vor, Sie verkaufen einen Cash Secured Put auf den IWM. Dabei handelt es sich um einen ETF auf den Russell 2000. Die Restlaufzeit beträgt 18 Tage. Sie erzielen eine Prämieneinnahmen von 285 US-Dollar. In den folgenden drei Tagen steigt der Russell 2000 so stark an, dass Ihr verkaufter Put nur noch 70 US-Dollar wert ist.

Sie haben nun mehrere Möglichkeiten:

1. Sie warten noch 15 Tage ab, um die restlichen 70 US-Dollar einzustreichen.

2. Sie beenden den Trade, indem Sie den Put für 70 US-Dollar zurückkaufen. Ihr Gewinn beträgt somit 215 US-Dollar und es besteht keinerlei Risiko mehr.

3. Sie rollen den Put nach oben, weil Sie davon ausgehen, dass der Russell 2000 mittelfristig weiter ansteigen wird. Durch den höheren Basispreis erhöhen sich die Optionsprämie und Ihr möglicher Gewinn. Sie könnten den Put auch gleichzeitig auf einen späteren Verfallstermin rollen, was wiederum eine höhere Prämieneinnahme bedeuten würde.

Aktienposition durch Protective Put absichern

In Kapitel 10 haben Sie den Protective Put als Absicherungsstrategie für eine Aktienposition oder für ein Aktienportfolio kennengelernt.

 Der Kauf einer Put-Option (Long Put) bei einer gleichzeitigen Long-Position im Underlying wird als Protective Put bezeichnet.

Da das einzige Risiko bei der Wheel-Strategie darin besteht, dass die Aktie stark fällt, ist es naheliegend, über einen Protective Put als Absicherungsstrategie nachzudenken. Wie Sie in Kapitel 10 lesen können, besitzt der Protective Put allerdings einige Nachteile, die auch bei der Wheel-Strategie zum Tragen kommen.

 Das kontinuierliche Absichern einer Position mit einem Protective Put kann schnell sehr teuer werden und die Kursgewinne der Aktie beziehungsweise im Fall der Wheel-Strategie zusätzlich die Gewinne aus den Prämieneinnahmen zunichtemachen.

Daher sollten Sie sich zunächst überlegen, ob beziehungsweise wann genau der Einsatz eines Protective Puts sinnvoll ist. Folgende Möglichkeiten könnten sich anbieten:

✔ Wenn es Ihnen lediglich wichtig ist, sehr hohe Verluste auszuschließen, könnten Sie beim Handel der Wheel-Strategie einen weit aus dem Geld liegenden Put kaufen, der sehr günstig ist und den Gewinn aus der Einnahme der Optionsprämien nur minimal verringert. Dieses Vorgehen bietet sich insbesondere bei kurzen Restlaufzeiten an. Allerdings müssen Sie dabei je nach Aktie bereit sein, ein maximales Kursrisiko von etwa 10–20 Prozent einzugehen.

✔ Wenn Sie die Wheel-Strategie kontinuierlich anwenden, kann es sinnvoll sein, einen sehr lang laufenden Protective Put zu kaufen. Dieser ist zwar teurer, besitzt aber ein viel geringeres Theta und leidet daher nur geringfügig unter dem Zeitwertverlust. Auch hier sollten Sie ein gewisses Risiko eingehen und einen Out-of-the-money-Put wählen. Die vereinnahmten Optionsprämien werden im Laufe der Zeit die Kosten für den Put deutlich übersteigen.

✔ Wenn die Aktie in einem deutlichen Aufwärtstrend verläuft und sich auch der breite Markt in einem Bullenmarkt befindet, stehen die Chancen sehr gut, dass auch die von Ihnen für die Wheel-Strategie ausgewählte Aktie ansteigen oder zumindest nicht stark fallen wird. Solange dies der Fall ist, könnten Sie auf eine Absicherung verzichten. Sollte die Aktie oder der Gesamtmarkt Schwäche zeigen, kann dies ein möglicher Zeitpunkt sein, um über einen Protective Put nachzudenken.

Auswahl der richtigen Aktien und Optionen

Zwei weitere wichtige Überlegungen im Zusammenhang mit dem Risikomanagement der Wheel-Strategie sind:

1. Wie finden Sie die besten Aktien für die Wheel-Strategie?
2. Welche Basispreise sollten Sie für die Cash Secured Puts und Covered Calls auswählen?

Welche Aktien sich für die Wheel-Strategie eignen

Über die Frage, wie man die besten Aktien findet, sind ganze Bücher geschrieben worden. Daher ist es kaum möglich an dieser Stelle ein Patentrezept vorzustellen, mit dem Sie die idealen »Wheel-Aktien« finden können. Zumal die Antwort auf die Frage »Wie sieht diese ideale Aktie aus?« wohl auch in diesem Fall »Es kommt darauf an« lauten würde.

Ein gutes Motto, das Ihnen bei der Wheel-Strategie helfen kann, lautet: »Handeln Sie Aktien, die Sie sowieso kaufen würden.« Das heißt, wenn Sie von einem Unternehmen überzeugt sind und sowieso gerne langfristig in dieses Unternehmen investieren möchten, eignet es sich mit einer hohen Wahrscheinlichkeit auch für die Wheel-Strategie.

Grundsätzlich können Sie sowohl technische als auch fundamentale Kriterien für die Aktienauswahl anwenden. Insbesondere wenn Sie die Wheel-Strategie mit einem Buy-and-Hold-Ansatz kombinieren und bereit sind, Aktien langfristig zu halten, scheint es sinnvoll, dass Sie sich auf solide Unternehmen mit einem etablierten Geschäftsmodell konzentrieren. Wie Sie zuvor gelesen haben, liegt das Risiko der Wheel-Strategie immer in der Aktie. Falls Sie sehr volatile und spekulative Aktien handeln, sollten Sie sich immer über das mögliche Verlustrisiko bewusst sein. Dieses bleibt auch beim Handel der Wheel-Strategie bestehen.

Fundamentale Kriterien für die Wheel-Strategie

Hier folgen einige mögliche fundamentale Auswahlkriterien, die Sie bei der Suche nach geeigneten Aktien für die Wheel-Strategie beachten können:

✔ **Finanzielle Gesundheit:** Bei Unternehmen mit einer soliden Bilanz, geringen Schulden und einem hohen und steigenden Cashflow stehen die Chancen gut, dass sich die Aktie in den kommenden Jahren am Markt behaupten wird.

✔ **Steigende Gewinne und Umsätze:** Unternehmen, die kontinuierlich den Gewinn und den Umsatz steigern, gehören ebenfalls häufig zu den langfristigen Gewinnern an der Börse.

- ✔ **Burggraben:** Warren Buffett prägte den Begriff der *Burggraben-Aktien*. Gemeint ist damit ein nachhaltiger Wettbewerbsvorteil gegenüber der Konkurrenz. Dieser sorgt dafür, dass das Unternehmen mit einer sehr hohen Wahrscheinlichkeit die nächsten Krisen überleben wird und langfristig gute Renditen erzielen kann.

- ✔ **Hohe Eigenkapitalrendite (ROE):** Eine hohe Eigenkapitalrendite gilt als eine weitere gute fundamentale Kennzahl für die Aktienauswahl. Unternehmen, die das eingesetzte Kapital effizient nutzen und hohe Renditen darauf erzielen, haben häufig eine hohe Wettbewerbsfähigkeit, gute Aussichten auf eine starke Rentabilität und ein hohes Wachstum. Außerdem genießen Unternehmen mit einem hohen ROE häufig ein hohes Vertrauen und Interesse unter Investoren.

- ✔ **Dividendenhistorie:** Unternehmen mit langfristig und kontinuierlich steigenden Dividenden zeigen häufig eine finanzielle Stabilität und eine positive Ertragskraft. Viele Anleger verfolgen gezielt Dividendenstrategien. Diese lassen sich ebenfalls gut mit der Wheel-Strategie kombinieren.

Zusätzlich zu den fundamentalen Auswahlkriterien ist es sinnvoll, technische Faktoren zu berücksichtigen. Aktien, die sich im stabilen Aufwärtstrend befinden, sind häufig gute Kandidaten für die Wheel-Strategie.

Wheel-Strategie und ETFs

Neben einzelnen Aktien eignen sich ETFs hervorragend zum Handel der Wheel-Strategie. Insbesondere, wenn Sie bewusst auf die Auswahl einzelner Aktien verzichten wollen, bieten sich Index-ETFs auf die bekanntesten Aktienindizes wie den S&P 500, Nasdaq 100, Russell 2000 oder andere internationale Indizes an. Darüber hinaus gibt es ETFs, die einzelne Marktsektoren oder Branchen abbilden, wie beispielsweise Versorger, Unternehmen aus der Gesundheitsbranche, Halbleiteraktien und sehr viele mehr. Der Vorteil von ETFs besteht darin, dass diese meist weniger volatil sind und ein geringeres Risiko beziehungsweise fast kein Risiko eines Totalausfalls besitzen.

Marktanalyse und Aktienauswahl

Beim Handel der Wheel-Strategie und bei der Auswahl der Aktien sollten Sie eines nie vergessen: Auch die beste Aktie wird in einem Bärenmarkt mit einer sehr hohen Wahrscheinlichkeit Kursverluste erleiden. Durch die vereinnahmten Optionsprämien der Wheel-Strategie können Sie dieses Risiko zwar ein wenig reduzieren, jedoch nie vollständig eliminieren. Deshalb ist es wichtig, dass Sie als Anleger oder Trader immer auch

> die Entwicklung des breiten Marktes im Blick behalten. Wie Sie den primären Trend der wichtigsten Indizes bestimmen, können Sie in Kapitel 7 lesen. Wenn sich der breite Aktienmarkt in einem Bärenmarkt befindet, ist die Wahrscheinlichkeit sehr hoch, dass ein Großteil aller Aktien dem Trend folgt und die Kurse sinken. In solchen Phasen zahlt es sich aus, wenn Sie die Wheel-Strategie pausieren und stattdessen geduldig sind und warten, bis der Markt einen Boden gefunden hat oder bis der Markt so weit gefallen ist, dass Sie die Aktien günstig aufsammeln können. Denn der große Vorteil eines Bärenmarktes ist, dass darauf ein Bullenmarkt folgt.

Sektorenanalyse

Auch wenn die abgedroschene Phrase »Die Flut hebt alle Boote« an der Börse grundsätzlich korrekt ist, lohnt es sich an dieser Stelle, etwas zu differenzieren. Tatsächlich gibt es einige Boote, die etwas weiter oder nur zu bestimmten Zeiten gehoben werden, oder Phasen, in denen eben nur ein bestimmter Teil der Aktien ansteigt und ein anderer Teil nicht.

Der S&P 500 ist der wichtigste Aktienindex der Welt. Bei den 500 im Index enthaltenen Aktien handelt es sich um Unternehmen aus den unterschiedlichsten Marktsektoren und Branchen. Darunter befinden sich sowohl große Technologiekonzerne als auch Industriebetriebe, Banken, Konsumgüterhersteller und viele mehr. Alle im S&P 500 Index enthaltenen Unternehmen lassen sich in einen der folgenden elf Marktsektoren einteilen:

- ✔ **Communication Services (XLC):** Dieser Sektor umfasst Unternehmen, die Kommunikationsdienste anbieten, darunter Telekommunikationsunternehmen, Medien- und Unterhaltungsfirmen sowie Internetdienstleister.

- ✔ **Consumer Discretionary (XLY):** Unternehmen in diesem Sektor bieten *Nicht-Basiskonsumgüter*. Beispiele hierfür sind Einzelhandelsgeschäfte, Automobilhersteller, Hotels und Restaurants.

- ✔ **Consumer Staples (XLP):** Zu den Consumer Staples zählen Unternehmen, die Basis-Konsumgüter anbieten, das heißt grundlegende Verbrauchsgüter, darunter Lebensmittel, Getränke, Haushaltsprodukte und Tabak. (Ja, auch Alkohol und Tabak zählen tatsächlich zu den Basiskonsumgütern.)

- ✔ **Energy (XLE):** Hierzu gehören Unternehmen, die in der Exploration, Förderung und Produktion von Öl, Gas und erneuerbaren Energien tätig sind, sowie Unternehmen, die Energiedienstleistungen anbieten.

- ✔ **Financials (XLF):** Der Finanzsektor umfasst Banken, Versicherungen, Vermögensverwaltungsgesellschaften, Immobilienfonds und andere Finanzdienstleister.

- ✔ **Health Care (XLV):** Dieser Sektor besteht aus Unternehmen aus der Gesundheitsbranche, darunter Arzneimittelhersteller, Medizintechnikunternehmen, Krankenhäuser und Gesundheitsdienstleister.

✔ **Industrials (XLI):** Der Industriesektor umfasst Unternehmen, die industrielle Güter herstellen und Dienstleistungen erbringen, darunter Maschinenbau, Bauwesen, Luft- und Raumfahrt sowie Transportunternehmen.

✔ **Information Technology (XLK):** Zu diesem Sektor gehören Unternehmen, die Software, Hardware, Halbleiter und IT-Dienstleistungen entwickeln und bereitstellen, darunter Technologiegiganten und innovative Start-ups.

✔ **Materials (XLB):** Zum Materialssektor zählen Unternehmen, die Rohstoffe produzieren und verarbeiten, wie zum Beispiel Chemikalien, Metalle, Baustoffe und Papierprodukte.

✔ **Real Estate (XLRE):** Der Immobiliensektor besteht aus Unternehmen, die Immobilien entwickeln, verwalten und vermieten, darunter Real Estate Investment Trusts (REITs).

✔ **Utilities (XLU):** Der Utilities-Sektor beinhaltet Unternehmen, die grundlegende Versorgungsdienstleistungen wie Strom, Gas und Wasser anbieten und erbringen.

Für jeden dieser elf Marktsektoren stehen Ihnen ETFs zur Verfügung. (Die Abkürzungen der einzelnen ETFs habe ich in der Liste in Klammern angegeben.) Diese können Sie einerseits nutzen, um direkt in einen einzelnen Marktsektor zu investieren. Andererseits werden die Sektor-ETFs auch gerne für die technische Analyse und für die Intermarket-Analyse genutzt. Das bedeutet, Sie können die Trends der einzelnen Sektoren analysieren und vergleichen. Wenn Sie das tun, werden Sie sehen, dass es Börsenphasen gibt, in denen nahezu alle Sektoren ansteigen. Andererseits gibt es auch Zeiten, in denen einzelne Sektoren eine deutliche Outperformance an den Tag legen und andere Sektoren relative Schwäche aufweisen.

Analysieren Sie die Trends der einzelnen Marktsektoren des S&P 500. Wenn Sie sehen, dass sich einzelne Sektoren stärker entwickeln als die anderen, kann es eine gute Idee sein, gezielt Aktien aus den führenden Sektoren auszuwählen und mit der Wheel-Strategie zu handeln.

Schlussendlich gilt auch bei der Wheel-Strategie: Legen Sie nicht alle Eier in einen Korb. Wenn Ihr Wheel-Strategie-Portfolio zehn Aktien umfasst, können Sie sich den ein oder anderen Verlierer erlauben, solange Sie mit den anderen Aktien Einnahmen generieren. Auch die Diversifikation auf verschiedene Märkte und Sektoren verringert Ihr Risiko. Zudem bieten sich Index-ETFs für die Wheel-Strategie an, da sowohl das kurz- als auch das langfristige Risiko eines breit gestreuten ETFs deutlich geringer ist als das Risiko bei einer einzelnen Aktie.

Die Wahl der Optionen bei der Wheel-Strategie

Die Wheel-Strategie kombiniert den Handel von Aktien mit dem Handel von Optionen. Was die Auswahl der Optionen betrifft, haben Sie sich vermutlich auch schon gefragt, worauf genau es hier zu achten gilt. Dabei spielen beim Handel eines Cash Secured Puts beziehungsweise eines Covered Calls insbesondere folgende Aspekte eine Rolle:

✔ Welchen Basispreis sollen Sie wählen?

✔ Welche Restlaufzeit macht Sinn?

✔ Wie hoch sollte die Optionsprämie der verkauften Optionen sein?

Die Wahl des Basispreises

Wie so oft, gibt es auch bei der Optionsauswahl beziehungsweise bei der Wahl der Strikes (Basispreise) weder richtig noch falsch.

Sie haben eine Aktie ausgewählt, die für den Handel der Wheel-Strategie geeignet ist. Der breite Aktienmarkt befindet sich ebenfalls in einem eindeutigen Bullenmarkt, weshalb Sie loslegen wollen und einen Cash Secured Put handeln möchten. Der aktuelle Aktienkurs beträgt 145,37 US-Dollar. Sie entscheiden sich für den Verkauf einer Put-Option mit einer Restlaufzeit von 29 Tagen.

Nun gilt es zu entscheiden, wie aggressiv beziehungsweise offensiv Sie bei der Wahl des Basispreises vorgehen wollen. Sie könnten zum Beispiel einen 145er Put verkaufen. Dieser besitzt aktuell ein Delta von 47 und der Optionspreis beträgt 8,45 US-Dollar, das heißt Sie würden eine Prämieneinnahme von 845 US-Dollar erzielen. Nicht schlecht! Das sind immerhin 5,8 Prozent Rendite in 29 Tagen, bezogen auf den aktuellen Wert der 100 Aktien. Vorausgesetzt, die Option verfällt wertlos. Falls die Aktie hingegen an Wert verliert und am Verfallstermin bei 135 US-Dollar notiert, wäre Ihr Trade im Minus. Da Sie gezwungen wären, 100 Aktien bei 145 US-Dollar zu kaufen, wäre der Verlust der Aktienposition wie folgt:

(145 US-Dollar – 135 US-Dollar) × 10 = 1000 US-Dollar

Zu den 1000 US-Dollar Verlust können Sie die eingenommene Prämie von 845 US-Dollar hinzuaddieren, was einen Nettoverlust von 155 US-Dollar ergäbe.

Da Sie die Möglichkeit nicht ausschließen können, dass die Aktie in den kommenden Wochen bis auf ein Kursniveau von 135 US-Dollar korrigieren wird, entscheiden Sie sich, bei der Wahl des Basispreises etwas konservativer vorzugehen. Statt dem 145er Put entscheiden Sie sich für den 135er Put. Das Delta dieser Option beträgt 28.

In diesem Fall könnte die Aktie während der Restlaufzeit einige Dollar korrigieren, und Sie würden am Ende trotzdem als Gewinner dastehen. Im Vergleich zu den 845 US-Dollar Prämieneinnahme für den 145er Put beträgt die Prämieneinnahme für den 135er Put jedoch nur 362 US-Dollar, was einer Rendite von 2,5 Prozent in Bezug auf den Aktienkurs entspricht.

Für welche der beiden Optionen Sie sich tatsächlich entscheiden, bleibt am Ende des Tages Ihnen selbst überlassen und ist abhängig von Ihrer Markterwartung, Ihrer Risikobereitschaft und der Frage, wie sehr Sie die Aktie für den aktuellen Preis besitzen wollen.

Nehmen wir an, die Aktie ist zuvor stark gefallen und Sie haben die Aktie schon länger auf Ihrer Watchlist. Falls Ihnen der Preis in der Vergangenheit zu hoch war und Sie aktuell der Meinung sind, dass die Aktie für einen Schnäppchenpreis zu erwerben ist, könnten Sie für den Cash Secured Put eine At-the-money-Option oder sogar eine In-the-money-Option wählen, was die Wahrscheinlichkeit deutlich erhöhen würde, dass es am Verfallstermin zu einer Ausübung der Option kommt. Alternativ könnten Sie die Aktie auch direkt kaufen und einen Covered Call handeln.

Befindet sich die Aktie in einer weit fortgeschrittenen Trendbewegung und halten Sie eine Korrektur in den nächsten Wochen für wahrscheinlich, würde es sich hingegen anbieten, dass Sie bei der Wahl des Basispreises etwas konservativer agieren und eine weiter aus dem Geld liegende Option wählen.

Die Wahl des Restlaufzeit

Wenn der Basispreis feststeht, müssen Sie sich auch für einen bestimmten Verfallstermin entscheiden. Standard-Aktienoptionen besitzen einen monatlichen Verfallstermin. Dieser ist jeweils am dritten Freitag eines jeden Monats.

Neben den monatlichen Verfallsterminen gibt es für viele Aktien sogenannte *Weeklys*. Dabei handelt es sich um Optionen, die jede Woche am Freitag verfallen.

Um eine Liste aller verfügbaren Aktien mit Weeklys zu erhalten, können Sie im Internet nach »available weeklys« suchen.

Das bedeutet, dass Ihnen bei der Wahl der Restlaufzeit für viele Aktien sehr viele verschiedene Verfallstermine zur Verfügung stehen.

Je länger die Restlaufzeit, desto höher ist der Zeitwert einer Option. Das bedeutet: Je länger die Restlaufzeit, desto höher die Prämieneinnahme (bei gleichem Basispreis).

Eine längere Restlaufzeit und ein höherer Zeitwert bedeuteten jedoch auch, dass dieser Zeitwert langsamer abgebaut wird. In Kapitel 5 haben Sie gelernt, dass das Theta bei abnehmender Restlaufzeit größer wird. Das heißt, der Zeitwertverfall beschleunigt sich zum Ende der Laufzeit. Wenn Sie maximal vom Zeitwertverlust profitieren möchten, bietet es sich an, Optionen mit einer kürzeren Restlaufzeit zu handeln.

Mehr Prämieneinnahmen mit Weeklys

Der Kurs einer Aktie beträgt 418,09 US-Dollar. Der Optionspreis für den 415er Put mit einer Restlaufzeit von 28 Tagen beträgt 9,32 US-Dollar. Darüber hinaus existieren Optionen mit einer Restlaufzeiten von 0 Tagen, 7 Tagen, 14 Tagen und 21 Tagen.

Stellen Sie sich vor, die Aktie bewegt sich in den kommenden 28 Tagen nicht von der Stelle. Die Prämieneinnahme für den 415er Put mit einer Restlaufzeit von 28 Tagen beträgt 932 US-Dollar. Wenn Sie stattdessen die Option mit 7 Tagen Restlaufzeit verkaufen, beträgt die Prämieneinnahme 508 US-Dollar. Wenn diese Option in 7 Tagen wertlos verfällt, können Sie gleich wieder einen 415er Put mit 7 Tagen Restlaufzeit verkaufen. Unter der

> Annahme, dass der Optionspreis dann ähnlich hoch ist, würde die Summe Ihrer gesamten Prämieneinnahmen in den kommenden 28 Tagen 508 US-Dollar × 4 = 2032 US-Dollar betragen. Wenn Sie vier Mal eine Option mit 7 Tagen Restlaufzeit verkaufen, ist Ihr Gewinn also mehr als doppelt so hoch, als wenn Sie einmal einen 415er Put mit 28 Tagen Restlaufzeit verkaufen! (Bei den Zahlen aus diesem Beispiel handelt es sich um echte Marktdaten.)

Das vorherige Beispiel verdeutlicht die Beschleunigung des Zeitwertverfalls zum Ende der Laufzeit. Heißt das, dass es besser ist, immer eine möglichst kurze Restlaufzeit zu wählen? Die Antwort lautet auch hier: Es kommt darauf an beziehungsweise nein, es ist nicht besser, sondern anders. Bei einer kurzen Restlaufzeit ist zwar der potenzielle Gewinn höher, jedoch auch das Risiko.

Wenn Sie einen At-the-money-Put mit einer Restlaufzeit von einem Tag verkaufen und die Aktie am nächsten Tag (dem Tag des Verfallstermins) im Laufe des Tages 5 Prozent fällt, bleibt Ihnen kaum noch die Möglichkeit, darauf zu reagieren. Wenn hingegen noch einige Wochen Restlaufzeit übrig sind, wird die Option nach wie vor einen gewissen Zeitwert besitzen. Das bedeutet, Ihr Verlust wird nicht so hoch sein wie bei der Option mit der Restlaufzeit von einem Tag und Sie haben noch mehr Zeit, um zu reagieren.

Für die Wahl der Laufzeit der Optionen ist schlussendlich auch wichtig, wie nah Sie am Markt sind. Können und wollen Sie das Marktgeschehen täglich beobachten und haben Sie jeden Tag Zeit zu reagieren, falls es erforderlich ist? Oder sind Sie froh, wenn Sie eine Option verkaufen können und sich dann die nächsten zwei Wochen nicht mehr um Ihren Trade kümmern müssen?

Wenn Sie aktiv traden, sind Weekly Options und Restlaufzeiten von 7–14 Tagen eine tolle Möglichkeit, um mit der Wheel-Strategie attraktive Prämieneinnahmen zu generieren. Wenn Sie es etwas ruhiger angehen wollen, sind Laufzeiten von 30–60 Tagen eine gute Wahl.

> **IN DIESEM KAPITEL**
>
> Theta: Der Freund des Optionsverkäufers
>
> Die Wahl des Basispreises beim Optionsverkauf
>
> Risikomanagement bei Stillhalterstrategien
>
> Der Handel von vertikalen Spreads
>
> Credit Spreads an den Futures-Märkten
>
> Rollen und Adjustieren von Credit Spreads

Kapitel 12
Stillhalterstrategien mit hoher Erfolgswahrscheinlichkeit

Wie Sie im Verlauf dieses Buches sowohl in der Theorie als auch anhand praktischer Beispiele gelernt haben, gibt es eine zentrale Eigenschaft, die Optionen von den meisten anderen Finanzinstrumenten abhebt: der Zeitwert und der damit verbundene Zeitwertverlust. Sind wir mal ehrlich: Wer beginnt hier nicht automatisch, sich auszumalen, wie schön es wäre, einfach Optionen zu verkaufen, abzuwarten und somit kontinuierlich Einnahmen zu generieren? Genau dieses Vorhaben versuchen Stillhalter in die Tat umzusetzen. Dass dies kein Selbstläufer ist und gewisse Risiken mit sich bringt, dürfte Ihnen mittlerweile auch klar sein. Dennoch lässt sich sagen: Stillhalterstrategien sind eine der attraktivsten Möglichkeiten, um mit Optionen Einnahmen zu erzielen. In diesem Kapitel erfahren Sie, worauf es dabei zu achten gilt und wie Sie das mit Stillhalterstrategien verbundene Risiko in den Griff bekommen.

Als *Stillhalterstrategien* bezeichnet man Optionsstrategien, die darauf abzielen, durch den Verkauf von Optionen (auch als »Schreiben« von Optionen bezeichnet) und die dadurch entstehenden Prämieneinnahmen Gewinne zu erzielen.

✔ Der Begriff »Stillhalten« beziehungsweise »Stillhalterstrategie« impliziert einerseits, die durch den Verkauf der Option eingegangene Verpflichtung gegenüber dem Optionskäufer, den Basiswert beziehungsweise die erforderliche Barreserve im Falle einer Ausübung der Option bereitzuhalten.

✔ Andererseits verdeutlicht der Begriff »Stillhalten« die passive Rolle des Optionsverkäufers, der »stillhält« und darauf wartet, ob der Optionskäufer seine Option ausübt oder nicht.

Theta: Der Freund des Optionsverkäufers

Während der Zeitwertverlust einer Option den größten Feind des Optionskäufers darstellt, ist er der Freund des Optionsverkäufers. In Kapitel 5 werden die Griechen Delta, Gamma, Theta und Vega vorgestellt. Die Optionskennzahl, die den Zeitwertverlust zum Ausdruck bringt, ist das Theta, das deshalb für den Stillhalter besonders wichtig ist.

Das Theta misst die Sensitivität des Optionspreises gegenüber der Zeit. Genauer gesagt: Das Theta gibt an, wie hoch der tägliche Wertverlust einer Option durch den Zeitwertverfall ist, unter sonst gleichbleibenden Umständen.

Absolutes Theta versus relatives Theta

Kennen Sie bereits den Zusammenhang zwischen dem Theta und der Moneyness einer Option? Wenn nicht, schlagen Sie einfach in Kapitel 5 nach. Oder hier noch einmal kurz:

Das Theta von At-the-money-Optionen ist höher als das Theta von weit aus dem Geld oder weit im Geld liegenden Optionen. Dies liegt daran, dass bei ATM-Optionen die Ungewissheit über den inneren Wert der Option am Verfallstermin am höchsten ist.

Dennoch zielen viele Stillhalterstrategien darauf ab, weit aus dem Geld liegende Optionen und nicht am Geld liegende Optionen zu verkaufen. Der Grund dafür ist, dass der relative Zeitwertverlust beziehungsweise das relative Theta desto größer ist, je weiter die Option aus dem Geld liegt.

Das relative Theta gibt an, wie viel Prozent ihres Wertes eine Option pro Tag durch den Zeitwertverlust verliert. Um das relative Theta zu berechnen, dividieren Sie ganz einfach das Theta durch den Optionspreis.

Das folgende Beispiel verdeutlicht, dass eine weit aus dem Geld liegende Option zwar ein geringeres (absolutes) Theta besitzt, aufgrund des höheren relativen Thetas aber in Bezug zum Optionspreis schneller vom Zeitwertverlust profitiert:

✔ Der Optionspreis einer At-the-money-Option mit einem Delta von ungefähr 50 liegt bei 9,18 US-Dollar.

✔ Das Theta beträgt −0,07.

✔ Das relative Theta dieser Option ist: −0,07/9,18 = −0,0076 = − 0,76 Prozent.

✔ Das heißt, die Option verliert pro Tag 0,76 Prozent ihres Wertes.

✔ Bei einer Out-of-the-money-Option auf das gleiche Underlying mit dem gleichen Verfallstermin und einem Delta von 10 liegt der Optionspreis bei 1,18 US-Dollar.

✔ Das Theta beträgt –0,04.

✔ Das relative Theta ist: –0,04/1,18 = –0,034 = –3,4 Prozent.

✔ Diese Option verliert pro Tag 3,4 Prozent ihres Wertes durch den Zeitwertverlust.

Wie Sie sehen, ist der relative Zeitwertverlust der Out-of-the-money-Option deutlich größer als bei der At-the-money-Option. Je weiter die Option aus dem Geld liegt, desto höher ist das relative Theta. Hinzukommt, dass die Wahrscheinlichkeit, dass die Option wertlos verfällt, umso höher ist, je weiter die Option aus dem Geld liegt.

Das Delta gibt nicht nur an, wie stark sich der Optionspreis bei einer Bewegung des Underlyings um eine Einheit verändert, sondern kann auch als eine Art Schätzung gesehen werden, wie wahrscheinlich es ist, dass die Option im Geld verfällt.

Out of the money: Je weiter, desto besser?

Heißt das nun, dass Sie als Stillhalter am besten Optionen schreiben, die so weit wie es nur geht aus dem Geld liegen? Schließlich ist hier die Gewinnwahrscheinlichkeit am größten, ebenso wie der relative Zeitwertverlust. Wenn Sie das versuchen, werden Sie feststellen, dass die Optionsprämie, die Sie mit einer extrem weit aus dem Geld liegenden Option einnehmen können, teilweise nur noch wenige Cents beträgt. Damit Sie mit solch einer Option noch einen nennenswerten Betrag erwirtschaften können, müssten Sie eine sehr hohe Kontraktzahl handeln. Das würde wiederum ein sehr hohes Risiko bedeuten.

Auch wenn eine Option so weit aus dem Geld liegt, dass sie auf den ersten Blick ein sicheres Geschäft ist, wird es immer wieder Situationen geben, in denen ein Markt eine absurd starke Kursbewegung vollzieht. Wenn Sie zuvor eine Option mit einem Delta von beispielsweise 1 verkauft haben, kann es geschehen, dass sich der Preis dieser Option innerhalb weniger Tage verzwanzigfacht oder noch weiter ansteigt.

Sie müssen also Optionen finden, die zwar weit aus dem Geld liegen und somit eine hohe Gewinnwahrscheinlichkeit besitzen, aber dennoch eine attraktive Prämieneinnahme ermöglichen. Welchen Basispreis Sie genau wählen sollten, ist abhängig von Ihrer Strategie und Marktanalyse. Grob lässt sich sagen, dass bei Stillhalterstrategien häufig Out-of-the-money-Optionen mit einem Delta im Bereich von 5–30 verkauft werden. Wenn, wie im Falle der Wheel-Strategie, eine Ausübung der Option miteinkalkuliert wird oder sogar erwünscht ist, kann das Delta auch höher sein.

Das ungedeckte Risiko bei Stillhalterstrategien

Der große Vorteil für einen Optionskäufer besteht darin, dass er sein Verlustrisiko genau kennt und einem begrenzten Verlustpotenzial ein unbegrenztes Gewinnpotenzial gegenübersteht. Beim Optionsverkäufer hingegen ist es genau umgekehrt: Einem begrenzten Gewinnpotenzial steht ein theoretisch unbegrenztes Verlustpotenzial gegenüber.

Wenn Sie zum Beispiel eine Out-of-the-money-Call-Option auf den Gold-Future oder auf eine beliebige Aktie verkaufen, kann das Underlying theoretisch unendlich weit ansteigen. Deshalb ist auch der theoretische Maximalverlust unbegrenzt.

Aber keine Sorge! Sie werden im Verlauf dieses Kapitels Möglichkeiten kennenlernen, mit denen Sie dieses Risiko unter Kontrolle bringen können.

Der Verkauf einer einzelnen Option, bei der das Risiko nicht gedeckt ist, wird als *Nackte Option* beziehungsweise *Naked Call* oder *Naked Put* bezeichnet.

Das Gegenteil einer nackten Option ist eine *gedeckte Option*. Eine Stillhalterstrategie, die auf den Verkauf von gedeckten Optionen setzt, ist die Wheel-Strategie, die ich Ihnen in Kapitel 11 vorstelle.

✔ **Cash Secured Put:** Bei der Wheel-Strategie ist das Risiko der verkauften Put-Optionen durch Bargeld auf dem Konto gedeckt und es besteht die Intention, die zugrunde liegende Aktie zu kaufen, falls die Option im Geld verfällt. Dieses Vorgehen beziehungsweise diese Strategie wird als *Cash Secured Put* bezeichnet.

✔ **Covered Call:** Das ist der zweite Bestandteil der Wheel-Strategie. Wie es die Bezeichnung »Covered« bereits verrät, ist die Call-Option hier nicht »nackt«, sondern gedeckt, nämlich durch eine Aktienposition. Beim Verkauf von nackten Optionen hingegen, besteht das Ziel meistens darin, dass die verkauften Optionen wertlos – also: out of the money – verfallen.

Grundsätzlich gibt es verschiedene Möglichkeiten, wie Sie mit dem Risiko von verkauften Optionen umgehen können:

1. Das Risiko ist gedeckt, wie im Falle eines Covered Calls oder eines Cash Secured Puts.

2. Das Risiko ist nicht gedeckt und wird durch einen mentalen Stop Loss begrenzt. Das heißt, sobald eine bestimmte monetäre Verlustschwelle oder ein bestimmtes Kursniveau durchbrochen ist, wird die Option zurückgekauft und der Trade geschlossen.

3. Sobald die verkaufte Option unter Druck gerät, wird der Trade adjustiert. Dies kann durch das Rollen und/oder das Eröffnen von Gegenpositionen geschehen.

4. Sie kaufen eine andere Option zur Absicherung. Dieses Vorgehen verringert zwar Ihre Netto-Prämieneinnahme, schützt Sie aber effektiv vor möglichen großen Verlusten.

> **Stop Loss beim Optionshandel? Keine gute Idee!**
>
> Vielleicht kam Ihnen bereits die Idee, das Risiko einer verkauften Option durch den Einsatz eines Stop Loss zu begrenzen. Ein Vorgehen, das beim Handel von anderen Finanzinstrumenten wie Aktien oder Futures nicht unüblich ist. Bei einem Stop Loss wird nach dem Eröffnen eines Trades eine *Stop Order* in den Markt gelegt. Bei einer Stop Order können Sie einen spezifischen Kurs, den *Stoppkurs* definieren. Sobald dieser Kurs erreicht ist, wird Ihre Stop Order automatisch in eine Market Order umgewandelt. Eine *Market Order* bedeutet, dass Ihr Auftrag unmittelbar am Markt, zum nächsten verfügbaren Kurs, ausgeführt wird. Das heißt, es gibt keine Garantie dafür, dass Ihre Order tatsächlich zu dem von Ihnen zuvor definierten Stoppkurs ausgeführt wird.
>
> Die Abweichung zwischen dem gewünschten Kurs und dem tatsächlichen Ausführungskurs wird als *Slippage* bezeichnet. In einem liquiden Markt ist die Slippage normalerweise sehr gering. Optionen sind jedoch weniger liquide als Aktien und das Orderbuch ist weit weniger tief. Zudem verteilt sich das gehandelte Volumen einer Option auf viele verschiedene Strikes und Verfallstermine. Insbesondere bei weit aus dem Geld liegenden Optionen können das Volumen und die Liquidität zu bestimmten Uhrzeiten deutlich zurückgehen und die Optionspreise kurzfristig sehr volatil sein. Aus diesen Gründen verzichten die meisten Optionshändler auf »harte« Stop-Loss-Aufträge und nutzen hauptsächlich andere Strategien zum Risikomanagement, wie mentale Stops oder manuelle Adjustierungen eines Trades. Eine der besten Strategien für das Risikomanagement lautet zudem: Handeln Sie kleine Positionsgrößen, sodass Ihnen die Verluste nicht wehtun!

Naked Options versus Spreads

Da der Verkauf von nackten Optionen ein zumindest theoretisch sehr hohes Risiko mit sich bringt, stellt sich grundsätzlich die Frage: »Ist es sinnvoll, dieses Risiko einzugehen oder sollte man besser auf Nummer sicher gehen?«

Wenn Sie die oben beschriebenen Strategien des Risikomanagements nutzen, können Sie die Risiken von nackten Optionen im Normalfall sehr gut bewältigen. Das Problem ist allerdings: Die Märkte befinden sich nicht immer im Normalzustand. In den meisten Märkten kommt es zumindest alle paar Jahre zu einem Extremereignis, das dafür sorgt, dass die Märkte, wenngleich auch häufig nur kurzfristig, extreme Kursbewegungen vollziehen. Wenn Sie bei solch einem Extremereignis nicht schnell reagieren und falls Sie vielleicht gerade dieses eine Mal bei der Wahl Ihrer Positionsgröße nicht ganz so konservativ waren wie sonst, drohen Ihrem Konto sehr große Verluste.

Ein warnendes Beispiel

In der »Optionsszene« gibt es einen bekannten Fall, bei dem ein Fonds, der auf den Verkauf von nackten Optionen setzte, einen Totalverlust erlitt. Die Investmentfirma OptionSellers.com, gegründet von James Cordier und Michael Gross, verwaltete einen Fonds, der durch das Verkaufen von Optionen konstante Einnahmen generieren sollte.

Im November 2018 erlitt der von OptionSellers.com verwaltete Fonds den Totalverlust und die Investoren verloren teilweise Ihre kompletten Investitionen. Auslöser waren unerwartete und extreme Preisbewegungen bei Erdgas-Futures, die dazu führten, dass die Marginanforderungen nicht eingehalten werden konnten und Positionen zwangsliquidiert wurden.

Wie sich herausstellte, waren die extremen Preisbewegungen zwar der Auslöser für die Pleite des Fonds, jedoch nicht der Grund. Die eingegangenen Risiken und das Risikomanagement waren alles andere als konservativ. Verluste in dieser Größenordnung können nur durch ein dilettantisches Vorgehen erklärt werden. James Cordier und Michael Gross hatten zwar bereits zuvor schon einen eher umstrittenen Ruf in der Branche. Auch das von James Cordier im Anschluss aufgenommene Entschuldigungsvideo, das eine hohe mediale Aufmerksamkeit erlangte, wurde von vielen als unprofessionell wahrgenommen.

Dennoch sollte der Fall von OptionSellers.com zumindest als warnendes Beispiel dienen, welche Risiken mit dem Verkauf von nackten Optionen einhergehen, wenn kein striktes Risikomanagement betrieben wird und zu hohe Positionsgrößen gehandelt werden.

Das Verkaufen von nackten Optionen kann zwar nicht per se verteufelt werden. Dennoch ist es für die meisten Optionshändler sinnvoll, einen risikoärmeren Ansatz zu wählen. Insbesondere wenn Sie noch nicht viel Erfahrung besitzen und nicht ganz genau über die möglichen Risiken Bescheid wissen, gibt es Strategien, deren Gewinnpotenzial ähnlich hoch sein kann, bei gleichzeitig stark reduziertem Risiko.

Eine Strategie, bei der Sie eine verkaufte Option durch den Kauf einer weiteren Option absichern, wird als *Spread* bezeichnet.

Es gibt verschiedene Arten von Spreads:

- ✔ **Vertikale Spreads:** Bei einem vertikalen Spread werden zwei Optionen mit dem gleichen Verfallstermin, aber unterschiedlichen Basispreisen gehandelt. Die eine Option wird gekauft und die andere Option wird verkauft.

- ✔ **Horizontale Spreads:** Bei einem horizontalen Spread (auch *Calendar Spread* genannt) werden zwei Optionen mit dem gleichen Basispreis, aber unterschiedlichen Verfallsterminen gehandelt. Die eine Option wird gekauft und die andere Option wird verkauft.

- ✔ **Diagonale Spreads:** Ein diagonaler Spread ist eine Kombination aus einem vertikalen Spread und einem horizontalen Spread. Das heißt, es wird eine Option gekauft und eine andere Option mit einem anderen Basispreis und einem anderen Verfallstermin verkauft.

Für jeden dieser Spreads gibt es verschiedene Möglichkeiten, wie er gehandelt werden kann. Sie können auch verschiedene Spreads miteinander kombinieren, wodurch komplexere Optionsstrategien entstehen. An dieser Stelle beschäftigen wir uns zunächst mit vertikalen Spreads. Diese sind am einfachsten zu verstehen und eignen sich ideal für einen Handelsansatz, der ähnlich wie die »klassischen« Stillhalterstrategien auf dem Verkauf von Optionen beruht. Über horizontale Spreads (Calendar Spreads) und diagonale Spreads erfahren Sie mehr in Teil IV dieses Buches.

Vertikale Spreads im Überblick

Es gibt vier verschiedene Arten von vertikalen Spreads:

✔ Bull Call Spread

✔ Bear Put Spread

✔ Bear Call Sprad

✔ Bull Put Spread

Bei zweien dieser Spreads (Bull Call Spread und Bear Put Spread) handelt es sich um *Debit Spreads*. Das bedeutet, dass Sie bei der Eröffnung des Trades ein Debit, also eine Optionsprämie zahlen müssen. Bei den beiden *Credit Spreads* hingegen erhalten Sie einen Credit, also eine Prämieneinnahme.

Bei allen vertikalen Spreads sind sowohl der maximal mögliche Gewinn als auch der maximal mögliche Verlust begrenzt. Ein Credit Spread ist in seiner Funktionsweise und seinem Einsatzzweck ähnlich wie eine einzelne verkaufte Option. Debit Spreads sind hingegen Strategien, die sich mit dem Kauf einer einzelnen Option vergleichen lassen und haben daher nichts mit Stillhalterstrategien zu tun. Der Vollständigkeit halber folgt an dieser Stelle dennoch ein Überblick über alle vier vertikalen Spreads.

Bull Call Spread

Der Bull Call Spread zählt zur Kategorie der Debit Spreads und ist mit dem Long Call verwandt. Wie es der Name verrät, handelt es sich dabei um eine bullische Strategie.

Ein *Bull Call Spread* entsteht, wenn Sie eine Call-Option kaufen (Long Call) und gleichzeitig eine Call-Option mit dem gleichen Verfallstermin und einem höheren Basispreis verkaufen (Short Call). Alternative Bezeichnungen für den Bull Call Spread sind *Call Debit Spread* oder *Long Call Spread*.

Da bei einem Bull Call Spread die Kosten für den gekauften Call höher sind als die Einnahmen des verkauften Calls, entsteht bei der Positionseröffnung ein Debit. Sie können sich das Ganze so vorstellen: Sie kaufen einen Call und begrenzen das Gewinnpotenzial auf der Oberseite, indem Sie einen weiteren Call verkaufen.

Handel eines Bull Call Spreads

Die Aktie eines Unternehmens notiert bei 220,10 Euro. Da Sie bullisch auf die Aktie sind, möchten Sie einen At-the-money-Call kaufen. Sie kaufen einen 220er Call und zahlen für diesen 893 Euro. Da Sie die Kosten für den Call reduzieren möchten, sind Sie bereit, das Gewinnpotenzial auf der Oberseite zu begrenzen und verkaufen gleichzeitig einen 230er Call. Für diesen erhalten Sie eine Prämieneinnahme von 472 Euro. Der gesamte Bull Call Spread kostet Sie somit 421 Euro.

Der maximale Verlust eines Long Calls ist beschränkt auf die gezahlte Optionsprämie. Im Falle eines Bull Call Spreads beträgt der maximal mögliche Verlust ebenfalls die Höhe der Kosten für den Spread, in diesem Fall 421 Euro. Im Gegensatz zu dem unlimitierten Gewinnpotenzial eines Long Calls, ist der maximale Gewinn des Bull Call Spreads beschränkt auf die Weite des Spreads, abzüglich der gezahlten Optionsprämie. Stellen Sie sich vor, die Aktie notiert am Verfallstermin über dem Basispreis des Long Calls als auch über dem Basispreis des Short Calls. Was nun passiert ist Folgendes:

- ✔ Der Long Call ist im Geld. Die Clearingstelle der Börse wird Ihnen deshalb 100 Aktien zu einem Kurs von 220 Euro pro Aktie einbuchen.

- ✔ Da auch der 230er Short Call im Geld ist, sind Sie gezwungen, die 100 Aktien gleich wieder zu einem Kurs von 230 Euro pro Aktie zu verkaufen.

- ✔ Das heißt, Sie haben 10 Euro pro Aktie verdient.

- ✔ Davon müssen Sie noch die gezahlte Optionsprämie für den Bull Call Spread abziehen.

- ✔ Ihr Nettogewinn beträgt also:

    (Basispreis Short Call − Basispreis Long Call) × 100 − Optionsprämie = (230 Euro − 220 Euro) × 100 − 421 Euro = 579 Euro

In Abbildung 12.1 sehen Sie das GuV-Diagramm für den Bull Call Spread aus dem vorherigen Beispiel. Auf der x-Achse ist der Aktienkurs abgebildet. Die blaue Linie visualisiert den Gewinn oder Verlust am Verfallstermin. Wie Sie erkennen können, ist der Maximalverlust begrenzt auf die gezahlte Prämie, egal wie weit die Aktie fällt. Ebenso ist der Maximalgewinn begrenzt, für alle Aktienkurse oberhalb von 230 Euro.

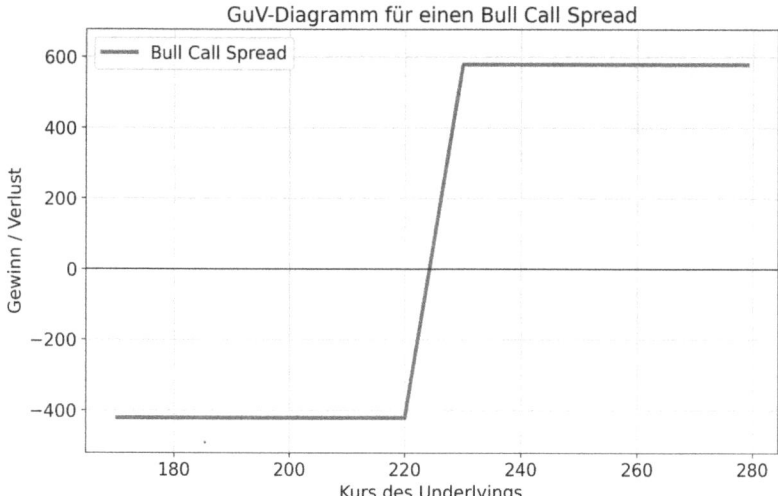

Abbildung 12.1: GuV-Diagramm für einen Bull Call Spread

Bear Put Spread

Der Bear Put Spread ist ebenfalls ein Debit Spread und sozusagen das bärische Pendant des Bull Call Spreads.

 Ein *Bear Put Spread* entsteht, wenn Sie eine Put-Option kaufen (Long Put) und gleichzeitig eine Put-Option mit dem gleichen Verfallstermin und einem tieferen Basispreis verkaufen (Short Put). Alternative Bezeichnungen für den Bear Put Spread sind *Put Debit Spread* oder *Long Put Spread*.

Den Maximalgewinn eines Bear Put Spreads können Sie wie folgt berechnen:

Max. Profit = (Basispreis Long Put − Basispreis Short Put) × (Multiplikator der Option) − Optionsprämie

Der maximale Verlust entspricht ganz einfach der Höhe der gezahlten Optionsprämie.

Wie Sie in Abbildung 12.2 sehen, profitiert der Bear Put Spread von fallenden Preisen. Je weiter Sie auf der x-Achse nach links gehen (tiefere Kurse des Underlyings), desto höher wird der Gewinn. Aber nur so lange, bis der Maximalgewinn erreicht ist. Egal wie weit das Underlying dann noch fällt, Ihr Gewinn erhöht sich nicht weiter. Dafür ist auch der Maximalverlust begrenzt, unabhängig davon wie weit der Kurs des Underlyings ansteigt.

Bear Call Spread

Der Bear Call Spread zählt zur Kategorie der Credit Spreads. Das heißt, bei der Trade-Eröffnung erhalten Sie eine Prämieneinnahme, ähnlich wie beim Verkauf eines Naked Calls.

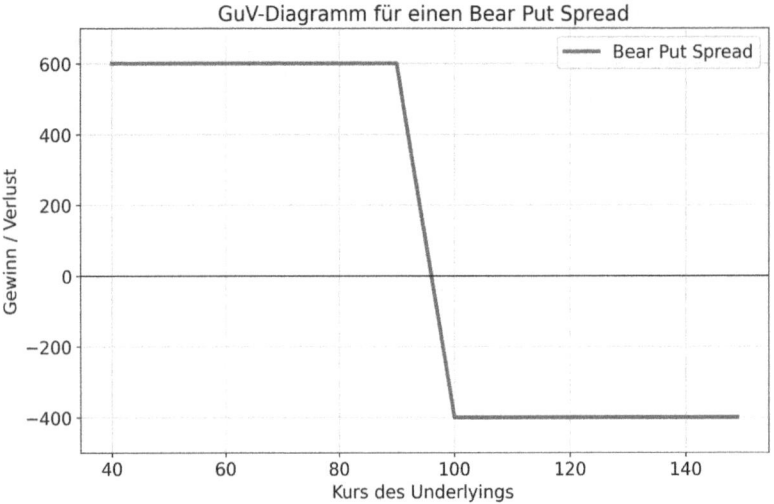

Abbildung 12.2: GuV-Diagramm für einen Bear Put Spread

Ein *Bear Call Spread* entsteht, wenn Sie eine Call-Option verkaufen (Short Call) und gleichzeitig eine Call-Option mit dem gleichen Verfallstermin und einem höheren Basispreis kaufen (Long Call). Alternative Bezeichnungen für den Bear Call Spread sind *Call Credit Spread* oder *Short Call Spread*.

Stellen Sie sich den Bear Call Spread einfach wie einen verkauften Naked Call vor, bei dem Sie einige Punkte weiter oben eine Option zur Absicherung kaufen. Dies führt dazu, dass das Verlustrisiko auf der Oberseite nicht mehr unbegrenzt ist. Im Gegenzug für die erhöhte Sicherheit sinkt Ihre Netto-Prämieneinnahme, da durch den Kauf des Calls Kosten entstehen. Sobald das Underlying über den Basispreis der verkauften Option ansteigt, verringert sich am Verfallstermin der Gewinn beziehungsweise entsteht ein Verlust. Der Verlust erhöht sich so lange, bis das Kursniveau des Long Calls erreicht ist. Egal wie weit das Underlying dann noch ansteigt, der Verlust beträgt maximal:

Max. Loss = Weite des Spreads – Prämieneinnahme beziehungsweise

Max. Loss = Basispreis Long Call – Basispreis Short Call + Prämieneinnahme

Der maximal mögliche Gewinn ist beschränkt auf die Netto-Prämieneinnahme:

Max. Profit = Optionsprämie beziehungsweise

Max. Profit = (Optionspreis Short Call – Optionspreis Long Call) × (Multiplikator der Option)

Sie verkaufen eine Call-Option mit einem Basispreis von 100 US-Dollar und kaufen einen Call mit einem Basispreis von 110 US-Dollar. Für diesen Bear Call Spread erzielen Sie eine Netto-Prämieneinnahme von 300 US-Dollar.

In Abbildung 12.3 sehen Sie das GuV-Diagramm des Bear Call Spreads aus dem eben beschriebenen Beispiel. Die gestrichelte Linie bei 100 US-Dollar steht für den Short Call.

Der Maximalgewinn entsteht links von der gestrichelten Linie, das heißt bei Kursen ≤ 100 US-Dollar. Sobald der Kurs des Underlyings über 100 US-Dollar ansteigt, reduziert sich der Gewinn. Ab einem gewissen Zeitpunkt wird der Break-even-Point überschritten und es entsteht ein Verlust. Je weiter der Preis des Underlyings ansteigt, desto größer wird der Verlust, so lange bis der Basispreis des Long Calls erreicht ist. In unserem Beispiel liegt der Long Call bei 110 US-Dollar und wird durch die gepunktete Linie im GuV-Diagramm dargestellt. Ab diesem Punkt ist der Maximalverlust erreicht, egal wie weit das Underlying noch ansteigt.

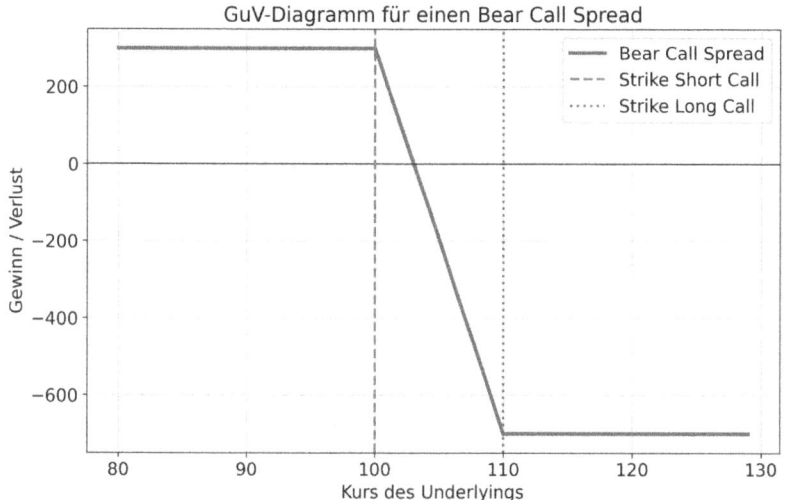

Abbildung 12.3: GuV-Diagramm für einen Bear Call Spread

Bull Put Spread

Das Gegenstück zum Bear Call Spread ist der *Bull Put Spread*. Mit dem Bull Put Spread können Sie ebenfalls eine Prämieneinnahme erzielen. Das bedeutet, der Bull Put Spread ist auch ein Credit Spread. Wie Sie bereits vermuten, werden in diesem Fall Put-Optionen gehandelt und die Strategie wird primär bei einer bullischen Marktmeinung eingesetzt.

 Ein *Bull Put Spread* entsteht, wenn Sie eine Put-Option verkaufen (Short Put) und gleichzeitig eine Put-Option mit dem gleichen Verfallstermin und einem tieferen Basispreis kaufen (Long Put). Alternative Bezeichnungen für den Bull Put Spread sind *Put Credit Spread* oder *Short Put Spread*.

Den maximal möglichen Gewinn und Verlust eines Bull Put Spreads können Sie ähnlich wie beim Bear Call Spread relativ einfach berechnen:

Max. Profit = Optionsprämie beziehungsweise

Max. Profit = (Optionspreis Short Put − Optionspreis Long Put) × (Multiplikator der Option)

Max. Loss = Weite des Spreads − Prämieneinnahme beziehungsweise

Max. Loss = Basispreis Short Put − Basispreis Long Put + Prämieneinnahme

Wie das GuV-Diagramm eines Bull Put Spreads ausschaut, sehen Sie in Abbildung 12.4. Hier wurde bei einem Basispreis von 100 US-Dollar eine Put-Option verkauft. Solange der Kurs des Underlyings am Verfallstermin nicht unter dem Basispreis des Short Puts liegt, verfallen die Optionen wertlos und der Maximalgewinn wird realisiert. Sobald der Kurs unter 100 US-Dollar fällt, reduziert sich zunächst der Gewinn. Für Kurse unterhalb des Break-even-Points entstehen Verluste. Der Basispreis des Long Puts liegt bei 90 US-Dollar. Der Maximalverlust entsteht bei einem Kurs des Underlyings von 90 US-Dollar oder weniger.

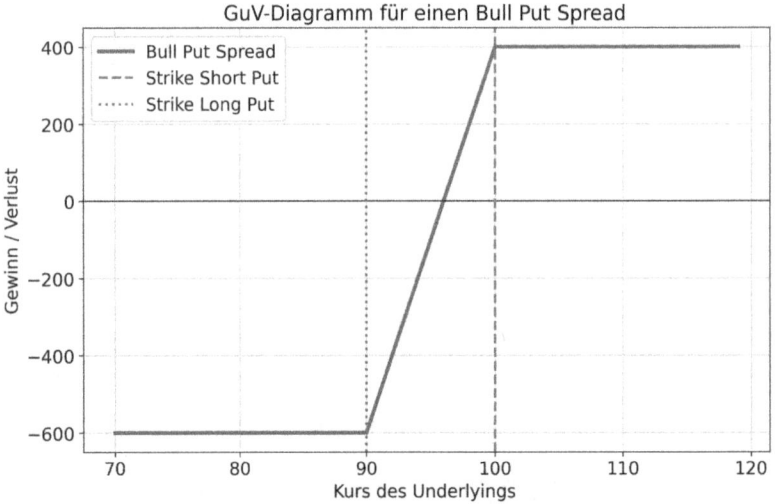

Abbildung 12.4: GuV-Diagramm für einen Bull Put Spread

Credit Spreads an den Futures-Märkten

Nachdem Sie die Funktionsweise von Credit Spreads kennengelernt haben, geht es nun darum, wie Sie Bull Put Spreads und Bear Call Spreads konkret einsetzen können, um mit diesen Strategien Gewinne zu erzielen. Credit Spreads können ebenso wie jede andere Optionsstrategie in allen für den Optionshandel zur Verfügung stehenden Märkten eingesetzt werden. Das bedeutet, Sie können mit Credit Spreads folgende Arten von Optionen handeln:

✔ Aktienoptionen

✔ ETF-Optionen

✔ Index-Optionen

✔ Futures-Optionen

Während bei Cash Secured Puts, bei der Wheel-Strategie sowie bei einigen weiteren Strategien die Ausübung der Optionen und das Andienen des Underlyings Teil der Strategie sind, versucht man bei Credit Spreads in der Regel darauf zu verzichten. Die Strategie wird meist zu rein spekulativen Zwecken eingesetzt und die Trades werden häufig bereits vor dem

Verfallstermin wieder geschlossen. Zum Beispiel wenn eine gewisse Gewinnschwelle von 50 Prozent oder von 80 Prozent erreicht wurde. An dieser Stelle betrachten wir insbesondere den Einsatz von Credit Spreads an den Futures-Märkten. Allerdings lassen sich Credit Spreads genauso gut mit Aktienoptionen, ETF-Optionen oder Index-Optionen handeln.

Credit Spreads und die implizite Volatilität

Die implizite Volatilität (kurz: IV) ist ein sehr wichtiger Faktor für die Preisbildung von Optionen. Was genau die implizite Volatilität ist und welche Rolle diese Kennzahl im Optionshandel spielt, können Sie in Kapitel 2 lesen.

Je höher die implizite Volatilität ist, desto teurer sind die Optionen. Je tiefer die implizite Volatilität ist, desto geringer sind die Optionspreise.

Wie Sie ebenfalls in Kapitel 2 lesen können, unterliegt die implizite Volatilität einem *Reversion-to-the-mean-Effekt*. Das bedeutet, die IV kehrt früher oder später immer wieder zu ihrem Mittelwert zurück. Dieses Wissen sollten Sie nutzen! Als Optionsverkäufer beziehungsweise als Stillhalter besteht Ihr Ziel darin, Prämieneinnahmen zu erzielen. Wenn die gleiche Option in einem Umfeld hoher IV eine sehr viel höhere Prämieneinnahme ermöglicht als in einem Umfeld geringer IV, ist es naheliegend, dass Sie diesen Umstand ausnutzen sollten. Der Vorteil des Verkaufs von Optionen in einem hohen IV-Umfeld besteht nicht nur in einer höheren Prämieneinnahme; aufgrund des Reversion-to-the-mean-Effekts ist auch die Wahrscheinlichkeit hoch, dass die IV mittelfristig rückläufig ist. Wenn Sie eine Option verkauft haben und die implizite Volatilität zu fallen beginnt, profitiert Ihr Trade dadurch und erzielt einen Gewinn (unter sonst gleichbleibenden Umständen).

Wie hoch dieser Gewinn pro Prozentpunkt IV-Rückgang ist, verrät Ihnen die Optionskennzahl Vega.

Im praktischen Handel spielt die absolute Höhe des Vegas aber normalerweise keine entscheidende Rolle, wenn es um eine Trade-Entscheidung geht. Es genügt, wenn Sie sich auf die Analyse der impliziten Volatilität konzentrieren.

Als Stillhalter beziehungsweise Optionsverkäufer sollten Sie vor einem Trade immer einen Blick auf die Entwicklung der impliziten Volatilität werfen. Verkaufen Sie Optionen primär bei hohen Volatilitäten und meiden Sie Trades bei sehr niedrigen IVs. Wie hoch das aktuelle Volatilitätsniveau im Verhältnis zu den historischen Werten ist, können Sie am besten mit dem IV-Rank oder mit dem IV-Perzentil herausfinden.

Der IV-Rank (*Implied Volatility Rank*) ist ein Maß dafür, wie hoch die aktuelle implizite Volatilität eines Basiswerts im Vergleich zu seinen historischen Volatilitätswerten ist. Er wird als Prozentsatz ausgedrückt und zeigt Ihnen, wo die aktuelle IV im Vergleich zu ihrem höchsten und tiefsten Wert des letzten Jahres (oder eines anderen Zeitraums) liegt.

- Ein hoher IV-Rank bedeutet, dass die aktuelle implizite Volatilität nahe ihrem Höchstwert liegt.
- Ein niedriger IV-Rank bedeutet, dass sie nahe ihrem Tiefstwert liegt.

Ähnlich wie der IV-Rank ermöglicht auch das *IV-Perzentil* eine Einschätzung des aktuellen Volatilitätsniveaus im Vergleich zu seinen historischen Werten. Dabei ist nicht der absolut höchste und niedrigste Wert ausschlaggebend, sondern die Frage, an wie vielen Tagen des letzten Jahres die IV unter dem aktuellen Wert lag. Ein IV-Perzentil von 80 Prozent würde zum Beispiel bedeuten, dass der aktuelle IV-Wert höher ist als an 80 Prozent aller Tage des letzten Jahres.

Beim Verkauf von nackten Optionen haben Veränderungen der impliziten Volatilität einen deutlich höheren Einfluss auf die Entwicklung des Optionspreises im Vergleich zu einem vertikalen Spread. Bei einem Spread erzielt die verkaufte Option einen Gewinn, wenn die IV zurückgeht. Zeitgleich haben Sie aber auch eine Option gekauft. Diese leidet unter einem Volatilitätsrückgang. Bei einem Credit Spread liegt die gekaufte Option immer weiter aus dem Geld als die verkaufte Option. Deshalb profitiert die verkaufte Option mehr von einem Volatilitätsrückgang, als die gekaufte Option darunter leidet. Wenn Sie die Vegas der beiden Optionen eines Bull Put Spreads oder eines Bear Call Spreads vergleichen, sehen Sie, dass das Vega der verkauften Option größer ist als das Vega der gekauften Option

Je weiter eine Option aus dem Geld liegt, desto geringer ist ihr Vega. Je näher die Option am Geld liegt, desto höher ist ihr Vega.

Das bedeutet: Auch wenn der Einfluss einer Veränderung der IV bei einem Credit Spread geringer ist als bei einer nackten Option, sollten Credit Spreads primär bei hohen Volatilitäten eingesetzt werden und profitieren von einem Volatilitätsrückgang.

Implizite Volatilität, IV-Rank und IV-Perzentile: Quellen

Um die implizite Volatilität zu untersuchen beziehungsweise die aktuellen IV-Ranks oder IV-Perzentile von Futures wie auch von Aktien in Erfahrung zu bringen, stehen Ihnen verschiedene Möglichkeiten zur Verfügung. Am besten schauen Sie als Erstes in Ihrer Tradingsoftware nach. Darüber hinaus gibt es einige (meist kostenpflichtige) Softwarelösungen speziell für Optionshändler sowie Websites, die Ihnen diese Informationen zur Verfügung stellen. Hier sind einige Beispiele:

Tradingsoftwares:

- Trader Workstation (TWS)
- Tastytrade Trading Platform

Websites:

✔ barchart.com

✔ ivolatility.com

✔ mrci.com

Optionssoftwares:

✔ OptionNet Explorer

✔ OptionVue

Wenn Sie eine Möglichkeit gefunden haben, die IVs für verschiedene Futures in Erfahrung zu bringen, fragen Sie sich vielleicht, wie konkret Sie vorgehen sollten und wie hoch die IV sein sollte, damit der Einsatz von Credit Spreads sinnvoll ist. Leider gibt es hier auch keine allgemeingültige Regel und die Herangehensweisen sind von Trader zu Trader unterschiedlich. Für den Beginn empfehle ich Ihnen folgende Faustformel:

Achten Sie darauf, ob der IV-Rank oder das IV-Perzentil auf einen Wert von ≥ 50 Prozent ansteigt. Wenn dies der Fall ist, ist die IV ausreichend hoch für den Einsatz von Credit Spreads.

Zur Frage, ob eine hohe IV eine hinreichende oder nur eine notwendige Bedingung für einen Stillhaltertrade ist, gehen die Meinungen etwas auseinander. Es gibt Trader und Strategien, die bei hohen Volatilitäten »stur« Trades eröffnen und der Marktanalyse und der Kursentwicklung des Underlyings wenig bis keine Aufmerksamkeit schenken. Meiner Erfahrung nach sehen Sie es aber am besten so: Der Einsatz von Stillhalterstrategien bei hohen impliziten Volatilitäten hat einen positiven Erwartungswert und verschafft Ihnen einen Gewinnvorteil (Edge). Die Frage ist: Weshalb sollten Sie deshalb darauf verzichten, Ihren Gewinnvorteil noch weiter zu erhöhen?

In Teil II dieses Buches haben Sie einige Möglichkeiten zur Marktanalyse kennengelernt. Aufgrund des begrenzten Umfangs dieses Buches konnte dabei allerdings nur an der Oberfläche gekratzt werden. Wenn Sie mehr über Themen wie Charttechnik oder die Intermarket-Analyse lernen möchten, können Sie Ihr Wissen mit *Technische Analyse für Dummies* oder anderen Büchern weiter vertiefen.

An der Börse gibt es jedoch auch ein Paradoxon, das besagt, dass mehr Wissen nicht unbedingt zu mehr Erfolg führt. Häufig verhält es sich genau umgekehrt: Das Wissen steigt, aber der Kontostand sinkt. Die Kunst des Tradings besteht also darin, möglichst viel zu lernen, um anschließend beim Handel möglichst viel dieses Wissens zu ignorieren.

Anders ausgedrückt: Machen Sie es nicht zu kompliziert. Wenn Sie wissen, auf welche Faktoren Sie achten müssen und was für den Erfolg Ihrer Strategie entscheidend ist, sollten Sie dabei bleiben und nach immer der gleichen Routine vorgehen. Ein gewisses Maß an Stoizismus und das Ausblenden von ablenkenden Nebengeräuschen ist dabei durchaus förderlich.

COT-Signale handeln

Neben der Trendanalyse und der Analyse von saisonalen Mustern ist im Bereich des Futures-Tradings insbesondere die Analyse der *Commitments of Traders* – kurz: COT – ein weitverbreiteter Ansatz, der in Kombination mit dem Optionshandel häufig zu einer erstaunlich hohen Trefferquote führen kann. Ein weiterer Vorteil der COT-Signale ist, dass sie sehr einfach zu verstehen sind. Was genau COT-Daten sind, wie diese zu interpretieren sind und was der COT-Index beziehungsweise der Commercials Index ist, können Sie im Detail in Kapitel 8 lesen.

Der *Commercials Index* ist ein Indikator, der verwendet wird, um die Positionierung der Commercials (Hedger) im Commitment of Traders (COT) Report zu quantifizieren und zu analysieren. Der Indikator setzt die aktuelle Positionierung der Commercials in Relation zu den historischen Werten über einen definierten Zeitraum. Der Indikator zeigt Werte zwischen 0 und 100 an, wobei 0 den tiefsten Wert der Nettopositionierung der Commercials während des definierten Zeitraums und 100 den höchsten Wert darstellt.

Ein Set-up, bei dem Sie die Erkenntnisse bezüglich der impliziten Volatilität und der COT-Daten kombinieren, könnte so ausschauen:

✔ Der IV-Rank oder das IV-Perzentil des Futures muss bei mindestens 50 Prozent liegen.

✔ Der Commercials Index generiert ein bärisches oder ein bullisches Signal.

Ein Signal des Commercials Index bedeutet hier: Der kurzfristige Commercials Index (6 Monate) und der langfristige Commercials Index (3 Jahre) befinden sich auf einem Extremniveau.

Suchen Sie gezielt nach Situationen, in denen der IV-Rank oder das IV-Perzentil eines Futures bei mindestens 50 Prozent liegt und gleichzeitig ein Signal im COT-Index auftritt.

Genau solch ein Signal trat Mitte Oktober 2023 im Gold-Future auf. Der IV-Rank stieg auf Werte von über 50 an und bei einem Blick auf den Commercials Index in Abbildung 12.5 erkennen Sie, dass sowohl die kurzfristige als auch die langfristige Linie in der ersten Oktoberhälfte in den Extrembereich lief.

Die COT-Daten werden jeweils am Freitagabend veröffentlicht und die Datenerhebung findet bereits am Dienstag statt. Das heißt zum Beispiel, der Wert vom 10. Oktober steht Ihnen frühestens am 13. Oktober nach Handelsschluss zur Verfügung und der 16. Oktober ist der erste Handelstag, an dem Sie dieses Signal handeln können.

Den zu diesem Zeitpunkt aktuellen Chart des Goldpreises sehen Sie in Abbildung 12.6. Wie Sie erkennen können, ist der Goldpreis in den Tagen zuvor unter hohem Volumen angestiegen und eine Wiederaufnahme des Aufwärtstrends schien möglich, zumal der Goldpreis die EMA 200 und die EMA 50 zurückerobert hatte.

KAPITEL 12 Stillhalterstrategien mit hoher Erfolgswahrscheinlichkeit 231

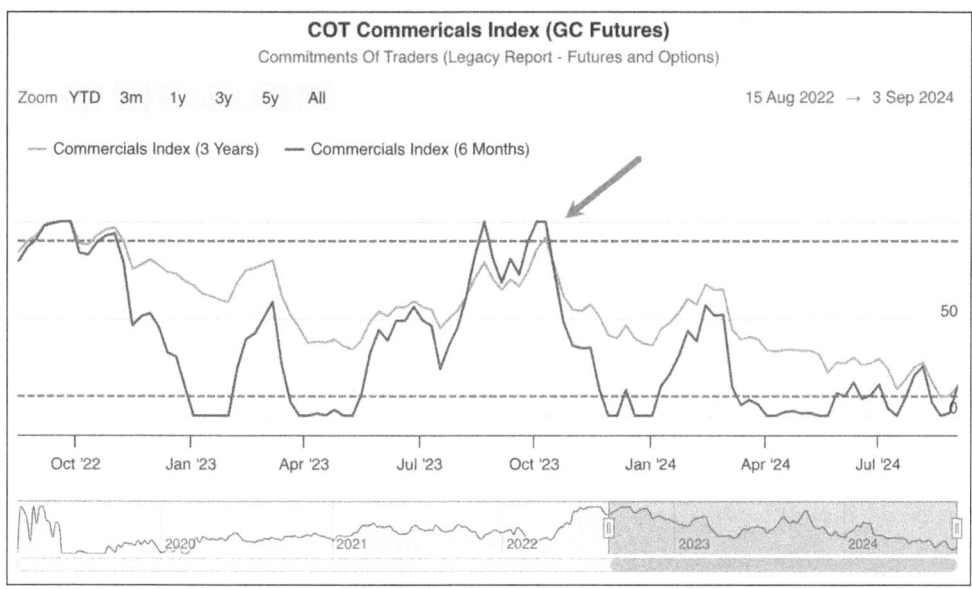

Abbildung 12.5: Commercials Index Gold-Future, Quelle: fomo-finance.com/tools/cot-daten

Abbildung 12.6: Goldpreis-Tageschart (Endloskontrakt), Quelle: stockcharts.com

Falls Sie sich in diesem Beispiel dazu entschlossen hätten, auf das bullische Szenario zu setzen, hätten Sie einen Bull Put Spread handeln und somit eine Prämieneinnahme erzielen können. Damit Sie dem Markt etwas Platz zum »Atmen« geben können, ist es sinnvoll einen Spread zu handeln, der möglichst weit aus dem Geld liegt. Aufgrund des höheren relativen Thetas bei Out-of-the-money-Optionen hat dies außerdem den Vorteil, dass Ihr Trade schneller in den Gewinn läuft, auch wenn sich der Goldpreis nicht von der Stelle bewegt oder sogar moderat fällt.

Die Wahl der Basispreise bei einem Credit Spread

Bei der Wahl der Moneyness ist es grundsätzlich sinnvoll, wenn Sie sich am Delta orientieren. Ein Delta von 10 bis 15 für die verkaufte Option scheint angemessen, wenn Sie in möglichst großem Umfang vom hohen relativen Theta der Out-of-the-money-Optionen profitieren wollen. Bei diesen Delta-Werten handelt es sich zudem um Optionen, die so weit aus dem Geld liegen, dass Sie auch bei einer zwischenzeitlichen Gegenbewegung ruhig bleiben und abwarten können und Ihr Trade nur einen moderaten Verlust erzielt, solange der Preis nicht sehr stark und schnell in die »falsche« Richtung läuft. Falls Sie bezüglich der zukünftigen Marktrichtung eine sehr klare Meinung haben, können Sie den Spread auch etwas offensiver handeln und ein höheres Delta für die Short-Option wählen.

Die Weite des Spreads

Die Wahl des Basispreises für die verkaufte Option ist nur der erste Schritt beim Aufsetzen eines Credit Spreads. Als nächsten müssen Sie noch den Basispreis für die gekaufte Option festlegen. Dabei sollten Sie Folgendes beachten:

✔ Der Abstand zwischen der verkauften Option und der gekauften Option definiert die Weite des Spreads.

✔ Die Weite des Spreads abzüglich der eingenommenen Optionsprämie definiert das maximal mögliche theoretische Risiko.

✔ Je weiter der Spread ist, desto höher ist der theoretische Maximalverlust.

✔ Je weiter der Spread ist, desto höher ist die eingenommene Netto-Optionsprämie.

Sie müssen also einen Mittelweg finden, bei dem einerseits das Risiko begrenzt ist, andererseits aber die Prämieneinnahme nicht zu gering ist.

 Nehmen wir an, der Erdöl-Future notiert bei einem Preis von 68 US-Dollar. Mit dem Verkauf einer Put-Option mit einem Basispreis von 54 US-Dollar und einem Delta von 10 können Sie eine Prämieneinnahme von 640 US-Dollar erzielen. Wenn Sie nun einen Long Put kaufen, der nur 1 US-Dollar unter der verkauften Option liegt, kostet Sie dieser 53er Put 560 US-Dollar. Sie haben somit zwar das maximal mögliche Risiko stark reduziert. Dieses war zuvor theoretisch unbegrenzt und beträgt jetzt nur noch 920 US-Dollar (Weite des Spreads – eingenommene Optionsprämie). Allerdings ist die Netto-Prämieneinnahme auf 80 US-Dollar geschrumpft.

Damit Sie eine halbwegs attraktive Prämieneinnahme erzielen können, haben Sie also nur zwei Möglichkeiten:

1. Sie erhöhen die Weite des Spreads.

2. Sie handeln einen engen Spread mit einem geringeren Risiko, der allerdings sehr nah am Geld liegt.

Mit einem Credit Spread, der sehr nah am Geld liegt, sind Sie nur dann erfolgreich, wenn der Markt auch genau das tut, was Sie wollen. Und zwar auch genau dann, wenn Sie es wollen. Grundsätzlich spricht nichts gegen dieses Vorgehen. Der typische Stillhalter möchte sich in der Regel jedoch von genau diesem Druck befreien, und nicht darauf angewiesen sein, die künftigen Bewegungen des Marktes treffsicher vorhersagen zu müssen, um mit seinen Trades Gewinne zu erwirtschaften.

Für den typischen Stillhalter ist es ausreichend, wenn er die Richtung des Marktes ungefähr einschätzen kann und wenn das Timing einigermaßen stimmt. Die Devise lautet: Versuchen Sie nicht vorherzusagen, wohin der Markt geht! Versuchen Sie vorherzusagen, wohin der Markt wahrscheinlich nicht geht!

Mit dieser Devise im Hinterkopf besteht die einzige Möglichkeit darin, einen Short-Strike zu wählen, der relativ weit aus dem Geld liegt, beispielsweise. mit einem Delta von 10–20. Damit nicht die Gefahr droht, dass die Transaktionskosten höher sind als Ihre Prämieneinnahme, müssen Sie bei der Wahl des Long-Strikes einen gewissen Mindestabstand zum Short-Strike wählen. Dies resultiert zwangsläufig in einer Situation, bei der die eingenommene Prämie deutlich geringer ist als der theoretische Maximalverlust.

Vielleicht fragen Sie sich gerade: »Weshalb ist hier die ganze Zeit die Rede von einem *theoretischen* Maximalverlust? Kann der Maximalverlust nun eintreten oder nicht?«

Die Antwort lautet: »Nun ja, theoretisch schon. Aber eigentlich nicht.« Zumindest wenn Sie den Trade aktiv beobachten und eingreifen, wenn es notwendig ist.

Stellen Sie sich vor, Ihr Trading-Konto ist mit (umgerechnet) 30.000 US-Dollar kapitalisiert. Nun handeln Sie einen Bear Call Spread auf den Erdgas-Future. Sie erzielen eine Prämieneinnahme von 280 US-Dollar. Die Weite des Spreads beträgt 0,25 US-Dollar im Futures-Kontrakt. Multipliziert mit dem Multiplikator der Erdgas-Futures-Optionen von 10.000 ergibt dies 2500 US-Dollar.

Den Maximalverlust eines Bear Call Spreads können Sie ermitteln, indem Sie die eingenommene Prämie von der Weite des Spreads subtrahieren.

In dem eben erwähnten Beispiel beträgt der theoretische Maximalverlust also:

Max. Loss = 2500 US-Dollar – 280 US-Dollar = 2220 US-Dollar

Einer Prämieneinnahme von 280 US-Dollar steht somit ein Risiko von 2220 US-Dollar gegenüber. Nach klassischen Trading-Kriterien ist dies ein sehr schlechtes Chance-Risiko-Verhältnis von ungefähr 1 zu 8. Nun kommt aber wieder das Wörtchen »theoretisch« ins Spiel: Den Maximalverlust von 2220 US-Dollar in unserem Beispiel würden Sie nur dann realisieren, wenn der Markt sehr stark ansteigt und Sie gleichzeitig bis zum Verfallstermin nicht reagieren. In der Praxis würden Sie aber bei einem drohenden Verlust Maßnahmen treffen, um das Risiko zu reduzieren, oder den Trade ganz einfach schließen und einen kleineren Verlust realisieren.

Das heißt: De facto arbeiten Sie mit einem mentalen Stop Loss. Sie können einen Credit Spread auch als eine nackte Option betrachten, mit einer zusätzlichen Versicherung für den Worst Case.

Wie schlimm ist der Worst Case wirklich?

Stellen Sie sich vor, Sie verkaufen einen Bull Put Spread auf den S&P 500 Future. Der Short-Strike liegt rund 15 Prozent unter dem aktuellen Kursniveau. Die Restlaufzeit beträgt 61 Tage. Der Kurs des S&P 500 fällt in den kommenden drei Wochen um moderate 3 Prozent, weshalb Sie den Trade immer noch halten.

Die Frage ist nun: Mit welchem maximalen Kursverlust sollten Sie rechnen und was sollten Sie im Fall der Fälle tun? Dazu hilft ein Blick auf die historischen Daten. Die drei Tage mit den größten Kursverlusten im S&P 500 waren:

- 19.10.1987: −20,47 Prozent
- 16.03.2020: −11,98 Prozent
- 12.03.2020: −9,51 Prozent

Zunächst einmal gilt es festzustellen: An diesen drei Daten kam es zu panischen Abverkäufen am Aktienmarkt. Der S&P 500 fiel jedoch nicht überraschend von heute auf morgen von einem Allzeithoch wie ein Stein nach unten, sondern befand sich in jedem dieser Fälle bereits in einem deutlichen Abwärtstrend und im Panikmodus. Deshalb wäre bereits vor den Tagen mit den historischen Kursverlusten ein Eingreifen beziehungsweise Schließen des Trades notwendig gewesen.

Nehmen wir an, dass ein mit Ihnen befreundeter Trader (Ihnen selbst wäre dies natürlich nicht passiert) den Ausstieg verpasst hat und der Aktienmarkt am nächsten Tag einen historischen Kursverlust erleidet.

Der Bull Put Spread, dessen Short-Strike sich am Tag zuvor noch 12 Prozent unter dem aktuellen Kurs befand, gerät nun gehörig unter Druck. Der Short-Strike befindet sich nun am Geld oder sogar im Geld. Die Optionen besitzen allerdings nach wie vor eine gewisse Restlaufzeit und somit einen Zeitwert. Es besteht schließlich die Möglichkeit, dass der Markt genau so schnell wie er gefallen ist auch wieder ansteigt. Das bedeutet, der Maximalverlust ist noch nicht eingetreten und der Markt bepreist die Optionen etwa so, dass Sie bei einem unmittelbaren Schließen des Trades nur beispielsweise 50 Prozent des Maximalverlustes realisieren müssen. Wenn das CRV unter Berücksichtigung des theoretischen Maximalverlustes noch 1 zu 8 betrug, hat sich das tatsächlich realisierte CRV somit auf 1 zu 4 halbiert. Unterm Strich wäre das immer noch ein schlechtes CRV und ein verhältnismäßig großer Verlust. Wenn Sie aber bedenken, dass solch ein Szenario nur dann eintritt, wenn ein Markt in kürzester Zeit historisch große Kursbewegungen vollzieht, und wenn Sie es zuvor verpasst haben, aus dem Trade auszusteigen, so scheint das Risiko vertretbar.

Die Angst vor dem Worst Case

Aber was genau bedeutet nun Worst Case? Das schlimmstmögliche Szenario tritt dann ein, wenn Ihr Credit Spread am Verfallstermin im Geld verfällt und Sie den Maximalverlust realisieren müssen. Für dieses Szenario ist es also nicht nur notwendig, dass der Markt eine große Kursbewegung vollzieht. Dies wird immer wieder vorkommen. Der Worst Case tritt nur dann ein, wenn Sie gleichzeitig tatenlos an der Seitenlinie stehen und nicht reagieren.

Viele Stillhalter halten Ihre Trades nicht bis zum Verfallstermin, sondern schließen diese bereits vorher. Wenn Sie spätestens zwei Wochen vor dem Verfallstermin aus einem Trade aussteigen oder diesen rollen, können Sie das Risiko eliminieren, dass Sie im Falle einer sehr großen Kursbewegung keine Zeit mehr haben, um zu reagieren.

Betrachten wir ein weiteres Beispiel für den Handel eines Credit Spreads, unter Berücksichtigung der impliziten Volatilität und der COT-Daten:

Anfang Juni 2023 ist die implizite Volatilität der Sojaöl-Futures deutlich angestiegen. Der IV-Rank und das IV-Perzentil lagen weit über der 50-Prozent-Marke. Sowohl der kurzfristige als auch der langfristige Commercials Index befanden sich auf einem bullischen Extremniveau, wie Sie in Abbildung 12.7 erkennen können.

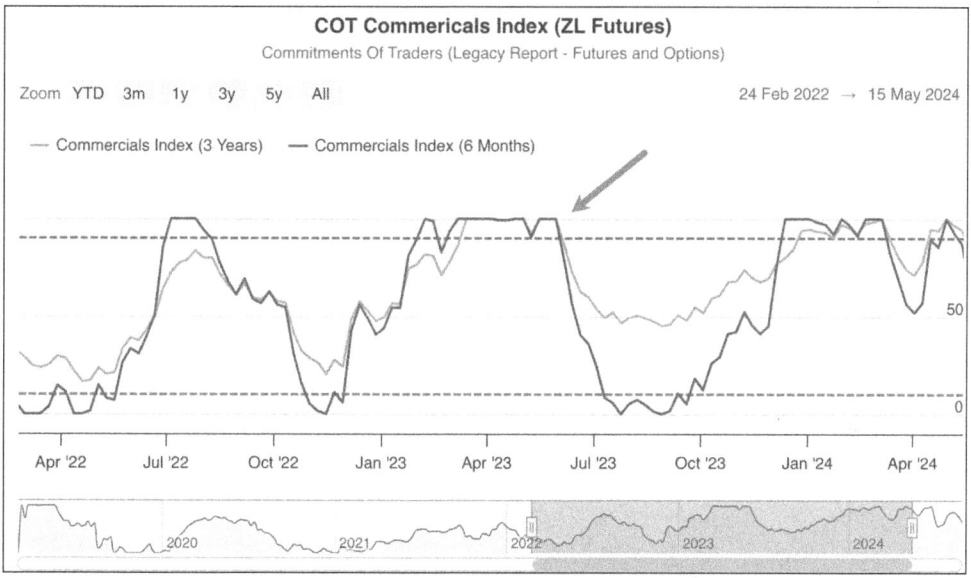

Abbildung 12.7: Commericals Index Sojaöl-Future, Quelle: fomo-finance.com/tools/cot-daten

In Abbildung 12.8 sehen Sie den Chartverlauf des September-Kontraktes für den Soybean Oil Future. Nachdem der Sojaölpreis bis Ende Mai in einem Abwärtstrend verlief, begannen die Preise ab Anfang Juni zu steigen und am 12. Juni hatte sich bereits ein kurz- bis mittelfristiger Aufwärtstrend etabliert. Somit bot sich die Gelegenheit für den Handel eines Bull Put Spreads.

Abbildung 12.8: Sojaöl-Future-Tageschart (Kontrakt September 2023), Quelle: TradingView

Folgender Trade war möglich:

✔ Basispreis Short Put: 44

✔ Basispreis Long Put: 39

✔ Delta Short Put: 13,2

✔ Delta Long Put: 4,4

✔ Netto-Prämieneinnahme: 273 US-Dollar

✔ Restlaufzeit: 74 Tage

Der Kurs des Sojaöl-September-Futures lag am 12. Juni bei etwas 52,50 Cent pro Pfund. Der Short-Strike mit einem Delta von 13,2 ist also 8,50 Cent beziehungsweise 16,2 Prozent unter dem aktuellen Kurs. Die verkaufte Option liegt so weit aus dem Geld, dass selbst die historisch größten Kurseinbrüche im Sojaöl nicht ausgereicht hätten, dass der Short Put ins Geld läuft. Dennoch kann es natürlich vorkommen, dass sich der Markt anders entwickelt als erwartet und Ihr Trade einen Verlust erzielt. Wie Sie in solch einer Situation reagieren können, erfahren Sie auf den folgenden Seiten.

Trade-Management bei Credit Spreads

Das Leben eines Optionstrades besteht aus drei Phasen:

1. Eröffnung des Trades

2. Schließen des Trades

3. All das, was sich zwischen Phase 1 und Phase 2 abspielt

Trading-Anfänger neigen dazu, sich hauptsächlich mit dem ersten Schritt eines Trades zu befassen, mit der Trade-Eröffnung. Dahinter steht die Hoffnung, man müsse nur das perfekte Einstiegssignal finden, und dann würden die Gewinne quasi von allein ins Depot fließen.

Die Wahrheit ist aber: Das perfekte Einstiegssignal, den sprichwörtlichen *Heiligen Gral*, gibt es an der Börse nicht.

Das liegt nicht daran, dass noch kein Trader diesen gefunden hat, sondern dass die Börse und deren Kursgeschehen an sich nicht perfekt und nicht immer rational sind. Es gibt zu viele unvorhergesehene Ereignisse und scheinbar willkürliche Bewegungen, die die Suche nach dem perfekten Einstieg zu einem sinnlosen Unterfangen machen würden.

Ein erfolgreicher Trader muss akzeptieren, dass es gewisse Dinge an der Börse gibt, die man nicht vorhersehen und nicht beeinflussen kann. Eines dieser Dinge, die nicht unter Ihrer Kontrolle liegen, ist die Kursentwicklung, nachdem Sie einen Trade eröffnet haben. Ehrlicherweise trifft dies ebenso auf die Kursentwicklung vor Ihrem Trade zu, nur dann interessiert es Sie vermutlich nicht sonderlich.

Die Phasen 2 und 3 eines Trades sind deshalb viel wichtiger als die Eröffnung.

Auch wenn Sie das Kursgeschehen nach der Trade-Eröffnung nicht beeinflussen können, haben Sie die Möglichkeit zu entscheiden, wie Sie darauf reagieren. Was die Phase 3 betrifft, bedeutet das für einen erfolgreichen Optionshändler, dass der Trade nicht nur passiv beobachtet wird, sondern bei Bedarf aktiv in den Trade eingegriffen wird, indem beispielsweise Gegenpositionen eröffnet oder Positionen gerollt werden, um das Risiko zu managen.

Aber erst mal der Reihe nach: Wie Sie im Verlauf dieses Kapitels erfahren haben, ist es nach dem Eröffnen eines Credit Spreads normalerweise keine gute Idee, bei einem drohenden Verlust einfach abzuwarten und zu riskieren, dass der Trade den Maximalverlust erzielt. Insbesondere dann, wenn Sie einen weiten Credit Spread handeln, dessen theoretischer Maximalverlust sehr hoch sein kann.

Frage Nr 1: Wann sollten Sie eingreifen?

Daher ist die erste Frage, die sich nach dem Eröffnen eines Bear Call Spreads oder eines Bull Put Spreads stellt: Wann sollten Sie in den Trade eingreifen? Beziehungsweise: Wie lange sollten Sie warten?

Hierfür gibt es im Allgemeinen zwei mögliche Ansätze:

1. Sie definieren charttechnische »Aktionslinien«, das heißt Kursbereiche, bei deren Unter- oder Überschreiten Sie aktiv werden.

2. Sie definieren einen mentalen Stop, das heißt. sobald der Verlust eine gewisse Höhe erreicht hat, greifen Sie in den Trade ein oder schließen ihn.

Was die Möglichkeit Nummer 1 betrifft, könnten Sie so vorgehen, dass Sie beim Handel eines Credit Spreads die wichtigsten charttechnischen Unterstützungen beziehungsweise Widerstände in Ihrem Chart markieren.

Stellen Sie sich vor, Sie handeln einen Bull Put Spread in einem Aufwärtstrend. Der Trend befindet sich in einer weit fortgeschrittenen Korrekturphase, weshalb Sie davon ausgehen, dass der Markt bald wieder ansteigen sollte. Einige Punkte unterhalb des aktuellen Kurses liegt das letzte Korrekturtief des Aufwärtstrends. Dieses Tief bildet einen horizontalen Unterstützungsbereich. Falls dieser Unterstützungsbereich bärisch durchbrochen wird, wäre der Aufwärtstrend gebrochen und weiter Kursverluste würden drohen.

Beim Handel des Bull Put Spreads sollten Sie zunächst darauf achten, dass der Short-Strike des Spreads möglichst weit unter dem Unterstützungsbereich liegt. Falls dies nicht der Fall ist und der Basispreis nur knapp unter dem Unterstützungsbereich liegt, wäre Ihr Trade schon deutlich unter Druck, falls der Unterstützungsbereich gebrochen wird, und der Verlust wäre möglicherweise schon sehr groß.

Der Vorteil bei der Vorgehensweise, mit charttechnischen Aktionslinien zu arbeiten ist, dass Sie erst dann reagieren, wenn das Underlying tatsächlich ein relevantes Signal generiert. Bei dem üblichen Marktrauschen, das sich im kurzfristigen Bereich abspielt und oft für mehr oder weniger zufällige Bewegungen sorgt, können Sie entspannt zuschauen und im Spiel bleiben. Der Nachteil beziehunggweise die Herausforderung dabei ist allerdings, dass Sie darauf achten sollten, dass Sie sich das Warten auch leisten können und dabei keinen zu großen Verlust erzielen.

An dieser Stelle kommt der zuvor beschriebene Ansatz Nummer 2 ins Spiel: Sie definieren einen mentalen Stop Loss. Sobald Ihr Trade einen gewissen Betrag (beispielsweise 100 Euro, 500 Euro, 1000 Euro et cetera) im Verlust ist, schließen Sie die Position.

Ihre Handelsstrategie und Ihre Handelsregeln sollten Sie schriftlich festhalten. Wenn Sie einen mentalen Stop verwenden, sollten Sie auch diesen in eine Regel umwandeln und aufschreiben, beispielsweise: »Wenn ein Credit Spread 500 Euro im Minus ist, schließe ich den Trade kompromisslos!« Dies erhöht die Chance, dass Sie mental auch dazu in der Lage sind, tatsächlich auf den »Schließen«-Button zu drücken und den Verlust realisieren.

Denken Sie daran: Das menschliche Gehirn ist nicht für die Börse gemacht. Und kein Trader mag Verluste. Wenn Sie einen Verlust realisieren müssen, wird Ihr Unterbewusstsein möglicherweise versuchen Sie auszutricksen und Ihnen Gründe liefern, den Trade noch nicht zu schließen.

Der Vorteil eines mentalen Stop Loss ist, dass dieser Ihnen ermöglicht, Ihre Verluste klein zu halten. Es kann und wird natürlich vorkommen, dass der Markt sich an einem Tag so schnell bewegt, dass Ihr mentaler Stop Loss überschritten wurde, bevor Sie reagieren können. Solange Sie aber einen konservativen mentalen Stop verwenden, sind einige Ausreißer in Ordnung.

Frage Nr. 2: Wie hoch darf der Verlust sein? Die 200-Prozent-Regel

Die nächste wichtige Frage ist: Wie groß darf der Verlust sein, den Sie während der Laufzeit eines Trades akzeptieren, bevor Sie den Trade glattstellen und den Verlust realisieren? Eine unter vielen Optionshändlern beliebte Regel lautet:

Schließen Sie eine verkaufte Option oder einen verkauften Spread spätestens dann, wenn sich der Preis verdoppelt hat.

Sie verkaufen einen Bear Call Spread auf den Crude Oil WTI Future. Der Preis des Spreads beträgt 0,75 US-Dollar. Multipliziert mit dem Multiplikator der Rohöl-Futures-Optionen von 1000 bedeutet dies eine Prämieneinnahme von 750 US-Dollar. Die 200-Prozent-Regel besagt, dass Sie den Trade schließen, wenn sich der Preis des Spreads auf 1,5 US-Dollar verdoppelt hat. Eine Prämieneinnahme von 750 US-Dollar minus 1500 US-Dollar für das Zurückkaufen des Spreads ergibt einen Verlust von 750 US-Dollar.

Statt 200 Prozent können Sie theoretisch auch eine andere Zahl wie 250 oder 300 verwenden. Allerdings hat sich die 200-Prozent-Regel unter vielen Tradern etabliert und bietet einige Vorteile:

✔ Mit einer konsequenten Anwendung der 200-Prozent-Regel vermeiden Sie große Verluste.

✔ Die Realisierung von kleineren Verlusten ist aus psychologischer Sicht einfacher umzusetzen. Stress durch sehr hohe Verluste wird zu vermeiden versucht.

✔ Das Delta der Optionen ist zu dem Zeitpunkt, an dem Sie den Trade schließen, meist noch gering genug, damit Sie statt der Realisierung des Verlustes den Trade rollen beziehungsweise adjustieren können.

Um zu wissen, wann sich der Preis eines verkauften Credit Spreads verdoppelt hat, müssen Sie übrigens nicht in die Optionskette schauen. Sie können ganz einfach den Betrag der Prämieneinnahme im Kopf behalten und einen Blick auf die Positionsübersicht in Ihrem Trading-Konto werfen. Sobald der Buchverlust des Trades so hoch wie die eingenommene Prämie ist, hat sich der Preis des Spreads verdoppelt.

Sie müssen nicht immer so lange warten, bis sich der Preis eines verkauften Spreads verdoppelt hat. Wenn Sie zusätzlich zur 200-Prozent-Regel charttechnische Aktionslinien verwenden, kann es Ihnen gelingen, viele Trades bereits früher zu schließen und somit die Höhe des durchschnittlichen Verlustes zu reduzieren.

Die Idee hinter der Kombination der beiden Ansätze ist, dass Sie einen Trade nur dann halten wollen, wenn das charttechnische Szenario weiterhin vorteilhaft erscheint. Sollten sich die Rahmenbedingungen ändern, beispielsweise indem sich ein Trend umkehrt, würde die Wahrscheinlichkeit sinken, dass Ihr Trade tatsächlich noch ein Gewinner wird. In solch einem Fall ist es häufig sinnvoll, wenn Sie Ihr Geld bereits früher vom Tisch nehmen und den Verlust reduzieren. Die 200-Prozent-Regel ist sozusagen das äußerste Limit, das Sie bereit sind zu akzeptieren.

Rollen und Adjustieren

Die Anwendung der 200-Prozent-Regel muss nicht zwangsläufig dazu führen, dass ein Trade komplett beendet und als Verlust verbucht wird. Wenn das ursprüngliche Szenario und Ihre Trade-Idee nach wie vor intakt sind, kann es sinnvoll sein, in den Trade einzugreifen und diesen zu rollen oder zu adjustieren.

Als *Rollen* bezeichnet man das Schließen eines Optionstrades und das zeitgleiche erneute Eröffnen des Trades. Dabei hat der gerollte Trade einen anderen Basispreis und/oder einen anderen Verfallstermin.

Häufig wird in diesem Zusammenhang auch vom *Adjustieren* eines Trades gesprochen. Eine klare Abgrenzung zwischen den Begriffen *Rollen* und *Adjustieren* gibt es nicht. Unter Adjustieren könnte zum Beispiel auch das Eröffnen einer Gegenposition oder einer weiteren Option gemeint sein.

Mit dem Rollen und Adjustieren von Optionstrades können unterschiedliche Ziele verfolgt werden:

✔ Gewinne erhöhen

✔ Verluste in Gewinne umwandeln

✔ Verluste reduzieren

Stellen Sie sich folgende Situation vor:

Der S&P 500 Index befindet sich seit zwei Wochen in einer seitwärts verlaufenden Konsolidierungsphase, nachdem er zuvor 10 Prozent angestiegen ist. Sie rechnen damit, dass sich der übergeordnete Aufwärtstrend früher oder später fortsetzen wird. Aus diesem Grund verkaufen Sie einen Bull Put Spread auf den S&P 500 Future unterhalb des Unterstützungsbereiches am unteren Ende der Seitwärtsformation.

So lange der S&P 500 weiterhin seitwärts verläuft, erzielt Ihr Trade durch den Zeitwertverlust nach und nach einen immer höher werdenden Gewinn. Wenn der Index nach oben ausbricht, beschleunigt sich der Gewinn. Es kann zum Beispiel geschehen, dass der S&P 500 innerhalb der nächsten fünf Handelstage um 7 Prozent ansteigt. Wenn Ihr Trade zu diesem Zeitpunkt immer noch im Markt ist, sind die Optionspreise Ihres Bull Put Spreads wahrscheinlich bereits so weit erodiert, dass Sie diesen für einen sehr geringen Betrag zurückkaufen könnten. Möglicherweise haben Sie 500 US-Dollar Prämieneinnahme kassiert, und Ihr Trade befindet sich mittlerweile 420 US-Dollar im Gewinn. Statt für die restlichen 80 US-Dollar einfach abzuwarten und die Zeit abzusitzen, könnten Sie in Ihren Trade eingreifen.

Da der S&P 500 nun nach oben ausgebrochen ist und die Signale der Intermarket-Analyse für eine Fortsetzung des Bullenmarktes sprechen, können Sie Ihren Bull Put Spread nach oben rollen. Das bedeutet, Sie kaufen den Spread zum Beispiel für 80 US-Dollar zurück und verkaufen unmittelbar danach einen neuen Bull Put Spread mit der gleichen Restlaufzeit, aber höheren Basispreisen. Die Weite des Spreads bleibt dabei unverändert. Mit diesem Trade erzielen Sie eine Prämieneinnahme von 360 US-Dollar.

Insgesamt haben Sie also zunächst 500 US-Dollar eingenommen, dann 80 US-Dollar gezahlt und nun erneut 360 US-Dollar eingenommen. Durch das Rollen Ihres Trades entstand ein Rollgewinn von 280 US-Dollar (360 US-Dollar – 80 US-Dollar). Falls Sie den neuen Bull Put Spread bis zum Verfallstermin halten und dieser wertlos verfällt, hätten Sie die ursprünglichen 500 US-Dollar Prämieneinnahme in einen Gewinn von 780 US-Dollar verwandelt.

Stellen Sie sich vor, der S&P 500 würde nach der Eröffnung Ihres Bull Put Spreads nicht nach oben ausbrechen, sondern nach unten. Der übergeordnete Aufwärtstrend ist nach wie vor ungebrochen und der Kursrückgang stellt eine Korrektur des primären Aufwärtstrends dar. Deshalb rechnen Sie damit, dass die Preise zwar möglicherweise weiter fallen könnten, dass die Korrektur aber mittelfristig ein Ende finden wird und die Preise wieder zu steigen beginnen. Aus der ursprünglich erzielten Prämieneinnahme von 500 US-Dollar ist mittlerweile ein Verlust von 380 US-Dollar entstanden.

Da Ihr Trade langsam unter Druck gerät, ist es keine schlechte Idee, bereits jetzt einzugreifen und nicht zu warten, bis Sie aufgrund der 200-Prozent-Regel zum Schließen des Trades gezwungen werden.

Das frühzeitige Adjustieren eines Trades führt dazu, dass Ihr Handlungsspielraum erhalten bleibt und erhöht die Wahrscheinlichkeit, dass Sie den Trade als Gewinner nach Hause bringen können.

Um den Trade zu adjustieren, stehen Ihnen mehrere Möglichkeiten zur Verfügung:

✔ **Eröffnen einer Gegenposition**

Da sich der Preis des Bull Put Spreads noch nicht verdoppelt hat, können Sie ihn noch im Markt lassen. Um das Risiko von weiter fallenden Kursen abzufedern, können Sie einen Bear Call Spread als Gegenposition eröffnen. Sollte der Markt weiter fallen, erzielt die Gegenposition einen Gewinn.

✔ **Nach unten rollen**

Sie können den Bull Put Spread zurückkaufen und mit tieferen Basispreisen erneut verkaufen. Dadurch geben Sie dem Markt mehr Spielraum nach unten. Allerdings sind die Kosten für das Schließen des ersten Trades höher als die Einnahmen aus der Optionsprämie des zweiten Trades. Es entsteht ein Rollverlust.

✔ **Nach hinten rollen**

Statt den Bull Put Spread nach unten zu rollen, können Sie diesen nach hinten, das heißt auf einen späteren Verfallstermin rollen. Dadurch geben Sie dem Trade einerseits mehr Zeit, andererseits erzielen Sie dank des späteren Verfallstermins und des höheren Zeitwertes der Optionen mit der längeren Laufzeit einen Rollgewinn. Falls der Markt weiter fällt, erzielt jedoch auch dieser Trade einen Verlust.

✔ **Nach unten und hinten rollen**

Eine gute Alternative ist es oft, wenn Sie einen Bull Put Spread nach unten und nach hinten rollen. Damit rollen Sie den Trade etwas weiter aus der Gefahrenzone raus und geben ihm mehr Zeit. Dies gelingt häufig kostenneutral oder mit einem vergleichsweise geringen Rollverlust oder Rollgewinn.

Wann Sie rollen sollten und wann nicht

Der Unterschied zwischen einem mittelmäßigen, einem guten und einem professionellen Optionshändler liegt häufig darin, wie gut er das Risiko managt. Durch das geschickte Rollen und Adjustieren von Optionstrades kann es Ihnen gelingen, den durchschnittlichen Verlust Ihrer Trades zu reduzieren, den durchschnittlichen Gewinn zu erhöhen sowie einen zwischenzeitlichen Buchverlust in einen Gewinn umzuwandeln. Zwischen dem erfolgreichen Adjustieren eines Trades durch ein frühzeitiges Eingreifen und einer gewissen Überoptimierung liegt aber häufig nur ein schmaler Grat. Nachdem Sie einen Markt analysiert und einen Trade eröffnet haben, müssen Sie manchmal einfach noch etwas Geduld haben. Dem Markt ist es schließlich egal, wann Sie Ihren Trade eröffnet haben. Wenn Sie aufgrund des Marktrauschens bei der kleinsten Gegenbewegung sofort eingreifen und Ihren Trades die Luft zum Atmen abschneiden, kann der Schuss auch nach hinten losgehen.

Zudem besteht die Gefahr, dass Sie das Rollen und Adjustieren von Trades nutzen, um einen Verlust zu verdrängen und ihn nicht realisieren zu müssen. Jeder Trader weiß: Verluste gehören an der Börse ebenso zum Tagesgeschäft wie Gewinne. Wenn ein Trade schiefgeht, ist die beste Entscheidung manchmal auch, den Verlust zu realisieren und zum nächsten Trade weiterzugehen.

Besinnen Sie sich daher vor jeder Entscheidung zum Rollen beziehungsweise zum Adjustieren eines Trades nochmals auf die Gründe, die für die Eröffnung des Trades gesprochen hatten. Überprüfen Sie, ob Ihre Kriterien nach wie vor erfüllt sind:

- ✔ Ist der IV-Rank oder das IV-Perzentil nach wie vor hoch genug?
- ✔ Ist das Signal aus dem COT-Index noch gültig oder entstand bereits ein Gegensignal?
- ✔ Ist der Trend noch intakt oder entstand ein neuer Trend in die Gegenrichtung?
- ✔ Ist der saisonale Trend noch gültig? Haben sich die fundamentalen Rahmenbedingungen verändert?

Falls Sie zu dem Schluss kommen, dass Sie unter den aktuellen Bedingungen den Trade erneut platzieren würden, ist es vermutlich eine gute Idee, wenn Sie einen Trade, der unter Druck gerät, adjustieren. Wenn Sie hingegen feststellen, dass die aktuellen Marktbedingungen nicht Ihrem Regelwerk für die Eröffnung eines neuen Trades entsprechen, ist es oft besser, wenn Sie den Trade beenden.

✔ **Gegenposition und nach unten und/oder nach hinten rollen**

Sie können einen Bear Call Spread als Gegenposition eröffnen, wie oben beschrieben. Die somit erzielte zusätzliche Prämieneinnahme können Sie dazu nutzen, um den Bull Put Spread nach unten zu rollen oder nach unten und hinten zu rollen.

Welche der verschiedenen Möglichkeiten Sie in jedem einzelnen Fall anwenden, hängt von Ihren Vorlieben und Ihrer Erwartungshaltung ab. Es kann sinnvoll sein, dass Sie eine Gegenposition eröffnen, wenn Sie dem initialen Trade noch etwas Zeit geben wollen und sich der Optionspreis noch nicht verdoppelt hat. Falls Sie so lange warten, bis sich der Optionspreis verdoppelt hat, sollten Sie die 200-Prozent-Regel anwenden und den ursprünglichen Trade rollen und bei einer entsprechenden Markterwartung zusätzlich eine Gegenposition eröffnen.

Gewinne mitnehmen

Auf den letzten Seiten haben Sie viel darüber gelesen, wie Sie mit Trades umgehen sollten, die nicht so erfolgreich verlaufen, wie Sie es sich eigentlich wünschen. Daher ist es Zeit, dass Sie sich nun um die Frage kümmern, wie Sie mit den Gewinnern umgehen!

Nebenbei bemerkt: Die Fähigkeit, mit Verlust-Trades und unvorhersehbaren Situationen umzugehen, in denen der Markt das tut, was er will, und nicht das, was Sie wollen, ist tatsächlich eine der entscheidenden Kompetenzen für einen erfolgreichen Börsenhändler. Sie müssen sich auf alle Eventualitäten vorbereiten und bereits wissen, wie Sie auf diese reagieren werden, bevor Sie einen Trade eröffnen.

Oder anders formuliert: Kümmern Sie sich um Ihre Verluste, dann kommen die Gewinne von ganz allein.

Auch wenn es sich dabei um eine allgemeine Börsenweisheit handelt, gilt das umso mehr für den Stillhalter. Die einzige Frage, die Sie noch klären müssen, ist: Wann steigen Sie aus einem Gewinn-Trade wieder aus? Vielleicht denken Sie instinktiv: »Gar nicht, ich warte einfach, bis die Optionen wertlos verfallen und freue mich dann über die erzielte Prämieneinnahme.« Tatsächlich ist auch genau das die Grundidee von Stillhalterstrategien. Wie bereits in einem der vorherigen Beispiele geschildert, wird es dabei aber zwangsläufig zu Situationen kommen, in denen ein Trade einen Buchgewinn erzielt, der schon recht nahe am maximal möglichen Gewinn liegt. Wie Sie in diesem Kapitel erfahren haben, besteht eine Möglichkeit darin, in solchen Situationen den Trade zu rollen und den Maximalgewinn zu erhöhen.

Es wird aber auch Situationen geben, in denen Sie einen Credit Spread verkaufen und der Markt anschließend einfach nur vor sich hindümpelt oder zuerst in die eine Richtung läuft und dann wieder in die andere. Auch in diesen Situationen wird Ihr Credit Spread einen Gewinn erzielen. Allerdings entschließen Sie sich möglicherweise dazu, den Trade nicht zu rollen, da es der Markt nicht hergibt.

Deshalb gehen viele Stillhalter so vor, dass Sie nicht bis zum Verfallstermin warten, sondern ein Gewinnziel definieren und dafür eine Limit Order als Take-Profit in den Markt legen.

 Stellen Sie sich vor, Sie verkaufen einen Bear Call Spread auf den Silber-Future mit einer Restlaufzeit von 72 Tagen. Sie erzielen eine Prämieneinnahme von 600 US-Dollar. Unmittelbar nach der Eröffnung des Trades erstellen Sie eine Limit-Order als Take Profit, mit dem Ziel, dass Ihr Bear Call Spread zu einem Preis von 100 US-Dollar zurückgekauft wird. Sobald das Orderbuch der Börse dies hergibt, wird Ihre Limit Order automatisch ausgeführt und Sie realisieren einen Gewinn von 500 US-Dollar.

In diesem Beispiel hätten Sie zwar auf die restlichen 100 US-Dollar Gewinn verzichtet, allerdings hätten Sie immerhin fünf Sechstel beziehungsweise rund 83 Prozent des Maximalgewinns erzielt.

 Stellen Sie sich vor, der Silberpreis beginnt nach der Eröffnung Ihres Trades zu fallen wie ein Stein und erholt sich in den nächsten Wochen nicht wieder. In solch einem Fall kann es geschehen, dass Ihr Trade sehr schnell in den Take-Profit läuft. Warum sollten Sie also noch mehrere Wochen oder gar Monate warten, nur um die restlichen 100 US-Dollar mit nach Hause zu nehmen?

Ab einem gewissen Zeitpunkt gerät also das Verhältnis von dem, was Sie bereits haben, zu dem, was noch möglich ist, in ein Ungleichgewicht. Auf die Frage, wo genau dieser »gewisse Zeitpunkt« liegt, gibt es – Sie vermuten es bereits – keine eindeutige Antwort. Während einige Trader sich bereits mit 50 Prozent des Maximalgewinns begnügen und dann zum nächsten Trade weiterziehen, liegt das Ziel für andere Trader bei 80–90 Prozent.

> **IN DIESEM KAPITEL**
>
> Saisonale Trends handeln
>
> Saisonale Optionstrades am Aktienmarkt
>
> Saisonale Optionstrades im Gold
>
> Saisonale Optionstrades im Öl
>
> Saisonale Optionstrades bei Agrarrohstoffen

Kapitel 13
Optionen für jede Jahreszeit

An den Finanzmärkten entstehen häufig saisonale Trends. (Warum das so ist, wie Sie sie erkennen, und wie typische saisonale Muster für verschiedene Märkte aussehen, erfahren Sie in Kapitel 9.) Wenn Sie von saisonalen Trends profitieren wollen, werden Sie selten ein perfektes Timing haben und sich häufig eher im Ungefähren bewegen. Genau deshalb eignet sich der Einsatz von Optionsstrategien, die Ihnen eine gewisse Unschärfe verzeihen, sehr gut für saisonale Trades. Aufbauend auf dem Wissen und den vorgestellten Strategien aus Kapitel 12, lernen Sie in diesem Kapitel einige der zuverlässigsten saisonalen Optionstrades kennen.

Wie Sie mit Optionen von saisonalen Mustern profitieren können

Was können Sie mit den Informationen aus Kapitel 9 und dem Wissen, wie Sie saisonale Trends in verschiedenen Märkten erkennen können, und dass meist bekannte oder auch unbekannte fundamentale Einflussfaktoren für die Entstehung von Saisonalitäten verantwortlich sind, anfangen? Wie können Sie dieses Wissen profitabel nutzen?

Wenn Sie schon einmal einen verregneten und kalten Sommerurlaub erlebt haben, wissen Sie: Saisonale Muster – in diesem Fall der saisonale Trend des Wetters und der Temperaturen – sind zwar häufig zuverlässig, aber eben nicht immer. Deshalb planen Sie Ihren Sommerurlaub wahrscheinlich irgendwann zwischen Juni und August. Eine Garantie, dass tatsächlich genau dann Badewetter herrscht, wenn Sie vorhaben, am Strand zu liegen, gibt es aber nicht.

Bei saisonalen Trends an den Finanzmärkten ist es genauso.

Nur weil Sie ein zuverlässiges saisonales Muster erkannt haben, sollten Sie sich keinesfalls darauf verlassen, dass es auch in diesem Jahr auftritt. Es gibt zahlreiche weitere Faktoren, die dafür sorgen könnten, dass sich der Preis in einem Jahr von seinem typischen saisonalen Trend abkoppelt und eine andere Preisbewegung vollzieht.

Kombinieren Sie die saisonale Analyse mit anderen Analysemethoden

Daher ist es immer eine gute Idee, die Untersuchung von Saisonalitäten mit anderen Analysemethoden zu kombinieren, wie:

✔ Trendanalyse

✔ Volumenanalyse

✔ Commitments of Traders

✔ Weitere fundamentale Faktoren

Außerdem sollten Sie den aktuellen Preisverlauf eines Underlyings mit dem saisonalen Trend vergleichen.

Möglicherweise stellen Sie fest, dass der Goldpreis seit sechs Monaten ziemlich genau seinem langjährigen saisonalen Trend folgt. Wenn nun ein saisonaler Tiefpunkt unmittelbar bevorsteht, ist die Wahrscheinlichkeit hoch, dass der Goldpreis auch in den kommenden Wochen den saisonalen Trend respektieren wird. Wenn Sie hingegen feststellen, dass der Goldpreis in einem Jahr gar nicht mit dem erwarteten saisonalen Verlauf korreliert, sollten Sie hingegen vorsichtig sein.

Wahl der Strategie

Wenn Sie in einem Markt ein saisonales Muster erkannt haben, stellt sich zunächst die Frage, wie beziehungsweise mit welcher Strategie Sie von diesem Muster profitieren können. Einfach einen Futures-Kontrakt oder eine Option zu kaufen, ist zwar möglich. Wenn Sie diesem Buch bis hierher aufmerksam gefolgt sind, wissen Sie aber, dass es wahrscheinlich Strategien gibt, mit denen Ihre Chancen auf einen erfolgreichen Trade besser stehen.

Je nachdem, wie Ihre Analyseergebnisse ausfallen, bieten sich unterschiedliche Herangehensweisen an.

✔ Wenn sich der Markt nach wie vor in einem deutlichen Abwärtstrend befindet, ist es oftmals besser abzuwarten, bis sich eine Trendwende andeutet.

✔ Im Idealfall erkennen Sie auch, dass sich der Commercials Index bereits auf einem bullischen Extremniveau befindet, was für eine baldige Trendumkehr spricht.

✔ Falls der Markt sich in einer Seitwärtsbewegung befindet, kann Ihnen die Volumenanalyse Hinweise auf eine mögliche Trendumkehr liefern.

Worauf Sie beim Handel von saisonalen Mustern achten sollten

Nehmen wir an, es ist Herbst, und Sie beobachten den Sojabohnenpreis, der während der Sommermonate abwärts tendierte. Sie wissen, dass gegen Ende September bis Anfang Oktober die Chancen auf eine Bodenbildung gut stehen und überlegen deshalb, einen Optionstrade zu eröffnen.

Zunächst ist es wichtig, dass Sie das aktuelle Marktumfeld beachten und die Preisentwicklung analysieren, und nicht einfach stur nach der Saisonalität handeln.

Auf folgende Dinge sollten Sie achten:

- ✔ Die Saisonalität spricht für steigende Preise. Zeigt der Markt bereits eine Reaktion oder befindet sich der Sojabohnenpreis noch in einem Abwärtstrend? Oder ist der Kurs möglicherweise in den vergangenen Tagen bereits sehr stark angestiegen?
- ✔ Ist das Volumen an Verkaufstagen höher, oder sehen Sie, dass unter starkem Volumen gekauft wird?
- ✔ Signalisieren die COT-Daten eine Extrempositionierung der kommerziellen Marktteilnehmer?
- ✔ Wie hoch ist aktuell die implizite Volatilität beziehungsweise der IV-Rank?

Saisonalität und vertikale Spreads

Wie Sie in Kapitel 12 lesen können, ist es meist besser, wenn Sie eine Strategie handeln, die Ihnen ein nicht perfektes Timing vorgibt, und mit der Sie auch einen Gewinn erzielen, wenn der Markt nur ungefähr das tut, was Sie erwartet haben. Deshalb bietet sich in einem Szenario, wie dem gerade beschriebenen, der Verkauf eines *Out-of-the-money Bull Put Spreads* an.

Der Verkauf von vertikalen Spreads eignet sich am besten in einem Umfeld hoher beziehungsweise gestiegener IV. Ein IV-Rank oder ein IV-Perzentil von 50 oder mehr bietet eine attraktive Chance für den Einsatz eines Bull Put Spreads.

Falls die implizite Volatilität sehr gering ist, ist es eine gute Idee, entweder komplett auf den Trade zu verzichten oder auf eine Strategie zu setzen, die von einem Volatilitätsanstieg profitiert. Ein IVR oder IVP von 50 ist allerdings auch keine feste Regel für den Einsatz eines vertikalen Spreads. Wenn der IV-Rank sich beispielsweise zwischen 30 und 40 befindet, gleichzeitig aber die Trendanalyse und die COT-Daten auf steigende Preise hindeuten, kann der Einsatz eines Bull Put Spreads ebenfalls sinnvoll sein.

Nun aber genug der blinden Theorie und allgemeinen Tipps. Auf den folgenden Seiten lernen Sie einige der besten saisonalen Trends kennen und erfahren, wie Sie diese durch den Einsatz von Stillhalterstrategien ausnutzen können.

Plätzchen, Punsch und Portfolio: Ein Rezept für die Endjahresrally

Ebenso wie »Sell in May and go away« ist die »Endjahresrally« ein geflügeltes Wort an der Börse und beschreibt eines der bekanntesten saisonalen Muster am Aktienmarkt. Es bringt die Tendenz der Aktienmärkte zum Ausdruck, gegen Ende des Jahres für positive Stimmung unter den Anlegern zu sorgen, indem die Kurse möglichst weit ansteigen. So kann man mit gutem Gewissen den einen oder anderen Euro mehr für das Weihnachtsgeschenk seiner Nichte ausgeben. Aber wann genau beginnt das »Ende« des Jahres an der Börse überhaupt? Und wie können Sie dafür sorgen, dass Sie dabei nicht leer ausgehen?

In Abbildung 13.1 sehen Sie einen saisonalen Chart für den S&P 500 Index. Dabei sind die saisonalen Trends verschiedener Zeiträume übereinandergelegt.

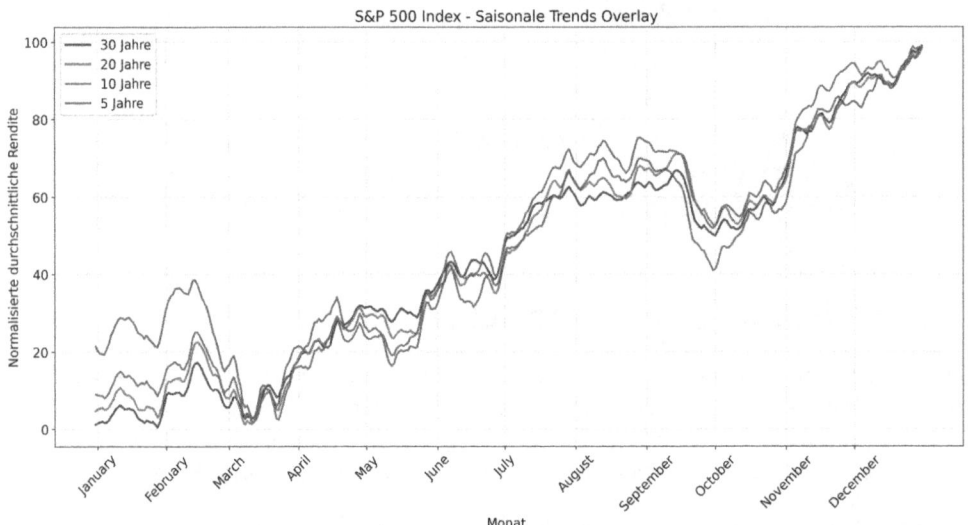

Abbildung 13.1: Saisonale Trends (mehrere Zeiträume) des S&P 500 Index

Bei der Betrachtung dieses Charts erkennen Sie mehrere Dinge:

✔ Die saisonalen Trends der verschiedenen Zeiträume verlaufen fast identisch. Dies spricht für eine sehr stark ausgeprägte und robuste Saisonalität.

✔ Zwischen März und Juli steigen die Kurse meist deutlich an.

✔ Die Sommermonate und insbesondere der September sind vergleichsweise schwach.

✔ Ungefähr Anfang Oktober entsteht häufig ein saisonales Tief.

✔ Der anschließende saisonale Aufwärtstrend setzt sich bis zum Jahresende fort.

✔ Im Durchschnitt über alle Jahre schloss der S&P 500 am Jahresende höher als zu Beginn des Jahres. Dies trifft für alle Betrachtungszeiträume zu.

Der letzte Punkt führt uns erneut vor Augen, dass der Aktienmarkt langfristig ansteigt. Was die Betrachtung von saisonalen Charts betrifft, hat dies allerdings den Nachteil, dass das Risiko von Abwärtsbewegungen möglicherweise unterschätzt wird. Auch wenn die Abwärtsbewegungen im Durchschnitt über den betrachteten Zeitraum vergleichsweise klein ausfallen, kann es in einzelnen Jahren deutlich abwärts gehen.

Detrended Charts: Damit Sie sich nicht täuschen lassen

Aus diesem Grund kann es sinnvoll sein, den langfristigen Trend aus dem saisonalen Trend herauszurechnen. Dieses Vorgehen wird als *Detrending* oder *Detrend* beziehungsweise im Ergebnis als *Detrended* bezeichnet.

In Abbildung 13.2 sehen Sie erneut den saisonalen Trend des S&P 500. Dieses Mal handelt es sich um einen »detrended« saisonalen Chart. Dabei wurde der Trend mit einem mathematischen Verfahren herausgerechnet, sodass saisonale Schwankungen deutlicher sichtbar werden und der Einfluss des langfristigen Trends minimiert wird.

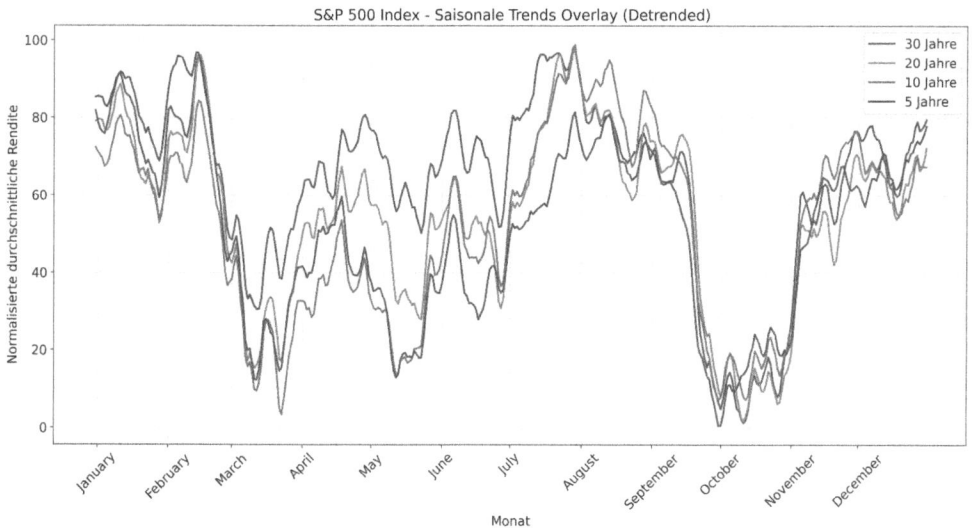

Abbildung 13.2: Saisonale Trends (mehrere Zeiträume) des S&P 500 Index (Detrended)

✔ Die saisonalen Swings sind nach wie vor deutlich erkennbar.

✔ Durch das Entfernen des Trendfaktors können Sie sich bei der Analyse ausschließlich auf die Saisonalität konzentrieren.

✔ Die Richtung der Linie (steigend oder fallend) gibt keinen Aufschluss darüber, ob der Markt im Durchschnitt tatsächlich gestiegen oder gefallen ist. Dafür ist besser erkennbar, ob es sich um eine saisonal starke oder saisonal schwache Phase handelt.

Bei der Betrachtung der saisonalen Charts des S&P 500 haben Sie gesehen, dass bereits im frühen Herbst ein guter Zeitpunkt wäre, um sich für die Endjahresrally zu positionieren. Falls Sie zu diesem Zeitpunkt noch nicht so richtig in Endjahresstimmung sind, könnte sich das bald ändern. Zumindest wenn der Markt das saisonale Muster auch dann respektiert, wenn Sie mit an Bord sind.

Bevor Sie aufgrund eines saisonalen Trends einen Trade eröffnen, ist es eine gute Idee, wenn Sie zusätzlich zu dem saisonalen Chart die Kursverläufe der einzelnen Jahre analysieren. Wenn Sie erkennen können, dass der Markt in den letzten Jahren dem saisonalen Verlauf gefolgt ist, kann Ihnen das als Bestätigung dienen.

Saisonale Analysen einzelner Kalenderjahre

Dass es sich bei dem saisonalen Aufwärtstrend im S&P 500, der ungefähr im Oktober beginnt, um ein scheinbar sehr robustes saisonales Muster handelt, erkennen Sie, wenn Sie sich den Verlauf einiger einzelner Jahre anschauen.

Es folgen in den Abbildungen 13.3 bis 13.7 die Charts des S&P 500 für die Kalenderjahre 2019, 2020, 2021, 2022 und 2023, jeweils vom 1. Januar bis zum 31. Dezember. Auf Basis der saisonalen Charts konnten Sie bereits zu der Erkenntnis gelangen, dass während der Sommermonate die Gefahr von Kursrückgängen etwas größer ist und anschließend ab Oktober die Wahrscheinlichkeit für eine Rally hoch ist. Betrachten Sie mit diesem Wissen im Hinterkopf die folgenden Charts.

2019: Bullenmarkt in vollem Gange

Das Jahr 2019 war ein sehr starkes Jahr für Aktien. Der S&P 500 stieg in der ersten Jahreshälfte bereits deutlich an (Abbildung 13.3). Typischerweise wurde im Juli ein saisonales Hoch gebildet und der Aufwärtstrend pausierte. Im September gab es nochmals einen kurzen Rücksetzer, bevor der Index ab Oktober erneut in den Rally-Modus wechselte und bis zum Jahresende anstieg.

Abbildung 13.3: S&P 500 Index im Jahr 2019, Quelle: stockcharts.com

2020: Crash und V-förmige Erholung

Das Jahr 2020 wird wohl jedem Aktionär langfristig im Gedächtnis bleiben. Der S&P 500 fiel zwischen dem 20. Februar und dem 23. März um rund 35 Prozent (Abbildung 13.4). Ein Crash in historischem Tempo. Anschließend begann der Markt wieder zu steigen, und zwar genau zu dem Zeitpunkt, als es der saisonale Trend vermuten ließ. Fast ohne Unterbrechungen stieg der S&P 500 bis Ende August an. Der frühe Herbst war erneut ein guter Einstiegszeitpunkt, nach der ebenfalls typischen Korrektur im September.

Abbildung 13.4: S&P 500 Index im Jahr 2020, Quelle: stockcharts.com

2021: Der Aufwärtstrend setzt sich fort

In 2021 befand sich der Aktienmarkt bereits wieder in einem tadellosen Aufwärtstrend (Abbildung 13.5). Auch hier erkennen Sie fast alle typischen saisonalen Muster wieder und der Oktober war aufs Neue der ideale Zeitpunkt, um sich nach der Septemberkorrektur bullisch zu positionieren.

Abbildung 13.5: S&P 500 Index im Jahr 2021, Quelle: stockcharts.com

2022: Notenbank zwingt den Markt in die Knie

Nachdem die Inflation sprungartig anstieg und die amerikanische Notenbank sich gezwungen sah, die Zinsen drastisch zu erhöhen, geriet der Aktienmarkt im Jahr 2022 unter Druck und der Trend kehrte sich um. Aber selbst in diesem Bärenmarkt-Jahr erkennen Sie einige typische saisonale Bewegungen. Zwischen März und April erholte sich der Markt, bevor eine erneute Abwärtsbewegung folgte. Gibt es einen typischen Zeitpunkt, an dem ein Bärenmarkt endet, bevor ein neuer Bullenmarkt startet? Die Antwort finden Sie in Abbildung 13.6.

Abbildung 13.6: S&P 500 Index im Jahr 2022, Quelle: stockcharts.com

2023: Bärenmarkt eindeutig zu Ende

Der im Herbst 2022 gestartete Aufwärtstrend legte im März 2023 (Abbildung 13.7) eine kleine Pause ein und bot dem saisonal orientierten Händler somit eine neue Einstiegsgelegenheit. Was in den Sommermonaten geschah wird Sie ebenfalls nicht überraschen. Wie Sie im saisonalen Chart gesehen haben, kann es im Oktober teilweise noch zu Schwankungen kommen und es kann die ein oder andere Woche dauern, bis der Markt einen Boden

Abbildung 13.7: S&P 500 Index im Jahr 2023, Quelle: stockcharts.com

gefunden hat. Das Jahr 2023 ist hierfür ein gutes Beispiel. Anfang Oktober startete eine Aufwärtsbewegung. Allerdings generierte der S&P 500 im Verlauf des Oktobers nochmals ein tieferes Tief, bevor er nach oben drehte.

Diese Ausführungen und Charts sollen Ihnen verdeutlichen, wie Sie bei der Analyse eines saisonalen Trends am besten vorgehen:

1. Identifizieren Sie ein saisonal zuverlässiges Muster.
2. Im Idealfall gibt es einen typischen fundamentalen Auslöser, der die Entstehung des saisonalen Trends erklären kann.
3. Betrachten Sie die Charts der vergangenen Jahre, und untersuchen Sie, ob beziehungsweise wie der Markt auf den erwarteten saisonalen Verlauf reagierte.
4. Bereiten Sie sich auf einen saisonalen Optionstrade vor.

Vergessen Sie aber nicht, dass es selbst bei sehr zuverlässigen saisonalen Trends immer auch andere Einflussfaktoren gibt, die den saisonalen Trend überlagern können. Wenn Sie von einer saisonalen Aufwärtsbewegung ausgehen, der Aktienmarkt sich aber gerade im Panikmodus und in einem Abwärtstrend befindet, ist Vorsicht angebracht.

Betrachten Sie einen lokalen Hoch- oder Tiefpunkt nicht als einen präzisen Zeitpunkt, sondern gehen Sie davon aus, dass die starke oder schwache Phase in etwa zu diesem Zeitpunkt beginnt. Überprüfen Sie zudem, ob die Kursbewegungen (Price Action) des Marktes mit Ihren Erwartungen übereinstimmen.

Wie Sie die Saisonalität im S&P 500 nutzen können

Einer der Vorteile von Optionen ist, dass Sie auch dann Geld verdienen können, wenn Sie nur ungefähr recht haben. Wenn Sie von einer saisonalen Aufwärtsbewegung ausgehen, der Markt aber nur kurzfristig ansteigt und dann wieder zurückläuft, kann Ihnen das bereits genügen, um durch den Einsatz von Stillhalterstrategien einen Gewinn zu erzielen. Grundsätzlich gibt es für Sie als Optionshändler mehrere Möglichkeiten, wie Sie vom Wissen der saisonalen Trends im S&P 500 beziehungsweise im breiten Aktienmarkt profitieren können:

✔ Wenn Sie Aktien für den langfristigen Vermögensaufbau kaufen, kann das Wissen um die Saisonalitäten Ihnen dabei helfen, zu »saisonal günstigen« Zeitpunkten einzusteigen.

✔ Falls Sie über die Absicherung einer Aktienposition oder eines Aktienportfolios mittels einer Optionsstrategie wie einem Protective Put oder einem Collar nachdenken, kann es sinnvoll sein, dies nicht genau zu dem Zeitpunkt zu tun, an dem die Wahrscheinlichkeiten für eine Aufwärtsbewegung besonders hoch sind.

✔ Auch bei der Auflösung einer Absicherung, nachdem der Markt gefallen ist, ist es sinnvoll das Timing mithilfe der saisonalen Analyse zu optimieren.

✔ Wenn Sie Cash Secured Puts, Covered Calls oder die Wheel-Strategie handeln, ist es eine gute Idee, während der Sommermonate etwas defensiver zu agieren. Kursrückgänge im September bieten eine attraktive Chance für erneute Prämieneinnahmen.

✔ Das typische lokale Tief im Oktober bietet Ihnen die Chance, um mittels Bull Put Spreads attraktive Prämieneinnahmen zu erzielen.

✔ Falls Sie während der Sommermonate einen Bull Put Spread handeln und es Anzeichen für eine Korrektur gibt, kann eine Gegenposition mittels eines Bear Call Spreads interessant sein.

Die hier aufgezählten Handlungsmöglichkeiten stellen nur eine Auswahl dar. Einerseits ist es wichtig, dass Sie die saisonalen Trends nicht als alleiniges Handelssignal nutzen. Andererseits gibt es weitere interessante Optionsstrategien, die Sie nutzen können. Eine Auswahl davon lernen Sie in Teil IV dieses Buches kennen.

Kursrückgänge führen zu IV-Anstieg

Bei der Endjahresrally ab Oktober oder November sollten Sie einen weiteren Faktor beachten: An den Aktienmärkten gehen fallende Kurse fast immer mit einem Anstieg der impliziten Volatilität einher. Der Grund dafür ist, dass bei steigenden Preisen die wenigsten Anleger ein Problem haben. Sobald aber die Kurse zu fallen beginnen, steigt die Nachfrage nach Put-Optionen zur Absicherung von Aktienportfolios stark an. Dies führt dazu, dass die Optionen teurer werden. Der gestiegene Optionspreis kommt in einer erhöhten impliziten Volatilität zum Ausdruck.

Oder ganz einfach formuliert: Wenn Anleger in Angst und Panik sind, können Sie für den Verkauf von Optionen eine viel höhere Summe verlangen. Viele Marktteilnehmer agieren aufgrund ihrer Emotionen nach dem Motto: »Hauptsache absichern, koste es, was es wolle.«

Das bedeutet: Ein Kursrückgang, wie er häufig im August oder September stattfindet, ist in zweifacher Hinsicht interessant:

1. Danach ist die Wahrscheinlichkeit auf Kursanstiege höher.
2. Durch die Korrektur hat sich außerdem die implizite Volatilität erhöht.

Sie haben also die Gelegenheit, durch den Verkauf von Optionen beziehungsweise durch den Verkauf eines Bull Put Spreads oder Cash Secured Puts eine höhere Einnahme zu erzielen oder Optionen zu handeln, die sehr weit aus dem Geld liegen, was wiederum Ihre Gewinnwahrscheinlichkeiten erhöht.

Geld schreibt man mit »o«: Goldene Gelegenheiten im Edelmetallmarkt

Gold fasziniert die Menschheit seit Jahrtausenden und hat sich als zeitloses Symbol für Reichtum und Sicherheit etabliert. Schon in antiken Zivilisationen diente es nicht nur als Zahlungsmittel, sondern auch als Maßstab für Wertbeständigkeit und Kaufkraft.

Im alten Babylon bekam man für eine Unze Gold etwa 350 Laib Brot. Eine weitere Erzählung besagt, dass eine Unze Gold etwa den Gegenwert eines hochwertigen und maßgeschneiderten Herrenanzuges besitzt. Wenn Sie sich die Mühe machen, den aktuellen Goldpreis in Erfahrung zu bringen und einen Taschenrechner zur Hand zu nehmen, werden Sie feststellen, dass diese Vergleiche auch heutzutage noch erstaunlich gut funktionieren. Mit einer Unze Gold in der Tasche könnten Sie auch heute eine komplette Bäckerei leer kaufen oder sich einen Anzug zulegen, der so schick ist, dass selbst James Bond neidisch wäre.

Auch an den Finanzmärkten spielt Gold seit jeher eine wichtige Rolle und gilt als zuverlässiger Wertspeicher. Gerade in Krisenzeiten oder bei drohender Unsicherheit wird Gold als sicherer Hafen für Anleger und Investoren gesehen.

Ein Großteil des jemals in der Menschheitsgeschichte geförderten Goldes ist auch heute noch verfügbar. Gold wird nicht verbraucht wie andere Rohstoffe, sondern bleibt in der Regel im Umlauf, sei es in Form von Schmuck, Münzen, Barren oder in Tresoren. Eine Angebotsknappheit, wie man sie beispielsweise von Agrarrohstoffen kennt, tritt daher bei Gold normalerweise nicht auf. Dennoch unterliegt der Goldpreis typischen saisonalen Schwankungen, die hauptsächlich auf verschiedene Nachfragezyklen zurückzuführen sind.

In Abbildung 13.8 sehen Sie die saisonalen Trends des Goldpreises für verschiedene Zeiträume.

Abbildung 13.8: Saisonale Trends des Goldpreises

Der Goldpreis ist dafür bekannt, die langfristigen saisonalen Trends häufig zu respektieren, weshalb sich hier interessante Handelsgelegenheiten ergeben.

Bullische Strategien im Dezember

Wie Sie in Abbildung 13.8 erkennen können, zeigt sich bei den saisonalen Trends aller unterschiedlicher Betrachtungszeiträume ein sehr zuverlässiges Muster: Zwischen Mitte Dezember bis etwa Ende Februar steigt der Goldpreis tendenziell an. Das ist einer der zuverlässigsten saisonalen Trends im Goldmarkt, der hauptsächlich auf eine erhöhte Nachfrage aus der Schmuckindustrie zurückzuführen ist. Es bieten sich erneut bullische Strategien wie Bull Put Spreads auf den Gold-Future oder auch Covered Calls (beispielsweise mit dem SPDR Gold Shares ETF mit dem Symbol GLD) an.

Um einen Eindruck davon zu erhalten, wie gut dieses saisonale Muster im Gold funktioniert, sollten Sie sich die folgenden Charts anschauen, die jeweils den Zeitraum von Anfang Dezember bis Ende März des Gold-ETFs GLD für die Jahre 2014/2015 bis 2023/2024 zeigen. Es handelt sich um Tagescharts inklusive der EMAs 20 und 50.

2014/2015: Gold im Seitwärtstrend

Im Dezember 2014 bewegte sich der GLD beziehungsweise der Goldpreis zunächst seitwärts und bot die Gelegenheit zum Verkauf von Bull Put Spreads unterhalb der Tiefs (Abbildung 13.9). Wenn Sie dabei grundsätzlich eine Restlaufzeit von mindestens 50 bis 60 Tagen wählen, geben Sie dem Markt einerseits genug Zeit, andererseits können Sie den Spread weit aus dem Geld handeln und können somit auch kleinere Rücksetzer aushalten. Eine weitere Möglichkeit wäre der direkte Kauf des GLD oder von Gold-Futures, sobald der Kurs einen Aufwärtstrend signalisiert, kombiniert mit dem Verkauf von Covered Calls. Der GLD lief zwar bereits im Februar wieder deutlich zurück und die saisonale Aufwärtsbewegung hielt somit nur relativ kurz an. Der Zeitraum von Dezember bis Ende Februar hätte aber allemal ausgereicht, um mit Stillhalterstrategien wie Bull Put Spreads einige Dollars an Prämieneinnahmen zu generieren.

Abbildung 13.9: Gold-ETF GLD: Dezember 2014 – März 2015, Quelle: stockcharts.com

2015/2016: Deutliche saisonale Aufwärtsbewegung

Im Dezember 2015 tendierte der GLD ebenfalls zunächst seitwärts und stieg anschließend bis Ende Februar deutlich an, bevor eine Seitwärtskonsolidierung erfolgte (Abbildung 13.10).

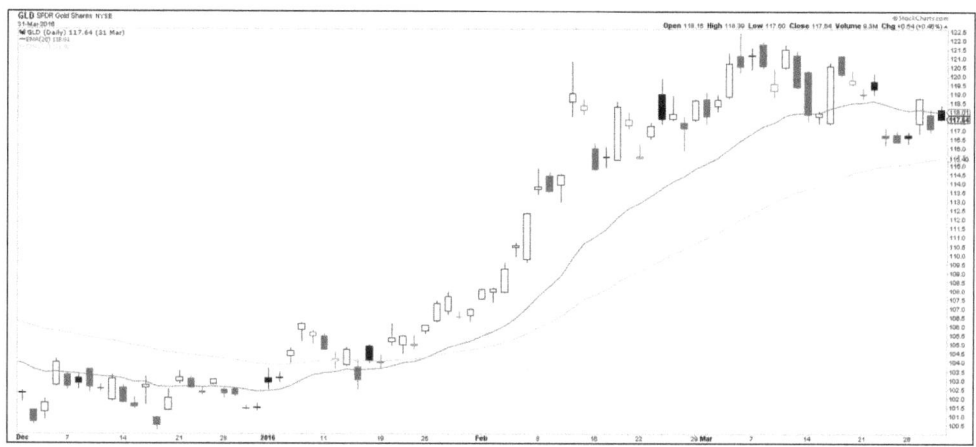

Abbildung 13.10: Gold-ETF GLD: Dezember 2015 – März 2016, Quelle: stockcharts.com

2016/2017: Goldpreis dreht im Dezember nach oben

Wie Sie in Abbildung 13.11 an den fallenden gleitenden Durchschnitten erkennen können, befand sich der GLD im Dezember 2016 noch in einem Abwärtstrend. Mitte Dezember drehte der Markt erneut nach oben und stieg weiter an.

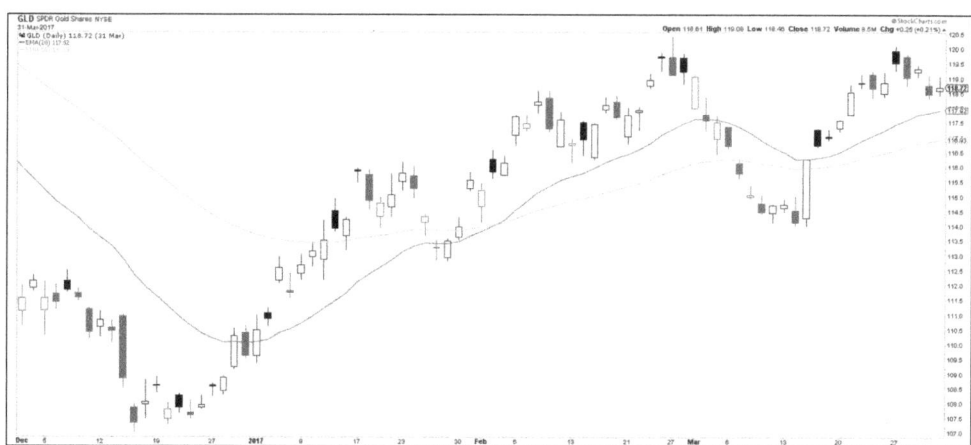

Abbildung 13.11: Gold-ETF GLD: Dezember 2016 – März 2017, Quelle: stockcharts.com

2017/2018: Erneute Trendwende pünktlich im Dezember

Auch 2017 drehte der Goldpreis beziehungsweise der GLD pünktlich kurz vor Weihnachten nach oben (Abbildung 13.12) und Sie hätten erneut Optionen schreiben und Prämien vereinnahmen können.

Abbildung 13.12: Gold-ETF GLD: Dezember 2017 – März 2018, Quelle: stockcharts.com

2018/2019: Gold im Bullenmodus

In 2018 stieg der Goldpreis bereits Anfang Dezember an. Die kleine Korrektur Mitte Dezember bot eine erneute Gelegenheit für bullische Optionsstrategien (Abbildung 13.13).

Abbildung 13.13: Gold-ETF GLD: Dezember 2018 – März 2019, Quelle: stockcharts.com

2019/2020: Goldpreis bricht nach saisonaler Aufwärtsbewegung ein

Das Chartbild zwischen Dezember 2019 und Februar 2020 (Abbildung 13.14) wird Ihnen ebenfalls bereits bekannt vorkommen und es bedarf keiner weiteren Ausführungen. Der starke Kurseinbruch im März geschah übrigens zeitgleich mit dem Crash am Aktienmarkt im Jahr 2020. Bis zu diesem Zeitpunkt hätten Sie wohl aber Ihre Optionstrades bereits nach Hause gebracht.

Abbildung 13.14: Gold-ETF GLD: Dezember 2019 – März 2020, Quelle: stockcharts.com

2020/2021: Goldpreis unter Abgabedruck

Im Dezember 2020 stieg der GLD zunächst an und hätte ebenfalls die Gelegenheit für den Handel von Bull Put Spreads geboten (Abbildung 13.15). Allerdings fiel der Preis bereits ab Januar wieder deutlich zurück und bewegte sich zunächst seitwärts, bevor es im Februar weiter bergab ging. Wie Sie sehen, funktionieren auch die besten saisonalen Trades nicht in

Abbildung 13.15: Gold-ETF GLD: Dezember 2020 – März 2021, Quelle: stockcharts.com

jedem Jahr. Deshalb ist es wichtig, dass Sie ein solides Risikomanagement betreiben. In Kapitel 12 lesen Sie, wie Sie in solchen Situationen Ihre Verluste begrenzen oder durch eine Adjustierung des Trades reduzieren können.

2021/2022: Saisonalität wie aus dem Lehrbuch

Im Dezember 2021 und den darauffolgenden Monaten ging der saisonale Aufwärtstrend wieder voll auf und es gab nicht viel zu verlieren (Abbildung 13.16).

Abbildung 13.16: Gold-ETF GLD: Dezember 2021 – März 2022, Quelle: stockcharts.com

2022/2023: Erneute Gelegenheit für saisonale Trades

Auch im Winter 2022/2023 war der saisonale Aufwärtstrend ausreichend groß, um mit Stillhalterstrategien Einnahmen zu generieren (Abbildung 13.17).

Abbildung 13.17: Gold-ETF GLD: Dezember 2022 – März 2023, Quelle: stockcharts.com

2023/2024: Seitwärtstrend und verspäteter Ausbruch

Während des Zeitraums Dezember 2023 bis Februar 2024 notierten der GLD wie auch der Goldpreis in einem Seitwärtstrend (Abbildung 13.18). Als smarter Stillhalter können Sie sich auch in solchen Phasen über Prämieneinnahmen freuen, da Sie nicht versuchen vorherzusagen, wohin der Preis geht, sondern wohin der Preis wahrscheinlich nicht geht.

Abbildung 13.18: Gold-ETF GLD: Dezember 2023 – März 2024, Quelle: stockcharts.com

Erneut bullisch im Sommer

Sobald die saisonale Aufwärtsbewegung gegen Ende Februar vorüber ist, geschieht es nicht selten, dass der Goldpreis im März schwächer tendiert. Zu diesem Zeitpunkt bietet sich der Verkauf von aus dem Geld liegenden Bear Call Spreads an. Allerdings ist dieses saisonale Muster nicht ganz so zuverlässig wie die zuvor beschriebene bullische Bewegung zwischen Dezember und Februar. Deshalb sollten Sie unbedingt auch den Trend und die COT-Daten analysieren. Ein erneutes bullisches Muster tritt in den Monaten Juli und August auf, gefolgt von einem vergleichsweise schwachen Monat September.

Fundamentale Einflussfaktoren des Goldpreises

Neben der Saisonalität gibt es eine Reihe verschiedener fundamentaler Einflussfaktoren, die sich auf die Entwicklung des Goldpreises auswirken können.

Einer der wichtigsten Faktoren ist die inverse Korrelation des Goldpreises zum US-Dollar. Da Gold weltweit größtenteils in US-Dollar gehandelt wird, hat die Stärke oder Schwäche des Dollars direkten Einfluss auf den Goldpreis.

✔ Ein starker Dollar macht Gold für Investoren außerhalb der USA teurer, was die Nachfrage und somit den Preis drücken kann.

✔ Ein schwächerer Dollar führt umgekehrt tendenziell zu einer höheren Nachfrage nach Gold, da es für internationale Käufer günstiger wird.

Ein weiterer wichtiger Faktor ist die Geldpolitik der US-Notenbank (Federal Reserve, kurz Fed). Die Zinsentscheidungen der Fed beeinflussen die Opportunitätskosten von Gold, das im Gegensatz zu Anleihen oder anderen zinstragenden Wertpapieren keine laufenden Erträge abwirft. In Phasen steigender Zinsen, wenn sichere Zinsanlagen attraktiver werden, kann dies die Nachfrage nach Gold verringern. Umgekehrt tendiert der Goldpreis dazu, in Niedrigzinsphasen oder bei expansiver Geldpolitik zu steigen, da die Attraktivität zinsloser Anlagen wie Gold im Vergleich zu Anleihen zunimmt.

Da Gold oft als sicherer Hafen in Krisenzeiten gesehen wird, spielen zudem geopolitische Ereignisse und die allgemeine wirtschaftliche Lage eine Rolle und können die Entwicklung des Goldpreises beeinflussen.

Wintermüdigkeit und Sommerfieber: Der saisonale Rhythmus des Ölmarktes

Rohöl zählt zu den beliebtesten Märkten vieler Optionshändler am Futures-Markt. Dies hat mehrere Gründe:

✔ Futures und Futures-Optionen auf die amerikanische Ölsorte WTI zählen zu den Kontrakten mit der höchsten Liquidität am Rohstoffmarkt. Dies gewährleistet nahezu rund um die Uhr eine gute Handelbarkeit, enge Spreads und minimale Slippage.

✔ Die häufig hohe Volatilität der Rohölpreise eröffnet zudem häufige Trading-Gelegenheiten, auch und insbesondere für Optionshändler.

Light Sweet Crude Oil – wie der WTI-Kontrakt auch bezeichnet wird – ist nicht nur für die Produktion von Benzin und Heizöl unverzichtbar und somit einer der wichtigsten Energierohstoffe der Welt; das schwarze Gold gilt auch als Spiegel der globalen Energienachfrage und wirtschaftlichen Entwicklung.

Obwohl der Ölpreis sowohl von konjunkturellen Entwicklungen als auch von geopolitischen Spannungen beeinflusst werden kann, unterliegt er einigen saisonalen Trends, die sich durch den Handel von Optionen häufig sehr gut ausnutzen lassen.

Sommer, Sonne, Put Spreads: Wer bremst, verliert

Sommerzeit ist Urlaubszeit. Zumindest in der nördlichen Hemisphäre. Und das bedeutet für viele Menschen und Familien immer noch: Koffer packen, Kofferraumdeckel zu, Motor an, und dann kann der Spaß beginnen. Zumindest so lange, bis Sie zum ersten Mal tanken müssen. Ist Ihnen schon einmal aufgefallen, dass die Benzinpreise im Sommer meistens höher sind als im Winter? Die erhöhte Nachfrage nach Benzin während der sogenannten Driving Season zwischen Mai und August ist eines der bekanntesten und beständigsten saisonalen Muster am Energiemarkt. Deshalb ist es wenig verwunderlich, dass sich dieses auch in den Ölpreisen widerspiegelt.

In Abbildung 13.19 sehen Sie den saisonalen Trend des Rohölpreises für die letzten 20 Jahre. Mit zwei Metern Abstand zu diesem Bild erkennen Sie vermutlich auf den ersten Blick folgendes Muster: In der ersten Jahreshälfte geht es hoch, in der zweiten Jahreshälfte geht es runter.

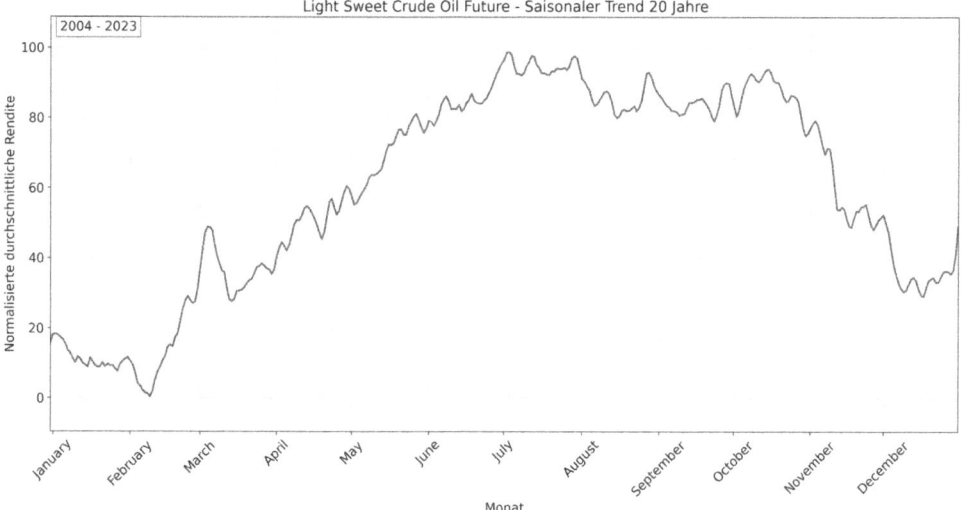

Abbildung 13.19: Saisonaler Trend im Rohöl

In anderen Worten:

✔ Bevor die Driving Season beginnt, steigen die Rohölpreise tendenziell an.

✔ Während der Sommermonate kann es zu einer Entspannung kommen.

✔ Gegen Herbst (nach der Driving Season) beginnen die Rohölpreise tendenziell zu fallen.

 Die Preise am Terminmarkt laufen den tatsächlichen Veränderungen im Nachfragezyklus voraus. Um der erhöhten Nachfrage in den Sommermonaten nachzukommen, muss das Benzin zuerst noch produziert und transportiert werden, damit es auch rechtzeitig an der Zapfsäule zur Verfügung steht, wenn Sie dort pünktlich zu Ferienbeginn ankommen.

Raffinerien beginnen deshalb meistens bereits im Januar oder Februar damit, Ihre Rohöl-Lagerbestände auszuweiten, was zu einer erhöhten Nachfrage führt. Bei einer genauen Betrachtung des saisonalen Charts in Abbildung 13.19 erkennen Sie, dass der Preis im

Dezember ein saisonales Tief markiert und dann zu steigen beginnt. Der Januar ist allerdings erneut ein vergleichsweise schwacher Monat, bevor ab Februar ein länger anhaltender Aufwärtstrend beginnt. Abhängig von der Price Action der Rohöl-Futures im jeweiligen Jahr, kann deshalb möglicherweise Mitte Dezember bereits ein guter Zeitpunkt für den Verkauf von Put Optionen oder Put Spreads sein. Falls der Markt noch keinerlei bullische Signale liefert, ist es aber auch nicht verkehrt, den Januar noch abzuwarten.

In jedem Fall sollten Sie beim Handel von Rohöl-Optionen auch einen Blick auf die Commitments of Traders werfen.

Konzentrieren Sie sich auf die Top-Signale!

Eines der besten Signale bei Rohstoff-Futures ist das gleichzeitige Auftreten eines Signals im Commercials Index und eines robusten saisonalen Musters. Suchen Sie gezielt nach diesen Signalen. Bei widersprüchlichen Signalen ist hingegen Vorsicht geboten. Es ist besser, wenn Sie sich in Geduld üben und nur die Top-Signale handeln.

Wie Sie nun wissen, ist sowohl der Dezember als auch der Februar ein guter Zeitpunkt für bullische Optionsstrategien im Rohöl-Future wie beispielsweise den Verkauf von Bull Put Spreads.

Der Zeitraum zwischen Dezember 2023 und den ersten Monaten des Jahres 2024 ist ein sehr schönes Beispiel dafür, wie Sie den Handel eines saisonalen Musters mit der Analyse der COT-Daten kombinieren können.

In Abbildung 13.20 sehen Sie den Commercials Index für 6 Monate, kombiniert mit dem Commercials Index für 3 Jahre.

Wie Sie in Kapitel 8 lesen können, lässt dieses Signal folgende Rückschlüsse zu:

✔ Der Preis ist zuvor wahrscheinlich gefallen.

✔ Die kommerziellen Marktteilnehmer haben immer mehr und mehr Kontrakte gekauft und/oder immer weniger Kontrakte verkauft.

✔ Die Large Traders hingegen sitzen wahrscheinlich auf einer großen Anzahl an Short-Positionen und könnten bald beginnen beziehungsweise gezwungen sein, diese Positionen zu schließen.

✔ Die Wahrscheinlichkeit für eine Trendumkehr beziehungsweise eine Aufwärtsbewegung ist deutlich gestiegen.

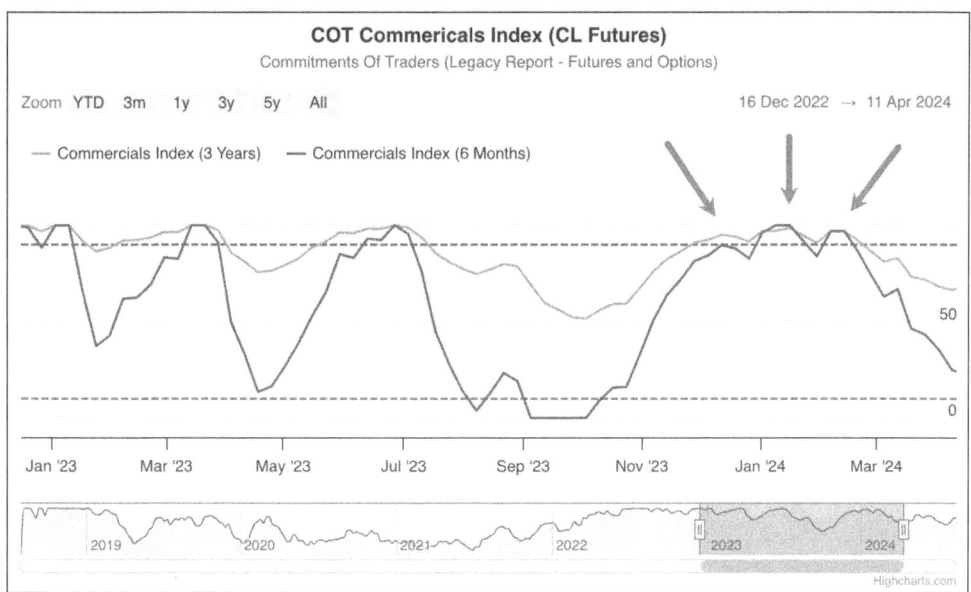

Abbildung 13.20: Commercials Index der Rohöl-Futures

Da das COT-Signal zum genau richtigen Zeitpunkt auftrat – nämlich dann, wenn der saisonale Trend ebenfalls für einen Preisanstieg spricht –, war die Gelegenheit für den Verkauf von Put Spreads oder andere bullische Strategien gegeben. Auch hier ist Ihre Erfolgswahrscheinlichkeit am größten, wenn Sie sich an die in Kapitel 12 vorgeschlagenen Regeln beim Handel von vertikalen Spreads halten:

✔ Verkaufen Sie einen Spread, der möglichst weit aus dem Geld liegt. Das Delta der Short-Option sollte zwischen 10 und 20 liegen.

✔ Handeln Sie eine kleine Positionsgröße und riskieren Sie nicht zu viel. Das hilft Ihnen, einen kühlen Kopf zu bewahren, falls der Trade nicht wie erhofft verläuft.

✔ Nutzen Sie für das Risikomanagement die 200-Prozent-Regel.

In Abbildung 13.21 sehen Sie einen Endloskontrakt des Rohölpreises. Wie Sie erkennen können, verlief der Preis bis in den Dezember 2023 hinein tatsächlich in einem Abwärtstrend, bevor eine Bodenbildung und eine Trendumkehr stattfanden.

Es gab hier also mehrere Gelegenheiten für den Verkauf von Bull Put Spreads. Sowohl im Dezember als auch im Februar. In jedem Fall ging das Signal auf und Sie hätten einen Gewinn durch eine Prämieneinnahme erzielen können.

 Schauen Sie sich die Charts und die COT-Daten für weitere Jahre an und überlegen Sie, wie Sie in diesen Situationen hätten handeln können. Dies hilft Ihnen, den Markt und das saisonale Muster besser kennenzulernen und sich auf den nächsten möglichen Trade vorzubereiten.

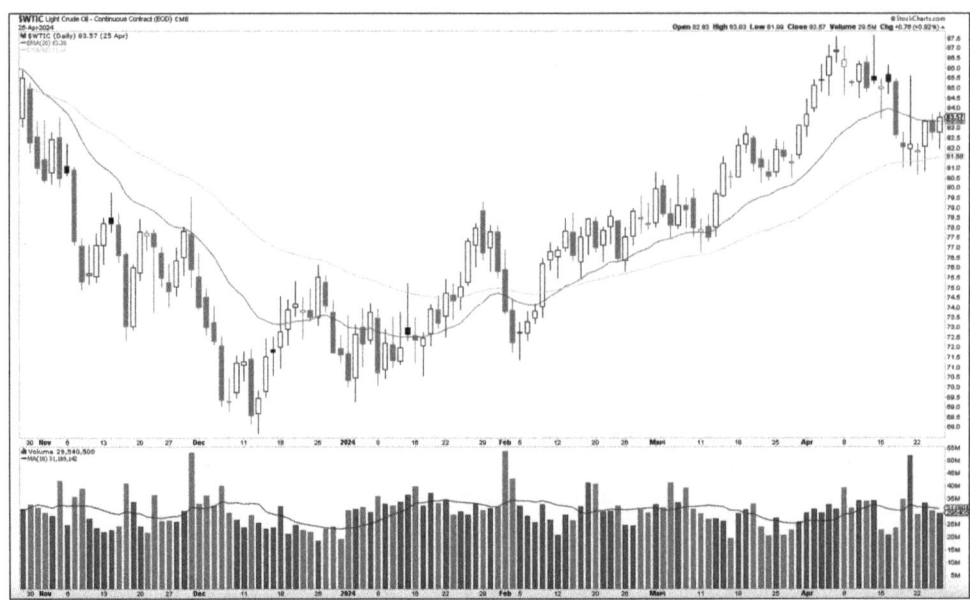

Abbildung 13.21: Rohölpreis (Endloskontrakt), Quelle: stockcharts.com

Neben dem zuvor dargestellten Beispiel aus dem Zeitraum Ende 2023 bis Anfang 2024 funktionierte der gleiche Trade in den meisten Jahren zuvor ebenfalls.

✔ **2022/23**

Der Rohölpreis befand sich in der zweiten Jahreshälfte 2022 überwiegend in einem Abwärtstrend. Von November bis Mitte Dezember fielen die Preise, bevor der Markt bis in den März hinein unter Schwankungen seitwärts verlief. Der Commercials Index generierte im Dezember ein bullisches Signal. Der Verkauf von Put Spreads unterhalb der Tiefs wäre auch hier erfolgreich gewesen, obwohl der Markt nicht nachhaltig ansteigen konnte.

✔ **2021/2022**

Im Jahr 2021 funktionierte das saisonale Muster wie aus dem Lehrbuch. Im Herbst fielen die Preise, bevor im Dezember ein Tief gebildet wurde, gefolgt von steigenden Preisen bis in den März. Der kurzfristige Commercials Index (6 Monate) befand sich bereits im Dezember auf einem bullischen Extremniveau, wenngleich das langfristige Extrem (3 Jahre) noch nicht erreicht war. Allerdings zeigte auch die Price Action eine deutliche Reaktion, indem eine Trendumkehr und ein Aufwärtstrend ausgebildet wurden.

✔ **2020/2021**

Im Jahr 2020 befand sich der Rohölpreis bereits ab November in einer Aufwärtsbewegung. Der Dezember bot daher die Möglichkeit, Rücksetzer zu nutzen, um auf den Trend aufzuspringen beziehungsweise um Put Spreads zu verkaufen. Im Januar, der typischerweise einer der schwächsten Monate für Rohöl ist, vollzog der Preis eine seitwärts verlaufende Konsolidierung, die erneut die Gelegenheit für einen Trade bot. Ab Februar wurde der Aufwärtstrend unter hohem Momentum fortgesetzt.

✓ **2019/2020**

Im Dezember 2019 erfolgte ebenfalls eine saisonal typische Aufwärtsbewegung. Im Januar folgt eine sehr scharfe Abwärtsbewegung. Zwar steigen die Rohölpreise im Februar erneut kurzzeitig an; im März wurde aber der Abwärtstrend fortgesetzt und es fand ein massiver Preiseinbruch statt. Erinnern Sie sich noch, was im März 2020 los war? Nachrichten um die Ausbreitung einer weltweiten Pandemie, welche den »Shutdown« von großen Teilen der globalen Wirtschaft und des internationalen Handelsverkehrs zur Folge hatten, machten Schlagzeilen. Wie Sie sehen, können zwar selbst in solchen Extremsituationen die saisonalen Trends für eine gewisse Preisbewegung sorgen. Die übergeordneten makroökonomischen Entwicklungen waren zu diesem Zeitpunkt aber so dominant, dass die Saisonalität überlagert wurde und nicht viel ausrichten konnte. Dies sollte Ihnen als warnendes Beispiel dienen, dass saisonale Zyklen nicht immer funktionieren und dass es weitere fundamentale Faktoren geben kann, die den saisonalen Trend außer Kraft setzen können. Der kurzfristige Commercials Index befand sich zu diesem Zeitpunkt im Übrigen im bärischen Extrembereich, was ebenfalls als Warnung hätte dienen können.

Verkauf von Call Spreads im Herbst

Wie Sie in den vorangegangenen Beispielen sehen konnten, fand in den Herbstmonaten im Rohölpreis nicht selten eine Abwärtsbewegung statt. In den Sommermonaten bleiben die Preise häufig noch stabil. Die Driving Season dauert ungefähr bis Ende August an und zudem beginnen Raffinerien bereits in den Sommermonaten, sich auf die Heizölproduktion für den Winter vorzubereiten. Diese Nachfrage ebbt für gewöhnlich im Herbst ab, weshalb die Preise im Oktober und November tendenziell anfällig für Abwärtsbewegungen sind. Als Optionshändler können Sie zu diesem Zeitpunkt Ausschau nach Gelegenheiten für bärische Strategien wie den Verkauf von Bear Call Spreads halten.

Kornfeld-Kapitalismus: Wenn die Ernte ins Depot wandert

Einige der zuverlässigsten saisonalen Muster an den Rohstoff- und Futures-Märkten treten bei Agrarrohstoffen auf. Viele Agrarrohstoffe werden nur ein oder zwei Mal pro Jahr angebaut und geerntet. Das bedeutet, dass zu gewissen Zeiten des Jahres eine große Menge an Angebot auf den Markt kommt und zu anderen Zeiten die Lager langsam leer werden. Außerdem gibt es Phasen, in denen die Pflanzen besonders anfällig für Witterungsschäden sind, was die nächste Ernte gefährden könnte und im schlimmsten Fall zu einer Angebotsknappheit und sehr hohen Preisen führen kann. Deshalb sichern sich kommerzielle Marktteilnehmer zu bestimmten Jahreszeiten häufig gegen dieses Risiko ab, während auf der anderen Seite spekulativ orientierte Händler möglicherweise auf der Lauer liegen. Dass dies zu typischen saisonalen Preisbewegungen führen kann, liegt auf der Hand.

> **Die USA spielen eine dominante Rolle bei Agrarrohstoffen**
>
> Die USA zählen zu den führenden Exportnationen zahlreicher Agrarrohstoffe und nehmen eine zentrale Position im globalen Terminhandel ein. Besonders für den Handel von Futures auf Produkte wie Mais, Weizen und Sojabohnen sind die USA von großer Bedeutung, da diese Kontrakte hauptsächlich an amerikanischen Terminbörsen wie der Chicago Board of Trade (CBOT) gehandelt werden. Die Erntezyklen in den USA spielen dabei eine entscheidende Rolle für die saisonalen Trends und Preisbewegungen, die auf den globalen Märkten beobachtet werden können.

Sojabohnen: Verkauf von Put Spreads im Herbst

Bei den Sojabohnen treten mit Beginn der Ernte in den USA typischerweise die sogenannten Harvest Lows auf. Damit ist ein saisonaler Tiefpunkt der Preise gemeint, der sich während der Erntezeit oder kurz danach beobachten lässt. In diesem Zeitraum kommt meist eine große Menge neuer Sojabohnen auf den Markt. Das erhöhte Angebot führt im Umkehrschluss zu tiefen Preisen. Sobald die Lager voll sind und die neue Ernte in den Markt eingeflossen ist, lässt der Preisdruck häufig nach, was zu wieder steigenden Preisen führt.

Wie stark dieser Effekt im Durchschnitt ist, sehen Sie in Abbildung 13.22. Der Oktober ist der mit Abstand stärkste Monate des Jahres, was die Anzahl der Monate mit steigenden Preisen betrifft. Zwischen 2004 und 2023 ist der Sojabohnenpreis im Oktober in 15 von 20 Jahren (75 Prozent) angestiegen.

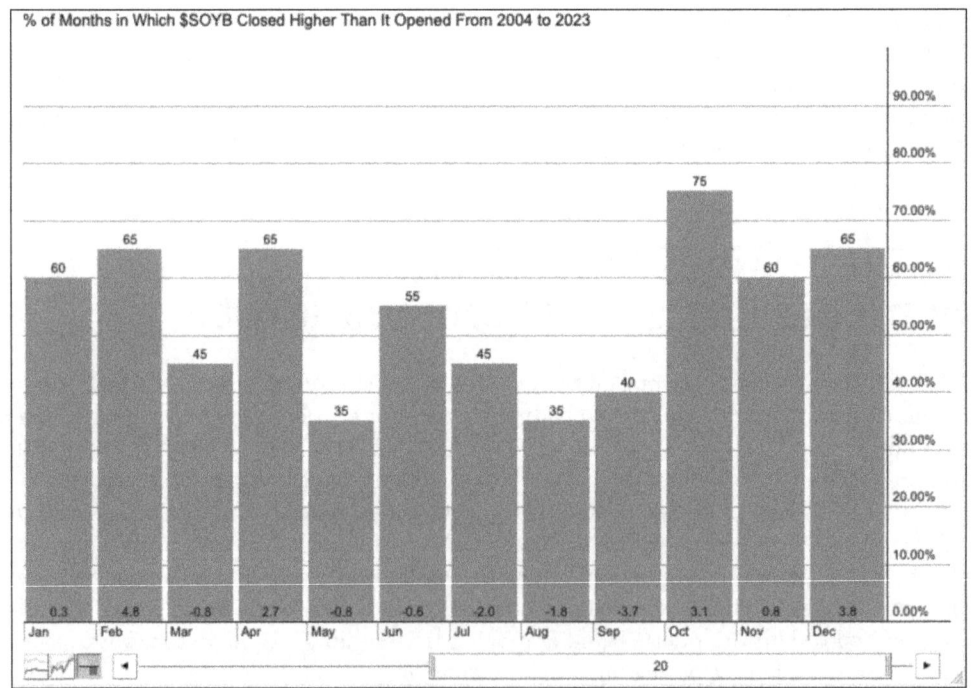

Abbildung 13.22: Prozentsatz mit steigenden Sojabohnenpreisen pro Monat (letzte 20 Jahre, Quelle: stockcharts.com

Auch bei einem Blick auf den saisonalen Chart in Abbildung 13.23 können Sie den Effekt der Harvest Lows deutlich erkennen. In allen betrachteten Zeiträumen ist der lokale Tiefpunkt, der ziemlich genau auf Anfang Oktober fällt, gut ersichtlich. Der anschließende saisonale Aufwärtstrend kann mehrere Monate bis ins nächste Jahr andauern.

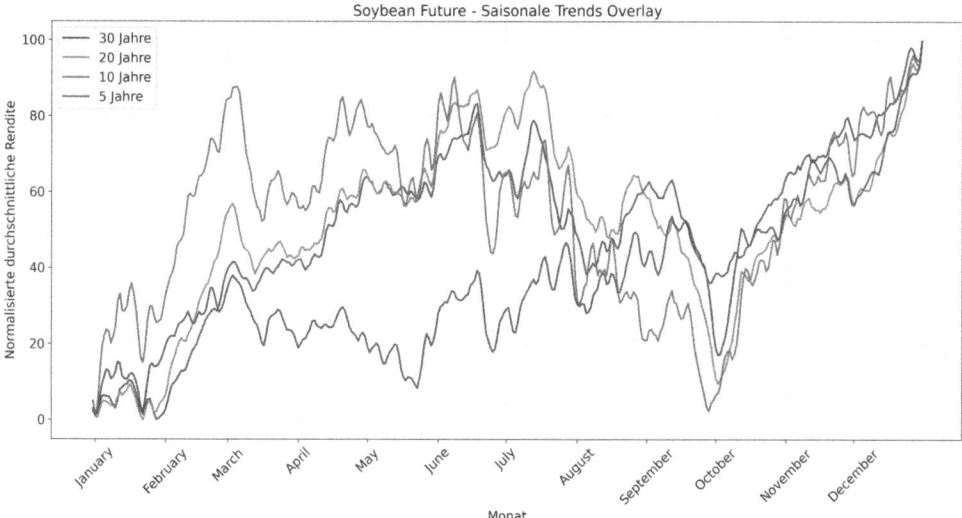

Abbildung 13.23: Saisonale Trends (mehrere Zeiträume) des Sojabohnenpreises

In Kenntnis dieses saisonalen Musters, ergibt sich für Sie als Optionshändler die Chance, um aus dem saisonalen Tief Profit zu schlagen. Dies können Sie unter anderem tun, indem Sie Put-Optionen oder Bull Put Spreads verkaufen. Auch hier ist die in Kapitel 12 beschriebene Strategie sinnvoll:

✔ Überprüfen Sie, wie hoch der IV-Rank oder das IV-Perzentil sind. Falls die IV sehr niedrig ist, können Sie auch über andere Strategien nachdenken, die von einem IV-Anstieg profitieren können.

✔ Analysieren Sie zudem die Commitments of Traders. Nicht selten erreicht der Commercials Index zu diesem Zeitpunkt einen bullischen Extremwert, was die Erfolgswahrscheinlichkeit Ihres Trades erhöht.

✔ Analysieren Sie den Sojabohnenpreis und achten Sie auf bullische Signale wie einen charttechnischen Aufwärtstrend beziehungsweise eine Trendumkehr. Falls der Markt sich in einem deutlichen Abwärtstrend befindet, ist Vorsicht geboten.

✔ Verkaufen Sie Bull Put Spreads, die möglichst weit aus dem Geld und idealerweise unterhalb von charttechnischen Unterstützungszonen oder unterhalb von lokalen Tiefpunkten liegen.

✔ Falls der Sojabohnenpreis sich nicht wie erwartet entwickelt und neue Tiefs generiert, haben Sie genügend Zeit, um den Trade zu schließen oder zu rollen beziehungsweise zu adjustieren.

Mais: Verkauf von Call Spreads im Sommer

Die USA sind nach wie vor der mit weitem Abstand größte Produzent für Mais weltweit. Der angebaute Mais wird zum größten Teil als Tierfutter verwendet und konzentriert sich hauptsächlich im sogenannten »Corn Belt«, einer Region im Mittleren Westen der USA, die für ihre besonders fruchtbaren Böden und günstigen klimatischen Bedingungen bekannt ist. Zu den wichtigsten Mais produzierenden Bundesstaaten gehören Iowa, Illinois, Nebraska und Minnesota.

> ### Der Erntezyklus von Mais
>
> Wie bei allen Agrarrohstoffen, spielt der Erntezyklus eine wichtige Rolle für den saisonalen Trend des Maispreises:
>
> ✔ Der Erntezyklus für Mais ist dem der Sojabohnen sehr ähnlich, weshalb auch der saisonale Trend fast identisch ist.
>
> ✔ Die Saat findet im April und Mai statt.
>
> ✔ Im Mai und Juni keimen die Samen und das Wachstum der Jungpflanzen beginnt.
>
> ✔ Das vegetative Wachstum findet im Juni und Juli statt. In dieser Phase entwickeln die Pflanzen ihre Stängel, Blätter und Wurzeln und wachsen stark.
>
> ✔ Im Hochsommer, im Juli, ist die Blütezeit. In dieser entscheidenden Phase findet die Bestäubung statt, die notwendig ist, um die Maiskörner zu bilden.
>
> ✔ Im August und im September erfolgt die Entwicklung und Reifung der Maiskolben und Körner.
>
> ✔ Die Ernte beginnt im späten September oder im Oktober.

Neben dem typischen saisonalen Tief zu Beginn der Maisernte im Herbst (ähnlich wie bei den Sojabohnen) können Sie in Abbildung 13.24 ein weiteres sehr deutliches saisonales Muster identifizieren. Und zwar den lokalen Hochpunkt im Juni, gefolgt von fallenden Preisen bis in den Herbst hinein.

Sobald die Maissamen im Boden sind und die Unsicherheit über die Wetterbedingungen nachlässt, beginnt der Preis im Juni häufig zu fallen. Dieses Zeitfenster können Sie nutzen, um durch den Verkauf von Bear Call Spreads Prämieneinnahmen zu erzielen.

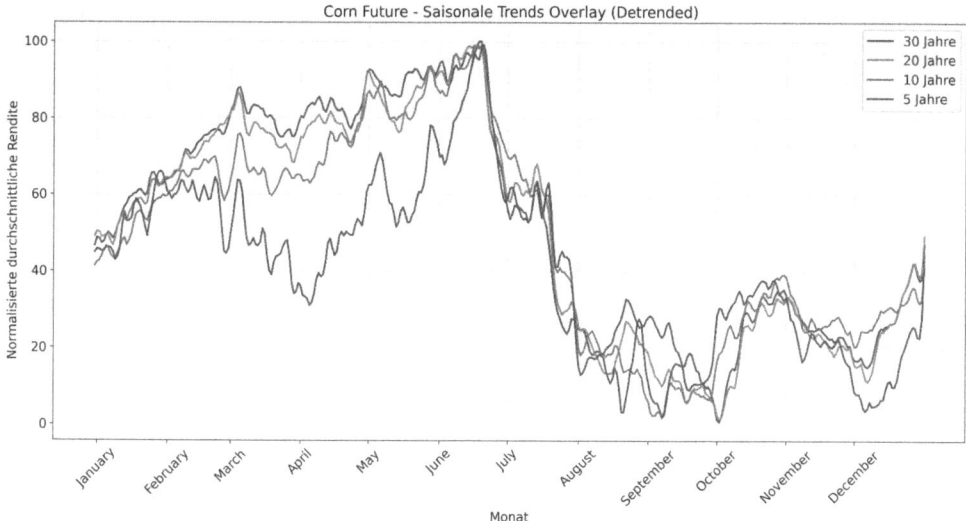

Abbildung 13.24: Saisonale Trends (mehrere Zeiträume) des Maispreises

Beobachten Sie die Preisentwicklung und analysieren Sie den Trend des Maispreises im April, Mai und Juni. Sobald sich charttechnische Anzeichen für einen Abwärtstrend ankündigen, können Sie diese nutzen, um durch den Verkauf von Call Spreads eine Prämieneinnahme zu erzielen. Analysieren Sie zudem die COT-Daten, um mögliche Anzeichen einer Trendwende frühzeitig erkennen zu können.

Die saisonalen Muster von Mais und von Sojabohnen sind sehr ähnlich. Außerdem weisen die Preise von Mais und von Sojabohnen oft eine hohe Korrelation auf. Ebenso wie im Mais, kann der Preisrückgang vor Beginn der Ernte in den Sojabohnen gehandelt werden. Achten Sie darauf, dass Sie beim gleichzeitigen Handel dieser Märkte ein hohes Klumpenrisiko besitzen.

Weizen:
Topbildung im Frühjahr und steigende Preise ab Juli

Weizen ist einer der wichtigsten und am häufigsten gehandelten Rohstoffe weltweit. Er dient als Grundnahrungsmittel für Milliarden von Menschen und ist die Basis vieler Nahrungsmittel wie Brot, Nudeln und Gebäck. Zu den größten Weizenproduzenten weltweit zählen China, Indien, Russland, die USA und Australien. Auch wenn die USA als Weizenproduzent mittlerweile weit hinter China, Indien und Russland liegen, sind sie als Exporteur nach wie vor einer der wichtigsten Player auf dem Markt.

Weizen wird in verschiedenen Teilen der Welt zu unterschiedlichen Zeitpunkten angebaut. Die am häufigsten gehandelte Weizensorte ist *Soft Red Winter Wheat (SRW)* und wird an der Chicago Board of Trade (CBOT), einem Teil der CME Group, gehandelt. Diese Winterweizensorte wird im Herbst gesät, überwintert auf dem Feld und wird im späten Frühjahr oder Sommer (typischerweise im Juli) geerntet.

Ähnlich wie bei den Sojabohnen und bei Mais, tendieren die Weizenpreise dazu, unmittelbar vor der Ernte Schwäche zu zeigen und mit Beginn der Ernte wieder anzusteigen. Da die Ernte des Winterweizens in den USA in den meisten Regionen etwa im Juli beginnt, eignen sich die Monate im Frühjahr (ungefähr im Mai) gut, um nach Gelegenheiten für den Verkauf von Call Spreads Ausschau zu halten. Im Juli wiederum ist die Zeit günstig, um auf eine Stabilisierung der Preise zu setzen und Bull Put Spreads zu handeln. Den saisonalen Chart des Weizenpreises für die letzten 30 Jahre sehen Sie in Abbildung 13.25.

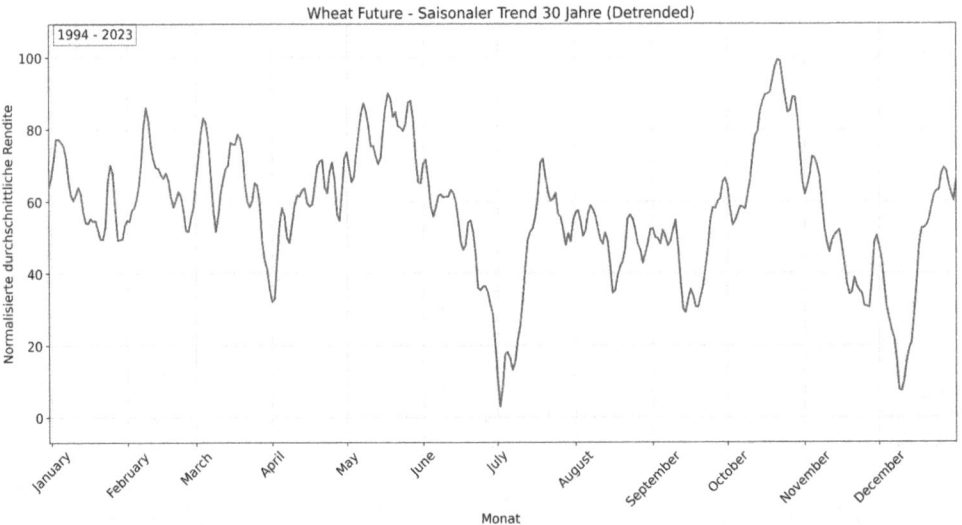

Abbildung 13.25: Saisonaler Trend im Weizen (Detrended)

 Auch beim Handel dieses typischen saisonalen Musters im Weizen sollten Sie unbedingt die COT-Daten analysieren. Wenn der Commercials Index das saisonale Muster bestätigt, ist die Wahrscheinlichkeit für einen erfolgreichen Trade hoch. Bei einem gegensätzlichen Signal ist hingegen Vorsicht geboten. Vergessen Sie auch nicht, die Price Action und das Volumen genau zu beobachten.

Teil IV
Fortgeschrittene Optionsstrategien

IN DIESEM TEIL ...

Sie beschäftigen sich mit weiteren beliebten Stillhalterstrategien wie dem Iron Condor, dem Butterfly und dem Calendar Spread. Sie lernen, in welchen Situationen Sie die einzelnen Strategien einsetzen können und worauf Sie dabei achten sollten.

Darüber hinaus lernen Sie Straddles und Strangles kennen sowie weitere fortgeschrittene Optionsstrategien, die aus mehreren Legs bestehen.

> **IN DIESEM KAPITEL**
>
> Was ist ein Iron Condor?
>
> Tipps für den Handel von Iron Condors
>
> Trademanagement, Rollen, Adjustieren
>
> Iron Condors in Seitwärts- und Trendmärkten

Kapitel 14
Iron Condor: Die Strategie für Seitwärtsmärkte

In einem Bullenmarkt verdient fast jeder Anleger Geld (sollte man zumindest meinen). Doch wie sieht es aus, wenn die Kurse fallen? Der gewöhnliche Aktionär jedenfalls gerät nicht selten ins Schwitzen, wenn sich die Kurse rasant Richtung Süden bewegen.

Kennen Sie das, wenn es an den Aktienmärkten mal wieder so heiß hergeht, dass sogar in den Abendnachrichten davon berichtet wird? Und wenn Ihre nicht börsenaffinen Bekannten und Freunde es dann nicht lassen können, einen Kommentar abzugeben wie: »Na, wie viel Geld hast du verloren?« Mal abgesehen davon, dass Ihr Bekanntenkreis natürlich nicht mitbekommen hat, dass die Märkte in den vergangenen zwölf Monaten bereits rund 20 Prozent angestiegen sind und nun ein kleiner Rücksetzer von 4 bis 5 Prozent niemanden wirklich überraschen sollte, wird die Verwunderung noch größer sein, wenn Sie erklären, dass es Ihnen völlig egal ist, ob die Märkte steigen oder fallen und dass Sie in jeder Börsenphase Geld verdienen können.

Als routinierter Börsianer werden Sie selbstverständlich nicht nervös, wenn innerhalb eines Aufwärtstrends eine Korrektur stattfindet, solange Ihre Verluste das von Vornherein einkalkulierte Risiko nicht überschreiten. Und wenn es nach einigen Jahren tatsächlich wieder zu einem größeren Abschwung kommt, wissen Sie, wie Sie eine Trendwende frühzeitig erkennen und Ihre Schäfchen ins Trockene bringen können. Zudem haben Sie in diesem Buch gelernt, wie Sie Ihr Depot gegen fallende Kurse absichern können und wie Sie auch in einem Abwärtstrend oder in einem Bärenmarkt Einnahmen generieren können (beispielsweise durch den Verkauf von Bear Call Spreads).

Neben Aufwärtstrends und Abwärtstrends (oder auch innerhalb eines Trends) gibt es jedoch auch Phasen, in denen die Kurse über längere Zeit vor sich hin dümpeln und keine großen Sprünge machen. Je nach Markt und abhängig vom aktuellen Marktumfeld kann es sein, dass die Kurse sogar über die längste Zeit des Jahres seitwärts tendieren und nur kurzzeitig größere Bewegungen vollziehen.

Während der typische Privatanleger beziehungsweise der typische private Trader immer auf der Suche nach dem nächsten großen Trend ist, haben Sie als Optionstrader vermutlich mittlerweile Gefallen an genau den Marktphasen gefunden, in denen es eher ruhig zugeht. Mit Strategien wie Bull Put Spreads oder Bear Call Spreads können Sie Gewinne erzielen, auch wenn sich der Kurs des Underlyings nicht von der Stelle bewegt. Dennoch ist der Handel eines einzelnen vertikalen Spreads normalerweise dann sinnvoll, wenn Sie eine gewisse direktionale Meinung besitzen und von einer Aufwärts- oder Abwärtsbewegung des Underlyings ausgehen. Daher auch der Name der Strategie: *Bull Spread* beziehungsweise *Bear Spread*. Wenn Sie davon ausgehen, dass ein Markt sich weder bullisch noch bärisch, sondern seitwärts entwickeln wird und keine sehr starke Bewegung in die eine oder andere Richtung auftritt, gibt es Strategien, die besser geeignet sind als einzelne vertikale Spreads. Eine dieser Strategien ist der *Iron Condor*, den Sie in diesem Kapitel kennenlernen. Darüber hinaus gibt es Strategien wie

✔ Calendar Spreads

✔ Double oder Triple Calendar Spreads

✔ Diagonal Spreads

✔ Butterfly Spreads

Bei all diesen Optionsstrategien handelt es sich um Strategien, die aus mehreren Legs (Bestandteilen) bestehen, weshalb Ihnen diese im ersten Moment möglicherweise etwas komplizierter erscheinen. Wenn Sie die Funktionsweise von Optionen und die Bedeutung der Griechen und der impliziten Volatilität verinnerlicht haben, werden Ihnen die in diesem Teil des Buches vorgestellten Strategien jedoch sehr wahrscheinlich Freude bereiten.

Ein großer Vorteil von Iron Condors, Butterflys, Calendars und so weiter ist die Tatsache, dass Sie die Strategien feinjustieren können. Das bedeutet, Sie können beispielsweise einen Iron Condor neutral aufsetzen, sodass das Risiko auf der Oberseite und auf der Unterseite identisch ist. Oder Sie können ihn leicht bullisch oder leicht bärisch handeln. Das bringt Ihnen den Vorteil, dass Sie den Trade exakt auf Ihre Marktmeinung ausrichten können. Dazu aber später mehr.

Doppelte Prämieneinnahme

Wenn Sie Kapitel 12 dieses Buches gelesen haben, kennen Sie den Iron Condor im Grunde genommen schon.

Ein *Iron Condor* besteht aus dem gleichzeitigen Handel eines Bull Put Spreads und eines Bear Call Spreads. Beide Spreads werden out of the money verkauft. Der Maximalgewinn entsteht, wenn das Underlying am Verfallstermin zwischen

den beiden Short Strikes notiert. Der Maximalverlust entsteht, wenn das Underlying am Verfallstermin über dem Long Strike des Calls Spreads oder unter dem Long Strike des Put Spreads notiert.

Da ein Iron Condor aus zwei Credit Spreads (Bull Put Spread und Bear Call Spread) besteht, sind die wichtigsten Eigenschaften der Strategie ähnlich wie bei einem einzelnen Credit Spread:

✔ Bei der Eröffnung des Trades entsteht eine Prämieneinnahme. Dadurch dass zwei Spreads gleichzeitig verkauft werden, ist diese im Vergleich zu einem einzelnen Credit Spread deutlich höher.

✔ Der Iron Condor ist eine Strategie, die Sie primär in einem Umfeld erhöhter impliziter Volatilität einsetzen sollten, da sich ein Rückgang der IV positiv und ein Anstieg der IV negativ auf den Trade auswirkt.

✔ Der Iron Condor profitiert vom Zeitwertverfall der Optionen.

✔ Der maximal mögliche Gewinn entspricht der Höhe der eingenommenen Optionsprämie (Net Credit).

✔ Den maximal möglichen Verlust ermitteln Sie, indem Sie die Weite des Call Spreads oder die Weite des Put Spreads berechnen und davon die eingenommene Prämie abziehen.

Ihr Ziel besteht bei einem Iron Condor also darin, dass sich der zugrunde liegende Basiswert möglichst wenig beziehungsweise innerhalb einer fest definierten Kursspanne bewegt. Wie groß dieser Kursbereich ist, hängt davon ab, wie weit die verkauften Spreads auseinanderliegen. Wenn beide Spreads sehr weit aus dem Geld liegen, kann das Underlying große Kurssprünge machen, ohne dass Sie einen Verlust erleiden. Dieses niedrigere Risiko im Vergleich zu einem Iron Condor mit einem geringeren Abstand der Spreads zahlen Sie jedoch durch einen geringeren Maximalgewinn.

Das heißt: Je weiter die Spreads out of the money sind, desto geringer ist Ihre Prämieneinnahme.

In Abbildung 14.1 sehen Sie das GuV-Diagramm eines Iron Condors. Der Kasten über der Null-Linie ist der Bereich, in dem die Strategie einen Gewinn erzielt. In diesem Fall bedeutet das: Der Maximalgewinn entsteht, wenn der Kurs des Underlyings am Verfallstermin zwischen 200 und 250 Punkten notiert. Bei Kursen unterhalb von 200 sowie oberhalb von 250 reduziert sich zunächst der Gewinn. Nach dem Durchschreiten der Null-Linie wird der Verlust bei weiter fallenden oder steigenden Kursen immer größer. Allerdings nur bis zu einem bestimmten Kursniveau: Genau dort, wo die Long Strikes liegen. Auch wenn der Kurs weiter fällt oder steigt, ist der Maximalverlust begrenzt.

278 TEIL IV Fortgeschrittene Optionsstrategien

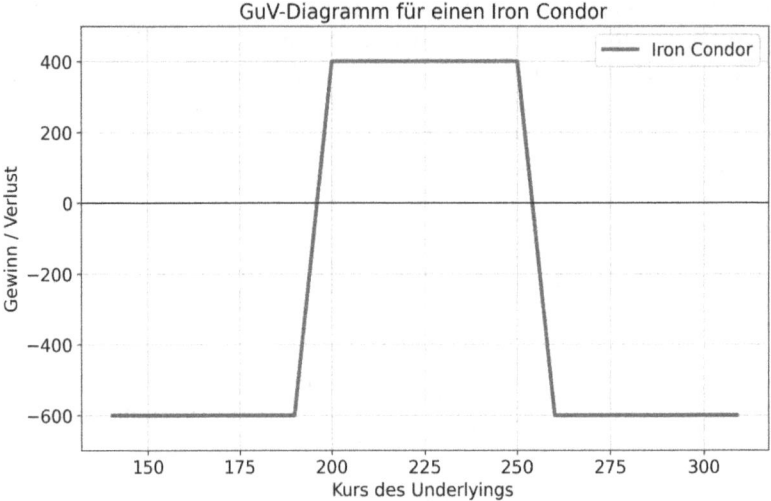

Abbildung 14.1: GuV-Diagramm eines Iron Condors

Beispiel für den Handel eines Iron Condors

Angenommen, der aktuelle Kurs einer Aktie liegt bei 180 Euro. Die Aktie zeigt derzeit keinen deutlichen Trend und Sie erwarten, dass der Kurs bis zum Verfallstermin in 30 Tagen keine große Bewegung vollzieht. Deshalb entscheiden Sie sich zum Handel eines Iron Condors und wählen folgendes Set-up:

1. **Bear Call Spread**

   - Verkauf einer Call-Option mit einem Strike von 200 Euro für einen Preis von 1,50 Euro (Prämieneinnahme = 150 Euro).

   - Kauf einer Call-Option mit einem Strike von 205 Euro für einen Preis von 0,75 Euro (Kosten = 75 Euro).

2. **Bull Put Spread**

   - Verkauf einer Put-Option mit einem Strike von 160 Euro für einen Preis von 1,70 Euro (Prämieneinnahme = 170 Euro).

   - Kauf einer Put-Option mit einem Strike von 155 Euro für einen Preis von 0,90 Euro (Kosten = 90 Euro).

Eingenommene Prämien

✔ Bear Call Spread: 150 Euro (verkaufter Call) − 75 Euro (gekaufter Call) = 75 Euro Prämie

- ✔ Bull Put Spread: 170 Euro (verkaufter Put) − 90 Euro (gekaufter Put) = 80 Euro Prämie

Die insgesamt eingenommene Prämie beträgt also 155 Euro pro Kontrakt.

Maximaler Gewinn

- ✔ Der maximale Gewinn entspricht der gesamten eingenommenen Prämie von 155 Euro.
- ✔ Dieser entsteht, wenn der Kurs der Aktie am Verfallstag zwischen den Short Strikes (also zwischen 160 Euro und 200 Euro) liegt.

Maximaler Verlust

- ✔ Der maximale Verlust entsteht, wenn der Aktienkurs entweder unter den Long Put Strike von 160 Euro fällt oder über den Long Call Strike von 200 Euro steigt.
- ✔ Die maximale Verlusthöhe ergibt sich aus der Differenz der Strike-Preise der Spreads abzüglich der eingenommenen Prämie.
- ✔ Sowohl der Bear Call Spread als auch der Bull Put Spread haben eine Weite von 5 Euro (205–200 beziehungsweise 160–155). Multipliziert mit 100 ergibt dies ein Risiko von 500 Euro.
- ✔ Maximaler Verlust pro Spread: 500 Euro − 155 Euro = 345 Euro.

Tipps für den Handel von Iron Condors

Ebenso wie der Bull But Spread und der Bear Call Spread zählt der Iron Condor zu einer der beliebtesten Strategien unter Stillhaltern. Die Vorteile liegen auf der Hand: Durch den Verkauf von gleich zwei vertikalen Spreads können Sie eine deutlich höhere Prämieneinnahme erzielen als mit nur einem Spread. Außerdem reduziert sich Ihr Risiko aus zweierlei Gründen:

- ✔ Wenn Sie einen Iron Condor handeln und eine starke Kursbewegung auftritt, gerät nur ein Spread unter Druck und erzielt einen Verlust. Der andere Spread erzielt gleichzeitig einen Gewinn und kann somit den Verlust teilweise oder sogar komplett kompensieren.
- ✔ Da Sie mit einem Iron Condor im Vergleich zu einem vertikalen Spread eine höhere Prämieneinnahme erzielen, reduziert sich der maximal mögliche Verlust. (Dieser ist sowohl bei einem vertikalen Spread als auch bei einem Iron Condor definiert durch die Weite des Spreads abzüglich der eingenommenen Prämie.)

Das bedeutet natürlich nicht, dass Sie durch den Verkauf von Iron Condors automatisch zu einem erfolgreichen Optionshändler werden. Damit dies tatsächlich gelingt, sollten Sie einige Dinge beachten:

✔ **Handeln Sie Iron Condors hauptsächlich bei hoher IV.**

Wie bei allen anderen Stillhalterstrategien, spielt die implizite Volatilität auch beim Handel von Iron Condors eine sehr wichtige Rolle. Durch den gleichzeitigen Verkauf von zwei Spreads kann sich ein Anstieg oder ein Rückgang der IV bei einem Iron Condor noch stärker auf den Gewinn oder Verlust des Trades auswirken als bei nur einem Spread. Legen Sie deshalb großen Wert auf die Analyse der Volatilität und handeln Sie Iron Condors hauptsächlich bei hohen IV-Ranks oder IV-Perzentilen.

✔ **Achten Sie auf den Abstand der Short Legs.**

Der Abstand der Short Legs (der verkauften Optionen) definiert die Kursspanne, innerhalb der der Iron Condor am Verfallstermin profitabel ist. Auch hier gilt: Je weiter die Short Legs beziehungsweise die Spreads out of the money sind, desto höher ist die Gewinnwahrscheinlichkeit. Dafür reduziert sich aber auch die Prämieneinnahme bei weiter aus dem Geld liegenden Optionen. Wie in Kapitel 12 im Detail ausgeführt, ist jedoch das relative Theta umso höher, je weiter die Spreads des Iron Condors aus dem Geld liegen. Daher ist der Handel von weiten Iron Condors eine Strategie mit einer hohen Erfolgswahrscheinlichkeit. Idealerweise liegen die verkauften Spreads weit unter oder über wichtigen charttechnischen Unterstützungen oder Widerständen. So haben Sie selbst beim Bruch der Unterstützung oder des Widerstandes noch genügend Zeit, um zu reagieren und den Trade zu adjustieren oder zu rollen.

✔ **Bei starken Trends ist Vorsicht geboten.**

Auch wenn Sie mit einem weiten Iron Condor in moderaten Trends einen Gewinn erzielen können, sollten Sie in starken Trends mit hohem Momentum sehr vorsichtig sein. In einem starken Aktien-Bullenmarkt eignen sich beispielsweise Cash Secured Puts beziehungsweise die Wheel-Strategie oder der Verkauf von Bull Put Spreads besser. Auch an den Rohstoffmärkten kann es zu sehr starken und volatilen Bewegungen und Trends in beide Richtungen kommen. Allerdings ergeben sich nach sehr starken Bewegungen teilweise auch attraktive Gelegenheiten zum Verkauf von Iron Condors, wenn einerseits die IV stark angestiegen ist und andererseits die COT-Daten und/oder der saisonale Trend dafür sprechen, dass dem Trend die Luft ausgehen könnte.

✔ **Die Trade-Eröffnung erfordert vier Trades.**

Um einen Iron Condor zu eröffnen, können Sie entweder alle vier Legs mit einer einzigen Kombi-Order aufgeben oder die Spreads einzeln verkaufen. Sie können auch alle vier Legs als separate Orders aufgeben, wobei es sich hier aus Gründen des Risikomanagements empfiehlt, zuerst die Long Legs zu kaufen und anschließend die Short Legs zu verkaufen.

✔ **Ein Iron Condor verursacht erhöhte Ordergebühren.**

Da ein Round Turn (Eröffnen und Schließen eines Trades) bei einem Iron Condor aus insgesamt acht Transaktionen besteht, müssen Sie auch acht Mal Ordergebühren zahlen. Achten Sie deshalb darauf, dass das Verhältnis zwischen eingenommener Prämie und Ordergebühren nicht in ein Ungleichgewicht gerät.

✔ **Das Trademanagement entscheidet über den Erfolg.**

Auch bei einem Iron Condor ist das Trademanagement maßgeblich entscheidend für den Erfolg des Trades. Sie können dabei weitestgehend die gleichen Regeln anwenden wie beim Handel eines einzelnen vertikalen Spreads. (Lesen Sie dazu Kapitel 12.) Wenn sich der Preis von einem der beiden Spreads verdoppelt hat, ist es deshalb eine gute Idee, in den Trade einzugreifen und eine der Möglichkeiten zum Rollen oder Adjustieren des Trades anzuwenden.

Iron Condors in Seitwärts- und Trendmärkten

Da der maximal mögliche Gewinn eines Iron Condors dann entsteht, wenn sich das Underlying seitwärts bewegt, scheint es naheliegend, dass der Handel eines Iron Condors dann sinnvoll ist, wenn Sie einen Seitwärtstrend erkennen können. Das Problem dabei ist allerdings: Wie können Sie sicher sein, dass der derzeitige Seitwärtstrend auch nach dem Eröffnen Ihres Trades fortbesteht? Oder anders formuliert: Nur weil sich der Markt momentan seitwärts bewegt, bedeutet das nicht, dass es in naher Zukunft nicht zu einer starken Kursbewegung in die eine oder andere Richtung kommen kann.

Tatsächlich gibt es eine Art Grundregel an der Börse, die besagt: Auf niedrige Volatilität folgt hohe Volatilität. Das heißt: Je länger ein Seitwärtstrend andauert, desto wahrscheinlicher ist es, dass früher oder später ein Ausbruch unter hohem Momentum stattfindet und der Kurs eine starke Bewegung vollzieht.

Vielleicht ist dies nicht gerade die Art von Information, die Sie erhofft hatten. Schließlich wäre es am einfachsten, einen Markt zu suchen, der aktuell trendlos ist und dort einen Iron Condor zu handeln, in der Annahme, dass der Seitwärtstrend sich möglichst lange fortsetzt. Nichtsdestotrotz ist und bleibt der Iron Condor eine sehr interessante und attraktive Strategie, vor allem dann, wenn Sie in der Marktanalyse ein wenig geübt sind.

Statt zu versuchen, die künftigen Kursbewegungen vorherzusagen ist es viel wichtiger, dass Sie alle möglichen Szenarien einkalkulieren und wissen, wie Sie in jedem einzelnen Fall reagieren werden. Und zwar bevor Sie Ihren Trade eröffnen. Durch geschicktes Rollen und Adjustieren kann es Ihnen gelingen, mit Iron Condors eine sehr hohe Trefferquote zu erzielen.

Wenn Sie sich an die Regel halten, Iron Condors nur bei hohen impliziten Volatilitäten zu handeln, wird es Ihnen – genau wie beim Handeln von Bull Put Spreads und Bear Call Spreads – gelingen, relativ weit aus dem Geld liegende Short Strikes zu wählen und dennoch eine attraktive Prämieneinnahme zu erzielen. Sollte der Markt plötzlich beginnen stark anzusteigen oder stark zu fallen, haben Sie immer noch die Möglichkeit, in Ihren Trade einzugreifen, um einen drohenden Verlust zu reduzieren oder zu vermeiden beziehungsweise um die Chance auf einen Gewinn aufrechtzuerhalten.

Wie Sie einen Iron Condor adjustieren können

Stellen Sie sich vor Sie haben einen Iron Condor auf den Gold-Future gehandelt, da der Goldpreis bereits seit mehreren Wochen auf der Stelle tritt und Sie davon ausgehen, dass in den nächsten Wochen nur wenig Bewegung in den Markt kommen wird. Dank der hohen impliziten Volatilität ist es Ihnen gelungen, einen Bear Call Spread zu verkaufen, der weit über den letzten Hochs liegt, sowie einen Bull Put Spread, der weit unter den letzten Tiefs liegt. Entgegen Ihrer Erwartung beginnt der Goldpreis nun anzusteigen und bricht aus der Seitwärtsrange aus. Deshalb greifen Sie in den Trade ein und denken über eine der folgenden Möglichkeiten nach:

✔ Sie können zum Beispiel einfach den Call Spread, der unter Druck gerät, schließen und den Put Spread behalten. Somit können Sie durch den Gewinn des Put Spreads den Verlust des Calls Spreads ausgleichen oder zumindest reduzieren.

✔ Sie können den Call Spread schließen und den Put Spread nach oben rollen. So erzielen Sie zwar mit dem Call Spread einen Verlust, aber mit dem Put Spread einen Rollgewinn, der sich positiv auf das Ergebnis Ihres Trades auswirkt.

✔ Wenn Sie von keiner Trendfortsetzung ausgehen (beispielsweise aufgrund eines bärischen COT-Signals in Verbindung mit einem saisonalen Abwärtstrend), können Sie den gesamten Iron Condor nach oben rollen. Dazu schließen Sie alle Trades und eröffnen einen neuen Iron Condor. Möglicherweise ist es eine gute Idee, einen späteren Verfallstermin zu wählen, um die Prämieneinnahme zu erhöhen und keinen Rollverlust zu erzielen.

✔ Sie können den Call Spread schließen, den Put Spread laufen lassen und zusätzlich einen weiteren Iron Condor aufsetzen. Somit haben Sie zwei Put Spreads und nur einen Call Spread. Falls der Goldpreis weiter steigt, sollten Sie in diesem Fall wenig Probleme haben und können den Trade bei Bedarf erneut nach oben rollen. Der Nachteil bei diesem Vorgehen liegt darin, dass Sie das Risiko auf der Unterseite verdoppelt haben. Das heißt, diese Variante sollten Sie nur in Erwägung ziehen, wenn Sie von vornherein eine so kleine Positionsgröße gewählt haben, dass Ihr Moneymanagement dies erlaubt.

Skewed Iron Condor: Der »schräge« Iron Condor

Ein Iron Condor ist also keineswegs eine Strategie, die nur in Seitwärtsmärkten funktioniert. Einem starken Anstieg der impliziten Volatilität geht häufig eine starke Preisbewegung voraus, weshalb oft gerade in solch einem Umfeld die Gelegenheit zum Handel eines Iron Condors gegeben ist. Wenn Sie das Vorhandensein eines Seitwärtstrends zu einer

Bedingung für den Handel eines Iron Condors machen würden, wäre die IV in vielen Fällen zu gering.

Wenn die Ölpreise beispielsweise innerhalb weniger Handelstage massiv ansteigen und die Angst vor weiter explodierenden Preisen ihren Höhepunkt erreicht, führt dies häufig dazu, dass aufgrund der vorherrschenden Panik die Optionspreise so unvernünftig teuer geworden sind, dass Sie extrem weit aus dem Geld liegende Call Spreads verkaufen können. In solch einem Szenario könnte sich eine attraktive Gelegenheit für den Handel eines Iron Condors ergeben:

- ✔ Einerseits handeln Sie Put Credit Spreads, da ein starker Aufwärtstrend vorhanden ist.

- ✔ Andererseits besteht die Möglichkeit, aufgrund der gestiegenen Angst im Markt sehr weit aus dem Geld liegende Call Credit Spreads zu verkaufen. Zudem ist der Markt möglicherweise kurzfristig überkauft und die Wahrscheinlichkeit einer Korrektur hat sich erhöht.

Handeln Sie jedoch auch bei einem starken Anstieg der IV nicht blind gegen den Trend. Eine Extrempositionierung der Commercials ist häufig ein gutes Signal, um nach einer Preisexplosion auf eine Gegenbewegung zu setzen. Außerdem ist es ratsam, wenn Sie darauf warten, dass zumindest an einigen Tagen Umkehrsignale beziehungsweise Gegenbewegungen unter hohem Volumen stattfinden. Dies zeigt Ihnen, dass es Marktteilnehmer gibt, die die stark gestiegenen oder gefallenen Preise nutzen, um große Positionen gegen den Trend zu handeln.

Neben dem Rollen und Adjustieren eines Iron Condors bei einem drohenden Verlust können Sie in einem Trendmarkt auch von vornherein Ihren Trade ein wenig bullisch oder bärisch planen. Dafür stehen Ihnen verschiedene Möglichkeiten zur Verfügung:

- ✔ Sie können in einem Aufwärtstrend zum Beispiel ein Verhältnis von 2:1, 3:1 oder 3:2 zwischen Put Spreads und Call Spreads wählen.

- ✔ Oder Sie wählen für die Put Spreads ein höheres Delta beziehungsweise Sie handeln die Put Spreads näher am Geld und die Call Spreads weiter aus dem Geld. Somit geben Sie dem Markt auf der Oberseite etwas mehr Spielraum als auf der Unterseite.

- ✔ Auch bei der Wahl der Weite des Spreads gibt es keine Regel, die besagt, dass beide Spreads gleich weit sein müssen. Sie können beispielsweise einen Put Spread verkaufen, dessen Legs 10 US-Dollar weit auseinanderliegen, und gleichzeitig einen Call Spread verkaufen, dessen Legs nur 5 US-Dollar weit auseinanderliegen.

All diese Varianten des Iron Condors führen dazu, dass das Risiko auf der einen Seite ein wenig höher ist als auf der anderen Seite. Wenn Sie also davon ausgehen, dass ein Markt sich möglicherweise seitwärts oder auch moderat in eine Richtung bewegen wird, kann solch ein modifizierter Iron Condor eine Überlegung wert sein.

Diese Variation des Iron Condors wird aufgrund des nicht neutralen beziehungsweise nicht symmetrischen GuV-Diagramms als *Skewed Iron Condor* bezeichnet. Skewed bedeutet übersetzt »schief« oder »verzerrt«.

> **IN DIESEM KAPITEL**
>
> Wie funktioniert ein Butterfly Spread?
>
> Einsatz eines Long Butterflys
>
> Long Butterfly versus Iron Condor
>
> Broken Wing Butterfly

Kapitel 15
Beliebter Trade unter Stillhaltern

Wie Sie vielleicht schon bemerkt haben, neigen Optionshändler dazu, sich ausgefallene Namen für verschiedene Strategien einfallen zu lassen. Ein Exemplar aus dieser Reihe wurde Ihnen im vorherigen Kapitel vorgestellt: der »eiserne Kondor«. In diesem Kapitel werden Sie den »Schmetterling« und sogar den »Schmetterling mit gebrochenem Flügel« kennenlernen. Aber seien Sie beruhigt: Der Name der Strategie entstand nicht durch Tierquälerei, sondern leitet sich aus der Form des GuV-Diagramms der Strategie ab. Wie auch der Iron Condor, ist der *Butterfly* eine Strategie, die aus mehreren Legs besteht – genauer gesagt aus vier einzelnen Optionen mit drei unterschiedlichen Basispreisen –, und gilt somit als eine etwas komplexere Strategie. Sobald Sie Erfahrung mit Ihren ersten Optionstrades gesammelt haben und im Umgang mit der impliziten Volatilität und den Griechen vertraut sind, lohnt es sich aber auf jeden Fall, den Butterfly genauer anzuschauen und gegebenenfalls ins Repertoire Ihrer Optionsstrategien mitaufzunehmen.

Funktionsweise eines Long Butterflys

Der Long Butterfly ist besonders unter Optionsverkäufern eine sehr beliebte Alternative zu klassischen Stillhalterstrategien wie dem Verkauf von nackten Optionen, vertikalen Spreads oder Iron Condors.

Ein *Long Butterfly Spread* ist eine Kombination aus zwei vertikalen Spreads – einem Long Spread (Debit Spread) und einem Short Spread (Credit Spread). Der Basispreis der beiden verkauften Optionen liegt dabei auf demselben Kursniveau. Die Strategie kann sowohl mit Calls als auch mit Puts gehandelt werden.

✔ Ein *Long Call Butterfly Spread* besteht also aus zwei verkauften Calls mit demselben Basispreis. Zusätzlich wird ein Call mit einem höheren Basispreis sowie ein Call mit einem tieferen Basispreis gekauft.

✔ Ein *Long Put Butterfly Spread* besteht aus zwei Short Puts mit demselben Basispreis sowie einem Long Put mit einem höheren Basispreis und einem Long Put mit einem tieferen Basispreis.

Alle Optionen besitzen den gleichen Verfallstermin.

Die verkauften Optionen werden auch als der *Body* (Körper) bezeichnet und die gekauften Optionen als *Wings* (Flügel). Wenn Sie das GuV-Diagramm in Abbildung 15.1 betrachten, erkennen Sie, dass dieses mit etwas Fantasie einem Schmetterling ähnelt. Der Körper befindet sich auf dem Niveau der verkauften Optionen, die Flügel finden sich auf dem Niveau der gekauften Optionen. Die beiden Flügel sind dabei klassischerweise gleich weit vom Körper entfernt.

Stellen Sie sich vor, eine Aktie notiert aktuell bei einem Kurs von 125 Euro. Um einen Long Call Butterfly zu handeln, können Sie zwei 125er Calls verkaufen und zusätzlich einen 135er Call und einen 115er Call kaufen. Ebenso können Sie den Trade mit Put-Optionen statt mit Call-Optionen aufsetzen. Meistens werden die zwei verkauften Optionen (der Körper) at the money beziehungsweise in der Nähe des aktuellen Kurses verkauft. Theoretisch können Sie aber auch einen höheren oder tieferen Basispreis wählen.

Das GuV-Diagramm aus diesem Beispiel sehen Sie in Abbildung 15.1.

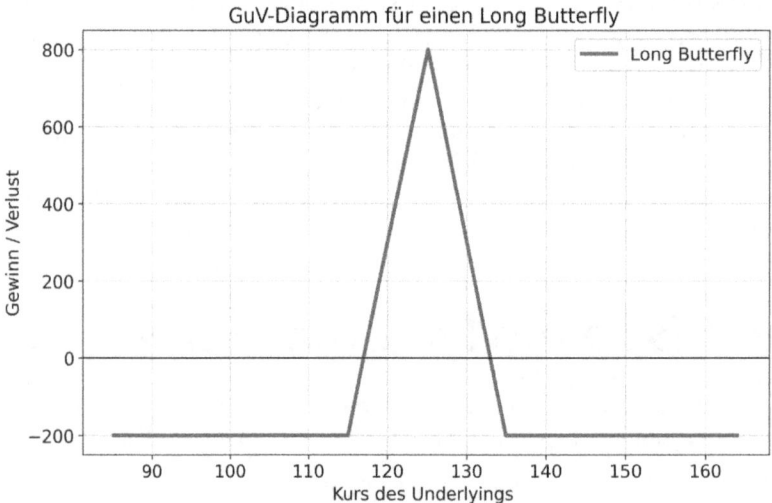

Abbildung 15.1: GuV-Diagramm eines Long Butterflys

Im GuV-Diagramm des Long Butterflys können Sie folgende Dinge erkennen:

✔ Die Mitte des Bodys (Körper) befindet sich bei 125 Euro. Dies ist genau der Basispreis, bei dem die beiden Calls verkauft wurden.

✔ Der Maximalgewinn entsteht, wenn das Underlying am Verfallstermin bei exakt 125 Euro notiert.

✔ Die beiden Wings (Flügel) wurden bei 115 Euro und bei 125 Euro gekauft.

✔ Wenn das Underlying am Verfallstermin über 125 Euro oder unter 115 Euro notiert, entsteht der Maximalverlust.

✔ Der Maximalgewinn beträgt 800 Euro. Der Maximalverlust beträgt 200 Euro.

Wann der Einsatz eines Long Butterflys sinnvoll ist

Wie Sie im GuV-Diagramm in Abbildung 15.1 sehen, besteht das Ziel eines Long Butterflys darin, dass sich das Underlying möglichst wenig bewegt. Ähnlich wie bei einem Iron Condor spekulieren Sie mit einem Long Butterfly darauf, dass sich das Underlying innerhalb einer bestimmten Handelsspanne bewegt und nicht über einen bestimmten Preis ansteigt oder unter einen bestimmten Preis fällt.

Bei einem Butterfly tritt der Maximalgewinn nur dann auf, wenn das Underlying am Verfallstermin exakt auf dem Niveau der Short-Optionen notiert. Da dies in der Realität extrem unwahrscheinlich ist, macht es in dieser Hinsicht auch keinen Sinn, das Chance-Risiko-Verhältnis (CRV) eines Butterflys zu betrachten beziehungsweise mit dem CRV eines Iron Condors zu vergleichen. In den meisten Fällen wird ein Butterfly nicht bis zum Verfallstermin gehalten, sondern bereits vorher wieder geschlossen. Entscheidend ist deshalb, wie sich der Trade während der Laufzeit verhält und wie er auf Bewegungen des Underlyings sowie auf Veränderungen der impliziten Volatilität reagiert.

Stellen Sie sich vor, Sie haben einen Butterfly auf den S&P 500 Index mit einer Restlaufzeit von 20 Tagen eröffnet. Nach 10 Tagen steht Ihr Trade bereits bei einem Gewinn von 400 US-Dollar. Der Maximalverlust beträgt ebenfalls 400 US-Dollar. Der theoretisch mögliche Maximalgewinn beträgt 800 US-Dollar. Sie könnten nun den Trade schließen und einen Gewinn von 400 US-Dollar realisieren. Oder Sie warten weitere 10 Tage und riskieren, dass Ihr Gewinn wieder dahinschmilzt. Die Wahrscheinlichkeit, dass Sie den Maximalgewinn von 800 US-Dollar realisieren können, ist nach wie vor sehr gering, da dies bedingen würde, dass der S&P 500 in 10 Tagen exakt auf dem Niveau der verkauften Optionen notiert.

Aus diesem Grund schließen die meisten Optionshändler einen Butterfly Spread wieder, sobald eine bestimmte Gewinnschwelle erreicht wurde. Falls sich das Underlying nicht wie erwartet entwickelt, kann der Trade natürlich auch bei einem Verlust vorzeitig geschlossen werden, um diesen zu begrenzen.

In professionellen Optionssoftwares sowie in vielen Tradingsoftwares haben Sie die Möglichkeit, das GuV-Diagramm für einen Optionstrade wie einen Butterfly nicht nur für den Verfallstermin zu betrachten. Sie können auch das GuV-Diagramm für den heutigen Tag sehen (die sogenannte *T+0 Linie*). Zudem können Sie die T+0 Linie für die in der Zukunft liegenden Tage simulieren (T+1, T+2, T+3 und so weiter). Dies hilft Ihnen einzuschätzen, wie groß oder klein Ihr Gewinn in beispielsweise fünf oder zehn Tagen sein wird, in Abhängigkeit der Kursbewegungen des Underlyings.

Entscheidend für den Erfolg eines Optionstrades ist also in erster Linie nicht das GuV-Diagramm am Verfallstermin, sondern die Frage, wie sich der Trade während der Laufzeit verhält. Dabei spielt neben der Kursentwicklung des Underlyings auch die Entwicklung der impliziten Volatilität eine wichtige Rolle.

Ein Long Butterfly profitiert von einer rückläufigen impliziten Volatilität. Wenn Sie darüber nachdenken, ist dies auch vollkommen logisch: Die implizite Volatilität ist nichts anderes als die vom Markt erwartete Schwankungsbreite. Wenn diese abnimmt, bedeutet das, dass die Wahrscheinlichkeit für eine starke Kursbewegung abnimmt. Dies wiederum erhöht die Wahrscheinlichkeit, dass Ihr Butterfly Spread am Ende einen Gewinn erzielen wird. Wenn das Underlying sich also nicht bewegt, die IV aber rückläufig ist, erzielt der Butterfly einen Gewinn. Oder in der Sprache der Optionshändler ausgedrückt: Mit einem Long Butterfly sind Sie Short Vega.

Deshalb sollten Sie einen Long Butterfly primär in einem Umfeld hoher impliziter Volatilität einsetzen, in Erwartung, dass die Volatilität mittelfristig wieder zu ihrem Mittelwert zurückkehrt.

Eine weitere Gemeinsamkeit zwischen einem Long Butterfly und einer Strategie wie einem Iron Condor, einem Short Put oder einem vertikalen Credit Spread ist die Tatsache, dass der Trade vom Zeitwertverfall der Optionen profitiert. Das bedeutet, der Butterfly erzielt Tag für Tag einen kleinen Gewinn (ceteris paribus – unter sonst gleichbleibenden Bedingungen).

Es gibt allerdings einen Faktor, der den Butterfly von den meisten anderen typischen Stillhalterstrategien unterscheidet: Der Butterfly ist ein Debit Spread. Das bedeutet, dass Sie bei der Eröffnung des Trades keine Prämieneinnahme erzielen, sondern eine Prämie zahlen müssen. Am Ende des Tages ist aber auch das irrelevant. Entscheidend ist, ob Sie mit dem Trade einen Gewinn oder einen Verlust erzielt haben, und nicht, ob es sich um einen Credit Spread oder um einen Debit Spread handelt.

Schmetterling oder Vogel? Butterfly versus Iron Condor

Zwischen einem Long Butterfly Spread und einem Iron Condor gibt es viele Gemeinsamkeiten:

- ✔ **Vier Optionen:** Beide Strategien bestehen aus vier Optionskontrakten mit unterschiedlichen Strikes. Beim Iron Condor verkaufen und kaufen Sie zwei Call-Optionen und zwei Put-Optionen, während Sie beim Butterfly zwei Calls oder zwei Puts mit unterschiedlichen Strikes kaufen und ein drittes Leg mit der doppelten Anzahl an Kontrakten verkaufen.

- ✔ **Richtungsneutral:** Sowohl der Iron Condor als auch der Long Butterfly sind meist richtungsneutral beziehungsweise nicht direktional und werden eingesetzt, wenn Sie erwarten, dass sich das Underlying innerhalb einer bestimmten Preisspanne bewegt.

- ✔ **Begrenztes Gewinnpotenzial:** Das maximal mögliche Gewinnpotenzial ist begrenzt.

✔ **Begrenztes Verlustpotenzial:** Beide Strategien haben auch ein begrenztes Verlustpotenzial. Der maximale Verlust tritt ein, wenn der Basiswert über oder unter den Basispreis der äußeren Option ansteigt oder fällt.

✔ **Positives Theta:** Beide Strategien profitieren vom Zeitverfall (Theta), insbesondere wenn der Basiswert sich innerhalb der definierten Kursspanne bewegt.

✔ **Short Vega:** Der Iron Condor wie auch der Long Butterfly werden primär in einem Umfeld hoher impliziter Volatilität eingesetzt und profitieren von einer sinkenden impliziten Volatilität.

Da die beiden Strategien tatsächlich sehr ähnlich sind, stellt sich die Frage: Unter welchen Umständen ist der Einsatz eines Iron Condor sinnvoller, und wann ergibt ein Long Butterfly mehr Sinn?

Da die Unterschiede sich eher im Detail befinden, ist die Präferenz der einen Strategie gegenüber der anderen häufig subjektiv. Es gibt einfach einige Trader, die lieber Iron Condors handeln, während andere Händler lieber Butterflys handeln.

Dennoch gibt es einige Unterschiede zwischen einem Long Butterfly und einem Iron Condor, die Sie kennen sollten:

✔ **Struktur:** Bei einem Long Butterfly werden zwei At-the-money-Optionen mit dem gleichen Basispreis verkauft, wohingegen bei einem Iron Condor zwei Out-of-the-money-Optionen verkauft werden: Ein Out-of-the-money-Call auf der Oberseite und ein Out-of-the-money-Put auf der Unterseite.

✔ **Gewinnzone:** Die maximale Gewinnzone ist bei einem Iron Condor deutlich breiter als bei einem Butterfly.

✔ **Maximaler Gewinn:** Der Long Butterfly besitzt in der Regel einen höheren theoretischen Maximalgewinn. Dafür ist es allerdings notwendig, dass sich das Underlying kaum bewegt beziehungsweise am Verfallstermin exakt oder sehr nahe am Basispreis der verkauften Optionen (at the money) notiert.

✔ **Chance-Risiko-Verhältnis:** Bei einem Butterfly ist der Maximalgewinn deshalb meistens höher als der Maximalverlust, während bei einem Iron Condor typischerweise der Maximalverlust höher ist als der Maximalgewinn.

Die eben geschilderten Unterschiede beziehen sich hauptsächlich auf das GuV-Diagramm am Verfallstermin. Da aber in den meisten Fällen der Trade nicht bis zum Verfallstermin gehalten wird, ist die Entwicklung während der Laufzeit sehr ähnlich. Der größte Unterschied besteht darin, dass der Iron Condor im Vergleich zum Long Butterfly eine breitere Gewinnzone besitzt, dafür aber ein schlechteres Chance-Risiko-Verhältnis.

Long Butterfly versus Short Butterfly

Im Verlauf dieses Kapitels haben Sie den Long Butterfly kennengelernt. Teilweise wird der Long Butterfly auch einfach nur als Butterfly bezeichnet. Der Grund warum viele Optionshändler den Begriff Butterfly auch als Synonym für den Long Butterfly nutzen, ist die Tatsache, dass der Short Butterfly weitaus weniger verbreitet ist.

Bei einem *Short Butterfly* handelt es sich um das exakte Gegenteil des Long Butterflys. Das heißt: Sie kaufen zwei Calls oder Puts am Geld und verkaufen einen Call beziehungsweise einen Put im Geld und einen aus dem Geld.

Das Ziel des Short Butterflys besteht demnach darin, dass das Underlying bis zum Verfallstermin eine möglichst große Bewegung vollzieht, egal in welche Richtung.

Da der Short Butterfly das Gegenstück zum Long Butterfly ist, trifft auch bezüglich seines Verhaltens bei Kursänderungen und des Einflusses der Griechen jeweils das Gegenteil zu:

✔ Der Short Butterfly leidet unter dem Zeitwertverlust der Optionen.

✔ Ein Anstieg der impliziten Volatilität wirkt sich positiv aus, während ein Rückgang der IV negativ ist (Long Vega).

✔ Der Maximalverlust entsteht, wenn das Underlying am Verfallstermin exakt auf dem Niveau der gekauften Optionen notiert.

✔ Der Maximalgewinn entsteht, wenn das Underlying über oder unter das Niveau der verkauften Wings ansteigt oder fällt.

 Einen Short Butterfly sollten Sie deshalb nur dann einsetzen, wenn Sie von einer starken Kursbewegung ausgehen, unabhängig in welche Richtung, und wenn Sie zudem davon ausgehen, dass die IV ansteigen wird.

Bei dieser Vorgehensweise besteht allerdings das gleiche Problem, das auch bei einem einfachen Long Call oder bei einem Long Put auftritt: Der Trade erzielt nur dann einen Gewinn, wenn Sie ein sehr gutes Timing haben und wenn tatsächlich eine schnelle und starke Kursbewegung stattfindet. Ist dies nicht der Fall, sorgt der Zeitwertverlust Tag für Tag für einen kleinen Verlust.

Broken Wing Butterfly: Schmetterling mit gebrochenem Flügel

Eine weitere interessante Alternative zum klassischen Butterfly ist der *Broken Wing Butterfly* – auf Deutsch: Schmetterling mit gebrochenem Flügel. Woher dieser Name kommt, dürfte Ihnen beim Blick auf das GuV-Diagramm in Abbildung 15.2 klarwerden.

Hier wurde ein Long Butterfly Spread mit Put-Optionen aufgesetzt, der allerdings eine Besonderheit besitzt:

✔ Es wurden zwei Put-Optionen mit einem Basispreis von 120 US-Dollar verkauft. Dies ist so weit noch nichts Außergewöhnliches.

✔ Es wurde eine Put-Option mit einem höheren Basispreis bei 130 US-Dollar gekauft.

✔ Es wurde eine Put-Option mit einem tieferen Basispreis gekauft. Dieser untere Wing besitzt allerdings einen doppelt so großen Abstand zu den verkauften Optionen wie der obere Wing. Der Basispreis liegt somit nicht bei 110 US-Dollar, sondern bei 100 US-Dollar.

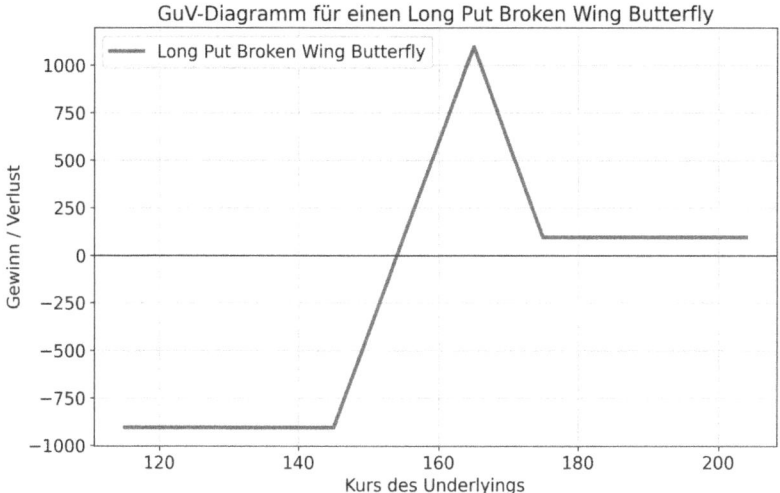

Abbildung 15.2: GuV-Diagramm eines Long Put Broken Wing Butterflys

Wenn Sie sich das GuV-Diagramm nochmals anschauen, können Sie nachvollziehen, weshalb Optionshändler in diesem Fall davon sprechen, dass der untere Flügel gebrochen wurde. Durch den größeren Abstand des unteren Flügels sind der Trade und das GuV-Diagramm nicht mehr symmetrisch. Aber was bedeutet das nun konkret?

✔ Da der Long Put auf der Unterseite nun deutlich weiter aus dem Geld liegt, ist dieser vergleichsweise günstig.

✔ Somit reduzieren sich die Kosten für den gesamten Trade erheblich. Häufig hat dies zur Folge, dass der Broken Wing Butterfly nicht mehr für ein Debit eröffnet wird, sondern für einen Credit. Sie erzielen also eine Prämieneinnahme bei der Eröffnung des Trades.

✔ Andererseits hat sich auch das Risiko auf der Unterseite erhöht.

✔ Der Maximalgewinn entsteht nach wie vor, wenn das Underlying am Verfallstermin exakt auf dem Niveau der verkauften Optionen notiert.

✔ Sollte das Underlying ansteigen, erzielen Sie jedoch keinen Verlust (wie bei einem klassischen Long Butterfly). Sie erzielen ebenfalls einen Gewinn.

✔ Nach wie vor profitiert der Butterfly mit dem gebrochenen Flügel vom Zeitwertverfall und von einer rückläufigen IV.

Unterm Strich lässt sich sagen: Der Broken Wing Butterfly profitiert sowohl von seitwärts verlaufenden Kurse als auch von steigenden Kursen. Dafür hat sich das Risiko auf der

Unterseite erhöht. Allerdings können Sie die Wahl der Strikes auch an Ihre Marktmeinung anpassen und den Trade noch etwas feinjustieren.

Sie könnten zum Beispiel den Broken Wing Butterfly ein wenig unterhalb des aktuellen Kurses handeln. Wenn das Underlying nun moderat fällt, erzielen Sie sogar den Maximalgewinn und nur bei einem starken Kurseinbruch erzielen Sie einen Verlust. Dieses Szenario wäre zum Beispiel dann interessant, wenn eine Aktie in einem intakten Aufwärtstrend verläuft, der sich derzeit in einer Korrektur befindet, und wenn noch weiteres Korrekturpotenzial besteht.

Bei dem Broken Wing Butterfly aus dem obigen Beispiel in Abbildung 15.2 beträgt der Abstand des unteren Spreads 20 US-Dollar und der Abstand des oberen Spreads 10 US-Dollar. Der Abstand des unteren Spreads ist also genau doppelt so groß. Aus diesem Grund wird der Broken Wing Butterfly teilweise auch als Skip Strike Butterfly bezeichnet. Sie verkaufen zwei Optionen, dann kaufen Sie eine Option mit einem gewissen Abstand auf der einen Seite. Auf der anderen Seite überspringen Sie diesen Strike und wählen einen doppelt so großen Abstand. Allerdings gibt es auch hier keine allgemeingültige Regel, die besagt, dass die Weite des einen Spreads genau doppelt so groß sein muss wie die Weite des anderen Spreads. Sie könnten beispielsweise auch einen Spread mit einer Weite von 5 US-Dollar handeln und den anderen mit einem Abstand von 8 US-Dollar.

Während beim Handel von nackten Optionen und von vertikalen Spreads ein GuV-Diagramm nicht unbedingt notwendig ist, sollten Sie bei einer komplexeren Strategie wie einem Broken Wing Butterfly idealerweise ein GuV-Tool verwenden. Mit dessen Hilfe können Sie den potenziellen Gewinn oder Verlust schneller und besser ermitteln und visualisieren. Hierfür eignen sich sowohl spezielle Optionssoftwares oder Website-Tools als auch eine Vorschau des GuV-Diagramms in der Handelssoftware Ihres Brokers.

> **IN DIESEM KAPITEL**
>
> Wie Sie trotz niedriger IV Prämieneinnahmen erzielen
>
> Funktionsweise eines Calendar Spreads
>
> Die Griechen bei Calendar Spreads
>
> Call Calendar versus Put Calendar
>
> Double Calendar und Triple Calendar

Kapitel 16
Calendar Spread: Die Zeit spielt für Sie, auch bei niedriger Volatilität

Im Verlauf dieses Buches haben Sie einige Strategien kennengelernt, deren Ziel es ist, Einnahmen durch den Verkauf von Optionen zu generieren. Angefangen von einfachen Strategien wie dem Verkauf eines Calls oder eines Puts, dem Verkauf von vertikalen Spreads (Bull Put Spread, Bear Call Spread), über die Wheel-Strategie, bis hin zu Strategien wie dem Iron Condor und dem Butterfly. All diese Stillhalterstrategien haben eine Gemeinsamkeit: Der Einsatz eignet sich am besten in einem Umfeld hoher impliziter Volatilität. Wenn Sie sich in Ihrem Handel auf eine oder mehrere dieser Strategien fokussieren, sollten Sie deshalb stets die IV des gehandelten Underlyings untersuchen und primär bei hoher Volatilität aktiv werden. Nun gibt es aber auch Phasen an der Börse, in denen die Volatilität über einen längeren Zeitraum sehr niedrig sein kann. Als Optionsverkäufer ist hier Geduld gefragt.

Genauso wichtig wie die Frage, welchen Trade Sie machen, ist die Frage, welchen Trade Sie nicht machen. Wenn Sie Trades eröffnen, obwohl die Voraussetzungen dafür nicht ideal sind, wird sich das früher oder später auszahlen, allerdings nicht zu Ihren Gunsten.

Doch was tun Sie, wenn sich einfach keine Gelegenheit für einen Trade ergibt?

1. **Konzentrieren Sie sich nicht nur auf eine einzige Assetklasse (beispielsweise Aktien), sondern diversifizieren Sie etwas breiter.**

Neben dem Handel von Optionen auf Aktien, ETFs oder Indizes eignen sich hierfür Futures-Optionen sehr gut.

Wenn Ihnen 20 verschiedene Underlyings zur Verfügung stehen, ist die Wahrscheinlichkeit groß, dass sich der ein oder andere Markt darunter befindet, bei dem die Volatilität hoch genug ist und sich die Möglichkeit zu einem Trade ergibt.

2. **Handeln Sie Optionsstrategien, die von einem Anstieg der impliziten Volatilität profitieren.**

Typischerweise wären dies Strategien, die auf den Kauf von Optionen setzen, wie beispielsweise ein Long Call, ein Long Put, ein Bull Call Spread oder ein Bear Put Spread. Dies wäre allerdings das exakte Gegenteil von typischen Stillhalterstrategien, die darauf abzielen, Prämien einzunehmen und vom Zeitwertverfall der Optionen zu profitieren.

Wenn Sie auf die Seite der Optionskäufer wechseln, werden Sie nur Erfolg haben, wenn Sie ein sehr gutes Timing besitzen und die gehandelten Märkte deutliche Bewegungen vollziehen.

Vielleicht denken Sie sich nun: »Es bräuchte noch eine Strategie, mit der ich vom Zeitwertverfall der Optionen profitieren kann und die ich bei niedriger Volatilität einsetzen kann.«

Und damit herzlich willkommen in der Welt der Calendar Spreads! Der Calendar Spread ist genau die Optionsstrategie, die sich für das zuvor beschriebene Szenario bestens eignet: Sie können die Strategie in einem Umfeld niedriger impliziter Volatilität nutzen und trotzdem von den Vorteilen typischer Stillhalterstrategien profitieren.

So funktioniert ein Calendar Spread

Ein Calendar Spread besteht aus dem Handel von zwei Optionen mit dem gleichen Basispreis, aber unterschiedlichen Verfallsterminen. Im Gegensatz zu einem vertikalen Spread, bei dem zwei Optionen mit dem gleichen Verfallstermin, aber unterschiedlichen Basispreisen gehandelt werden, kann der Calendar Spread deshalb auch als *horizontaler Spread* bezeichnet werden.

Bei einem *Calendar Spread (Long Calendar Spread)* verkaufen Sie einen Call oder einen Put und kaufen gleichzeitig einen Call oder einen Put mit dem gleichen Basispreis, aber einem späteren Verfallstermin.

Die Strategie besitzt folgende Eigenschaften:

✔ Bei der Eröffnung des Trades entsteht ein Debit (Kosten).

✔ Der Maximalverlust ist begrenzt auf die gezahlte Prämie (Debit).

✔ Der Maximalgewinn kann im Voraus nicht exakt berechnet werden.

✔ Der Maximalgewinn tritt ein, wenn das Underlying am Verfallstermin möglichst nahe am Basispreis der verkauften Option notiert.

✔ Der Calendar Spread kann sowohl mit Calls als auch mit Puts gehandelt werden.

In Abbildung 16.1 sehen Sie das GuV-Diagramm eines Calendar Spreads. Ähnlich wie bei einem Butterfly besteht es aus dem typischen Zelt, dessen Spitze sich auf dem Kursniveau des gehandelten Basispreises befindet. Hier entsteht der Maximalgewinn, wenn das Underlying am Verfallstermin der verkauften Option exakt in der Zeltmitte notiert. Je weiter der Kurs in eine der beiden Richtungen von der Zeltmitte entfernt ist, desto geringer wird der Gewinn beziehungsweise desto größer wird der Verlust.

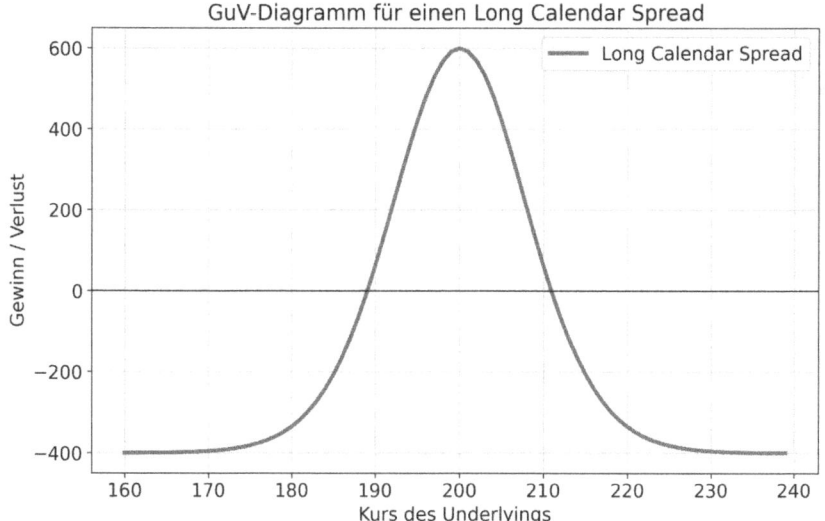

Abbildung 16.1: GuV-Diagramm eines Calendar Spreads

Ihr Ziel besteht bei einem Calendar Spread also ebenfalls darin, dass sich das Underlying möglichst wenig bewegt beziehungsweise möglichst nahe am Basispreis befindet. Sie können den Calendar Spread auch ein wenig bullisch oder bärisch ausrichten. Dazu wählen Sie ganz einfach einen Basispreis, der sich oberhalb beziehungsweise unterhalb des aktuellen Kursniveaus befindet.

Call Calendar Spread versus Put Calendar Spread

Der Calendar Spread kann sowohl mit Call-Optionen als auch mit Put-Optionen gehandelt werden. Das Risikoprofil ist bei beiden Varianten identisch. Nicht die Wahl der Option (Call oder Put) entscheidet, ob der Calendar Spread bullisch oder bärisch ist, sondern die Wahl des Basispreises.

- ✔ Ein Basispreis über dem aktuellen Kurs ist bullisch.
- ✔ Ein Basispreis unter dem aktuellen Kurs ist bärisch.
- ✔ Ein Basispreis, der am Geld liegt, ist neutral.

Allerdings gibt es eine einfache Regel, an die Sie sich halten sollten:

> Wenn Sie bullisch sind und einen Basispreis über dem aktuellen Kursniveau handeln, sollten Sie Calls verwenden. Wenn Sie hingegen bärisch sind und einen Basispreis unterhalb des aktuellen Kurses wählen, sollten Sie Puts verwenden.

Die Gründe hierfür sind:

- ✔ Wenn Sie Short-Optionen halten, die im Geld sind, besteht bei Optionen amerikanischer Art ein mögliches Risiko einer frühzeitgien Ausübung (*Early Assignment*). Bei Out-of-the-money-Optionen kommt es fast nie zu einer vorzeitigen Ausübung.

- ✔ Der Bid-Ask-Spread ist bei Out-of-the-money-Optionen in der Regel etwas geringer als bei In-the-money-Optionen. Das sorgt dafür, dass Sie etwas günstiger in einen Trade ein- und aussteigen können. Wenn Sie zudem den Trade rollen, kann der erhöhte Bid-Ask-Spread auf Dauer durchaus ins Gewicht fallen.

Die Griechen bei einem Calendar Spread

Wie Sie in diesem Kapitel gelernt haben, besitzt der Calendar Spread zwei entscheidende Eigenschaften:

- ✔ Er profitiert vom Zeitwertverfall.

- ✔ Er profitiert von einem Anstieg der impliziten Volatilität, weshalb er hauptsächlich in einem Umfeld niedriger IV eingesetzt werden sollte.

Um zu verstehen, weshalb das so ist, lohnt sich ein genauerer Blick auf die Griechen. Alle Details zu den Optionsgriechen lesen Sie in Kapitel 5. Beim Handel eines Calendar Spreads beziehungsweise in Bezug auf den Zeitwertverfall und die implizite Volatilität sind an dieser Stelle vor allem das Theta und das Vega relevant.

> Der Zeitwertverfall einer Option beschleunigt sich, je näher der Verfallstermin rückt. Das Theta einer Option mit einer kürzeren Restlaufzeit ist deshalb größer als das Theta einer Option mit einer längeren Restlaufzeit.

Für den Calendar Spread bedeutet das Folgendes:

- ✔ Die verkaufte Option mit der kürzeren Restlaufzeit besitzt ein höheres Theta als die gekaufte Option mit der längeren Restlaufzeit.

- ✔ Unter sonst gleichbleibenden Bedingungen ist der Gewinn pro Tag der verkauften Option somit höher als der Verlust pro Tag der gekauften Option.

KAPITEL 16 Calendar Spread: Die Zeit spielt für Sie, auch bei niedriger Volatilität

Stellen Sie sich vor, Sie handeln folgenden Calendar Spread:

✔ Der Kurs einer Aktie liegt bei 155,80 US-Dollar.

✔ Da Sie moderat bullisch sind, der Aktie aber auch keine Riesensprünge zutrauen, verkaufen Sie einen 160er Call mit einer Restlaufzeit (RLZ) von 35 Tagen.

✔ Gleichzeitig kaufen Sie einen 160er Call mit einer Restlaufzeit von 63 Tagen.

✔ Das Theta der verkauften Option mit 35 Tagen RLZ lieg bei − 0,154.

✔ Das Theta der Option mit 63 Tagen RLZ liegt bei − 0,107.

✔ Die eine Option erzielt somit einen (theoretischen) Gewinn von 15,40 US-Dollar pro Tag, während die andere Option einen theoretischen Verlust von 10,70 US-Dollar erzielt.

✔ Unterm Strich bedeutet dies einen Gewinn im Gegenwert von etwas mehr als einer Tasse Kaffee pro Tag (15,40 US-Dollar − 10,70 US-Dollar = 4,70 US-Dollar).

Wenn Sie bei Ihrem Broker einen Blick in die Optionskette eines beliebigen Underlyings werfen, werden Sie feststellen, dass das Vega bei einer Option mit einer längeren Restlaufzeit größer ist als bei einer Option mit einer kürzeren Restlaufzeit.

Für den Calendar Spread bedeutet dies: Wenn die implizite Volatilität um einen Prozentpunkt ansteigt, ist der Wertzuwachs der gekauften Option mit der längeren Restlaufzeit größer als der Wertverlust der verkauften Option mit der kürzeren Restlaufzeit. Das heißt: Unterm Strich profitiert der Calendar Spread von einem Anstieg der impliziten Volatilität. Vorausgesetzt der Anstieg der impliziten Volatilität ist bei beiden Optionen genau gleich groß.

Allerdings ist dies nicht immer der Fall. Wenn zum Beispiel ein wichtiges News-Event ansteht (Veröffentlichung von Quartalszahlen eines Unternehmens, wichtige Wirtschaftsdaten et cetera), steigt die implizite Volatilität für Optionen mit einem Verfallstermin unmittelbar nach dem Ereignis häufig in einem größeren Ausmaß an als die implizite Volatilität von Optionen mit einer längeren Laufzeit. Der Grund dafür ist, dass das Absicherungsbedürfnis und die erwartete Schwankungsbreite unmittelbar nach dem News-Event am höchsten sind. Deshalb ist es wichtig, auf solche Ereignisse zu achten.

Wenn Sie davon ausgehen, dass die implizite Volatilität von Optionen mit einem bestimmten Verfallstermin überproportional ansteigt oder fällt, können Sie sich dies mit einem Calendar Spread zunutze machen: Kaufen Sie Optionen, bei denen Sie von einem hohen IV-Anstieg ausgehen, und verkaufen Sie Optionen, bei denen Sie von einem geringeren Anstieg oder von einem Rückgang der impliziten Volatilität ausgehen.

Doppelt gemoppelt:
Der Double Calendar Spread

Wenn Sie sich das GuV-Diagramm in Abbildung 16.1 anschauen, erkennen Sie, dass dieses einem Zelt ähnelt. Genauer gesagt könnte man sagen, es sieht aus wie eine Art Iglu.

Wenn Sie schon einmal beim Zelten waren, wissen Sie vermutlich, dass es in solch einem Iglu schnell sehr eng werden kann. Und aufrecht stehen ist wohl in den meisten Iglus auch nicht möglich, es sei denn Ihre Körpergröße beträgt weniger als 1,30 Meter. Wenn Sie mehr Platz brauchen, benötigen Sie ein etwas größeres Exemplar.

Beim Handel eines Calendar Spreads gibt es ebenfalls Situationen, in denen Ihnen die Größe des Zeltes – das heißt der Kursbereich, innerhalb dem sich das Underlying bewegen darf – möglicherweise nicht ausreicht. Außerdem kann es vorkommen, dass Sie einen Calendar handeln und das Underlying nach dem Eröffnen des Trades weg von der Zeltspitze in eine der beiden Richtungen läuft. In solch einem Fall wäre es gut, wenn man das Zelt einfach ein wenig vergrößern und dem Underlying somit etwas mehr Raum verschaffen könnte. Genau das können Sie mit einem Double Calendar Spread tun.

Stellen Sie sich einen Double Calendar wie ein zweites Zelt vor, das Sie neben das erste Zelt stellen, und dann die Spitzen miteinander verbinden. So entsteht ein GuV-Diagramm, wie Sie es in Abbildung 16.2 sehen.

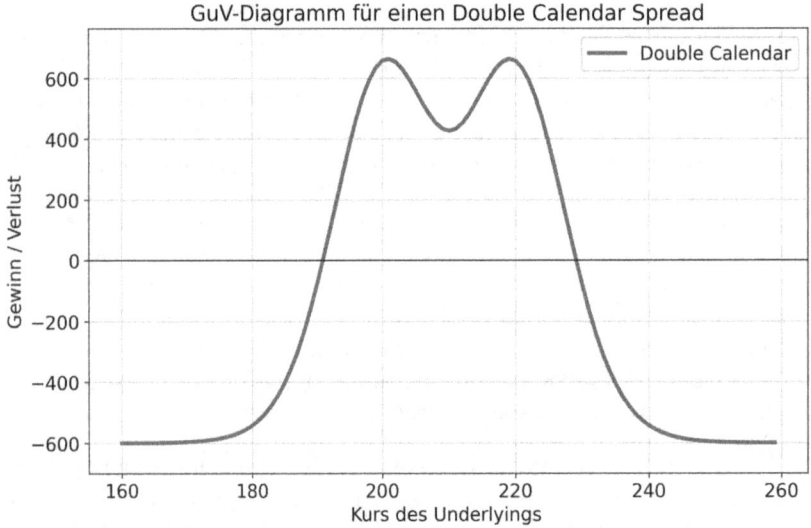

Abbildung 16.2: GuV-Diagramm eines Double Calendar Spreads

Wie Sie sehen, hat der Double Calendar zwei Zeltspitzen. Mit etwas Vorstellungsvermögen erkennen Sie, dass dieses GuV-Diagramm aus den zwei einzelnen Zelten des Calendars besteht, die nebeneinandergestellt wurden. Je weiter Sie die Zeltspitzen – das heißt die zwei verschiedenen Basispreise – auseinanderziehen, desto breiter wird das gesamte Zelt.

Allerdings wird bei weiter auseinanderliegenden Basispreisen auch das Tal in der Mitte zwischen den beiden Zelten tiefer.

 Ein *Double Calendar Spread* ist also nichts anderes als die Kombination von zwei einfachen Calendar Spreads. Typischerweise handelt es sich bei dem ersten Trade um einen Call Calendar Spread mit einem Basispreis über dem aktuellen Kurs und bei dem zweiten Trade um einen Put Calendar Spread mit einem Basispreis unterhalb des aktuellen Kurses. Ebenso kann der Double Calendar aber auch aus zwei Call Spreads oder aus zwei Put Spreads bestehen. Letzteres ist aber eher dann der Fall, wenn zunächst nur ein Calendar gehandelt wird und später ein zweiter Calendar Spread eröffnet wird, um das »Zelt zu erweitern«.

 Stellen Sie sich vor, Sie handeln einen Call Calendar Spread auf eine Aktie. Nun beginnt die Aktie zu steigen und kommt dem Zeltrand im GuV-Profil Ihres Calendars nahe. Jetzt können Sie einen zweiten Call Calendar Spread eröffnen mit einem Basispreis at the money oder out of the money. Somit geben Sie Ihrem Trade mehr Bewegungsspielraum und erhöhen die Chance auf einen Gewinn. Natürlich können Sie auch gleich von vornherein einen Double Calendar handeln, wenn Sie eine möglichst breite Kursspanne definieren möchten, innerhalb der sich das Underlying bewegen darf.

Wie bei jeder anderen Strategie, gilt auch bei einem Double Calendar Spread: Die höhere Gewinnwahrscheinlichkeit zahlen Sie mit einem höheren (theoretischen) Risiko. Während Sie bei einem einfachen Calendar nur einmal ein Debit zahlen, müssen Sie bei einem Double Calendar zwei Spreads kaufen und deshalb unterm Strich eine höhere Prämie zahlen. Das bedeutet, wenn das Underlying sich sehr stark bewegt, ist der Maximalverlust des Double Calendars höher. Allerdings müssen Sie in solch einem Szenario nicht bis zum Verfallstermin warten und den Maximalverlust realisieren, sondern können frühzeitig eingreifen und den Trade adjustieren oder schließen.

Aller guten Dinge sind drei: Der Triple Calendar Spread

Nachdem Sie nun den Calendar Spread und den Double Calendar Spread kennen, können Sie noch einen Schritt weiter gehen und neben Ihrem Double Calendar ein weiteres Zelt aufstellen. Durch diesen dritten Calendar ergibt sich ein *Triple Calendar Spread*.

Die Unterschiede zu einem einfachen Calendar Spread und einem Double Calendar sind:

✔ Sie kaufen insgesamt drei Optionen mit einer längeren Restlaufzeit und verkaufen drei Optionen mit einer kürzeren Restlaufzeit.

✔ Das bedeutet, es benötigt sechs Trades zum Eröffnen der Position und sechs Trades zum Schließen der Position. Die Transaktionskosten sind deshalb deutlich teurer.

✔ Durch den gleichzeitigen Handel von drei Calendar Spreads geben Sie dem Markt eine breitere Range, innerhalb der er sich bewegen kann.

✔ Die Kosten für den Triple Calendar (Net Debit) und somit das maximal mögliche Risiko sind höher als bei einem einfachen Calendar Spread und bei einem Double Calendar Spread.

✔ Das Vega des Triple Calendars ist in Summe höher, weshalb der Trade sensibler auf Veränderungen der impliziten Volatilität reagiert.

Ein Triple Calendar Spread ist eine sehr komplexe Optionsstrategie. Bevor Sie sich an diesen heranwagen, sollten Sie zunächst Erfahrungen mit einfachen Calendar Spreads oder Double Calendar Spreads sammeln. Eine höhere Komplexität sollte nicht mit höheren Gewinnen verwechselt werden. Betrachten Sie den Triple Calendar deshalb als eine Spielart von Calendar Spreads, die in bestimmten Situationen sinnvoll sein kann. Häufig ist aber auch ein Calendar oder ein Double Calendar die bessere Wahl.

> **IN DIESEM KAPITEL**
>
> Straddles und Strangles
>
> Diagonal Spread und Poor Man's Covered Call
>
> Iron Butterfly
>
> Ratio Spreads

Kapitel 17
Weitere Optionsstrategien im Überblick

Um erfolgreich mit Optionen handeln zu können, sollten Sie folgendes Vorwissen mitbringen:

- ✓ Sie haben die Funktionsweise von Optionen und die damit verbundenen Rechte und Pflichten verinnerlicht.

- ✓ Sie verstehen, wie sich die Zeit und die Volatilität auf den Kauf und Verkauf von Optionen auswirken.

- ✓ Sie kennen die grundlegenden Unterschiede zwischen Strategien, die auf den Kauf von Optionen setzen, und solchen, die auf den Verkauf von Optionen abzielen (Stillhalterstrategien).

Wenn Sie hinter diese Anforderungen einen Haken setzen können und wenn Sie zudem ein seriöses Money- und Risikomanagement betreiben, steht Ihrem Erfolg als Optionshändler nichts mehr im Wege.

Optionen bieten Ihnen die Möglichkeit, aus einem großen Arsenal an zur Verfügung stehenden Optionsstrategien diejenigen auszuwählen, die am besten zu Ihren Zielen und zu Ihrem persönlichen Handelsansatz passen. Und Sie haben mit Optionen für nahezu jedes mögliche Marktszenario eine passende Strategie zur Hand. Neben den Basisstrategien haben Sie im Verlauf dieses Buches bereits einige Strategien mit einer etwas höheren Komplexität kennengelernt.

Hier stellt sich allerdings die Frage: Ist es sinnvoll, komplexe Optionsstrategien zu handeln, oder stehen Ihre Chancen auf Erfolg besser, wenn Sie sich primär auf einfachere Strategien konzentrieren? Die Antwort lautet: Komplizierter ist nicht gleich besser. Häufig ist sogar das Gegenteil der Fall. Gerade am Anfang sollten Sie es nicht zu kompliziert machen und zunächst mit den Basisstrategien Erfahrung sammeln. Wenn Sie bereits einige Erfahrung haben und bereit für den nächsten Schritt sind, gibt es aber durchaus einige fortgeschrittene Strategien, die Ihnen in gewissen Situationen einen Vorteil verschaffen können.

In diesem Kapitel lernen Sie einige weitere Optionsstrategien in Kürze kennen, die bisher keinen Platz in diesem Buch hatten. Darunter befinden sich sowohl bekannte Basisstrategien als auch etwas komplexere Strategien, mit mehreren verschiedenen Bestandteilen.

Straddle: Die Strategie für Unentschlossene

Nach den vier Basisstrategien (Long Call, Long Put, Short Call, Short Put) zählt der Straddle sicherlich zu den bekanntesten Strategien, wenngleich er unter vielen aktiven Optionshändlern im Vergleich zu anderen Optionsstrategien nicht sehr häufig eingesetzt wird. Es gibt zwei Varianten des Straddles:

1. Long Straddle
2. Short Straddle

Long Straddle

Ein *Long Straddle* besteht aus dem Kauf eines Calls und dem gleichzeitigen Kauf eines Puts auf denselben Basiswert, mit identischem Ausübungspreis und identischem Verfallsdatum. Die Strategie profitiert von starken Kursbewegungen des Basiswerts, unabhängig von der Richtung, da entweder der Call oder der Put an Wert gewinnt, wenn der Kurs stark steigt oder fällt.

Das GuV-Diagramm eines Long Straddles sieht wie ein umgekehrtes Zelt aus (siehe Abbildung 17.1). Die Zeltspitze befindet sich am Basispreis der gekauften Optionen. Hier entsteht der Maximalverlust, falls das Underlying am Verfallstermin at the money notiert. Damit ein Gewinn entstehen kann, muss sich das Underlying in eine der beiden Richtungen über einen der Break-even-Points hinausbewegen.

Die wichtigsten Eigenschaften eines Long Straddles sind:

✔ **Marktmeinung**

Ein Long Straddle ist ideal, wenn Sie erwarten, dass der Basiswert eine starke Kursbewegung vollziehen wird, aber unsicher sind, in welche Richtung. Die Strategie könnte zum Beispiel eingesetzt werden, wenn Sie aufgrund eines wichtigen News-Events eine starke Bewegung erwarten. Allerdings steigen in solch einem Fall die Optionspreise bereits im Voraus deutlich an, sodass der Long Straddle nur dann einen Gewinn erzielt, wenn es tatsächlich zu einer sehr starken Kursbewegung kommt.

KAPITEL 17 Weitere Optionsstrategien im Überblick

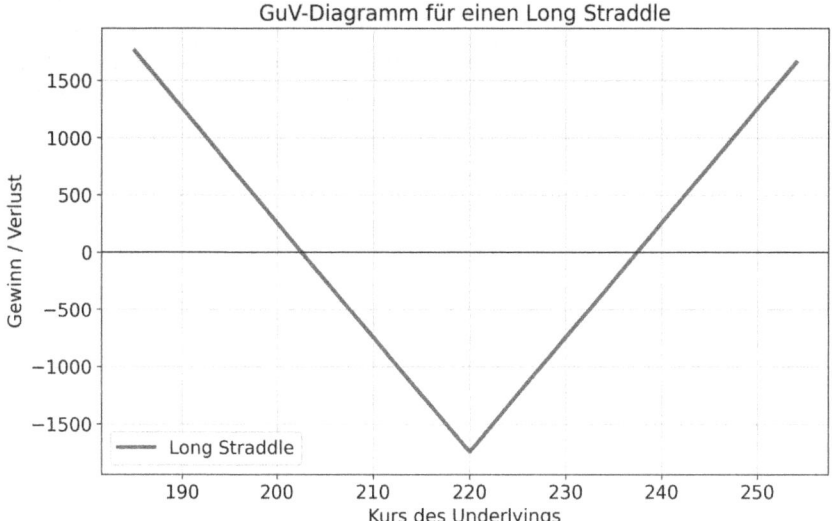

Abbildung 17.1: GuV-Diagramm eines Long Straddles

✔ Debit oder Credit

Der Long Straddle ist eine Debit-Strategie, da Sie sowohl für den Kauf des Calls als auch für den Kauf des Puts eine Prämie bezahlen und somit einen Kostenaufwand für den Trade haben.

✔ Zeitwertverfall/Theta

Da der Long Straddle aus zwei gekauften Optionen besteht, wirkt sich der Zeitwertverfall negativ aus. Das Theta des Long Calls plus das Theta des Long Puts ergibt in Summe den täglichen Zeitwertverlust (unter sonst gleichbleibenden Bedingungen). Damit der Zeitwertverlust kompensiert werden kann, muss das Underlying eine ausreichend große Bewegung vollziehen oder die implizite Volatilität muss ansteigen.

✔ Implizite Volatilität

Ein Anstieg der impliziten Volatilität wirkt sich positiv auf den Long Straddle aus, da er den Wert beider Optionen steigert. Eine sinkende implizite Volatilität wirkt sich hingegen negativ aus. Die größten Aussichten auf Erfolg haben Sie mit einem Long Straddle deshalb in Situationen, in denen Sie von einem deutlichen IV-Anstieg ausgehen.

✔ Maximaler Gewinn

Der maximale Gewinn eines Long Straddles ist theoretisch unbegrenzt, da das Underlying unendlich weit steigen oder fallen könnte (beziehungsweise bis auf null fallen könnte). Unabhängig davon, ob der Kurs stark fällt oder steigt, profitieren Sie von einer starken Kursbewegung, da entweder der Call oder der Put an Wert gewinnt.

✔ **Maximaler Verlust**

Der maximale Verlust ist auf die Summe der gezahlten Prämien für den Call und den Put begrenzt. Dieser Verlust tritt ein, wenn das Underlying am Verfallstermin at the money notiert.

✔ **Break-even-Points**

Bei einem Long Straddle gibt es zwei Break-even-Punkte: einen auf der Oberseite und einen auf der Unterseite. Diese Break-even-Punkte können Sie berechnen, indem Sie die Prämienkosten auf den Basispreis addieren beziehungsweise subtrahieren. Der Basiswert muss also über den oberen oder unter den unteren Break-even-Point steigen oder fallen, damit Sie in die Gewinnzone kommen.

Short Straddle

Der Short Straddle ist das Gegenstück zum Long Straddle.

Ein *Short Straddle* besteht aus dem Verkauf eines Calls und dem gleichzeitigen Verkauf eines Puts auf denselben Basiswert, mit identischem Ausübungspreis und identischem Verfallsdatum. Diese Strategie erzielt einen Gewinn, wenn sich das Underlying möglichst wenig bewegt und in der Nähe der verkauften Basispreise notiert. Verluste entstehen, wenn der Kurs des Basiswerts stark steigt oder fällt, da dann entweder der Call oder der Put erheblich an Wert gewinnt.

Während das GuV-Diagramm eines Long Straddles einem umgekehrten Zelt gleicht, sehen Sie in Abbildung 17.2 das typische zeltförmige GuV-Diagramm eines Short Straddles. Der Basispreis der beiden verkauften Optionen bildet die Zeltspitze. Hier entsteht der Maximalgewinn, falls das Underlying am Verfallstermin exakt at the money notiert. Je weiter sich der Kurs von der Zeltmitte wegbewegt, desto geringer wird der Gewinn beziehungsweise desto größer wird der Verlust.

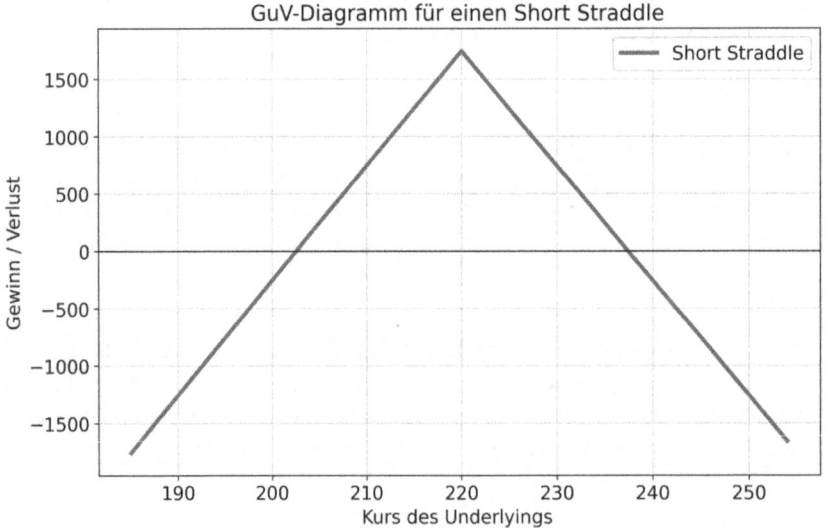

Abbildung 17.2: GuV-Diagramm eines Short Straddles

Die wichtigsten Eigenschaften eines Short Straddles sind:

✔ **Marktmeinung**

Einen Short Straddle können Sie einsetzen, wenn Sie erwarten, dass das Underlying seitwärts verlaufen oder nur eine geringe Bewegung vollziehen wird. Je näher das Underlying am Verfallstermin am Basispreis der verkauften Optionen notiert, desto höher ist Ihr Gewinn.

✔ **Debit oder Credit**

Der Short Straddle ist eine Credit-Strategie, da Sie für den Verkauf des Calls und des Puts eine Prämie einnehmen. Die Summe dieser Prämien ist der maximale Gewinn, den Sie erzielen können, wenn beide Optionen wertlos verfallen.

✔ **Zeitwertverfall/Theta**

Ein Short Straddle profitiert vom Zeitwertverfall, da beide Optionen (der verkaufte Call und der verkaufte Put) täglich an Wert verlieren, solange sich der Basiswert nicht oder nur wenig bewegt.

✔ **Implizite Volatilität**

Ein Rückgang der impliziten Volatilität ist vorteilhaft für einen Short Straddle, da dadurch der Wert beider Optionen sinkt, was Ihnen hilft, die Position mit Gewinn zu schließen. Deshalb wird der Short Straddle primär in einem Umfeld hoher/gestiegener impliziter Volatilität eingesetzt beziehungsweise wenn Sie davon ausgehen, dass die Volatilität abnehmen wird.

✔ **Maximaler Gewinn**

Der maximale Gewinn eines Short Straddles ist auf die Summe der eingenommenen Prämien begrenzt. Dieser Gewinn wird realisiert, wenn der Basiswert zum Verfallstermin exakt auf dem Basispreis der Optionen liegt, da beide Optionen in diesem Fall wertlos verfallen. Dieser Fall ist allerdings extrem unwahrscheinlich, weshalb der maximale Gewinn äußerst selten realisiert werden kann.

✔ **Maximaler Verlust**

Der maximale Verlust eines Short Straddles ist theoretisch unbegrenzt, da ein starker Kursanstieg oder -rückgang des Basiswerts zu erheblichen Verlusten führen kann. Dieses Risiko sollte Ihnen unbedingt bewusst sein und der Short Straddle sollte deshalb nur eingesetzt werden, wenn Sie genau wissen, was Sie tun.

✔ **Break-even-Points**

Ein Short Straddle hat ebenfalls zwei Break-even-Punkte: einen auf der Oberseite und einen auf der Unterseite. Diese Break-even-Points können Sie berechnen, indem Sie die eingenommenen Prämien auf den Basispreis addieren beziehungsweise davon subtrahieren. Solange das Underlying am Verfallstermin innerhalb dieses Bereichs notiert, bleibt der Trade profitabel.

Strangle: Wenn der Markt Luft holen muss

Eine ebenfalls sehr bekannte und weitverbreitete Strategie ist der Strangle. Auch der Strangle existiert in zwei Varianten (Long und Short), wobei der Short Strangle sehr viel bekannter und unter vielen Optionshändlern beliebter ist als der Long Strangle.

Long Strangle

Ein *Long Strangle* besteht aus dem Kauf eines Out-of-the-money-Calls und dem gleichzeitigen Kauf eines Out-of-the-money-Puts mit gleichem Verfallstermin. Ebenso wie der Long Straddle, erzielt der Long Strangle einen Gewinn, wenn das Underlying eine starke Bewegung vollzieht, egal in welche Richtung und/oder wenn die implizite Volatilität ansteigt.

In Abbildung 17.3 sehen Sie das GuV-Diagramm eines Long Strangles. Sie können es sich vorstellen wie einen Long Straddle (siehe Abbildung 17.1), bei dem Sie die beiden Basispreise der gekauften Optionen etwas auseinandergezogen haben. Dies führt dazu, dass sich die Kosten für den Trade reduzieren und der maximal mögliche Verlust deshalb auch geringer ist. Allerdings ist die maximale Verlustzone bei einem Long Strangle breiter und insbesondere bei weit aus dem Geld liegenden Basispreisen dauert es deutlich länger, bis der Trade in die Gewinnzone läuft.

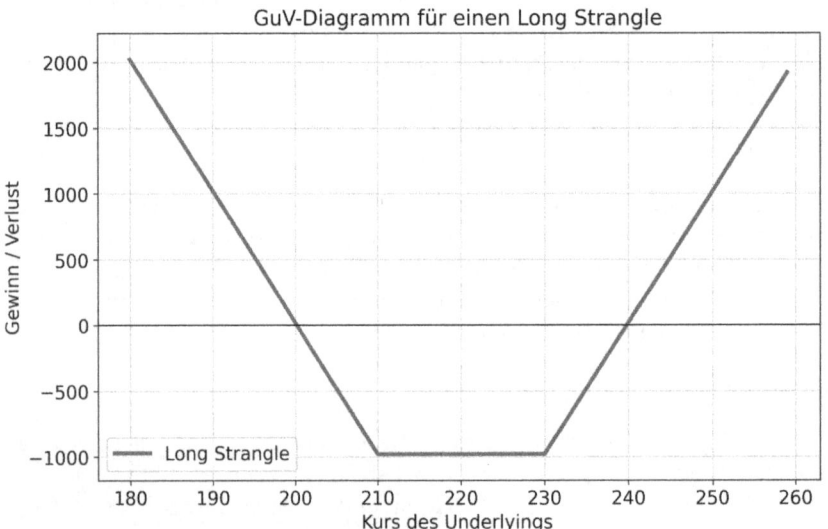

Abbildung 17.3: GuV-Diagramm eines Long Strangles

Die wichtigsten Eigenschaften eines Long Strangles sind:

✔ **Marktmeinung**

Ähnlich wie bei einem Long Straddle profitiert der Long Strangle von einer starken Bewegung des Underlyings, egal in welche Richtung. Je weiter der Kurs über den Long Call ansteigt beziehungsweise unter den Long Put fällt, desto höher ist Ihr Gewinn.

✔ **Debit oder Credit**

Der Long Strangle ist eine Debit-Strategie, da Sie sowohl für den Long Call als auch für den Long Put eine Prämie zahlen. Da beide Optionen out of the money liegen, sind die Gesamtkosten im Vergleich zu einem Long Straddle deutlich geringer. Je weiter die Optionen out of the money liegen, desto geringer ist das Debit.

✔ **Zeitwertverfall/Theta**

Da der Long Strangle aus zwei gekauften Optionen besteht, wirkt sich der Zeitwertverfall negativ auf die Position aus. Beide Optionen verlieren täglich an Wert, und dieser Verlust kann die Position belasten, solange der Basiswert sich nicht stark bewegt oder die implizite Volatilität nicht ansteigt.

✔ **Implizite Volatilität**

Ein Anstieg der impliziten Volatilität ist vorteilhaft für einen Long Strangle, da dadurch der Wert beider Optionen steigt. Bei einer rückläufigen impliziten Volatilität erzielt der Trade einen Verlust.

✔ **Maximaler Gewinn**

Der maximale Gewinn eines Long Strangles ist theoretisch unbegrenzt. Er entsteht, wenn der Basiswert eine sehr starke Bewegung nach oben oder unten vollzieht, sodass entweder der Call oder der Put stark an Wert gewinnt.

✔ **Maximaler Verlust**

Der maximale Verlust ist auf die gezahlten Prämien für den Call und den Put begrenzt. Dieser Verlust tritt ein, wenn der Basiswert am Verfallstermin zwischen den Strike-Preisen der Optionen notiert, wodurch beide Optionen wertlos verfallen.

✔ **Break-even-Points**

Ein Long Strangle hat zwei Break-even-Points: einen auf der Oberseite und einen auf der Unterseite. Den oberen Break-even-Point berechnen Sie, indem Sie die gesamten Prämienkosten (Net Debit) auf den Strike-Preis des Calls addieren, und den unteren Break-even-Point, indem Sie die Prämienkosten vom Strike-Preis des Puts subtrahieren. Der Basiswert muss sich über oder unter diese Punkte hinausbewegen, damit Sie in die Gewinnzone kommen.

Short Strangle

Der Short Strangle ist das Gegenstück zum Long Strangle und ist eine bekannte Stillhalterstrategie.

Ein *Short Strangle* besteht aus dem Verkauf eines Out-of-the-money-Calls und dem gleichzeitigen Verkauf eines Out-of-the-money-Puts mit gleichem Verfallstermin. Ihr Ziel besteht bei einem Short Strangle darin, dass sich das Underlying möglichst wenig bewegt beziehungsweise am Verfallstermin zwischen den Basispreisen der beiden verkauften Optionen notiert.

Wie Sie im GuV-Diagramm in Abbildung 17.4 sehen können, entsteht der Maximalgewinn bei einem Short Strangle, wenn das Underlying am Verfallstermin zwischen den Strikes der beiden verkauften Optionen notiert (in diesem Fall zwischen 210 und 230). Sobald der Kurs über das Niveau des Short Calls ansteigt beziehungsweise unter das Niveau des Short Puts fällt, verringert sich der Gewinn, bis schließlich die Break-even-Points durchbrochen werden und der Trade in die Verlustzone läuft.

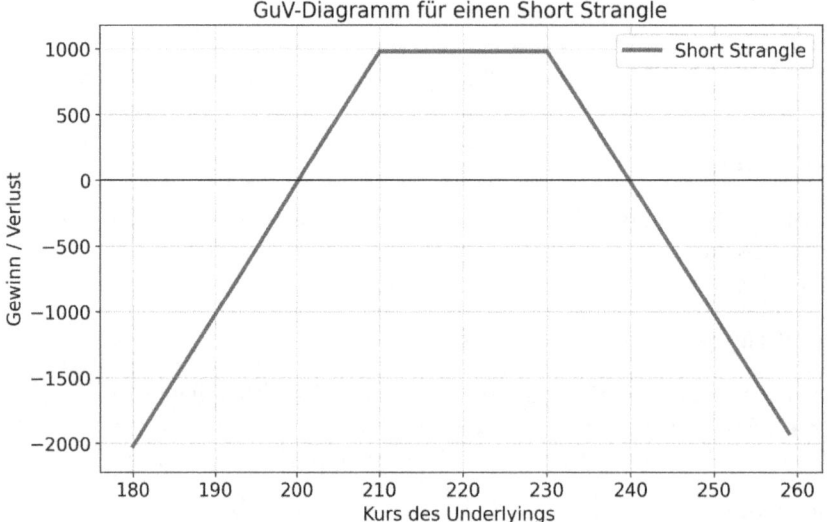

Abbildung 17.4: GuV-Diagramm eines Short Strangles

Die wichtigsten Eigenschaften eines Short Strangles sind:

✔ **Marktmeinung**

Der Short Strangle ist eine typische Stillhalterstrategie, die Sie einsetzen können, wenn Sie davon ausgehen, dass sich das Underlying seitwärts oder nur leicht aufwärts oder abwärts entwickelt. Ihr Ziel besteht darin, dass der Kurs am Verfallstermin zwischen den beiden Strikes der verkauften Optionen notiert.

✔ **Debit oder Credit**

Beim Handel eines Short Strangles entsteht ein Credit (eine Einnahme), da Sie sowohl für den Verkauf des Calls als auch für den Verkauf des Puts eine Prämie einnehmen.

KAPITEL 17 Weitere Optionsstrategien im Überblick

✔ **Zeitwertverfall/Theta**

Mit einem Short Strangle profitieren Sie vom Zeitwertverfall der Optionen. So entsteht jeden Tag ein kleiner Gewinn, vorausgesetzt das Underlying bewegt sich nicht sehr stark und die implizite Volatilität steigt nicht deutlich an.

✔ **Implizite Volatilität**

Wie jede andere Stillhalterstrategie eignet sich ein Short Strangle am besten in einem Umfeld hoher impliziter Volatilität, da hier die Optionsprämien am höchsten sind und die Wahrscheinlichkeit groß ist, dass die Volatilität mittelfristig wieder zu ihrem Mittelwert zurückkehren wird. Bei einer rückläufigen impliziten Volatilität erzielt der Trade einen Gewinn.

✔ **Maximaler Gewinn**

Der maximale Gewinn eines Short Strangles ist auf die Summe der eingenommenen Prämien (Net Credit) begrenzt. Dieser Gewinn wird realisiert, wenn der Basiswert am Verfallstermin zwischen den Basispreisen der verkauften Optionen notiert, da in diesem Fall beide Optionen wertlos verfallen.

✔ **Maximaler Verlust**

Der maximale Verlust eines Short Strangles ist theoretisch unbegrenzt, da ein sehr großer Kursanstieg oder -rückgang des Basiswerts zu hohen Verlusten führen kann. Dieses Risiko sollten Sie unbedingt kennen und wissen, wie Sie es managen können.

✔ **Break-even-Points**

Ein Short Strangle hat zwei Break-even-Points, die durch die Strikes der beiden Optionen und die eingenommene Prämie (Net Credit) bestimmt werden. Den oberen Break-even-Point können Sie berechnen, indem Sie die gesamte Optionsprämie (Short Call + Short Put) auf den Basispreis des Calls addieren, und den unteren Break-even-Point, indem Sie die Prämie vom Basispreis des Short Puts subtrahieren. Solange der Basiswert am Verfallstermin innerhalb dieser Punkte notiert, bleibt der Trade profitabel.

Poor Man's Covered Call

Der *Covered Call* ist eine sehr beliebte Income-Strategie, bei der Sie den Verkauf von Call-Optionen mit einer Long Position des Underlyings kombinieren. Am häufigsten wird der Covered Call mit Aktien oder mit ETFs gehandelt und ist somit nicht nur für aktive Trader interessant, sondern auch für langfristig orientierte Anleger, die zusätzlichen Cashflow generieren wollen. Wie genau ein Covered Call funktioniert und worauf Sie dabei achten sollen, lesen Sie in Kapitel 10 und in Kapitel 11.

Aktien- und ETF-Optionen haben ein Bezugsverhältnis von 1:100, das heißt eine Option umfasst das Recht zum Kauf oder Verkauf von 100 Aktien oder ETFs. Wenn Sie einen Covered Call handeln, müssen Sie also pro Option 100 Aktien besitzen beziehungsweise kaufen.

Bei einer Aktie, die bei einem Kurs von 100 Euro notiert, wären das 10.000 Euro, die Sie für den Kauf der Aktie aufbringen müssten. Wenn die Aktie Ihrer Wahl bei einem Kurs von 500 Euro notiert, würden sich die Kosten bereits auf 50.000 Euro belaufen.

Für geringer kapitalisierte Konten besteht bei einem Covered Call also das Problem, dass einige Aktien schlicht zu teuer sind. Selbst wenn Ihre Kontogröße 50.000 Euro beträgt, ist es keine gute Idee, den kompletten Betrag in eine einzelne Aktie zu stecken. In solch einem Fall könnte der Poor Man's Covered Call eine Alternative sein.

Ein *Poor Man's Covered Call* funktioniert vom Prinzip her wie ein klassischer Covered Call. Allerdings kaufen Sie das Underlying nicht physisch, sondern ersetzen den Kauf des Underlyings durch den Kauf einer Call-Option (Long Call).

Eine bewährte und häufig angewandte Strategie bezüglich der Auswahl des Long Calls sieht folgendermaßen aus:

- ✔ Kaufen Sie einen Call, der bereits tief im Geld liegt. Das Delta sollte dabei bei mindestens 70 liegen.
- ✔ Verwenden Sie eine lange Restlaufzeit von beispielsweise 12–18 Monaten.

Dieses Vorgehen hat folgende Vorteile:

- ✔ Das Theta des Long Calls ist sehr gering. Das heißt der Zeitwertverlust produziert einen vergleichsweise sehr geringen Verlust, den Sie durch den Verkauf von Call-Optionen mit kürzeren Restlaufzeiten überkompensieren können.
- ✔ Durch das hohe Delta profitiert der Long Call in einem größeren Umfang von Kurssteigerungen des Underlyings.

Beispiel für den Handel eines Poor Man's Covered Calls

Stellen Sie sich vor, Sie besitzen ein Trading-Konto, dessen Wert umgerechnet etwa 20.000 US-Dollar beträgt. Nun möchten Sie einen Covered Call auf eine Aktie handeln, die aktuell bei 220 US-Dollar notiert. Die Kosten für den Kauf von 100 Aktien würden 22.000 US-Dollar betragen, was bereits mehr ist als der Betrag auf Ihrem Konto.

Wenn Sie stattdessen einen Long Call mit einem Delta von 75 und einer Restlaufzeit von rund 14 Monaten kaufen, würde Sie diese Option 4590 US-Dollar kosten, also nur etwa ein Fünftel so viel, wie der Kauf der Aktien. Diese 4590 US-Dollar stellen gleichzeitig den maximal möglichen Verlust Ihres Trades dar, der dann zustande kommt, wenn die Aktie am Verfallstermin unter dem Basispreis des Long Calls notiert.

Das Theta dieser Option beträgt 0,036, das heißt die Option verliert pro Tag 3,60 US-Dollar an Wert (unter sonst gleichbleibenden Umständen). Da das

Delta bei 75 liegt, gewinnt Ihre Option 75 US-Dollar an Wert, für jeden Dollar, den der Aktienkurs zulegt.

Nun können Sie Short Calls (quasi Covered Calls) mit einer kürzeren Restlaufzeit verkaufen, um zusätzliche Einnahmen zu erzielen. Hierfür stehen Ihnen einerseits die Standardoptionen mit monatlichen Verfallsterminen zur Verfügung. Andererseits gibt es für viele Aktien zusätzlich Optionen mit wöchentlichen Verfallsterminen (Weeklys).

Wenn Sie beispielsweise einen 225er Call mit 35 Tagen Restlaufzeit verkaufen, erzielen Sie eine Prämieneinnahme von etwa 900 US-Dollar. Sollte diese Option wertlos verfallen, können Sie gleich den nächsten Short Call verkaufen und eine erneute Prämieneinnahme erzielen. Falls der Short Call ins Geld läuft, ist es häufig eine gute Idee, diesen (nach oben und nach hinten) zu rollen und keine Ausübung zu riskieren, da Sie im Gegensatz zu einem echten Covered Call keine 100 Aktien besitzen, die Sie im Falle der Ausübung liefern könnten, was wiederum zu einer Short-Position von 100 Aktien in Ihrem Depot führen würde.

Diagonal Spread: Vertikal + Horizontal = Diagonal

Der *Diagonal Spread* ist eine sehr flexible Optionsstrategie, mit der Sie das GuV-Diagramm sehr gut feinjustieren und an Ihr erwartetes Marktszenario anpassen können. Wenn Sie bereits wissen, was ein vertikaler Spread ist und was ein horizontaler Spread (Calendar Spread) ist, können Sie sich den Diagonal Spread als eine Kombination dieser beiden Strategien vorstellen: vertikal + horizontal = diagonal.

 Am besten stellen Sie sich den *Diagonal Spread* vor wie einen Long Vertical Spread, bei dem die Long Option eine längere Restlaufzeit besitzt als die Short Option. Einen Diagonal Spread können Sie sowohl mit Put-Optionen als auch mit Call Optionen handeln.

Ein Diagonal Spread funktioniert am besten, wenn Sie eine direktionale Marktmeinung haben und wenn sich die implizite Volatilität auf einem niedrigen Niveau befindet. Dabei können Sie ähnlich vorgehen wie beim Kauf eines vertikalen Debit Spreads: Sie kaufen einen Call oder einen Put, der am Geld oder im Geld liegt. Gleichzeitig verkaufen Sie einen Call beziehungsweise einen Put, der typischerweise einige Punkte aus dem Geld liegt, je nachdem wie bullish oder bärisch Sie sind. Für die gekaufte Option wählen Sie eine längere Restlaufzeit als für die verkaufte Option.

Da das Theta der verkauften Option mit der kürzeren Restlaufzeit höher ist als das Theta der gekauften Option mit der längeren Restlaufzeit, besitzt der Calendar Spread insgesamt ein positives Theta und Sie können somit durch den Zeitwertverfall der Optionen einen

Gewinn erzielen. Der größte Gewinn entsteht dabei, wenn das Underlying am Verfallstermin exakt auf dem Kursniveau der verkauften Option notiert.

Eine andere Möglichkeit, wie Sie sich einen Diagonal Spread vorstellen können, ist die folgende:

✓ Der Diagonal Spread ist ein Calendar Spread, bei dem der Maximalgewinn ebenfalls in der Zeltspitze des GuV-Diagramms (das heißt auf dem Niveau der verkauften Option) entsteht.

✓ Je weiter sich der Basispreis von der Zeltspitze entfernt, desto geringer wird der Gewinn.

✓ Bei einem Long Call Diagonal Spread entsteht bei fallenden Preisen des Underlyings ab einem gewissen Punkt ein Verlust, ähnlich wie bei einem Calendar. Auf der Oberseite wird zwar der Gewinn ebenfalls geringer, jedoch entsteht nach wie vor ein moderater Gewinn und kein Verlust.

✓ Bei einem Long Put Diagonal Spread entsteht bei stark steigenden Preisen ab einem gewissen Zeitpunkt ein Verlust. Bei stark fallenden Preisen wird der Gewinn ebenfalls geringer, je weiter der Kurs des Underlyings sich von der Zeltspitze entfernt. Allerdings entsteht hier bei sehr stark fallenden Kursen kein Verlust, sondern immer noch ein moderater Gewinn.

Je nachdem, welche Basispreise und welche Laufzeiten Sie auswählen, kann das Gewinnprofil eines Diagonal Spread stark bärisch, moderat bärisch, stark bullisch, moderat bullisch oder nahezu neutral sein.

Da es sich bei einem Diagonal Spread um eine etwas komplexere Optionsstrategie handelt, nutzen Sie am besten eine Optionssoftware oder ein Tool zum Visualisieren des GuV-Diagramms, bevor Sie den Trade eröffnen.

Poor Man's Covered Call = Diagonal Spread?

Wenn Sie den Absatz zum Poor Man's Covered Call in diesem Kapitel bereits gelesen haben, ist Ihnen möglicherweise aufgefallen, dass es sich dabei technisch gesehen um nichts anderes als um einen Diagonal Spread handelt: Sie kaufen einen In-the-money-Call mit einer langen Restlaufzeit und verkaufen anschließend Call-Optionen mit kürzeren Restlaufzeiten. Dieses Wissen im Hinterkopf vereinfacht Ihnen möglicherweise das Verständnis eines Diagonal Spreads. Während der Long Call Diagonal Spread auch als Poor Man's Covered Call betrachtet werden kann, wäre der Long Put Diagonal das bärische Äquivalent und sozusagen ein umgekehrter Poor Man's Covered Call beziehungsweise ein *Poor Man's Covered Put*, wenn man so möchte.

Iron Butterfly:
Schwer wie Stahl, leicht wie eine Feder

Der Iron Butterfly ist eine weitere Variante einer Stillhalterstrategie, die – wie es der Name vermuten lässt – Ähnlichkeiten sowohl mit einem Iron Condor als auch mit einem Long Butterfly besitzt.

 Bei einem *Iron Butterfly* verkaufen Sie einen Call (Short Call) und einen Put (Short Put) at the money. Gleichzeitig kaufen Sie einen Call (Long Call) mit einem höheren Basispreis sowie einen Put (Long Put) mit einem tieferen Basispreis.

Wie Sie in Abbildung 17.5 sehen, ist das GuV-Diagramm des Iron Butterflys nahezu identisch mit dem GuV-Diagramm eines Long Butterflys.

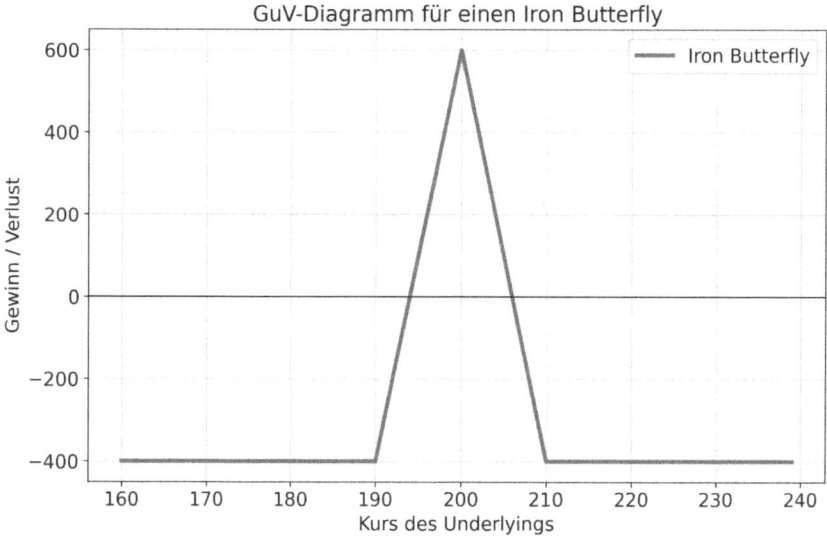

Abbildung 17.5: GuV-Diagramm eines Iron Butterflys

Was den Aufbau der Strategie und der einzelnen Legs betrifft, ist es jedoch einfacher und besser verständlich, wenn Sie sich den Iron Butterfly wie eine der folgenden Varianten vorstellen:

✔ Ein Iron Condor, bei dem die Short Strikes auf demselben Kursniveau liegen.

✔ Die Kombination eines Bear Call Spreads und eines Bull Put Spreads, bei der die Short Strikes auf demselben Niveau liegen.

✔ Ein Short Straddle, bei dem auf beiden Seiten eine Option gekauft wird, um den maximal möglichen Verlust zu begrenzen.

Die wichtigsten Eigenschaften eines Iron Butterflys sind:

✔ **Marktmeinung**

Ähnlich wie bei einem Iron Condor oder einem Long Butterfly, ist der Einsatz eines Iron Butterflys dann sinnvoll, wenn Sie davon ausgehen, dass sich das Underlying seitwärts bewegen wird. Das Kursniveau, das Sie für den Verkauf des Calls und des Puts auswählen, ist Ihr Kursziel. Hier entsteht am Verfallstermin der Maximalgewinn.

✔ **Debit oder Credit**

Der Iron Butterfly ist eine Credit-Strategie, da Sie für den Verkauf des ATM-Calls und des ATM-Puts eine Prämie einnehmen. Die Kosten für die Out-of-the-money-Optionen (Long Call und Long Put) sind geringer, sodass die Differenz als Nettoprämie (Net Credit) erhalten bleibt.

✔ **Zeitwertverfall/Theta**

Da bei einem Iron Butterfly zwei At-the-money-Optionen verkauft werden, profitiert die Strategie stark vom Zeitwertverfall der Optionen. (Das absolute Theta ist At The Money am höchsten.) Dieser Effekt wird allerdings durch die gekauften Out-of-the-Money-Optionen etwas reduziert.

✔ **Implizite Volatilität**

Der Iron Butterfly profitiert von einem Rückgang der impliziten Volatilität und sollte daher primär in einem Umfeld hoher impliziter Volatilität beziehungsweise in Erwartung rückläufiger impliziter Volatilität gehandelt werden.

✔ **Maximaler Gewinn**

Der maximale Gewinn eines Iron Butterflys wird erzielt, wenn der Basiswert am Verfallstermin exakt auf dem Strike-Preis der verkauften Optionen liegt. In diesem Fall verfallen alle Optionen wertlos, und Sie behalten die eingenommene Nettoprämie vollständig als Gewinn.

✔ **Maximaler Verlust**

Der maximale Verlust ist begrenzt auf die Differenz zwischen dem Short Strike und einem der Long Strikes, abzüglich der eingenommenen Optionsprämie. Dieser Verlust tritt ein, wenn der Basiswert am Verfallstermin entweder über dem Strike des gekauften Calls oder unter dem Strike des gekauften Puts notiert. Die äußeren Optionen dienen als Absicherung und begrenzen das Verlustrisiko bei starken Kursbewegungen.

✔ **Break-even-Points**

Ein Iron Butterfly hat zwei Break-even-Points: einen auf der Oberseite und einen auf der Unterseite. Den oberen Break-even-Point können Sie berechnen, indem Sie die eingenommene Prämie auf den Basispreis der beiden Short-Optionen addieren. Den unteren Break-even-Point ermitteln Sie, indem Sie die eingenommene Prämie vom Kursniveau der verkauften Optionen subtrahieren. Solange der Basiswert am Verfallstermin innerhalb der beiden Break-even-Points notiert, bleibt die Strategie profitabel.

Ratio Spread:
Auf das richtige Verhältnis kommt es an

Der Ratio Spread ist eine weitere Strategie, die gerne von Stillhaltern eingesetzt wird, um Prämien einzunehmen und vom Zeitwertverlust der Optionen zu profitieren. Der Vorteil der Strategie besteht in einer hohen Gewinnwahrscheinlichkeit und einer breiten Profitzone. Allerdings ist das Verlustrisiko auf einer Seite unbegrenzt, weshalb ein striktes und aktives Risikomanagement notwendig ist. Der Ratio Spread kann sowohl mit Call-Optionen als auch mit Put-Optionen gehandelt werden.

Ein *Call Ratio Spread* besteht aus einem Bull Call Spread (Long Call + Short Call mit höherem Basispreis) und einem zusätzlichen Short Call mit dem gleichen Basispreis wie der Short Call des Bull Call Spreads.

Ein *Put Ratio Spread* besteht aus einem Bear Put Spread (Long Put + Short Put mit tieferem Basispreis) und einem zusätzlichen Short Put mit dem gleichen Basispreis wie der Short Put des Bear Put Spreads. Das Verhältnis von verkauften Optionen zu gekauften Optionen ist im Normalfall 2:1, kann aber auch 3:1, 3:2 oder ein beliebiges anderes Verhältnis sein.

Ein Bull Call Spread ist eine bullische Strategie, bei der der Maximalgewinn dann entsteht, wenn der Kurs am Verfallstermin auf dem Niveau des Short Calls notiert oder darüber. Durch den zusätzlichen Short Call entsteht bei einem Call Ratio Spread der Maximalgewinn ebenfalls auf dem Kursniveau der beiden verkauften Calls. Da jedoch nur ein Short Call durch einen Long Call gedeckt ist, und es sich bei dem zweiten Short Call um einen Naked Call handelt, produziert dieser zweite Short Call bei weiter steigenden Kursen des Underlyings einen Verlust, der nach oben theoretisch unbegrenzt ist. Das GuV-Diagramm eines Call Ratio Spreads sehen Sie in Abbildung 17.6.

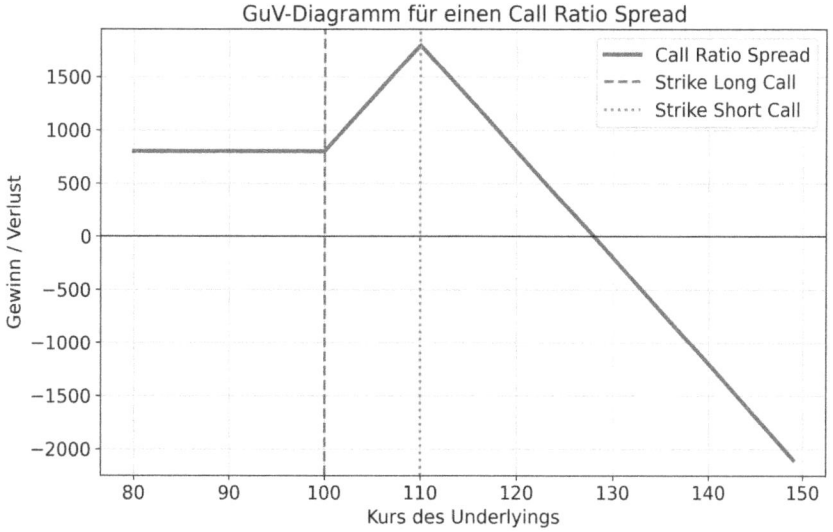

Abbildung 17.6: GuV-Diagramm eines Call Ratio Spreads

Einen Put Ratio Spread (Abbildung 17.7) können Sie sich wie einen Bear Put Spread vorstellen. Durch den zweiten verkauften Put erzielen Sie auch hier eine zusätzliche Einnahme, die den maximalen Gewinn erhöht, jedoch auch das Risiko auf der Unterseite erhöht, da nur ein Short Put gedeckt ist und es sich bei dem zweiten Short Put um einen Naked Put handelt.

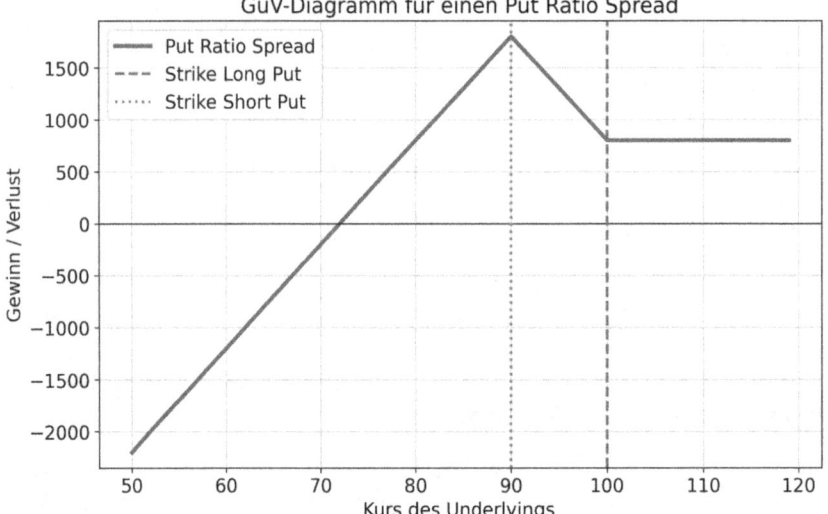

Abbildung 17.7: GuV-Diagramm eines Put Ratio Spreads

Die wichtigsten Eigenschaften eines Ratio Spreads sind:

✔ **Marktmeinung**

Ein Call Ratio Spread profitiert von gleichbleibenden Preisen oder fallenden Preisen. Je nach Wahl der Basispreise entsteht auch bei moderat steigenden Preisen ein Gewinn. Häufig liegt der Maximalgewinn sogar wenige Punkte über dem aktuellen Kursniveau. Bei einem Put Ratio Spread verhält es sich genau umgekehrt: Der Maximalgewinn liegt häufig ATM oder einige Punkte unter dem aktuellen Kursniveau OTM. Fällt der Markt jedoch stark, ist das Verlustpotenzial nach unten unbegrenzt. Auf der Oberseite entsteht hingegen ein Gewinn, auch wenn die Kurse stark steigen.

✔ **Debit oder Credit**

Bei einem Ratio Spread kann je nach Wahl der Basispreise ein Credit oder ein Debit entstehen. Normalerweise besteht jedoch das Ziel darin, eine Einnahme (Credit) zu generieren.

✔ **Zeitwertverfall/Theta**

Ein Ratio Spread profitiert im Normalfall vom Zeitwertverfall der Optionen (unter sonst gleichbleibenden Umständen), da die Summe des Thetas der beiden verkauften Optionen höher ist als das Theta der gekauften Option.

✔ **Implizite Volatilität**

Ein Ratio Spread profitiert von einer rückläufigen IV, weshalb die Strategie hauptsächlich in einem Umfeld hoher/gestiegener IV gehandelt werden sollte.

✔ **Maximaler Gewinn**

Der Maximalgewinn entsteht, wenn das Underlying am Verfallstermin exakt auf dem Kursniveau der Short Strikes notiert. Die Höhe des Maximalgewinns entspricht dabei der Weite des Spreads plus der Optionsprämie.

✔ **Maximaler Verlust**

Bei einem Ratio Spread ist der Maximalverlust theoretisch unbegrenzt. Dieses Risiko besteht bei einem Call Ratio Spread in stark steigenden Preisen, da nur ein Short Call durch den Long Call gedeckt ist und der zweite Short Call ein nach oben unbegrenztes Risiko besitzt. Bei einem Put Ratio Spread ist das Risiko nach unten unbegrenzt, da nur ein Short Put gedeckt ist und zweite Short Put ein nach unten (fast) unbegrenztes Risiko besitzt.

✔ **Break-even-Points**

Der Break-even-Point eines Call Ratio Spreads liegt einige Punkte über den Short Calls. Sie können den Break-even-Point folgendermaßen berechnen: Basispreis Short Call + Weite des Spreads + Net Credit. Bei einem Put Ratio Spread liegt der Break-even-Point einige Punkte unter den Short Puts und kann wie folgt berechnet werden: Basispreis Short Put − Weite des Spreads − Net Credit.

Teil V
Der-Top-Ten-Teil

 Besuchen Sie uns auf Facaebook oder Instagram!

IN DIESEM TEIL ...

Hier finden Sie eine Auswahl an Top-Ten-Listen, die sich ideal zum Nachschlagen eignen oder um Ihr Wissen aufzufrischen.

Informieren Sie sich kurz und knapp über zehn Vorteile von Optionen, gefolgt von zehn Möglichkeiten, wie Sie beim Optionshandel Geld verbrennen können. Zum Abschluss stelle ich Ihnen zehn nützliche Websites und Tools vor, die Ihnen beim täglichen Handel, bei der Analyse und bei der Informationsbeschaffung helfen.

> **IN DIESEM KAPITEL**
>
> Optionen im Vergleich zu anderen Instrumenten
>
> Flexibilität und nicht-direktionales Trading
>
> Risikomanagement und mentale Fallstricke

Kapitel 18
Zehn Vorteile von Optionen

Im Verlauf des gesamten Buches werden die Vorteile von Optionen an verschiedenen Stellen im Detail erläutert. Die zehn wichtigsten Vorteile von Optionen im Vergleich zu anderen Finanzinstrumenten finden Sie hier nochmals kurz und knapp zusammengefasst.

#1: Optionen sind echte Terminkontrakte

Wenn Sie Geld an der Börse verdienen wollen, sollten Sie auch an der Börse handeln. Optionen sind im Gegensatz zu Produkten wie Optionsscheinen, CFDs oder Hebelzertifikaten echte Terminkontrakte. Der Handel findet an offiziellen Terminbörsen statt und die Börse ist lediglich der Vermittler zwischen Käufer und Verkäufer. Es gibt keinen Emittenten und somit auch kein Emittentenrisiko und keine Interessenkonflikte. Manipulation ist ausgeschlossen und der Handel unterliegt aufsichtsbehördlicher Regulation. Zudem können Sie an der Terminbörse sowohl Optionen kaufen als auch verkaufen.

#2: Optionen ermöglichen nicht-direktionales Trading

Wenn Sie mit Finanzinstrumenten wie Aktien, ETFs, Futures oder Währungen handeln, müssen Sie sich bei jedem Trade für eine Richtung entscheiden: Long oder Short. Märkte bewegen sich jedoch sehr häufig auch für einen längeren Zeitraum seitwärts. Mit Optionen können Sie durch nicht-direktionale Trades auch von Seitwärtsbewegungen profitieren. Statt darauf zu wetten, wohin der Markt geht, wetten Sie darauf, wohin der Markt wahrscheinlich nicht geht.

#3: Optionen sind flexibler als alle anderen Finanzinstrumente

Mit Optionen können Sie von steigenden, fallenden oder seitwärts verlaufenden Märkten profitieren. Sie können auch darauf setzen, dass sich ein Markt zu einem bestimmten Zeitpunkt in einer genau definierten Kursspanne befindet. Durch die Kombination verschiedener Optionen sowie durch die Kombination von Optionen und dem Kauf oder Verkauf des Underlyings stehen Ihnen sehr viele verschiedene Optionsstrategien zur Verfügung, sodass Sie in jeder Marktphase eine passende Strategie wählen können.

#4: Mit Optionen können Sie die Volatilität handeln

Neben der Marktrichtung spielt im Optionshandel die Volatilität eine sehr wichtige Rolle, genauer gesagt die implizite Volatilität (IV). Die implizite Volatilität ist einer von ganz wenigen Faktoren an der Börse, deren mittelfristige Entwicklung sich mit absoluter Sicherheit vorhersagen lässt: Die IV kehrt mittelfristig immer zu Ihrem Mittelwert zurück. Wenn Sie die IV analysieren und in Ihre Trade-Entscheidungen miteinbeziehen, besitzen Sie einen entscheidenden Gewinnvorteil.

#5: Optionen ermöglichen größtmögliche Diversifikation

Durch den Handel von Optionen stehen Ihnen einerseits zahlreiche verschiedene Strategien zur Verfügung, die unterschiedlich auf Veränderungen der Marktbedingungen reagieren. Durch strategische Diversifikation können Sie somit bereits ein gewisses Maß an Diversifikation erreichen. Andererseits haben Sie die Wahl zwischen sehr vielen unterschiedliche Märkten und Assetklassen. Sie können Optionen auf Aktien, ETFs, Indizes und Futures handeln. Insbesondere im Bereich der Futures gibt es verschiedene Unterkategorien, die teilweise wenig bis gar nicht korreliert sind (Aktienindizes, Währungen, Anleihen, Metalle, Agrarrohstoffe et cetera).

#6: Mit Optionen arbeitet die Zeit für Sie

Optionen besitzen einen Zeitwert, der bis zum Verfallstermin nach und nach erodiert und schließlich bis auf null fällt. Durch den Verkauf von Optionen können Sie gezielt vom Zeitwertverfall profitieren und somit auch Gewinne erzielen, wenn sich die Märkte gar nicht bewegen.

#7: Einige Optionsstrategien haben sehr hohe Trefferquoten

Eine hohe Trefferquote ist keine Voraussetzung für erfolgreichen Börsenhandel. Es gibt sogar Strategien, die eine Trefferquote von deutlich unter 50 Prozent haben, aber dennoch langfristig rentabel sind. Dies kann aber nur gelingen, wenn der durchschnittliche Gewinn deutlich größer ist als der durchschnittliche Verlust. Aufgrund der geringeren Trefferquote ist auch die Wahrscheinlichkeit für eine länger anhaltende Verlustserie deutlich größer als bei einer Strategie mit einer hohen Trefferquote. Die Schwierigkeit besteht bei solch einem Handelsansatz einerseits häufig darin, nach einer Serie von beispielsweise fünf Verlust-Trades noch das Vertrauen und die mentale Stärke aufzubringen, um den sechsten Trade regelkonform auszuführen. Andererseits ist der unterbewusste Drang hoch, nach mehreren Verlust-Trades den ersten Gewinn-Trade zu früh zu schließen. Das heißt, die altbekannte Börsenweisheit »Gewinne laufen lassen« fällt in so einer Situation deutlich schwerer. Viel mehr sagt einem die innere Stimme dann bei einem kleinen Rücksetzer in einem Gewinn-Trade oft: »Jetzt musste ich so viele Verluste hinnehmen. Diesmal sichere ich mir einen Gewinn. Besser ein Spatz in der Hand als eine Taube auf dem Dach.« Eine hohe Trefferquote ist also nicht zwingend notwendig, allerdings bringt eine hohe Trefferquote häufig Vorteile mit sich:

- ✔ Sind wir mal ehrlich: Als Trader oder Anleger lieben wir Gewinne und haben eine Abneigung gegen Verluste. Es fühlt sich einfach besser an, häufiger recht zu haben als unrecht.

- ✔ Eine hohe Trefferquote stärkt unser Selbstbewusstsein. Wir erkennen, dass unsere Strategie funktioniert und es fällt einfacher, sich an das Regelwerk zu halten.

- ✔ Die Equity Curve (der Kontostand) ist bei einer Strategie mit einer hohen Trefferquote weniger volatil.

- ✔ Somit ist der maximale Drawdown typischerweise auch geringer, vorausgesetzt die Verluste werden strikt begrenzt.

#8: Optionen eignen sich optimal für ein striktes Risikomanagement

Viele Händler setzen für das Risikomanagement auf Stop Loss Orders. Eine Stop Loss Order bietet allerdings keine Garantie, dass Sie zum definierten Stoppkurs auch aus Ihrem Trade aussteigen können. Wenn Sie einen Stop Loss in einer Aktie gesetzt haben, der Kurs über Nacht stark fällt und am nächsten Tag unterhalb Ihres Stoppkurses eröffnet, erhalten Sie eine Ausführung zum nächstmöglichen Preis. Das liegt daran, dass eine Stop Order beim Erreichen des Stoppkurses automatisch in eine Market Order umgewandelt wird. Wenn Sie eine Aktie mit einer Put-Option absichern, kann Ihnen das nicht passieren. Egal wie tief die Aktie über Nacht fällt, Sie besitzen immer das Recht, die Aktie zum definierten Basispreis zu verkaufen.

#9: Mit Optionen fällt es leichter, psychologische Fallstricke zu vermeiden

Neben der Wahl einer Strategie mit einem positiven Erwartungswert ist beim Optionshandel beziehungsweise beim Börsenhandel allgemein ein weiterer Faktor entscheidend: die Psychologie. Nur wer rational handelt, wer seinem Regelwerk folgt und sich nicht von Emotionen wie Angst und Gier beeinflussen lässt, und wer in der Lage ist, auch in Verlustphasen einen kühlen Kopf zu behalten, wird langfristig zu den Gewinnern zählen. Optionen, insbesondere Stillhalterstrategien, besitzen einige Eigenschaften, die die Wahrscheinlichkeit erhöhen, dass Sie die typischen psychologischen Fallstricke an der Börse besser meistern können:

- ✔ Strategien mit einer hohen Trefferquote erhöhen die Wahrscheinlichkeit, dass Sie keine impulsiven und emotionalen Entscheidungen treffen.

- ✔ Sie müssen Sich nicht zwingend für eine Richtung (Long oder Short) entscheiden. Statt vorherzusagen, wohin der Markt geht, müssen Sie lediglich vorhersagen, wohin der Markt wahrscheinlich nicht geht. Dies sorgt für innere Gelassenheit bei Kursbewegungen in die eine oder andere Richtung.

- ✔ Dadurch, dass bei Stillhalterstrategien das Gewinnpotenzial von vornherein beschränkt ist, müssen Sie sich gar nicht um Ihre Gewinn-Trades kümmern. Sie setzen einen Take Profit und das war's. Somit können Sie sich voll und ganz auf das Risikomanagement konzentrieren und sich darum kümmern, Ihre Verluste zu begrenzen.

#10: Optionen ermöglichen eine optimale Kapitaleffizienz

Optionen werden meist mit einem Margin-Konto gehandelt. Beim Verkauf von Optionen müssen Sie dabei in der Regel nur einen Bruchteil des Gegenwerts des Underlyings als Reserve auf Ihrem Konto als Sicherheitsleistung bereithalten. Somit wird weniger Kapital gebunden und es steht mehr freies Kapital zur Verfügung. Besonders stark ausgeprägt ist dies beim Handel von Futures-Optionen. Darüber hinaus gibt es Strategien wie den Covered Call, bei dem Sie ohne zusätzliches Risiko und somit ohne zusätzliches Kapital eine weitere Einnahme generieren können.

> IN DIESEM KAPITEL
>
> Optionen kaufen oder verkaufen
>
> Volatilität und Liquidität
>
> Stop Loss, Margin, Diversifikation

Kapitel 19
Zehn Möglichkeiten, wie Sie mit Optionen Geld verbrennen

In diesem Buch geht es um den Optionshandel und deshalb ist es naheliegend, dass die Vorteile von Optionen nicht zu selten erwähnt werden. Optionen sind jedoch kein Wundermittel und auch beim Optionshandel ist es möglich, Geld zu verlieren oder sogar das Konto komplett gegen die Wand zu fahren. Mit den nachfolgenden Tipps, die Sie hoffentlich nicht befolgen, kann Ihnen das zweifelsfrei gelingen.

#1: Sie kaufen günstige Optionen, in der Hoffnung auf große Kursbewegungen

Der Kauf von Optionen macht es möglich, mit einem kleinen Einsatz große Gewinne zu erzielen. Oder zumindest auf große Gewinne zu hoffen. Notwendig hierfür ist der Kauf von vermeintlich günstigen Optionen, die weit aus dem Geld liegen. Findet eine große Kursbewegung statt, so können Sie tatsächlich das Zehn- oder Zwanzigfache Ihres initialen Einsatzes verdienen. Gelingen wird Ihnen dieses Kunststück allerdings sehr selten. Selbst wenn Sie die Marktrichtung korrekt prognostizieren, stehen Ihre Chancen statistisch gesehen eher schlecht, um mit diesem Handelsansatz langfristig Geld zu verdienen. Die zahlreichen Verluste werden Sie einerseits mental zermürben; andererseits reicht ein großer Gewinn meist nicht aus, um die vielen Verlust-Trades zu kompensieren.

#2: Sie verkaufen nackte Optionen ohne Absicherung

Beim Verkauf von Optionen besitzen Sie ein theoretisch unbegrenztes Risiko. In Teil III dieses Buches erfahren Sie mehr darüber, wie Sie dieses Risiko in den Griff bekommen können. Auch wenn durch frühzeitiges Eingreifen in einen Trade und durch weitere Sicherheitsmechanismen beim Verkauf von nackten Optionen das Risiko gemanagt werden kann, besteht die sicherste Strategie darin, eine nackte Option durch den Kauf einer weiteren Option abzusichern. Somit ist das Risiko begrenzt, selbst wenn das Underlying auf null fällt oder über Nacht 100 Prozent ansteigt. Der Verkauf von nackten Optionen besitzt zwar durchaus seine Daseinsberechtigung, sollte aber mit äußerster Vorsicht und nur von erfahrenen Optionshändlern in Betracht gezogen werden.

#3: Sie widmen der impliziten Volatilität keine Aufmerksamkeit

Gerade von Einsteigern im Bereich des Optionshandels wird die Signifikanz der impliziten Volatilität (IV) häufig unterschätzt oder vernachlässigt. Wenn Sie die IV analysieren und zu Ihrem Vorteil einsetzen, ist es, wie wenn Sie auf einer Radtour sind und starken Rückenwind haben: Es fährt sich fast von allein. Der Einsatz einer Optionsstrategien in einem ungünstigen IV-Umfeld fühlt sich hingegen an, als würden Sie an der Küste bei Windstärke sieben gegen den Wind strampeln.

#4: Sie nutzen einen Stop Loss

Ja, Sie haben richtig gelesen und es handelt sich um keinen Tippfehler: Nicht der Verzicht auf einen Stop Loss, sondern dessen Einsatz wird hier als Mittel zum Geldverbrennen erwähnt. Wie kann das sein, wenn es doch sonst überall heißt: »Verzichten Sie niemals auf einen Stop Loss?« Die Liquidität einzelner Optionen kann zu bestimmten Uhrzeiten deutlich geringer sein, als Sie es vielleicht vom Aktien- oder Währungshandel gewohnt sind. Das liegt auch daran, dass es für jedes Underlying Hunderte oder gar Tausende verschiedene Optionen gibt, mit verschiedenen Basispreisen und Verfallsterminen. In volatilen Markphasen können die Spreads deshalb teilweise absurd hoch sein, und die Gefahr, dass Sie in solchen Extremsituationen zu einem sehr ungünstigen Kurs ausgestoppt werden, sollte nicht unterschätzt werden.

#5: Sie reizen die Margin bis zum Anschlag aus

Die Kapitaleffizienz beim Einsatz von Optionen ist einerseits ein großer Vorteil. Andererseits sollten Sie dies nicht als Einladung sehen, die Margin bis zum Anschlag auszureizen.

Sie benötigen in jedem Fall einen ausreichenden Puffer, da sich die Marginanforderungen auch während eines Trades ändern können.

#6: Sie besitzen zu hohe Klumpenrisiken

Es gibt häufig Situationen, in denen makroökonomische Entwicklungen zu starken Kursbewegungen in vielen Märkten gleichzeitig führen. Zudem kann es geschehen, dass in solch einer Situation die Volatilität der Märkte stark ansteigt. Wenn Sie dies als Gelegenheit betrachten, viele Trades gleichzeitig zu eröffnen, sollten Sie in jedem Fall die Korrelation der gehandelten Märkte kennen. Wenn Sie ein zu hohes Klumpenrisiko besitzen und auf dem falschen Fuß erwischt werden, kann dies böse enden.

#7: Sie handeln komplexe Strategien, ohne diese zu verstehen

Unter den vielen in diesem Buch vorgestellten Optionsstrategien finden sich sowohl sehr simple als auch komplexe Strategien mit mehreren Bestandteilen. Begehen Sie nicht den Fehler zu denken, dass eine komplexere Strategie automatisch besser ist als eine einfache Strategie. Komplexe Strategien sollten Sie nur handeln, wenn Sie diese tatsächlich verstehen und wissen, in welchen Marktphasen diese eingesetzt werden sollten und wie diese auf verschiedene Marktentwicklungen reagieren.

#8: Sie betreiben Overtrading

Der Börsenhandel kann uns schnell in seinen Bann ziehen, sei es durch das bestätigende Gefühl nach einem erfolgreichen Trade oder durch den Drang, Verluste schnell wieder ausgleichen zu wollen. Doch genau hier lauert die Gefahr des Overtradings. Zu häufiges und ungeplantes Handeln führt nicht nur zu steigenden Kosten durch Transaktionsgebühren, sondern auch zu emotionalen Entscheidungen, die Ihre Strategie und Disziplin gefährden. Overtrading entsteht oft aus dem Gefühl, ständig im Markt aktiv sein zu müssen – doch nicht jede Bewegung erfordert eine Reaktion. Stattdessen sollten Sie sich auf Qualität statt Quantität konzentrieren: Handeln Sie nur, wenn Ihre Strategie es vorgibt, und setzen Sie klare Limits für die Anzahl Ihrer Trades. Denken Sie daran, dass Geduld und Disziplin oft mehr Rendite bringen als ein überstürztes Reagieren auf jede Marktbewegung.

#9: Sie handeln in illiquiden Märkten oder illiquiden Marktphasen

Nicht jedes Underlying, das Optionen besitzt, sollte von uns privaten Händlern genutzt werden. Sowohl an den Aktien- als auch an den Futures-Märkten gibt es Underlyings, die bisweilen so illiquide sind, dass ein Ein- oder Ausstieg in einen Trade kaum möglich ist. Doch auch bei Underlyings mit ausreichend hoher Liquidität sollten Sie primär zu den Haupthandelszeiten agieren und untersuchen, ob die Liquidität zu bestimmten Uhrzeiten möglicherweise geringer ist. Erkennen können Sie das an einem hohen Spread zwischen Bid- und Ask-Preis.

#10: Sie besitzen kein regelbasiertes Handelssystem

Ein regelbasiertes Handelssystem ist das Fundament für langfristigen Erfolg im Optionshandel. Ohne klare Regeln für Ein- und Ausstieg, Positionsgrößen und Risikomanagement besteht die Gefahr, dass Sie impulsiv und emotional handeln – ein sicherer Weg, um Verluste zu maximieren. Ein solides Handelssystem hingegen sorgt dafür, dass Sie konsistent bleiben und Entscheidungen nicht von Angst oder Gier geleitet werden. Es gibt Ihnen Struktur und ermöglicht es, Fehler zu analysieren und zu vermeiden. Wenn Sie ohne ein solches System handeln, lassen Sie sich von kurzfristigen Marktbewegungen treiben und verlieren schnell den Überblick über Ihre Gesamtstrategie. Denken Sie deshalb daran: Ein erfolgreicher Trader verlässt sich nicht auf Intuition oder Glück, sondern auf ein durchdachtes und bewährtes Regelwerk.

> **IN DIESEM KAPITEL**
>
> Die besten Tools für den Optionshandel
>
> Nützliche Websites zur Informationsbeschaffung
>
> Softwares für Strategien und Analysen

Kapitel 20
Zehn Websites und Tools für den täglichen Handel

Als aktiver Optionshändler und Trader benötigen Sie eine Reihe von Tools und Websites, die Sie bei der Marktanalyse und der Informationsbeschaffung unterstützen. In diesem Kapitel zeige ich Ihnen einige meiner Lieblings-Websites und -Tools, die auch Ihnen einen Mehrwert bieten können.

#1: Trader Workstation

Die Wahrscheinlichkeit, dass Sie als Optionshändler bei Interactive Broker oder bei einem der Introducing Brokers für Interactive Brokers handeln, ist sehr hoch. Die IB-Software heißt Trader Workstation – kurz: TWS. Diese sollten Sie auf jeden Fall nutzen und bis ins Detail kennenlernen. Machen Sie sich mit allen Funktionen rund um den Optionshandel und um die Order-Aufgabe vertraut.

#2: Fomo-Finance.com

Natürlich darf an dieser Stelle fomo-finance.com nicht fehlen. Ich lege Ihnen die Website nicht nur ans Herz, weil es sich dabei um meine eigene handelt; Sie finden hier neben Lerninhalten und Coaching-Angeboten auch einige Tools, die Ihnen im täglichen Handel weiterhelfen können. So zum Beispiel aktuelle COT-Daten für alle Märkte, saisonale Charts und Statistiken, fundamentale Aktienkennzahlen, einen Aktien-Screener, Informationen zu anstehenden und vergangenen Earnings-Terminen und noch einiges mehr.

#3: Die Chartsoftware Ihrer Wahl

Neben einer Tradingsoftware, mit der Sie Ihre Orders an der Börse platzieren können, benötigen Sie als aktiver Optionshändler auch eine professionelle Chartsoftware. Zwar können Sie mit der Trader Workstation ebenfalls auf die Charts aller gehandelten Märkte zugreifen, der Funktionsumfang und die Nutzerfreundlichkeit der Charting-Tools bleiben bei der TWS jedoch etwas hinter den Konkurrenzprodukten zurück. Am besten schauen Sie sich einige alternative Chartsoftwares an. Zu den beliebtesten Anbietern zählt TradingView. Auch der Trade Navigator (nur für PC-Nutzer) oder ProRealTime sind nach wie vor eine sehr gute Wahl. Darüber hinaus gibt es zahlreiche weitere Softwares. Am besten schauen Sie sich mal unverbindlich verschiedene Anbieter an und testen deren Produkte.

#4: Stockcharts.com

Stockchart.com ist eine Online-Chartsoftware, die sich insbesondere für die Analyse der US-amerikanischen Märkte bestens eignet. Neben Charts und Analysewerkzeugen, wie Sie sie auch von anderen Softwares kennen, liegt der Schwerpunkt von Stockcharts.com auf der Intermarket-Analyse. Mit kaum einem Tool können Sie so schnell und einfach auf alle wichtigen Marktbreite-Indikatoren zugreifen, Relationscharts erstellen, Korrelationen zwischen verschiedenen Märkten untersuchen, Sektoren und Branchen analysieren und noch vieles mehr. Es stehen Ihnen sowohl eine kostenlose als auch kostenpflichtige Versionen mit erweitertem Funktionsumfang zur Verfügung.

#5: OptionStrat

Unter OptionStrat.com finden Sie ein wertvolles Online-Tool für Optionshändler. Es ermöglicht die Visualisierung von Strategien und hilft dabei, Risiken und Chancen auf einen Blick zu verstehen. Die einfache Bedienung macht es auch für Einsteiger zugänglich, die komplexe Strategien nachvollziehen möchten. Besonders hervorzuheben ist, dass Sie selbst mit der kostenlosen Version auf fast alle wichtigen Funktionen zugreifen können.

#6: Barchart.com

Barchart.com ist eine umfassende Plattform, die sich hervorragend für fundamentale und technische Analysen eignet. Besonders für Trader, die Rohstoffmärkte und Futures handeln, ist die Website ein sehr nützliches Hilfsmittel. Sie finden hier Echtzeit-Daten, historische Preise, eine Vielzahl von technischen Indikatoren und aktuelle Nachrichten. Auch die implizite Volatilität und COT-Daten können Sie bei Barchart.com analysieren.

#7: Finviz.com

Eine weitere nützliche Website ist Finviz.com. Wenn Sie zum Beispiel von unterwegs mit dem Handy schnell die aktuellen Entwicklungen der Futures-Märkte betrachten wollen, finden Sie hier eine nützliche Übersicht. Darüber hinaus ist der Aktien-Screener von Finviz.com sehr beliebt, der es Ihnen ermöglicht, Aktien basierend auf fundamentalen, technischen oder anderen Kriterien zu filtern.

#8: Equityclock.com

Equityclock.com ist eine sehr nützliche Website für Trader, die saisonale Muster in ihre Analysen einbeziehen möchten. Die Plattform stellt detaillierte saisonale Charts für eine Vielzahl von Aktien, Indizes und Rohstoffen bereit. So können Sie nachvollziehen, wie sich bestimmte Märkte typischerweise zu bestimmten Jahreszeiten entwickeln.

#9: Option Net Explorer und Option Vue

Option Net Explorer und Option Vue sind zwei renommierte Softwarelösungen, die sich speziell an Optionshändler richten. Eines der Hauptmerkmale dieser beiden Tools ist die Möglichkeit, Optionsstrategien in Echtzeit zu visualisieren. Sie können GuV-Diagramme für komplexe Strategien erstellen und testen, wie Ihre Strategie auf Veränderungen der Marktbedingungen reagieren wird. Außerdem ermöglichen beide Softwares ein umfassendes Backtesting von Strategien auf Basis von historischen Marktdaten. Dies ist besonders nützlich, um zu verstehen, wie eine Strategie in der Vergangenheit funktioniert hätte, und um Schwachstellen zu identifizieren, bevor echtes Kapital riskiert wird.

#10: CME FedWatch Tool

Das CME FedWatch Tool ist ein unverzichtbares Tool für Trader, die sich mit der Zinspolitik der Fed beschäftigen. Basierend auf den Fed Fund Futures zeigt das Tool die Wahrscheinlichkeiten für künftige Zinsschritte der Federal Reserve und hilft Ihnen, sich auf potenzielle Marktbewegungen vorzubereiten.

Abbildungsverzeichnis

Abbildung 2.1: Oben: S&P 500 Index, unten: VIX (Volatilitätsindex) - Quelle: stockcharts.com 59

Abbildung 6.1: GuV-Diagramm einer Aktienposition 102

Abbildung 6.2: GuV-Diagramm Long Call 105

Abbildung 6.3: GuV-Diagramm Short Call 107

Abbildung 6.4: GuV-Diagramm Long Put 109

Abbildung 6.5: GuV-Diagramm Short Put 111

Abbildung 7.1: Beispiel für einen Aufwärtstrend, Quelle: stockcharts.com 118

Abbildung 7.2: Bewegungen und Korrekturen in einem Aufwärtstrend, Quelle: stockcharts.com 119

Abbildung 7.3: Abwärtstrend Alphabet Aktie, Quelle: stockcharts.com 123

Abbildung 7.4: Aufwärtstrend Alphabet Aktie, Quelle: stockcharts.com 124

Abbildung 8.1: COT Report Corn Future, Quelle: cftc.gov 149

Abbildung 8.2: COT Nettopositionen im Silber-Future, Quelle: fomo-finance.com/tools/cot-daten/ 150

Abbildung 8.3: Weizen-Future, Quelle: stockcharts.com 156

Abbildung 8.4: Nettopositionierung der Commercials im Weizen-Future, Quelle: fomo-finance.com/tools/cot-daten/ 156

Abbildung 8.5: Nettopositionierung der Non-Commercials im Weizen-Future, Quelle: fomo-finance.com/tools/cot-daten/ 158

Abbildung 8.6: Silber Future – Net Positions Commercials, Quelle: fomo-finance.com/tools/cot-daten/ 159

Abbildung 8.7: Endloskontrakt Silber, Quelle: stockcharts.com 161

Abbildung 8.8: COT Commercials Index Crude Oil Future, Quelle: fomo-finance.com/tools/cot-daten/ 162

Abbildung 8.9: Erdöl-Future (Endloskontrakt), Quelle: stockcharts.com 163

Abbildung 9.1: Saisonaler Trend des S&P 500 Index 169

Abbildung 9.2: Die besten und schlechtesten Monate des S&P 500, Quelle: stockcharts.com 170

Abbildung 9.3: Saisonale Trends verschiedener Zeiträume übereinander dargestellt 171

Abbildung 9.4: Saisonale Trends im Rohöl 175

Abbildung 9.5: Saisonaler Trend im Erdgas 176

Abbildung 9.6: Saisonaler Trend im Gold 177

Abbildung 9.7: Saisonaler Trend des Sojabohnenpreises 178

Abbildung 10.1: S&P 500 Index (Januar 1900 – August 2024), Quelle: TradingView 183

Abbildung 10.2: S&P 500 Index (Januar 1900 – August 2024) mit logarithmischer Skalierung, Quelle: TradingView 184

Abbildung 12.1: GuV-Diagramm für einen Bull Call Spread 223

Abbildung 12.2: GuV-Diagramm für einen Bear Put Spread 224

Abbildung 12.3: GuV-Diagramm für einen Bear Call Spread 225

Abbildung 12.4: GuV-Diagramm für einen Bull Put Spread 226

Abbildung 12.5: Commercials Index Gold-Future, Quelle: fomo-finance.com/tools/cot-daten 231

Abbildung 12.6: Goldpreis-Tageschart (Endloskontrakt), Quelle: stockcharts.com 231

Abbildung 12.7: Commercials Index Sojaöl-Future, Quelle: fomo-finance.com/tools/cot-daten 235

Abbildung 12.8: Sojaöl-Future-Tageschart (Kontrakt September 2023), Quelle: TradingView 236

Abbildungsverzeichnis

Abbildung 13.1: Saisonale Trends (mehrere Zeiträume) des S&P 500 Index 248

Abbildung 13.2: Saisonale Trends (mehrere Zeiträume) des S&P 500 Index (Detrended) 249

Abbildung 13.3: S&P 500 Index im Jahr 2019, Quelle: stockcharts.com 250

Abbildung 13.4: S&P 500 Index im Jahr 2020, Quelle: stockcharts.com 251

Abbildung 13.5: S&P 500 Index im Jahr 2021, Quelle: stockcharts.com 251

Abbildung 13.6: S&P 500 Index im Jahr 2022, Quelle: stockcharts.com 252

Abbildung 13.7: S&P 500 Index im Jahr 2023, Quelle: stockcharts.com 252

Abbildung 13.8: Saisonale Trends des Goldpreises 255

Abbildung 13.9: Gold-ETF GLD: Dezember 2014 – März 2015, Quelle: stockcharts.com 256

Abbildung 13.10: Gold-ETF GLD: Dezember 2015 – März 2016, Quelle: stockcharts.com 257

Abbildung 13.11: Gold-ETF GLD: Dezember 2016 – März 2017, Quelle: stockcharts.com 257

Abbildung 13.12: Gold-ETF GLD: Dezember 2017 – März 2018, Quelle: stockcharts.com 258

Abbildung 13.13: Gold-ETF GLD: Dezember 2018 – März 2019, Quelle: stockcharts.com 258

Abbildung 13.14: Gold-ETF GLD: Dezember 2019 – März 2020, Quelle: stockcharts.com 259

Abbildung 13.15: Gold-ETF GLD: Dezember 2020 – März 2021, Quelle: stockcharts.com 259

Abbildung 13.16: Gold-ETF GLD: Dezember 2021 – März 2022, Quelle: stockcharts.com 260

Abbildung 13.17: Gold-ETF GLD: Dezember 2022 – März 2023, Quelle: stockcharts.com 260

Abbildung 13.18: Gold-ETF GLD: Dezember 2023 – März 2024, Quelle: stockcharts.com 261

Abbildung 13.19: Saisonaler Trend im Rohöl 263

Abbildung 13.20: Commercials Index der Rohöl-Futures 265

Abbildung 13.21: Rohölpreis (Endloskontrakt), Quelle: stockcharts.com 266

Abbildung 13.22: Prozentsatz mit steigenden Sojabohnenpreisen pro Monat (letzte 20 Jahre, Quelle: stockcharts.com 269

Abbildung 13.23: Saisonale Trends (mehrere Zeiträume) des Sojabohnenpreises 269

Abbildung 13.24: Saisonale Trends (mehrere Zeiträume) des Maispreises 271

Abbildung 13.25: Saisonaler Trend im Weizen (Detrended) 272

Abbildung 14.1: GuV-Diagramm eines Iron Condors 278

Abbildung 15.1: GuV-Diagramm eines Long Butterflys 286

Abbildung 15.2: GuV-Diagramm eines Long Put Broken Wing Butterflys 291

Abbildung 16.1: GuV-Diagramm eines Calendar Spreads 295

Abbildung 16.2: GuV-Diagramm eines Double Calendar Spreads 298

Abbildung 17.1: GuV-Diagramm eines Long Straddles 303

Abbildung 17.2: GuV-Diagramm eines Short Straddles 304

Abbildung 17.3: GuV-Diagramm eines Long Strangles 306

Abbildung 17.4: GuV-Diagramm eines Short Strangles 308

Abbildung 17.5: GuV-Diagramm eines Iron Butterflys 313

Abbildung 17.6: GuV-Diagramm eines Call Ratio Spreads 315

Abbildung 17.7: GuV-Diagramm eines Put Ratio Spreads 316

Stichwortverzeichnis

Symbols
200-Prozent-Regel 241

A
Abwicklungsmethode 65, 68
 bar 68
 physisch 68
Advance-Decline-Line 130
Aktienoption 70
Am Geld 52
Amerikanische Option 66
At the money (ATM) 52
Aus dem Geld 52
Ausübung 44, 67, 86, 202
 Call 51
 frühzeitige 88
 Put 51
Ausübungspreis 44
Ausübungsstil 65, 66

B
Bärenmarkt 187
Basiswert 44–45
Bear Call Spread 225, 278
Bear Put Spread 225
Black-Scholes-Modell 59, 92
Breiter Markt 130
Broker 78
Bull Call Spread 223
Bull Put Spread 227, 278
Butterfly 287
 Broken Wing 292
 Iron 315
 Long 287
 Long Call 288
 Long Put 288
 Short 292
Buy and Hold 184

C
Calendar Spread 222, 296
 Call 297
 Double 300
 Griechen 298
 Put 297
 Triple 301
Call 44
Cash Secured
 Rollen 208
Cash Secured Put 68, 200
CFTC 149
Clearingstelle 89, 200
Collar 196
Commercials 150, 156, 285
Cost Of Carry 140, 146
COT Report 147, 150–151, 232
 Dissagregated 153
 Legacy 150
 Supplemental 155
 TIFF 154
COT-Index 163, 232
Covered Call 136, 194, 200, 311
 Poor Man's 312, 314
Credit Spread 223, 228, 279
 Moneyness 234

D
Debit Spread 223, 290
Delta 92, 93, 219
 Einfluss der impliziten Volatilität 97
 Einfluss der Zeit 96
 Enfluss der Moneyness 95
Derivat 44
Diagonaler Spread 222
Dow Jones 129
Dow-Theorie 118

E
Early Assignment 88
ETC 72
ETF 71
ETF-Option 71
ETN 72
ETP 72

F
Futures 69, 75
 Bond-Futures 143
 Energie-Futures 144
 Fleisch-Futures 145
 Futures-Kontrakt 139
 Getreide-Futures 144
 Index-Futures 142
 Kategorien 142
 Metall-Futures 144
 Softs 145
 Vorteile 146
 Währungs-Futures 143
Futures-Option 75, 146

G
Gamma 92, 97
 Einfluss der impliziten Volatilität 99
 Einfluss der Moneyness 98
 Einfluss der Zeit 98
Gleitender Durchschnitt 124
Griechen 91
GuV-Diagramm 104

H
Hedger 150, 156
Historische Volatilität 59

I
im Geld 52
Implied Volatility Index (IVX) 63
Implied Volatility Percentile (IV-Perzentil) 63, 230
Implied Volatility Rank (IV-Rank) 63, 229–230
 Reversion to the mean 60, 229
In the money (ITM) 52
Index-Option 74
Innerer Wert 51
 Berechnung 54
Interactive Brokers 80
Intermarket-Analyse 128
Introducing Broker 80
Iron Condor 278, 290
 Beispiel 280
 Skewed 284

K

Kontraktdetails 66

L

Large Traders 150, 159
Limit Order 86
Long Call 103, 105, 106, 135
Long Put 103, 109, 111, 136, 190, 209

M

Margin 141, 147
  Initial Margin 141
  Maintenance Margin 141
Market Order 85, 221
Marktbreite 130
Marktsektor 213
Maximaler Drawdown 188
Moneyness 50, 52

N

Naked Call 220
Naked Put 220
Nasdaq 100 130
Non-Commercials 150, 159
Non-Reportables 151, 160

O

Option
  ausüben 66
  Definition 44
  Europäische 66
  gedeckte 220
  kaufen 83
  nackte 220–221
  Preisbildung 49
  Rechte und Pflichten 43
  Rohstoffoption 69
  Verfallstermin 44
  verkaufen 83
Optionsbörse 78
Optionskette 81
Optionsprämie 44
Optionspreis 48
  Einflussfaktoren 49
Optionsschein 31
Optionsstrategie 103
Orderart 85
Out of the money (OTM) 52
  Call 66

P

Prämie 48
Protective Put 190, 209
Put 44
  Beispiel 47

R

Ratio Spread 317
  Call 317
  Put 317
Rollen 206–207, 242, 244, 284
Russell 2000 130

S

S&P 500 129
Saisonale Trends 147, 168, 247
  Agrarrohstoffe 179, 269
  Aktienmarkt 174
  Detrended 251
  Edelmetalle 178
  Erdgas 177
  Gold 256
  Mais 272
  Rohöl 176, 264
  S&P 500 251
  saisonaler Chart 169
  Sojabohnen 179, 270
  Weizen 273
Sektorenanalyse 212
Settlement Method 65, 68
Short Call 103, 107, 136, 194, 200
Short Put 103, 112, 137, 200
Short-Squeeze 160
Slippage 221
Small Traders 151, 160
Spread 222
  horizontaler 296
  Vertikaler 222, 249, 287
Stillhalter 48
Stillhalterstrategie 217
Stop Loss 221
Stop Order 85, 221
Straddle 304
  Long 304
  Short 306
Strangle 308
  Long 308
  Short 310
Strike 44

T

Terminbörse 43, 78
Theta 92, 99, 218
  Einfluss der impliziten Volatilität 100
  Einfluss der Moneyness 99
  Einfluss der Zeit 100
  relatives 100, 218
Trend 118
  Abwärtstrend 120
  Aufwärtstrend 120
  Definition 119
  Seitwärtstrend 120
  Trendphasen 133
Trendlinie 124

U

Underlying 44–45

V

Vega 63, 92, 101, 229
  Einfluss der impliziten Volatilität 102
  Einfluss der Moneyness 101
  Einfluss der Zeit 101
  Moneyness 230
  relatives 101
VIX 60
Volatilität 59
  Implizite 50, 58, 59, 229–230

W

Weeklys 215
Wheel-Strategie 199, 202
  Aktien auswählen 210
  Beispiel 201
  mit ETFs 211
  Optionen auswählen 213
  Risikomanagement 203

Z

Zeitwert 53
  Berechnung 54
  Moneyness 58
Zeitwertverfall 53
  Beschleunigung 58
  Moneyness 58
  Vorteil und Nachteil 56